北大社"十三五"职业教育规划教材

高职高专物流专业"互联网+"创新规划教材

企业物流管理

（第2版）

傅莉萍　黄　文◎主　编

内 容 简 介

本书从企业物流系统的角度出发,介绍了企业在生产经营过程中的采购与供应物流、仓储管理、库存控制、生产物流、销售物流、回收与废弃物物流、企业物流管理组织等内容,使学习者能够清晰地把握企业物流管理的重点内容。本书理论教学主要突出"企业供应物流→企业生产物流→企业销售物流→企业回收与废弃物物流"的主线,同时强调与实践教学的衔接,以利于培养学生的实践动手能力。本书吸收了企业物流管理理论和技术的相关研究成果,穿插了丰富的案例、资料和思考练习题,以拓宽学生的视野。

本书既可作为高职高专物流管理、企业工商管理、经济管理等相关专业的教材,也可作为从事物流工作的相关管理人员和技术人员的参考资料。

图书在版编目(CIP)数据

企业物流管理/傅莉萍,黄文主编. —2版. —北京:北京大学出版社,2017.8
(高职高专物流专业"互联网+"创新规划教材)
ISBN 978-7-301-28569-5

Ⅰ.①企… Ⅱ.①傅…②黄… Ⅲ.①企业管理—物流管理—高等职业教育—教材 Ⅳ.①F273.4

中国版本图书馆CIP数据核字(2017)第185785号

书 名	企业物流管理(第2版)
著作责任者	傅莉萍 黄 文 主编
策划编辑	蔡华兵
责任编辑	蔡华兵
数字编辑	陈颖颖
标准书号	ISBN 978-7-301-28569-5
出版发行	北京大学出版社
地 址	北京市海淀区成府路205号 100871
网 址	http://www.pup.cn 新浪微博:@北京大学出版社
电子邮箱	编辑部 pup6@pup.cn 总编室 zpup@pup.cn
电 话	邮购部 010-62752015 发行部 010-62750672 编辑部 010-62750667
印 刷 者	北京虎彩文化传播有限公司
经 销 者	新华书店
	787毫米×1092毫米 16开本 18.5印张 432千字
	2009年8月第1版
	2017年8月第2版 2024年5月第4次印刷(总第8次印刷)
定 价	45.00元

未经许可,不得以任何方式复制或抄袭本书之部分或全部内容。
版权所有,侵权必究
举报电话:010-62752024 电子邮箱:fd@pup.cn
图书如有印装质量问题,请与出版部联系,电话:010-62756370

前　言

企业物流是企业生产与经营的重要组成部分，是社会大物流的基础。企业物流管理是以企业生产与管理范围内物品流动过程的技术与经济管理的发展变化规律为研究对象，以原材料、半成品、成品、服务及相关信息从供应到消费的流动与储存过程中进行有效的计划、实施和控制，满足客户需要为研究内容，实现企业在物流活动中适时、适地地采用先进的物流技术，且与其生产和经营活动达到最优的结合，使企业产生最好的经济效益。

企业物流管理是物流专业的核心课程之一，结合当前物流市场的人才需要和高等院校创新型应用人才培养的特点，着眼于"应用型"教育。

本课程依据高职高专教育的培养目标和人才培养模式的基本特征，围绕适合社会需要和职业岗位群的要求，坚持以提高学生整体素质为基础，以培养学生的应用能力，特别是创新能力和实践能力为主线，依据企业物流的基本知识体系衍生规律，遵循物流职业资格认证培训的相关标准，从企业物流系统的角度出发设计并组织课程内容。

本书在第1版的基础上修订而成，主要介绍了企业在生产经营过程中的采购与供应物流、生产物流、销售物流、回收与废弃物物流、企业库存控制与管理、企业物流成本管理、企业物流信息管理、企业物流外包与服务、企业物流组织管理及企业物流战略与规划管理等内容，编写具有以下特色：

（1）实践性。本书不仅在各章前后分别安排导入案例，而且在章末设置案例讨论供学生研读，并设置有实训练习，以供学生进行实操演练。

（2）趣味性。为了便于学生对知识的掌握及扩展，本书不仅在每章穿插适量的阅读案例，而且对重点、难点采用叙议结合的方式进行介绍，并在讲解过程中，通过知识拓展的方式来加深理解，以便于学生对所学知识的掌握与应用。

（3）规范性。本书取材广泛，内容翔实，概念定义确切，而且结构严谨，名词术语规范统一。

为了便于用书教师安排教学进度，本书给出了专业必修课与相关专业选修课的课时建议，见下表：

章　节	必修课		选修课	
	理论课时	实验课时	理论课时	实验课时
第1章　企业物流管理概述	2		2	
第2章　采购与供应物流管理	4		4	
第3章　企业生产物流管理	6	2	4	2
第4章　企业销售物流管理	6	4	4	
第5章　企业回收物流与废弃物物流管理	6	8	4	4
第6章　企业库存控制与管理	2		2	
第7章　企业物流成本管理	2		2	
第8章　企业物流信息管理	4		4	

续表

章　节	必修课		选修课	
	理论课时	实验课时	理论课时	实验课时
第 9 章　企业物流外包管理	4		4	
第 10 章　企业物流管理组织	2		2	
第 11 章　企业物流战略与规划	2		2	
合　　计	40	14	34	6
	54		40	

本书由广东培正学院傅莉萍、黄文编写。本书的编写获得了广东培正学院建材建设资助，在此向有关领导表示感谢！而且，本书在编写过程中参考了一些同行的学术研究成果，在此谨向这些文献的作者及相关专家、学者致以诚挚感谢！

由于编写时间紧迫，编者水平有限，加之企业物流科学技术日新月异，本书难免存在不足，恳请同行、读者给予批评和指正，以便再版时改正。编者电子信箱 1244326021@qq.com，欢迎交流。

编　者
2017 年 1 月

【资源索引】

目 录

第1章 企业物流管理概述 ... 1

1.1 企业物流概述 ... 3
- 1.1.1 企业物流的起源与发展 ... 3
- 1.1.2 企业物流的概念 ... 4
- 1.1.3 企业物流的分类 ... 6
- 1.1.4 企业物流的特点 ... 7

1.2 企业物流管理 ... 8
- 1.2.1 企业物流管理的概念 ... 8
- 1.2.2 企业物流管理的内容 ... 9

1.3 企业物流合理化 ... 13
- 1.3.1 企业物流管理存在的问题 ... 13
- 1.3.2 企业物流合理化的基本途径 ... 14

1.4 企业物流管理与供应链管理 ... 15
- 1.4.1 供应链概述 ... 15
- 1.4.2 供应链管理 ... 17
- 1.4.3 供应链管理的特点 ... 18
- 1.4.4 供应链管理与传统企业管理的区别 ... 18
- 1.4.5 企业物流管理与供应链管理的关系 ... 19

思考与练习 ... 21

第2章 采购与供应物流管理 ... 23

2.1 企业供应物流概述 ... 24
- 2.1.1 供应物流 ... 24
- 2.1.2 供应物流管理 ... 25

2.2 采购管理 ... 28
- 2.2.1 采购概述 ... 28
- 2.2.2 企业采购的基本步骤与流程 ... 30
- 2.2.3 国内外采购作业程序及要点 ... 31
- 2.2.4 采购质量管理 ... 36
- 2.2.5 采购合同和绩效管理 ... 38
- 2.2.6 采购成本控制 ... 41

2.3 供应商管理 ... 45
- 2.3.1 供应商管理概述 ... 45
- 2.3.2 供应商评估与选择 ... 46

2.4 自动化采购 ... 49
- 2.4.1 自动化采购的优势 ... 49
- 2.4.2 自动订货系统概述 ... 49
- 2.4.3 自动订货系统发展趋势 ... 51

思考与练习 ... 53

第3章 企业生产物流管理 ... 56

3.1 生产物流概述 ... 57
- 3.1.1 生产物流的概念 ... 57
- 3.1.2 影响生产物流的主要因素 ... 58
- 3.1.3 生产物流的类型 ... 59

3.2 企业生产物流合理组织 ... 61
- 3.2.1 企业生产物流的空间组织 ... 62
- 3.2.2 企业生产物流的时间组织 ... 63
- 3.2.3 企业生产物流的人员组织 ... 65

3.3 企业生产物流计划与控制 ... 66
- 3.3.1 企业生产物流计划 ... 66
- 3.3.2 企业生产物流控制 ... 69
- 3.3.3 企业物料需求计划 ... 72

3.4 企业生产物流现代化管理 ... 74
- 3.4.1 准时制生产 ... 74
- 3.4.2 敏捷制造 ... 76
- 3.4.3 约束理论 ... 78
- 3.4.4 企业生产物流信息管理系统 ... 80
- 3.4.5 企业生产管理 ... 80

思考与练习 ... 82

第4章 企业销售物流管理 ... 84

4.1 企业销售物流概述 ... 85
- 4.1.1 销售物流及其主要环节 ... 85
- 4.1.2 销售物流的过程与模式 ... 86
- 4.1.3 销售物流的内容 ... 87

4.2 销售物流渠道 ... 89

	4.2.1	销售物流渠道的结构 89
	4.2.2	分销渠道的类型 90
	4.2.3	分销需求计划 91
	4.2.4	分销需求计划的意义与作用 92
4.3	企业销售物流服务 93
	4.3.1	企业销售物流服务的概念 93
	4.3.2	企业销售物流服务的基本特点 94
	4.3.3	企业销售物流服务要素 95
4.4	销售物流现代化管理 97
	4.4.1	销售物流管理技术 97
	4.4.2	销售物流系统管理案例 98
	4.4.3	预留管理 102
	4.4.4	商品查询操作 104
	4.4.5	装车管理 106
	思考与练习 110

第 5 章　企业回收物流与废弃物物流管理 113

5.1	企业逆向物流概述 114
	5.1.1	逆向物流及其驱动因素 114
	5.1.2	逆向物流的分类 115
	5.1.3	逆向物流的特点 116
	5.1.4	逆向物流的原则 116
	5.1.5	逆向物流的重要性 118
5.2	企业回收物流管理 119
	5.2.1	回收物流概述 119
	5.2.2	产品回收物流管理的目的与意义 120
	5.2.3	产品回收系统模型 121
	5.2.4	包装物回收物流管理 121
	5.2.5	汽车零部件回收物流管理 122
	5.2.6	废旧物料回收物流管理 123
	5.2.7	废玻璃瓶、废玻璃回收物流管理 124
5.3	废弃物物流管理概述 125
	5.3.1	废弃物物流的产生与分类 125
	5.3.2	废弃物物流的管理 125
	5.3.3	企业废弃物物流的合理化 127
5.4	企业绿色物流管理 128

	5.4.1	企业绿色物流概述 128
	5.4.2	发展企业绿色物流的意义 129
	5.4.3	绿色物流体系 130
	5.4.4	企业绿色物流治理措施 133
	5.4.5	绿色物流的发展及对策 135
	思考与练习 136

第 6 章　企业库存控制与管理 138

6.1	库存理论 140
	6.1.1	库存的概念 140
	6.1.2	库存的分类 142
	6.1.3	库存理论的内容 142
6.2	库存控制策略 146
	6.2.1	库存控制系统 146
	6.2.2	库存合理化 147
	6.2.3	库存管理的策略目标 148
6.3	库存管理方法 150
	6.3.1	选择库存管理方法的原则与目标 150
	6.3.2	库存管理方法及其评价指标 151
6.4	库存记录管理 156
	6.4.1	库存实物记录 156
	6.4.2	库存财务记录管理概述 158
	6.4.3	库存财务记录的内容 159
	思考与练习 160

第 7 章　企业物流成本管理 163

7.1	企业物流成本的管理模式 164
	7.1.1	企业物流成本概述 164
	7.1.2	企业物流成本的分类 165
	7.1.3	企业物流成本管理的基本原则 168
7.2	企业物流成本控制策略 170
	7.2.1	物流成本控制的方法 170
	7.2.2	压缩物流成本的策略 170
	7.2.3	设定物流成本控制标准 172
	7.2.4	物流标准成本的种类 174
	7.2.5	物流标准成本的制定 175
7.3	企业物流成本核算 176
	7.3.1	物流成本核算概述 176

		7.3.2 物流成本核算的方法 178
		7.3.3 物流成本核算的步骤 179

7.4 企业物流作业成本管理 180
    7.4.1 企业物流作业成本概述 180
    7.4.2 作业链与价值链 181
    7.4.3 企业物流作业成本管理 182
    7.4.4 物流作业成本分析 184
思考与练习 187

第8章 企业物流信息管理 189

8.1 企业物流信息概述 190
    8.1.1 企业物流信息的特点与作用 190
    8.1.2 企业物流信息的内容 191
    8.1.3 企业物流信息的分类 191
8.2 企业物流管理信息系统 192
    8.2.1 信息系统的概念 192
    8.2.2 企业物流管理信息系统的组成与功能 192
    8.2.3 企业物流管理信息系统概述 193
    8.2.4 企业物流管理信息系统模型 195
    8.2.5 企业物流信息系统的分类 195
8.3 企业订单处理 199
    8.3.1 订单处理概述 199
    8.3.2 订单处理的流程 199
8.4 物流信息技术 202
    8.4.1 信息识别与传递 202
    8.4.2 地理信息系统与全球定位技术 204
    8.4.3 电子数据交换技术 205
    8.4.4 WWW 技术 205
思考与练习 205

第9章 企业物流外包管理 208

9.1 企业物流外包 209
    9.1.1 企业物流外包现状分析 209
    9.1.2 企业物流外包概述 211
    9.1.3 企业物流业务外包的风险 213
    9.1.4 企业物流业务外包的障碍 213
    9.1.5 企业物流自营与外包的权衡比较 214
    9.1.6 企业实施物流外包的注意事项 214
9.2 企业物流外包与第三方物流 215
    9.2.1 企业选择第三方物流的目的.... 215
    9.2.2 企业与第三方物流合作面临的问题 216
    9.2.3 企业中的第三方物流定位 217
    9.2.4 企业采用第三方物流的步骤.... 218
    9.2.5 企业充分利用第三方物流的措施及风险防范 220
9.3 企业物流外包与第四方物流 222
    9.3.1 第四方物流概述 222
    9.3.2 第四方物流的特征 223
    9.3.3 第四方物流的作用 225
    9.3.4 第四方物流与第三方物流的区别 225
    9.3.5 第四方物流的运营方式 226
9.4 物流服务商的选择和管理 227
    9.4.1 物流服务商的识别评估 227
    9.4.2 物流服务商的选择 228
    9.4.3 物流服务商的管理制度 230
思考与练习 231

第 10 章 企业物流管理组织 233

10.1 企业物流的组织概述 234
    10.1.1 企业物流活动的组织 234
    10.1.2 物流组织模式的发展 237
10.2 企业物流组织模式的设计 240
    10.2.1 企业物流组织的选择 240
    10.2.2 影响组织选择的因素 242
10.3 企业物流组织的协调与优化 243
    10.3.1 企业物流组织的协调 243
    10.3.2 企业物流组织的优化 244
10.4 企业业务流程再造 245
    10.4.1 企业价值链分析 245
    10.4.2 业务流程再造的核心思想 ... 250
    10.4.3 业务流程再造的意义 253
    10.4.4 业务流程再造的管理原则 ... 253
    10.4.5 业务流程再造的操作性原则 255

10.4.6 业务流程再造的基础 257
10.4.7 业务流程再造的基本方式ـ....259
10.4.8 业务流程再造过程............... 261
10.4.9 流程分析过程...................... 263
10.4.10 建立高效的企业
物流体系 264
思考与练习 265

第 11 章 企业物流战略与规划 268

11.1 企业物流战略 269
    11.1.1 企业物流战略概述 270
    11.1.2 物流环境的战略分析 272
    11.1.3 企业物流发展的主要战略 274
    11.1.4 实现企业物流发展战略的
基本途径 275
11.2 企业物流规划 276
    11.2.1 企业物流规划的特征与
基本原则 276
    11.2.2 企业物流规划的内容 278
11.3 企业物流系统规划设计 279
    11.3.1 企业物流系统规划设计的
目的 279
    11.3.2 企业物流系统规划设计的
原则 279
    11.3.3 企业物流系统规划设计的
影响因素 281
    11.3.4 企业物流系统的设计 281
11.4 企业物流规划设计程序 282
    11.4.1 物流系统规划设计的流程.... 282
    11.4.2 物流系统规划设计的步骤.... 282
思考与练习 284

参考文献 287

第 1 章

企业物流管理概述

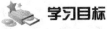 **学习目标**

（1）熟练掌握企业物流基本概念的产生、特点、分类和作用。
（2）了解企业物流活动的内容。
（3）掌握企业物流管理的方法。
（4）了解企业物流合理化的途径。
（5）了解供应链管理的概念。
（6）熟悉企业物流管理与供应链管理的关系。

导入案例

北京现代汽车有限公司是一个年轻而充满活力的现代轿车生产企业,由北京汽车投资有限公司和韩国现代自动车株式会社共同出资设立,注册资本 27.1 亿元人民币,中韩双方各占 50%的投资比例。

高速增长的北京现代汽车背后有一个与之发展相匹配的高效而强大的物流系统的支持。北京现代汽车没有设立独立的物流部,而是将涉及轿车生产与销售的全部物流活动分为几个部分。其中,供应物流由采购部负责,生产物流由生产部具体安排,销售物流由销售部管理,3 个部门各司其职,通过信息系统实现部门之间相互沟通、协调一致。而在配件物流方面,北京现代汽车正在与韩国现代汽车商谈成立合资公司,负责售后零部件的管理与配送。

1. 独特的生产物流系统

众所周知,对于汽车制造企业而言,生产物流尤其是零部件入厂物流是实现准时化生产的关键,也是难点所在。目前,生产物流部物流管理科主要负责以下几项工作:①接货、卸货;②储存、保管;③出库;④上线;⑤不良品与空器具回收。目前,北京现代每天与供应商进行信息沟通,通过"伙伴系统"将生产计划与要货指令传递给供应商,后者按此制订企业计划,安排生产与送货,与北京现代保持高度协调一致。

2. 高效的销售物流系统

目前,销售部物流管理科负责的业务包括销售订单处理、订单分配、入库管理、出库管理、合格证管理、资金结算与信息查询,采用 ASP 系统实现高效业务管理,并通过 ASP 系统与生产部衔接,及时传递订购车辆的品种、型号、颜色、配置、要货时间等信息。

北京现代汽车通过 DMS 系统实现对 4S 店进行全面管理与业务支持。借助该系统,客户可以了解所订购车辆的生产、运输等各环节状况的详细信息;4S 店可以记录客户的详细购车资料,并与客户直接沟通;北京现代可以随时了解 4S 店的实际销售情况,便于统一安排生产与销售。

现在,客户从下单到收到整车,如果是完全按照订单生产的轿车,约需 15 天时间,而按照计划生产的轿车只需一周左右。这样的效率,完全满足了市场的需求。

同时,北京现代汽车也看到了自身在物流管理与运作方面与韩国现代汽车的差距:①企业信息系统有待进一步完善,以提高作业效率与准确性;②改变观念,增强服务意识;③提高装备水平,如规范运输车辆标准,使物流更顺畅,并保证零部件与整车的发货质量。为此,北京现代正在进行一系列改革措施:

(1)提高零部件直序列送货[即与生产需求实时对接、同步供应,从而构建 JIT(Just In Time,准时制生产方式,详见本书 3.4.1 节内容)均衡供货系统,满足柔性化生产需求]的比例。为了提高直序列的比例,北京现代汽车正在实施新的信息系统改造,准备采用 IC 卡管理运输车辆。

(2)在整车运输方面,中远物流公司和长久物流公司正分别在北京和武汉为北京现代汽车建设一座汽车中转库,除用于车辆存放外更加重视其分拨功能,可以视为分拨中心。其目的是缩短供应时间,节省供应商的流动资金,减少北京现代汽车的厂内库存,但宗旨是不能增加二次运输成本。其中,武汉中转库主要负责向华南、西南、中南地区发车;北京中转库则服务于东北、华北、西北地区。

思考

(1)北京现代汽车企业物流的水平结构是什么?

(2)北京现代汽车生产物流和销售的主要活动包括哪些?

1.1 企业物流概述

1.1.1 企业物流的起源与发展

1. 企业物流的起源

企业物流概念的最早提出，可以追溯到 20 世纪 60 年代。1962 年 4 月，美国管理学大师彼得·德鲁克在《Fortune》杂志上发表的文章《经济领域的黑暗大陆》中首次提出了"物流"的概念。虽然当时德鲁克提出的物流（Distribution）仅仅是针对产成品来讨论的，但很快就引起了企业界的巨大关注，真正的企业物流（Logistics）理念迅速波及原材料领域，进而形成为综合物流（Integrated Logistics）。到 20 世纪 90 年代，才正式出现了供应链管理（Supply Chain Management，SCM）理念。

知识拓展

"物的流通"这个词最初是由英语"Physical Distribution"翻译而来的，开始时只在政府的有关部门中使用，后来逐步流传到了民间。

而将"物的流通"简称为"物流"并在企业界广泛使用，则已经是 20 世纪六七十年代的事了。

企业物流理念从提出到发展得相对较为成熟与完善经历了近 40 年的时间。在这近 40 年的时间里，几乎每 10 年企业物流理念就得到一次极大的更新与充实。从本质上说，企业物流是企业的产品或服务的一种存在与表现形式。当初彼得·德鲁克提出企业物流概念的时候，仅仅指产品从生产出来后到消费者手中的这一段时间的存在与表现形式，而 1992 年美国物流管理协会对物流的定义则认为，物流是为满足消费者需求而进行的对货物、服务及相关信息从起始地到消费地的有效率与效益的流动与存储的计划、实施与控制的过程。这个时候物流已经作为一个复杂的企业运行过程而存在。到 1998 年，美国物流管理协会又在 1992 年物流概念的基础上引入"供应链"的概念。到 2001 年，美国物流管理协会则对物流概念进一步充实、完善，演变为物流是供应链运作中，以满足客户要求为目的，对货物、服务和相关信息在产出地和销售地之间实现高效率和低成本的正向和反向的流动和储存所进行的计划、执行和控制的过程。

2. 企业物流的发展

概括来说，企业物流的发展过程大致分为 3 个阶段，如图 1.1 所示。

第一个阶段，产品物流阶段（Product Distribution），又称为产品配送阶段。这个阶段的起止时间为 20 世纪 60 年代初期至 70 年代后期，属于企业物流的早期发展阶段，在该阶段中，物流的主要功能大多围绕在对产品从企业工厂生产出来到如何到达消费者手中这一过程的运作上。

在当时，企业重视产品物流的目的是希望能以最低的成本把产品有效地送达到顾客。企业重视产品物流的主要有两个原因：一是为了扩大市场份额，满足不同层次顾客的需要，扩张其生产线；二是为了对付企业内部与外部市场的压力，倾向于生产非劳动密集型的高附加值产品。产品物流阶段物流管理的特征是注重产品到消费者的物流环节。

图 1.1 企业物流的发展过程

第二个阶段，综合物流阶段（Integrated Logistics）。这个阶段的起止时间为 20 世纪 70 年代中后期至 80 年代后期。在这个阶段中，企业物流集中表现为原材料物流和产品物流的融合。实践证明，综合物流管理可以为企业带来更大的效益，因此，在这期间综合物流得到了迅速的发展。

在当时，随着运输自由化（Deregulation）及全球性竞争的日渐加剧，企业认识到把原材料管理与产品配送综合起来管理可以大大地提高企业运行效率与效益，因此，在上述因素的推动下，企业物流迅速地从产品物流阶段向综合物流阶段发生转移。

第三个阶段，供应链管理阶段（Supply Chain Management）。这个阶段开始于 20 世纪 90 年代初期。在这个阶段中，企业对传统的物流管理有了更为深刻的认识，已经将单纯的个体企业之间的竞争上升到了企业群、产品群或产业链条上不同企业所形成的供应链之间的竞争这个高度。

从 20 世纪 80 年代后期开始，信息技术获得了飞速的发展，信息技术的发展迅速转化为生产力，进而在生产领域掀起了一场前所未有的信息化革命。由信息技术所衍生的一系列外部因素的变化，使得企业开始把着眼点放开至物流活动的整个过程，包括原材料的供应商和制成品的分销商，进而使企业物流从综合物流阶段向供应链管理阶段发生转移。

1.1.2 企业物流的概念

企业是指以营利为目的，运用生产要素，从事商品生产、流通和服务活动，依法自主经营、自负盈亏、自我发展，并具有独立法人资格的经济组织。企业是为社会提供产品或某些服务的经济实体。

【拓展文本】

我国国家标准《物流术语》（GB 18354—2006）对企业物流（Enterprise Logistics）的定义是："货主企业在生产经营活动中所发生的物流活动。"企业物流是以企业经营为核心的物流活动，是具体的、微观的物流活动的典型领域。即在生产经营过程中，物品从原材料供应，经过生产加工，到产成品销售，以及伴随生产消费过程中所产生的废弃物的回收及再利用的完整循环活动。

企业物流包括供应物流、生产物流、销售物流、回收物流与废弃物物流，如图 1.2 所示。

企业物流作为企业生产经营活动的组成部分，是从企业角度研究与之有关的物流活动。它由采购物流、生产物流、销售物流和回收物流组成，是一个集商流、信息流、资金流、实物流、人才流为一体的供应链。

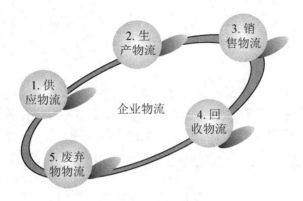

图1.2 企业物流的构成

企业物流活动主要是围绕企业经营活动中的供应、生产、销售等活动展开，如图1.3所示。这些活动就是企业物流活动，它们既影响营销，又影响生产的效率和效果。

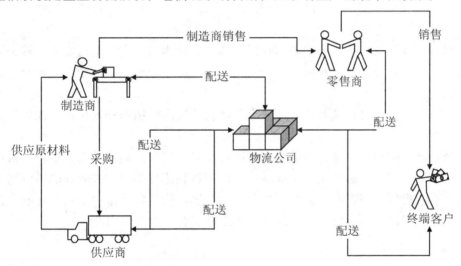

图1.3 企业物流活动

案例阅读

随着买主的注意力转向更加时尚化的国产和进口轿车，凯迪拉克轿车的销售受到排挤，通用汽车公司希望通过提高客户服务质量来增加销售量。由于顾客对过长的交货期感到不满，凯迪拉克丧失了颇多销售机会。调查显示，10%~11%的销售因为无现货供应而没有实现。通用汽车公司针对佛罗里达州制订了一份试生产和分拨计划。佛罗里达州的老年人口较多，是凯迪拉克的主要市场。按照该计划，在佛罗里达州奥兰多的区域性分拨中心将停放1 500辆凯迪拉克轿车，全天24h随时供应州内的汽车经销商。在佛罗里达的某些地区，许多购买普通款式轿车的买主只要等待2天。此外，底特律通用汽车的凯迪拉克生产厂将加速生产特殊定制的凯迪拉克，同时减少运输时间。按订单生产的凯迪拉克将只需3周就能到达经销商的店里，而之前需要8~12周。通用汽车公司希望在该计划的实施下，使经销商的库存降低。

该案例说明，建立有效的物流系统和实施企业的物流管理，可以使企业内部规整而有序，可以防止原材料、不同质量和类别的产品混杂，可以防止积压和浪费，可以提高生产制造的操作效率，从而提高整个企业的管理水平。

1.1.3 企业物流的分类

1. 生产企业物流

生产企业物流是以购进生产所需要的原材料、设备为起点，经过劳动加工，形成新的产品，然后供应给社会需要部门为止的全过程。在这过程中需经过原材料及设备采购供应阶段、生产阶段和销售阶段。相应地产生了生产企业纵向上的3种物流形式，如图1.4所示。

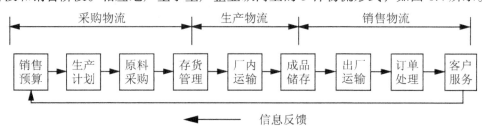

图 1.4 生产企业物流

（1）原材料及设备采购供应阶段的物流。这是企业为组织生产所需要的各种物资供应而进行的物流活动。它包括组织物料生产者送达本企业的企业外部物流和本企业仓库将物资送达生产线的企业内部物流。

（2）生产阶段的物流。这是指企业按生产流程的要求，组织和安排物资在各生产环节之间进行的内部物流。

（3）销售阶段的物流。这是企业为实现产品销售，组织产品送达用户或市场供应点的外部物流。对于双方互需产品的工厂企业，一方的销售物流便是另一方的外部供应物流。通过销售物流，企业得以收回资金并进行再生产活动。销售物流的效果关系到企业的存在价值是否被社会承认，所以可通过销售物流的合理化来增强企业的竞争力。

2. 流通企业物流

流通企业物流是指以从事商品流通为主的企业和专门从事实物流通的企业的物流。它是为了克服产品生产点和消费点之间存在的空间和时间上的间隔而产生的一种物品运动方式，主要通过运输、保管、包装、流通加工和配送等物流运作手段，以最低的成本，把特定的产品和服务在特定的时间提交给特定的客户。

1) 批发企业的物流

批发企业的物流是指以批发据点为核心，由批发经营活动所派生的物流活动。这一物流活动对于批发的投入是组织大量物流活动的运行，产出是组织总量相同的物流对象的运出。在批发据点中的转换是包装形态及包装批量的转换。

2) 零售企业的物流

零售企业的物流是以零售商店据点为核心，以实现零售销售为主体的物流活动。零售企业的类型有一般多品种零售企业、连锁型零售企业、直销企业等。一般多品种零售企业销售物流，大件商品多采用送货和售后服务，大部分小件商品则由用户自己完成。连锁型零售企业物流的特点是集中进行供货的物流，且大多数企业由本企业的共同配送中心完成。直销企业因经营品种较少，内部物流简单，企业物流重点集中于销售物流。

3）仓储企业的物流

仓储企业是以储存业务为盈利手段的企业。仓储企业的物流是以接运、入库、保管保养、发运或运输为流动过程的物流活动，其中储存保管是其主要的物流功能。

4）配送中心的物流

配送中心的物流是从事配送业务的物流结点，是集储存、流通加工、分货、拣选和运输为一体的综合性物流过程。配送中心是在市场经济条件下，以加速商品流通和创造规模效益为核心，以商品代理和配送为主要功能，集商流、物流和信息流于一体的现代综合流通部门。

5）"第三方物流"企业的物流

"第三方物流"又称合同制物流，是由供方和需方以外的物流企业提供物流服务的业务模式。"第三方物流"企业不拥有商品，而是在委托方物流需求的推动下，为其提供以合同为约束、以结盟为基础的系列化、个性化、信息化的物流代理服务。其具体的物流内容包括商品运输、储存、配送及附加的增值服务等。它以现代信息技术为基础，实现信息和实物快速、准确地协调传递，提高仓库管理、装卸运输、采购订货以及配送发运的自动化水平。

1.1.4 企业物流的特点

1. 实现价值的特点

企业物流和社会物流的一个最本质的不同之处，也是企业物流最本质的特点，在于它主要是实现加工附加价值的经济活动，而社会物流主要是"实现时间价值和空间价值的经济活动"。

企业物流在一个小范围内完成，因此，空间距离的变化不大，当然，空间转移消耗不大，其中含有的利润源也不是大的利润源。同样，在企业内部的储存和社会储存的目的大不相同，这种储存主要是对生产的保证，而不是一种追求利润的独立功能，因此，时间价值不但不高，反而会成为降低企业效益的因素。

企业物流伴随加工活动而发生、而运动，是实现加工附加价值，也即实现企业主要目的的活动。因此，虽然企业物流空间、时间价值潜力不高，但加工附加价值却很高。

2. 主要功能要素的特点

企业物流的主要功能要素也不同于社会物流。一般物流的功能要素是运输和储存，其他功能要素是作为辅助性或次要功能或强化性功能要素出现的。企业物流的主要功能要素则是搬运活动。

许多生产企业的生产过程实际上就是物料不停地搬运的过程。在不停搬运的过程中，物料得到了加工，形态发生了改变，发生了各种各样化学的、物理的、机械的变化。这些变化是在不断"搬"、不断"运"的流动过程中实现的。

即使是配送企业和批发企业的企业内部物流，实际也是不断搬运的过程。通过搬运，商品完成了分货、拣选、配货工作，完成了大改小、小集大的换装工作，从而使商品形成了可配送或可批发的形态。

3. 物流过程的特点

企业物流是一种工艺过程性物流，一旦企业生产工艺、生产装备及生产流程确定，企业物流因而成了一种稳定性的物流,物流便成了工艺流程的重要组成部分。由于这种稳定性,企业物流的可控性、计划性便很强,一旦进入这一物流过程,选择性及可变性就很小。对物流的改进只能通过对工艺流程的优化,这方面和随机性很强的社会物流也有很大的不同。

4. 物流运行的特点

企业物流的运行具有极强的伴生性,往往是生产过程中的一个组成部分或一个伴生部分,这一点决定了企业物流很难与生产过程分开而形成独立的系统,尤其是生产企业内部的生产物流更是如此。在研究生产物流时,一些人打算将纯生产和纯物流进行细分,而单独提取出生产物流系统进行研究和优化,看来是不大可能的。

在总体的伴生性同时,企业物流中也确有与生产工艺过程可分的局部物流活动,这些局部物流活动有本身的界限和运动规律,当前企业物流的研究大多是针对这些局部物流活动而言的。这些局部物流活动主要是仓库的储存活动、接货物流活动、车间或分厂之间的运输活动等。

物流企业内部物流与生产企业内部物流在运行方面则不同,批发企业、配送企业的内部工艺过程是一个典型的包含着若干物流功能要素的物流活动,而不是伴生性的物流活动。

1.2 企业物流管理

1.2.1 企业物流管理的概念

"管理"指为实现一定的目标对管理对象实施一定的管理职能,如计划、组织、指挥、协调和控制、考核等的活动。

企业物流管理就是针对企业内部和外部的相关物流活动,进行科学合理的计划、组织、协调与控制,以最低的物流成本达到顾客满意的服务水平,使物流更好地为实现企业目标服务。它包括合理包装、合理仓储、合理运输、合理保管,以及合理为用户服务等。随着科学技术的发展,有些国家已经开始按行业或商品类型来推进物流合理化,如推进包装方式、托盘、集装箱等标准化,使货物易于连续装卸、搬运;建立托盘、集装箱租借企业,使托盘、集装箱能在企业之间联合使用;建立共同仓库(如储运中心、流通中心),便于对货物进行计划配送和混载运输;建立批发中心;等等。同时,以信息技术为基础,促进物流管理的现代化。

企业物流管理具有以下要求:

(1)快速响应。快速响应是企业物流作业目标中最基本的要求。快速响应关系到一个企业能否及时满足客户的服务需求。例如,一个远在昆明的客户其公司服务器出现问题时,而作为提供服务器备件支援的厂商位于北京,若客户需要在6h内恢复服务器的正常运行,那么快速响应就至关重要。

快速响应的能力使企业将物流作业传统上强调的根据预测和存货情况做出计划转向了以小批量运输的方式对客户需求做出反应上来。快速响应要求企业具有流畅的信息沟通渠道和广泛的合作伙伴支持。在上例中,如果该服务器备件支援的厂商在成都或昆明有合作伙伴,那么在6h或更短的时间内解决客户的问题、满足客户需求就变得更为容易。

(2)最低库存。最低库存是企业物流作业目标中最核心的要求。最低库存的目标同资产占用和相关的周转速度有关。最低库存越少，周转速度越快，资产占用也越少，因此，物流系统中存货的财务价值占用企业资产也就越低。在一定时间内，存货周转率与存货使用率相关。存货周转率高、可得性高，意味着投放到存货上的资产得到了有效利用。

企业物流作业的目标就是要以最低的存货满足客户需求，从而实现物流总成本最低。例如，随着物流经理将注意力更多地放在最低库存的控制上，类似"零库存"（详见 2.1.2 节中"零库存供应模式"的相关内容）之类的概念已经从 Dell 这样的国际大公司向众多公司中转移，并得到了实际应用。

（3）集中运输。集中运输是企业物流作业中实施运输成本控制的重要手段之一。运输成本与运输产品的种类、运输规模和运输距离直接相关。许多具有一流服务特征的物流系统采用的都是高速度、小批量运输，这种运输通常成本较高。为了降低成本，可以将运输整合。一般来说，运输量越大、距离越长，单位运输成本就越低。

将小批量运输集中起来以形成大规模的经济运输不失为一种降低成本的途径。不过，集中运输往往降低了企业物流的响应时间。因此，企业物流作业必须在集中运输与响应时间方面综合权衡。

（4）最小变异。在企业物流领域，变异是指破坏系统作业表现的任何未预期到的事件，它可以产生于物流作业的任何地方。例如，空运作业因为天气原因受到影响，铁路运输作业因为地震等灾害受到影响。减少变异的传统解决办法是建立安全存货，或是使用高成本的运输方式。不过，上述两种方式都将增加物流成本，为了有效地控制物流成本，目前多采用信息技术以实现物流控制，这样变异在某种程度上就可以被减少到最低。

（5）保证质量。物流作业本身就是在不断地寻求客户服务质量的改善与提高。目前，全面质量管理已引起各类企业的高度关注，当然，物流领域也不例外。从某种角度说，全面质量管理还是物流得以发展的主要推动力之一。

因为事实上货物质量一旦出现问题，物流的运作环节就要全部重新再来。例如，运输出现差错或运输途中导致货物损坏，企业不得不对客户的订货重新操作，这样不仅会导致成本的大幅增加，而且还会影响到企业对客户的服务质量，因此，企业物流作业对质量的控制至关重要。

（6）产品生命周期支持。绝大多数产品在出售时都会标明其使用期限。若超过这个期限，厂商必须对渠道中的货物或正在流向顾客的货物进行回收。之所以将产品进行回收，是出于严格的质量标准、产品有效期、产品可能出现的危险后果等方面的考虑。当货物潜藏有危害人身健康的因素时，不论成本大小与否，反向物流必然发生。

传统的物流作业要同时达到上述物流作业的目标比较困难，而市场的激烈竞争又对物流作业的全新目标几乎都要求同时满足，因此，就要求企业必须对物流作业的各个环节进行高效整合。

1.2.2 企业物流管理的内容

1. 企业物流活动相关要素管理

1）采购

把企业采购（Purchasing）活动归入企业物流是因为企业运输成本与生产所需要的原材料、零部件等的地理位置有直接关系，采购的数量与物流中的运输与存储成本也有直接关系。把采购归入企业物流领域，企业就可以通过协调原材料的采购地、采购数量、采购周期及存储方式等来有效地降低运输成本，进而为企业创造更大的价值。

2）运输

运输（Transportation）是企业物流系统中非常重要的一部分。事实上，运输也是企业物流最为直接的表现形式，因为物流中最重要的是货物的实体移动及移动货物的网络。通常情况下，企业的物流经理负责选择运输方式来运输原材料及产成品，或建立企业自有的运输能力。

知识拓展

我国目前从事物流管理软件开发的厂商不下 500 家，大多都涉及运输管理系统，种类繁多、形式各异，有专门、独立的系统，也有融入企业 ERP（Enterprise Resource Planning，企业资源计划）或财务管理软件之中的系统。例如，有特色的运输管理系统有博科资讯 TMS 运输管理系统（系统功能有基本信息管理、操作权限管理、车辆状态管理、配送管理、状态跟踪管理）、洛捷斯特科技 L-TMS 运输管理系统（系统功能有接单、任务生成、库内作业、调度、执行跟踪与反馈、成本核算、台账/报表、电子商务、作业优化）和东方纪元运输管理系统（系统功能有运营管理、车辆管理、配载管理、收付款管理、其他管理、运输成本管理、运费结算、绩效考核）。

3）存储

存储（Warehousing and Storage）包括两个既独立又有联系的活动：存货管理与仓储。事实上，运输与存货水平及所需仓库数之间也有着直接的关系。企业许多重要的决策与存储活动有关，包括仓库数目、存货量大小、仓库的选址、仓库的大小等。

4）物料搬运

物料搬运（Material Handling）对仓库作业效率的提高是很重要的，物料搬运也直接影响到生产效率。在生产型企业中，物流经理通常要对货物搬运入库、货物在仓库中的存放、货物从存放地点到订单分拣区域的移动，以及最终到达出货区准备运出仓库等环节负责。

5）生产计划

在当前竞争激烈的市场上，生产计划（Production Planning）与物流的关系越来越密切。一方面，生产计划往往依赖于物流的能力及效率调整；另一方面，企业的生产计划还与存货能力、存货预测有关。

6）订单处理

订单处理（Order Processing）过程包括完成客户订单的所有活动。物流领域之所以要直接涉及订单的完成过程，是因为产品物流的一个重要方面是前置期，即备货周期（Lead Time），它是指从客户下达订单开始，至货物完好交于客户为止的时间。从时间或者说前置期的角度来看，订单处理是非常重要的物流功能。订单处理的效率将直接影响到备货周期，进而影响到企业的客户服务质量与承诺。

7）工业包装

与物流紧密相关的还有工业包装（Packaging），即外包装。企业物流中运输方式的选择将直接影响到包装要求。一般来说，铁路与水运引起货损的可能性较大，因而需要支出额外的包装费用。

8）客户服务

客户服务（Customer Service）也是一项重要的物流功能。客户服务水平与物流领域的各项活动有关，存货、运输、仓储的决策等取决于客户的服务要求。

9）存货预测

准确的存货和物料、零部件的预测是有效存货控制的基础，尤其是使用零库存和物料需求计划（Material Requiring Plan，MRP）方法控制存货的企业。因此，存货预测（Stock Forecasting）也是企业物流的一项重要功能。

除了上述主要内容外，企业物流还包含诸如工厂和仓库选址、维修与服务支持、回收物品处理、废品处理等内容。当然，不同的企业或处于不同发展阶段的企业，其企业物流不一定会涉及上述所有方面。

案例阅读

贝纳通公司是意大利的运动服装生产企业，主要销售针织品。公司位于意大利的彭泽诺，每年面向全球生产、分销5 000万件服装，大多是套头衫、休闲裤和女裙。

贝纳通公司发现，要使分销系统运行快捷，最好的办法就是在销售代理、工厂和仓库之间建立电子连接，假如贝纳通在洛杉矶某分店的售货员发现10月初旺销的一款红色套头衫将缺货，就会给贝纳通80个销售代理中的一个打电话，销售代理会将订单录入计算机中，传给意大利的主机。由于红色套头衫最初是由计算机辅助设计系统设计的，主机中会有这款服装的所有数码形式的尺寸，并能够传输给编织机。机器生产出套头衫后，工厂的工人将其放入包装箱，送往仓库，包装箱上的条码中含有洛杉矶分店的地址信息。贝纳通仅有一家仓库，供应世界上60个国家的5 000多个商店。仓库耗资3 000万美元，但这个分拨中心只有8个工作人员，每天处理23万件服装。

一旦红色套头衫被安置在仓库的30万个货位中的一个之上，计算机马上就会让机器人运行起来，阅读条码，找出这箱货物，以及运往洛杉矶商店的其他所有货物，将这些货物拣选出来，装上卡车。包括生产时间在内，贝纳通可以在4周内将所订购的货物运到洛杉矶。如果公司仓库有红色套头衫的存货，就只需1周。这在以运作速度缓慢著称的服装行业是相当出色的成绩，其他企业甚至不考虑再订货的问题。如果贝纳通突然发现今年没有生产黑色羊毛衫或紫色裤子，但它们销售很旺，公司就会在几周内紧急生产大量黑色羊毛衫或紫色裤子，快速运往销售地点。

2. 企业物流人员管理

从事任何一项工作，人总是最重要的因素，物流管理也是如此。在大多数企业尚没有把物流列为头等大事的现阶段，企业物流人员的选用、培养显得格外重要。这里说的物流人员管理，主要强调的是正确认识物流人员的地位和作用，选拔优秀人员从事物流管理工作，加大物流管理人员的教育、培训力度，提高物流管理人员的待遇。没有强大的物流管理人才队伍，企业的物流管理水平就不可能提高。

3. 物流技术装备管理

物流技术装备的管理，一要强调质量水平和利用率；二要强调各种技术装备的均衡效益；三要强调技术装备的运行速度和匹配性。例如，生产线传送带速度过慢，就会导致作业人员工作间歇过长，或者这个车间的传送带速度太快，下一个车间太慢，互不同步，就会影响整体生产效率。生产线两侧的零配件、工具如果放得过远，或者装备落后，这里的物流技术装备用的是20世纪90年代的产品，而那里用的却是20世纪80年代的产品，互不匹配，也会影响整体作业效率。

4. 物流费用管理及物流安全管理

企业在物流方面的规模投资可分为物流中心、配送中心和大型物流装备（分类及分拣机械、传送带、起重机、叉车、货架及软件系统等）的投资。这类投入由于资金量大，风险也大，所以必须做好可行性分析。可行性分析过程中需要考虑的几个重要方面是投资环境、投资必要性、投资风险和投资效益等。进行物流规模性投资时，一定要牢记物流园区、物流中心、配送中心等物流基础设施的特点，如投资大、回收期长、风险高、利润低、关联因素多等。国外兴建此类物流设施，一般是产品品种杂、作业量大、流通速度快、周转期短、客户要求苛刻、业务集中的大型生产企业，如医药、化妆品、汽车配件、电子元件、烟草、邮政、家电、化工产品、书刊、百货、体育用品等生产企业占多数。

关于物流安全管理，这里只提两点。一点是全自动化立体仓库的维护与管理。因为它是昼夜运转、无人化操作，所以货架、托盘、巷道起重机、搬运小车、电路系统的安全系数要高，安全运行监督和管理措施要到位，维修要定期、细致。另一点是装卸、搬运作业的安全管理。由于装卸、搬运的物品都是重物，一旦发生事故就很麻烦，而且仓库空间有限，在狭窄的空间中，无论是叉车作业还是人工作业，都必须消除安全隐患。

5. 企业物流质量管理

物流质量管理的内容包括物流活动本身的质量管理、物流服务质量管理和物流工程质量管理。物流活动本身的质量管理，即运输、保管、装卸搬运、包装、流通加工、配送及信息处理等各物流环节的质量管理，其要求的标准是：时间数量、地点的准确性；按货主指定的时间、数量、品种、地点安全地运输或配送，途中无车祸、沉船、散包、丢失、受潮、破损、变质、变形，尤其是易燃、易爆、易碎、易腐蚀的货物及危险品货物，更要有严格的物流质量管理标准。物流服务质量管理类似于物流服务程度、服务水平的管理，有一定的伸缩度。这要根据销售部门的要求，或企业的经营战略、方针和目的而定。以送货为例，对方要求每天送两次货和隔三天送一次货，直接关系到送货成本和物流服务水平。有时候企业为了提高对客户服务的质量，扩大销售额，可能会主动频繁地送货上门，这就要求有较高的物流服务质量管理标准。物流工程质量管理涉及物流基础设施质量、物流系统水平、物流工艺、物流环境、物流管理体制，乃至物流作业人员等内容。例如，仓库施工质量有问题，会出现突然倒塌；物流管理人员缺乏训练，可能出现指挥失误、管理没有章法；等等。

6. 物流综合效益管理

（1）运输、保管、装卸搬运、包装、流通加工、配送及信息处理等物流环节之间的综合效益。这些环节应该尽量配套和同步。失衡、倾斜、单独冒进都不会获得均衡效果和整体效益，有时甚至会因此失去平衡，导致系统的混乱。

（2）物流与商流的综合效益。物流与商流存在因果关系，有时物流被商流主导。例如，企业是由于有了订单才组织备料和安排生产，也是由于有了订货的结果，才产生物流的需求；反过来，物流的高水平服务，有助于维持客户关系或赢得客源。因此，物流管理的标准化往往能够促进销售。

（3）物流在企业经营中发挥的作用。物流管理不仅服从、服务于销售，而且要遵循企业的经营战略和方针。如果企业为了抢占市场，提高市场占有率，需要超常规的物流服务，那么便可能在一个过程或一段时间内要求物流做出牺牲，即使增加物流费用，产生浪费，也要服从企业经营的战略大局。这是因为在现代经济社会市场竞争白热化的时代，物流是最有潜力、最能提供差别服务效果的领域，在生产和销售领域各企业的做法相似，竞争的余地很小、利润空间很小的今天，物流往往是最后一张"王牌"。这就要求物流企业实施综合效益管理，即物流管理不应局限在物流本身，而要扩大到整个企业的经营管理中。

1.3 企业物流合理化

1.3.1 企业物流管理存在的问题

1. 企业对物流服务的认识不够全面和深刻

随着经济的发展，顾客对物流服务的要求越来越个性化、多样化。可是我国的许多企业只把物流看作是企业对顾客的单向贡献，一味地削减物流成本，没有充分发挥供应链的增值功能，未能将企业物流上升到战略层高度。甚至有很多企业目前还存在"物流腐败"现象，例如，有些采购人员钻体制改革的空子，牺牲企业的整体利益来谋取个人私利，使物流成本高居不下。另外，大部分的企业还没有意识到"20/80原则"的重要性，将有限的物流资源平均分配给所有的顾客和所有的产品，这种"一刀切"的服务形式势必要挫伤"20"关键消费者的利益，从而失去"80"的利润。

2. 企业的基础设施落后，物流效率低下

从运输方面看，我国许多企业仅拥有一些单一的运输手段，运输网络也不完善，重复、对流运输比率较高，有统计显示目前我国货运汽车空驶率高达37%，返空现象严重。另外，仓库空间浪费大、保管不合理；大多数企业物料出、入库仍然使用一些简易的机械。

3. 企业物流的信息化程度低

由于我国信息产业发展比较晚，不同利益阶层的人对企业信息化的认识存在分歧。受财力、物力、人力等条件限制，一些企业的领导还不能接受管理信息系统的应用，因而大部分企业还未能实施数字化的物流管理，先进的电子数据交换、自动识别和条码技术、全球定位系统等更无从谈起。这就使得企业无法对自己的物流服务进行即时监控，也无法实现与上游供应商和下游消费者的信息共享，更没有与社会物流合作的兼容接口。

4. 企业缺乏专业的物流人才

物流作为一种新型的管理技术，涉及的领域极其广泛，这就要求物流管理人员不但要熟悉整个工艺流程，而且要精通物流管理技术、掌握企业内物流及向外延伸的整条供应链的管理等综合知识。而我国现在具备综合物流知识的管理和技术人才严重缺乏，不能满足企业物流现代化的需要。

5. 功能及管理不足

（1）物流的专业功能及管理不完善，企业物流与社会物流的物理衔接与信息衔接脱节。

（2）物流管理的基础工作薄弱，效率低，如对采购的市场信息、供货人信息、供货质量信息、供应的生产波动、物资消耗及供应规律、库存中各种物资的历史分布等物流的基础数据和信息不善归纳整理和积累。

（3）库存管理控制达不到最佳状态，不能根据市场变化、交通及气候的影响和企业生产波动来柔性控制库存。

（4）物流、信息流、商流和资金流的结合不紧密。

6．物流基础设施及技术装备落后

（1）技术装备落后，不投入，机械化、自动化程度低。

（2）基础设施落后，不配套。

（3）设施与装备的利用率和完好率低。

7．物流组织结构（体制）不完善

物流组织结构不适应生产或市场变化的需求，内部协调不力，决策层、管理层、作业层之间纵向脱节；对外部的应变能力不强；缺乏有力的横向与纵向监督机制。

8．物流成本控制不严

物流系统一般没有采取总成本控制，物流成本模糊，分部门核算时总成本不清晰，各种浪费现象（物资、人员、设备设施、时间效率）普遍存在。

1.3.2 企业物流合理化的基本途径

1．重视企业物流发展

企业物流是我国物流业发展的关键，应该高度重视社会物流与企业物流的平衡发展。从本质上讲，社会物流的发展是由社会生产的发展带动的，当企业物流管理达到一定水平，就会对社会物流服务提出更高的数量和质量要求，那时，物流业大发展的时期就要来临了。人们必须认识并遵从这一客观规律，并且充分依据我国的实际情况确定物流业的发展战略。当前，应高度重视我国物流业中面向生产和面向流通这两个领域的平衡发展问题，时刻注意面向生产领域的物流与面向流通领域的物流必须在发展步调和发展水平上相配合、相匹配。如果片面强调流通领域物流而忽视生产领域物流，非但不能增强我国物流业发展后劲，而且极可能形成物流业内部瓶颈。要避免这种情况的发生，不妨从工业企业入手，在完成企业物流建设与现代化的过程中，使社会物流与企业物流水乳交融地结合起来，彻底改变我国生产领域物流水平低下的状况，使企业物流成为整个供应链物流中加快流通的起搏器，从而为我国物流业的发展打开局面。

2．合理布置和规划各种设施在生产空间上的位置

企业物流活动几乎渗透到企业的所有生产经营活动和管理工作中，如图1.5所示。因此，企业物流管理的基本要求就在于合理布置和规划各种设施在生产空间上的位置，它可以使各作业环节建立紧凑的衔接，以减少物料流的迂回、交叉及无效的重复运输，避免物料运输中的混乱，从而缩短流程时间，减少生产物流的等待时间，缩短生产周期，保障生产的连续性。

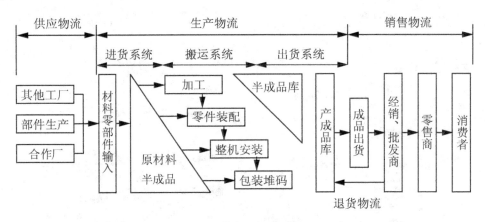

图 1.5 企业物流活动

3．合理地配置和使用物流机械

为了提高作业效率，增强物料搬运能力，应不断地开发各种类型和规格的物流机械设备。物流的机械化、自动化水平直接反映了物流系统的能力和水平。

4．健全物流信息

物流信息系统的建立是物流现代化的标志。在企业内部，合理制订生产计划，控制生产物流节奏，压缩库存，降低生产成本，合理调度运输和搬运设施，使厂内物流顺畅，这些都依赖于及时、准确的物流信息。在企业外部，原材料供应市场和产成品销售市场的信息也是组织企业生产的重要依据。因此，必须从基本数据的收集做起，建立完善的物流信息系统，以利于管理层进行分析，使企业的领导者决策有所依据。

5．设置生产物流合理化

生产物流合理化为生产的连续性提供了保障，在制品库存的压缩，设备负荷的均衡化，也都与生产物流的管理和控制有关。企业为了保证本身生产的节奏，不断组织原材料、零部件、燃料、辅助材料供应的物流活动，这种物流活动对企业进行正常、高效生产起着重要的作用。

企业供应物流不仅要保证供应的目标，而且要降低成本并以最少消耗、最快速度来组织供应物流活动，企业竞争的关键在于如何降低物流成本，这是企业物流的最大难点。为此，企业供应物流就必须解决有效的供应网络、供应方式、零库存等问题。

1.4 企业物流管理与供应链管理

1.4.1 供应链概述

1．供应链的概念

供应链（Supply Chain）是指产品生产和流通中，将产品或服务提供给最终用户活动涉及的上游与下游企业所形成的网链结构。这种供应链是由物料获取并加工成中间件或成品，到送到消费者手中的过程所涉及的一些企业和部门所构成的网络。在这个网络中，每个贸易伙伴都具有双重角色：既是供应商，又是客户。他们既向上游伙伴订购产品，又向下游伙伴提供产品。

2. 供应链的内容

供应链主要涉及以下几方面的内容，如图1.6所示。

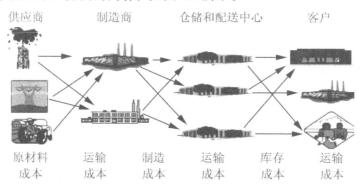

图1.6　供应链主要涉及的内容

（1）供应链包含了所有加盟的节点企业，从原材料的供应开始，经过链中不同企业的制造加工、组装、分销等过程直到最终用户为止。

（2）供应链通过对信息流、物流、资金流的控制，实现整条链的增值，给各节点企业带来收益，实现多赢。

（3）在整条供应链中，每个节点企业既可能是其客户的供应商，又可能是其供应商的客户，每个节点形成需求和供应的关系。

3. 供应链的构成

供应链的构成是建立在价值链概念基础上的。企业的生产经营活动是价值创造与增值的过程，企业的基本活动一般包括这样5个增值活动：内部后勤（包括物料接收、存储、在制品移动等活动）、生产（将投入的物料转化为最终产品的活动）、外部后勤（把产品配送到用户的一系列活动）、市场营销（为用户提供购买渠道及引导他们购买的活动）、服务（通过提高服务水平维持和提高产品价值的活动）。这5种基本的增值活动构成了一个价值链。在这一价值链中，从物料采购开始，通过后勤活动和生产活动，物料逐渐向市场移动，每次移动都会产生增值。产品价值的增加会一直持续，到最终产品所有权在顾客所指定的时间和地点转移给顾客的时候停止。供应链示意图如图1.7所示。

在图1.7中，每一部分可以看作价值增值过程中的一个集成部分，各种活动的有机结合看作一个价值链。而每个组织也就可以被看成是一个价值链，或一条完整价值链中的一部分。产业正是由多个这样的价值链组成的。这样的由多个组织构成的完整价值链，就形成了一个供应链。

供应链通常由原料供应商、生产商、批发商、零售商和用户等多个组织所构成。在这一供应链中，每个组织既是供应链中某个组织的用户，又是另一个组织的供应商。供应链上的各个组成部分之间相互制约、相互影响，组成一个有机整体，共同实现供应链的总目标。为了优化功能，供应链的各个链节必须以一种协调方式运作，把供应链看作一个完整的运作过程对其进行管理，这样就可以避免或减少各环节之间的延误或浪费，以确保在更短的时间内，用更少的成本实现价值的增值，这就是供应链管理的基本思想。

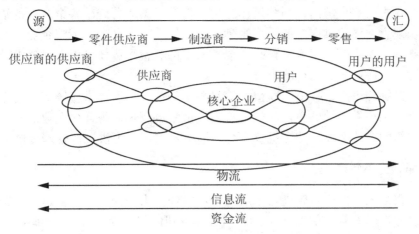

图 1.7　供应链示意图

1.4.2　供应链管理

供应链管理是指对供应链中的物流、商流、业务流、价值流、资金流和信息流进行的计划、组织、协调及控制。供应链管理是一种通过贸易伙伴之间的密切合作，以最小的成本为客户提供最大的价值和最好的服务的过程，各个贸易伙伴共享信息、共担风险。它的目标是提高整个供应链运行的速度、效益及附加值，为整个供应链上的所有贸易伙伴带来巨大的经济效益。供应链管理系统示意图如图 1.8 所示。

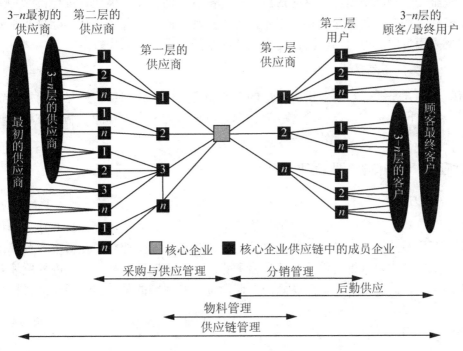

图 1.8　供应链管理系统

供应链管理是一种集成的管理思想和方法，它意味着包括供应商、生产商、批发商和零售商不同组织在内的整个链的计划和运作行为的协调，意味着跨越各个企业的边界，在整个链上运用系统观念，强调供应链的集成管理。供应链管理建立在上下游企业之间相互合作、信息共享的基础之上，交易双方不再是传统意义上的利益矛盾体，而是战略上的合作伙伴，本着双赢的方针，协调彼此的行动。

运用供应链管理思想，在战略联盟、信息共享的基础上实现供应链上下游企业的集成化运作，有意识地利用供应链的整体功能，将供应链集成管理作为强化企业的竞争能力、降低生产运作成本等的有效手段。计算机技术与通信技术的进步为供应链管理提供了重要手段。

1.4.3 供应链管理的特点

在国内，很多人把供应链管理与传统的物流管理混为一谈。事实上，供应链管理由3个部分组成：供应管理（供应商部分）、运营管理（公司内部管理）、物流管理（客户端）。简单来说，供应链管理就是从供应商处采购（供应管理），在内部进一步增值（运营管理），再递送给客户（物流管理）。

1．范围不同

供应链管理把供应链中所有节点的企业都看作一个整体，包括从原材料供应商、制造商到仓库再经过配送中心到经销商。由此可见，供应链管理不仅要考虑物流管理，还涉及资金、信息等方面。

2．层次不同

从概念上来看，供应链管理是从物流管理的基础上发展起来的，通过对企业运作过程中的信息、资金、实物的功能进行整合形成了供应链管理的概念。因此，供应链管理的概念涵盖了物流管理的概念，物流管理相当于是供应链管理中的一个部分。从实际操作来看，供应链管理主要采用集成的思想和方法，使物流从战术的层次提高到战略高度。

3．一体化方向不同

物流管理主要是通过对企业组织内部的功能整合，侧重于内部一体化。而供应链管理通过各节点企业之间的协作，以实现多赢为目标，以清晰的成本核算和控制为过程，达到整体资源的最优配置，其更侧重于外部一体化。

1.4.4 供应链管理与传统企业管理的区别

1．管理的方式不同

传统企业管理中的采购、生产、销售等环节往往相对独立运作，各自有独立的计划和目标，由于相互之间的协调性较差，彼此的计划甚至目标会发生冲突，在每个环节都注重自己结果的情况下，管理很难得到整体利益的最大化。而供应链管理是在企业内外所涉及的各个环节达成协调一致的基础上，达到良好的彼此衔接，其注重的是过程管理，其目标是整体利益最大化。

2．管理的目标不同

传统的管理因为注重结果管理，往往短期行为较多，其衡量的指标往往是单一的利润。

而在供应链管理下，往往以是否实现各节点企业的"多赢"为目标，其衡量企业经营业绩的指标是供应链各方是否均具有较好的营利性。

3. 管理的侧重点不同

在传统企业管理中，往往以产品为终点，围绕生产部门转。而在供应链管理下，企业不但把产品作为管理的重点，更为重要的是，把产品的消费对象——顾客作为管理的核心内容。顾客管理成为供应链管理中的重要内容。

4. 库存方式的不同

传统企业管理中，由于各部门之间的协调性较差，彼此之间的供需经常脱节，企业的库存往往存在矛盾，不是生产过剩形成库存成本过高，就是生产跟不上形成缺货成本。在供应链管理下，由于其共享信息资源，彼此之间信息畅通，企业用现在的虚拟库存替代了原来的实物库存，大大地降低了实物库存的风险。

1.4.5 企业物流管理与供应链管理的关系

1. 联系

企业物流管理只是供应链管理的一个方面，完整的供应链管理还应该包括整个供应链的商流、资金流和信息流等的管理。但就目前而言，供应链管理应用最多、最为成功的领域还是物流，即供应链物流管理。

从物流系统的角度看，供应链物流管理是将供应链中的上下游企业作为一个整体，通过相互合作、信息共享，实现库存的合理配置，提高物流的快速反应能力，降低物流成本的一种物流管理方式。

供应链物流管理与企业物流管理的定义都强调对商品从产地至消费地的实体移动过程进行管理。供应链管理和企业物流管理都是对物品的实体移动，包括运输、储存、包装、装卸搬运、配送、流通加工、信息处理等活动进行管理。它们之间的联系如图 1.9 所示。

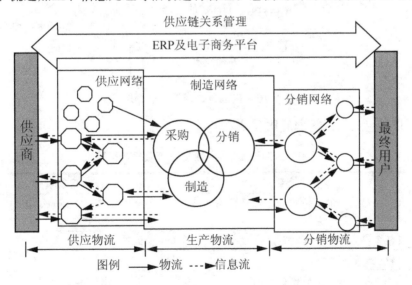

图 1.9　企业物流管理与供应链管理的联系

供应链管理是企业物流管理概念在企业外部的延伸。企业物流管理强调的是单个企业物流系统的优化，对运输、仓储、包装、装卸搬运、流通加工、配送和物流信息实施一体化管理，而供应链管理则认为仅对单个企业的物流活动进行控制是不够的，必须对整个供应链的所有成员或关系较近的成员的物流活动实施一体化管理，也就是说，由链中的企业共同对供应链的物流活动进行管理。

2．区别

（1）供应链管理把供应链中的所有节点企业看作一个整体，供应链管理涵盖了整个物流的各个环节，即从供应商到最终用户的采购、制造、分销、零售等职能领域过程，如图 1.10 所示。

（2）供应链管理强调和依赖战略管理。"供应"是整个供应链中节点企业之间事实上共享的一个概念（任意两节点之间都是供应与需求关系），同时它又是一个有重要战略意义的概念，因为它影响或者决定了整个供应链的成本和市场占有份额。

（3）供应链管理最关键的是需要采用集成的思想和方法，而不仅仅是节点企业、技术方法等资源简单的连接。

（4）供应链管理具有更高的目标，通过管理库存和合作关系去达到高水平的服务，而不是仅仅完成一定的市场目标。

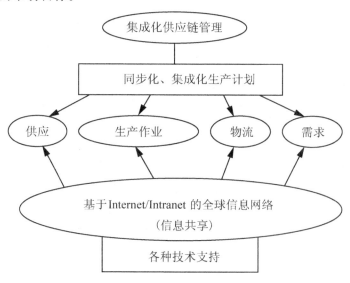

图 1.10　供应链管理涉及的领域

供应链管理与企业物流管理的比较见表 1-1。

表 1-1　供应链管理与企业物流管理的比较

		企业物流管理	供应链管理
相同点		都是对物品的实体移动，包括运输、储存、包装、装卸搬运、配送、流通加工、信息处理等活动进行管理	
不同点	范围	整个供应链的物流活动	单个企业的物流活动
	难度	较大	较小
	环节	环节多，涉及供应链所有成员	环节少，通常只限于单个企业
	效益	供应链物流的优化，效益巨大	企业内部物流优化，效益不如前者

思考与练习

一、思考题

1. 企业物流的作业目标是什么？
2. 简述企业物流的分类。
3. 什么是企业物流管理？
4. 企业物流管理的内容有哪些？
5. 简述企业物流合理化的基本途径。
6. 比较供应链物流管理与物流管理的区别。

二、案例讨论

在快速消费品行业里，当商品的成本已压至最低时，利润的最大化则要从物流成本去实现。就本案例探讨的啤酒行业来说，啤酒易腐，产品保质期短，储存条件要求高，也不易多次搬运。由于这些产品特性的限制，必须采取较短的分销途径，把啤酒尽快送到消费者手中，所以人们开始将目光从管理企业内部生产过程转向产品全生命周期中的供应环节和整个供应链系统。而在供应链管理方面，包括产品设计、生产制造、原物料的采购及产品的配送等，都涵盖在整个供应链当中，也即包括了采购供应链、生产供应链和营销供应链等。

例如，青岛啤酒集团首先成立了仓储调度中心，对全国市场区域的仓储活动进行重新规划，对产品的仓储、转库实行统一管理与控制。由提供单一的仓储服务，到对产成品的市场区域分布、流通时间等进行全面的调整、平衡和控制，仓储调度成为销售过程中降低成本、增加效益的重要一环。以原运输公司为基础，青啤集团注册成立了具有独立法人资格的物流有限公司，引进现代物流理念和技术，完全按照市场机制运作。作为提供运输服务的卖方，物流公司能够确保按规定要求，以最短的时间、最少的环节和最经济的运送方式，将产品送至目的地。同时，青岛啤酒集团应用建立在互联网信息传输基础上的ERP系统，筹建了青岛啤酒集团技术中心，将物流、信息流、资金流统一在计算机网络的智能化管理之下，建立起各分公司与总公司之间的快速信息通道，及时掌握各地最新的货物库存、和资金流动情况，为制定市场策略提供准确的依据，并简化了业务运行程序，提高了销售系统的运作效率，增强了企业的应变能力。青岛啤酒集团还对运输仓储过程中的各个环节进行了重新整合、优化，以减少运输周转次数，压缩库存，缩短产品仓储和周转时间等。从运输到仓储，青岛啤酒集团逐步理清头绪，并通过青岛啤酒集团的ERP系统和招商物流的SAP物流管理系统的自动对接，借助信息化改造对订单流程进行全面改造，使"新鲜度管理"的战略有条不紊地实施。

"要像送鲜花一样送啤酒"，可以说，在供应链中存在大量削减成本的机会。企业可以通过有效的供应链管理大幅增加收入或降低成本，青岛啤酒集团就是一个很好的例子。在一系列的整合后，青岛啤酒集团每年超过千万元亏损的车队转变成一个高效诚信的运输企业。而且就运送成本来说，由0.4元/千米降到了0.29元/千米，每个月下降了100万元。在青岛啤酒集团运往外地的速度上，也比以往提高了30%以上。

现代物流管理体系的建立，使青岛啤酒集团的整体营销水平和市场竞争能力大大提高，其产品畅销40多个国家和地区。其建立的信息网络系统还具有较强的扩展性，企业不但拥有了完善的物流配送体系和成熟的市场供求关系，而且还为开展电子商务提供了必要的条件。

讨论

（1）案例中企业物流起了什么作用？
（2）结合案例谈谈发展企业物流的意义。

三、实训练习

实训　企业物流管理内容的分析

实训目的：了解该企业物流管理的内容，掌握该企业物流管理的流程。

实训内容：调研某企业的物流管理内容，分析该企业的物流管理流程。

实训要求：

（1）先将学生进行分组，每5人一组。

（2）各组成员自行联系，并调查当地一家企业，分析目前该企业所处的产业环境及采取的企业战略。

（3）针对企业发展的相关制约因素，分析这家企业的类型是什么、有什么特点，物流管理现状和特色是什么，该企业的物流管理流程如何，企业的物流存在哪些问题，并提出本组认为合理的解决方案。

（4）针对本组的分析和设计结果，与企业管理人员沟通，听取他们对分析结果的建议，之后改进相应的方案，如此反复直至得到管理人员的认可为止。

（5）每个小组将上述调研、分析、改进企业物流管理内容的过程和结果形成一个完整的分析报告。

【拓展视频】

【本章小结】

第 2 章

采购与供应物流管理

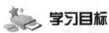
学习目标

（1）熟练掌握企业供应物流的概念。
（2）熟悉供应物流的任务、作用。
（3）掌握企业采购流程、采购管理的内容和要求。
（4）熟悉企业采购的合同管理、供应商管理。
（5）了解现代采购的发展趋势。

导入案例

在采购活动中，传统的美国思维是"猎人"方式。市场是"狩猎场"，采购方式是"猎人"，招投标招到最好的"猎物"，谈判获取最大的优惠，然后慢慢享用"猎物"。至于"猎物"是谁养大的，那不关自己的事。"人人为自己，上帝为大家"，市场那只看不见的手自然会培养供应商，物竞天择，优胜劣汰，任由其自生自灭。这种思路当美国企业在国际市场上处于绝对优势时看不出什么问题，因为竞争对手都是美国企业。

但是，到 20 世纪七八十年代，日本制造业异军突起，大举进军美国及全球市场的时候，美国企业就被打得满地找牙，家电、汽车、电子等产品从此一蹶不振，其他高科技产品也节节败退。痛定思痛，美国企业家发现他们被一帮"牧人"打翻在地。日本企业采取"牧人"管理方式，领头企业如丰田、松下、东芝等充当"牧人"角色，积极帮助供应商提高生产、制造、管理能力，从而提高整个供应链的竞争力，这样集团作战的日本企业打败单兵作战的美国企业，也就不足为奇了。农牧社会比渔猎社会先进，这是规律，放在企业的供应链管理上也适用，从此供应商管理也登入美国供应链管理的大雅之堂。

思考

（1）"牧人"模式中企业与供应商的关系具有什么特点？

（2）"猎人"模式与"牧人"模式的区别是什么？

（3）"牧人"模式中供应商管理的目标是什么？

2.1 企业供应物流概述

2.1.1 供应物流

1. 供应物流的概念

《物流术语》对供应物流（Supply Logistics）的定义是："为下游客户提供原材料，零部件或其他物品时所发生的物流活动。"

供应物流是从原材料、外购件等的订货、购买开始，通过运输等中间环节，直到收货人收到货、入库为止的物流过程，它是企业物流过程的起始阶段。供应物流是保证企业生产经营活动正常进行的前提条件。

2. 供应物流的基本任务

企业的生产过程同时也是物质资料的消费过程。企业只有不断投入必要的生产要素，才能顺利进行生产并保证其经济活动最终目的的实现。因此，企业供应物流的基本任务是保证适时、适量、适质、适价、齐备成套、经济合理地供应企业生产经营所需要的各种物资，并且通过对供应物流活动的科学组织与管理，运用现代物流技术，促进物资的合理使用，加速资金周转，降低产品成本，使企业获得较好的经济效益。

3. 供应物流的作用

（1）供应物流是保证企业顺利进行生产经营活动的先决条件。企业供应物流的作用，首先就是为企业提供生产所需的各种物资，才能保证企业不会因等待原材料、零部件而停工、停产。

（2）加强供应物流的科学管理，是保证完成企业各项技术经济指标、取得良好经济效果的重要环节。首先，物资供应费用在产品成本中占有很大的比重，因此，加强供应物流的科学管理，合理组织供应物流活动，如采购、存储、运输及搬运等，对降低产品成本有着重要的意义。其次，在现代化大生产中，企业的储备资金在流动资金中所占的比重较大，因此，加强供应物流的组织管理，合理储备，对压缩储备资金、节约占用资金、加快流动资金的周转起着重要的作用。最后，在物资供应中，能否提供合乎生产要求的物资，将直接关系到产品的质量、新产品的开发和劳动生产率的提高。

2.1.2 供应物流管理

供应物流的过程，因不同的企业、不同的生产工艺和不同的生产组织模式而有所不同，但供应物流的基本流程和内容大致相同。

1. 供应的概念

任何企业进行生产经营活动，都要消耗各种物品。这种以物品补充生产经营消耗的过程，就称为供应。供应过程包括采购、储存、供料等环节，涉及商流、物流、信息流和资金流。

供应是供应物流与生产物流的衔接点。供应是依据物料供应计划、物资消耗定额、生产作业计划进行生产资料供给的作业层，它负责原材料消耗的控制。供应的方式一般有两种：一是传统的领料制；二是配送供应，即供应部门根据生产作业信息和作业安排，按生产中材料需要的物料数量、时间、次序、生产进度进行配送供应的方式。

2. 供应物流管理的主要业务

1）物料供应计划

物料供应计划一方面要适应生产、维修、技术措施、基建、成本及财务等对物料和资金使用方面的要求；另一方面又反过来为其他计划的顺利执行提供物资保证。对企业物资管理来说，物料供应计划是订货、采购、储存、使用物资的依据，起着促进企业加强物资管理的作用。

正确地确定物料需要量，是编制物料计划的重要环节。不同用途、不同种类物料需要量的确定，方法是不同的。概括说来，有直接计算法和间接计算法两种。

（1）直接计算法。它是直接根据物资消耗定额和计划任务来核算需要量的方法，也叫定额计算法，公式如下

$$\text{某种物料需要量} = \left[\text{计划期产量} \times \left(1 - \text{不可避免的废品率}\right)\right] \times \text{单位产品消耗定额} - \text{计划回用废品数量}$$

（2）间接计算法。用间接计算法确定物料需要量比较粗略。因此，企业一般用这种方法来确定不便于制定消耗定额的辅助材料需要量，或用来确定某些辅助生产部门的部分用料。

2）物资消耗定额

物资消耗定额是在一定生产技术条件下，为制造单位产品或完成某项任务所规定的物资消耗量标准。物资消耗定额的制定，包括"定性"与"定量"，定量即确定物资消耗所需数量。

（1）物资品种规格的确定。要做到技术上可靠、经济上合理、供应上可能，具体要考虑以下因素：

① 品种、规格、质量的选择必须符合产品性能的要求。

② 选用的物资应具有良好的工艺性，以保证产品加工质量和提高劳动生产率，并提高产品制造的经济性。

③ 选用的物资要尽量考虑降低成本的要求。例如，尽力避免使用稀缺物资和进口物资；充分考虑材料的合理代用，如"以铸代锻"，以廉价材料代替贵重材料；充分利用规格标准化的材料，以降低材料价格；尽量使材料规格与零件毛坯长度成整倍数关系，以减少不可利用的边角余料；考虑余料的综合利用，以提高材料的利用率；尽量考虑就近供应物资，以降低运费和便于协作管理；等等。

④ 选用物资要考虑现实资源情况和供应可能。

（2）物资消耗量标准的确定。物资消耗量标准的制定方法大致有以下3种：

① 技术计算法。它是根据产品图样和工艺说明等资料计算物资消耗定额的方法。这种方法的计算程序是：首先根据图样计算零件净重，加上合理的加工留量（或根据毛坯图样计算零件毛重），然后加上下料过程的合理损耗，算出物资消耗定额。

② 实际测定法。它是运用理论称重、计算等方式，对实际物资消耗进行测定，然后通过分析研究制定物资消耗定额的方法。使用这种方法时，应选择物资消耗定额先进合理的典型作为测定对象。

③ 统计分析法和经验估计法。统计分析法是根据实际物资消耗的历史统计资料，进行综合计算和分析，借以确定物资消耗定额的方法，采用先进平均数值较为科学。经验估计法以有关人员的经验和资料为依据，通过估计，确定物流消耗定额的方法。

3．供应物流模式

由于生产企业生产的产品不同，原材料、零部件的丰富程度不同，体积、重量的大小不同，以及原材料、零部件的保存条件和价值不同，从而导致供应物流具有多种模式，主要包括以下几种。

1）需求企业自提模式

生产企业与供应商签订合同以后，按照合同规定的条款，供应商在适当的时间通知需求方准备在指定的地点提货。这种模式需方应事前联系或组织必要的运输工具，如火车、轮船、汽车等，并按约定时间在指定地点提货。在货物装车前要核对数量，检验质量，并办好全部交接手续。此后，需方就要对供应物流负全责。

2）委托销售企业代理

委托销售企业代理，即供应商负责联系组织运输工具，承担运输业务，实施"门到门"的服务。这样做一方面可以使供应商获得稳定的客户和增值服务，有利于自身的持续发展；另一方面对于需求方来说，可以大大节约为组织供应所耗用的人力、物力和财力，从而可以集中精力致力于发展企业的核心业务。这是一种最常见的供应模式。

3）委托第三方企业代理

这种供应物流方式指企业在完成采购任务后，由相对于"第一方"发货人和"第二方"收货人而言的第三方专业物流企业承担供应物流活动的一种物流形态。第三方物流企业通过与第一方或第二方合作来提供专业化的物流服务。它不拥有商品，不参与商品买卖，而是接受合同约束，为顾客提供以结盟为基础的系列化、个性化、信息化的物流代理服务。

4．供应物流服务的新方式——供应链供应物流模式

这是近年来随着供应链思想和实践的拓展而发展起来的供应物流模式。供应链体系是由

物流供应商、生产商、储运商、分销商及消费者组成的供需网络链。供应商和企业结成最高层次上的联盟，彼此在互利互惠、共享信息、共担风险和相互信任的原则下建立长期合作的供应关系。这种供应链供应的物流模式主要有 JIT 供应模式、即时供应模式和零库存供应模式等。

1）JIT 供应模式

JIT 的基本原理是"以需定供"。即供应方根据需求方的要求（或称看板），按照需求方的需求品种、规格、质量、数量、时间及地点等要求，将物品送到指定的地点。不多送，也不少送，不早送，也不晚送，所送品种要个个保证质量，不能有任何废品。JIT 采购的策略如下：

（1）小批量采购。小批量采购减少和消除了原材料和外购件的库存，但会使送货频率增加，从而引起运输物流费的上升。

（2）保证采购的质量。准时制采购原材料和外购件时，库存减少，甚至不存在库存，所以必须保证所采购物资的质量。

（3）合理选择供货方。准时制采购应合理选择供货商，选择因素有产品质量、交货期、价格、技术能力、应变能力、批量柔性、交货期与价格的均衡、批量与价格的均衡及地理位置等。

（4）可靠的送货和特定的包装要求。因为消除了缓冲库存，所以任何交货失误和送货延迟都会造成难以弥补的损失。

实行 JIT 采购战略不但取决于企业内部，而且取决于供货方的管理水平，取决于物流系统的管理水平，因此应对准时制采购的相关因素做好合理的、全面的考虑。

2）即时供应模式

即时供应模式是 JIT 供应的特例，它不是按照计划的时间，进行计划数量产品的供应，而是按照用户随时提出的时间要求，进行准时供应的一种供应物流模式。它多用于零部件的供应。通常的情况是，需求商通过互联网络向伙伴供应商发出临时需求信息，供应商则根据需求快速组织生产，再按需求的时间，快速送达需求商的生产线。由于零部件的生产是按临时需求组织生产的，产品的质量完全取决于供应商对生产过程的质量监控，所以，这个生产过程又称质量生产。电子商务的快速发展和广泛应用，为这种缺乏计划而又有严格时间要求的即时需求提供了支持。

3）零库存供应模式

关于"零库存"的概念，学术界有争议。对"零库存"可以有两种理解：一种是实际意义上的零库存，就是与传统意义上的大量库存比较，由于通过 JIT 供应和 JIT 供应特例的即时供应，使库存量大大减少，几乎接近零；另一种是数学意义上的零库存，即需求方不设库存，而是由供应方设置和管理库存。这种真正意义上的零库存运作方式是供应商将商品直接存放在用户的仓库中，并拥有库存商品的所有权，供应商只有在用户领用商品后才与用户进行货款的结算。这种运作方式对供需双方都有利，供方可以利用需方的仓储设施，免去了固定资产的投资，节约了大量资金；需方因为没有设库存，免去了库存占有资金，并节省了大量的管理费用。

> **案例阅读**

在计算机专家和高速局域网的支持下,麻省理工学院建起了世界上最先进的采购系统之一。工作人员可以通过单击网上的产品目录来订购铅笔和试管,这种方式保证了任何人都不能超越授权的支出限额。所有的支付都通过美国快递公司的采购卡车来进行。麻省理工学院还与两家主要的供应商办公用品仓储式销售有限公司和 VWR 公司(一家旨在为实验室、工厂提供卓越产品、服务和解决方案的供应商,总部在美国)签署了协议,在一到两天就能将绝大多数货物直接送到购买者的办公桌上,而不仅仅是送到办公楼的存货间。

2.2 采购管理

2.2.1 采购概述

就制造业而言,为销售而生产,为生产而采购是一个环环紧扣的物料输出、输入的动态过程。而采购流程运行的成功与否将直接影响企业生产、最终产品的定价和供应链的最终获利情况。因此,企业采购流程处于企业物流流程的"首要"地位。采购是供应物流与社会物流的衔接点。采购是依据企业生产计划所要求的供应计划,制订采购计划并进行原材料外购的作业层,在完成将采购的物资输送到企业内的物流活动的同时,还需要承担市场资源、供货方和市场变化等供求信息的采集和反馈任务。

采购物流管理的目标就是以正确的价格、在正确的时间、从正确的供应商处购买到正确数量和质量的商品或服务。

1. 采购的概念

【拓展文本】

采购包含着两个基本意思:一是"采",二是"购"。"采"即采集、采摘,是从众多的对象中选择若干个之意。"购"即购买,是通过商品交易手段把所选定的对象从对方手中转移到自己手中之意。所谓采购,一般是指从多个对象中选择购买自己所需要的物品。这里的对象,既可以是市场、厂家、商店,也可以是物品。

2. 采购的重要性

由于采购的工作质量关系到企业产品的质量和成本,并且采购资金在总成本中占很大比重,使得采购在企业经营活动中占有重要地位。

1)采购的资金量大

在制造业中,企业的采购资金占最终产品销售额的 40%~60%,这意味着采购成本的降低将对企业利润的增加产生重要的影响,其增加利润的效果要远远大于在其他方面采取的措施。因此,采购自然成为企业降低成本、增加利润的重要环节。影响利润的因素是很多的,因此,企业可以通过多种途径来增加利润。但其中只有降低采购成本这一措施的效果最为明显,这实际上也体现了现代物流管理中杠杆作用的原理。企业在加强内部管理、挖潜增效的过程中,一定要特别重视采购工作。

2）满足制造产品需求

企业生产部门对采购物品不仅有在数量方面的要求，而且还有在质量、性能与时间等方面的要求。原材料和零部件的性能和质量直接关系到产品的性能和质量。例如，清晰度是电视机的一项重要的质量指标，如果采购的显像管聚焦质量达不到要求，那么无论电视机设计得如何好，由于显像管质量不合格就不可能得到满意的清晰度。时间要求是指当生产需要某些物资时能够及时得到供应。采购部门为了满足这个需求，往往会采取大批量采购的办法来应付，这样又形成了过高的库存水平和较高的资金占用。现代物流管理要求做到 JIT 采购，它是按照生产部门或客户的需求数量和时间，及时安排采购计划，对于采购数量与采购时间，尽量做到既不要过量又不要提前，能够准确及时地满足需要，最大限度地降低采购物资的库存水平。生产企业在实施 JIT 采购时需要供应商的大力配合与支持。

3）采购的战略角色

采购工作在过去一直很少受到重视，一方面是由于计划经济对人们思想工作的影响，企业对采购的重要性认识不足，另一方面也与社会经济的发展水平和市场化程度有关。当今，随着市场竞争的日益激烈，企业普遍意识到内部的获利空间已经很小，要进一步提高资源的利用率，只能把盈利视角扩大到整个供应渠道上。这是因为：第一，传统的生产方式已经走到了尽头，大而全、小而全的企业结构已经越来越不能适应外部经营环境的变化，社会发展呼唤生产方式的变革；第二，人们发现在企业同上下游企业组成的系统中，存在巨大的改进空间，可以更好地利用整个供应渠道的资源，争取更多的获利条件。虚拟企业、敏捷制造、供应链管理等新的概念预示着新的生产方式的出现，总的发展趋势是专业化分工协作，采购的重要性应理所当然地提升到企业发展的战略高度来认识。

3．企业采购原则

1）以需定进的原则

企业采购的原则必须是需要什么进什么、需要多少进多少，既保证需求又不浪费。因此，企业必须把采购与需求紧密结合起来，做到进需协调、不积压、不缺乏。

2）注重质量原则

采购人员必须坚持注重质量的原则，如果因采购原料质量低下而导致企业生产的商品质量低劣，会给企业带来不可估量的经济和社会形象的损失。

3）资金安全原则

企业采购要充分保证资金的安全性。企业采购是一种货币转变为商品的交换活动，但这种交换活动不是一下子就能完成的。在市场经济中，由于订货期不同、货源状况不同及付款条件不同等，都会使这种交换活动发生时间、空间上的分离，从而增加资金的风险。因此，企业采购时要确保资金安全，避免经济损失。

4）经济核算原则

企业要从确保经济效益出发，对采购过程中的各种费用、成本、差价等进行核算，优选进货渠道和进货时机。在组织货源时要综合考虑进货距离远近、商品流向、运输条件、时间快慢和费用高低等因素，并对以上各因素进行逐项核算，以减少劳动占用和资源消耗。

5）信守合同原则

企业要根据签订的采购合同从事采购活动，这就要求企业依法进行经济活动。这不仅有利于企业减少采购中的经济、法律纠纷,也有利于企业树立和维护良好的企业形象,有利于企业品牌的塑造与宣传。

2.2.2 企业采购的基本步骤与流程

1. 企业采购的基本步骤

1)确认需求

在采购之前,应先确定买哪些物料,买多少,何时买,由谁决定等。

2)需求说明

在确认需求之后,对需求的细节如品质、包装、售后服务、运输及检验方式等加以说明,以便使来源选择及价格谈判等作业能顺利进行。

3)选择可能的供应来源

根据需求说明在原有供应商中选择成绩良好的厂商,通知其报价,或以登报公售等方式公开征求。

4)适宜价格的决定

选定可能的供应商后,进行价格谈判。

5)订单安排

价格谈妥后,应办理订货签约手续。订单和合约,均属于具有法律效力的书面文件,对买卖双方的要求、权利及义务,必须予以说明。

6)订单追踪与稽核

签约订货之后,为了让销售厂商按期、按质、按量交货,应依据合约规定,督促厂商按规定交货,并予以严格检验入库。

7)核对发票

厂商交货验收合格后,随即开具发票。要求付清货款时,对于发票的内容是否正确,应先经采购部门核对,财务部门才能办理付款。

8)不符与退货处理

凡厂商所交货品与合约规定不符或验收不合格者,应依据合约规定退货,即办理重购,予以结案。

9)结案

凡验收合格付款,或验收不合格退货,均须办理结案手续,清查各项书面资料有无缺失、绩效好坏等,报高级管理层或权责部门核阅批示。

10)记录与档案维护

凡经结案批示后的采购案件,应列入档案登记编号分类,予以保管,以备参阅或事后发生问题时查考。档案应具有一定的保管期限。

2. 企业采购的流程

企业采购流程通常是指有生产需求的企业选择和购买生产所需的各种原材料、零部件等物料的全过程。在这个过程中,购买方首先要寻找合适的供货商,调查其产品在数量、质量、价格、信誉等方面是否满足购买要求;然后,在选定了供应商后,要以订单方式传递详细的购买计划和需求信息给供应商,并商定结款方式,以便供应商能够准确地按照客户的性能指标进行生产和供货;最后,要定期对采购物料的管理工作进行评价,寻求提高效率的采购流程创新模式。商品采购作业流程会因采购的来源（国内采购、国外采购）、采购的方式（议价、比价、招标）、采购的对象（物料、工程发包）等不同而在作业细节上有若干差异，但对于基本的流程则每个企业都大同小异。企业采购流程如图 2.1 所示。

图 2.1　企业采购流程

2.2.3　国内外采购作业程序及要点

1. 国内采购作业程序及要点

1）接受请购案件

（1）采购经办人员接获采购计划或其他部门的请购申请单时，首先检查请购项目是否填写得清楚或齐全，如品名、规格、数量、交货时间及其他要求。

（2）确定为急件或需用期较近的案件，应优先办理。

（3）无法满足请购项目或要求的（如交货期限），应通知请购部门。

（4）撤销或变更请购项目或要求的，应优先办理。

2）寻找厂商

（1）首先考虑与本企业有业务来往的厂商。

（2）从电话簿中和其他相关资料中查找。

（3）从平时搜集的资料中查找，如从商品交易会、专业协会、报纸、杂志、电台、电视、广告牌等各方面搜集的资料中查找。

（4）通过朋友或中介介绍。

3）询价与索样

（1）采购人员应用电话或传真方式迅速向厂商了解物品种类、规格、价格、交货期限和地点、包装方式、运输方式、检验方式、付款方式以及违约责任等。

（2）同一产品至少要询问三家（即货比三家）。

（3）有必要时向厂商索取样品和报价资料。

（4）当无法找到与请购内容相同的样品时，是否可寻找其他相关的代用品。

4）比价、议价及供货商的选择

（1）从质量角度，对样品和价格进行比较。

（2）经成本分析后，设定议价目标。

（3）价格涨跌有何因素。

（4）厂商供应能力是否能按期交货和满足需要的质量要求。

（5）比价、议价和索样结果与请购单有差异的，采购人员应及时联络请购部门。

5）呈核

（1）采购经办人员经过询价、比价和议价后，依据请购核决权限呈核。

（2）在询比议价单上应注明与厂商议定的价格以及该价格的有效期限。

（3）若与请购单上的规格、交货期限有差异者，也应在询比议价单上说明。

（4）在询比议价单上也应说明运输方式和检验方式以及交货地点。

（5）按核决权限呈核。

6）订购

（1）采购人员接到经核决的询比议价单后，应立即向供货商订货。

（2）与供货商签订采购订单或合同，在订单或合同上应注明品名、规格、数量、价格、交货期限和地点、包装方式、运输方式，检验的标准、方法和地点，以及付款方式。

（3）分批交货者应在合同上注明分批交货的日期和数量。

（4）不合格产品的处理办法。

7）催交及进度控制

（1）在货未到之前，应进行催交，明确交货日期和数量。

（2）督促供货商按期、按数量交货。

（3）已到交货日期尚未到货者，列入交货期异常控制表内，并加紧催交。

8）收货

（1）供货商交来的物料经质检人员检验合格后，方能办理入库手续。

（2）对于不合格品的不合格程度，由质量部、物资部、生产部确定是否退货或选用或让步接收。

（3）对于不合格品退回的物料，是否补足，由供货商向采购人员询问。

9）整理付款

（1）发票抬头及内容是否相符。

（2）发票金额与订购金额是否相符。

（3）有否预付款或暂借款须处理。

（4）是否需要扣款。

（5）需要办理退税的订购单转送退税部门。

（6）以内销价采购，供外销用材料，应先收齐退税同意书才得办理付款。

（7）验收合格的物资，依据合同规定办理付款，修订合同部分，依采购部门呈准的付款条件整理付款。

（8）短交应补足者，订购部门应依据实收数量整理付款，超交应经主管核准后确定付款，否则拒付款。

2. 国外采购作业程序及要点

【拓展文本】

1）接受请购案件

（1）外购部门接获《请购单》或《采购计划单》。

（2）确定缓急案件，急件先处理。

（3）核对品名、质量规格、包装、数量、生产国别、估计单价和金额、要求到货时间、目的港或目的地等项目。

2）落实进口许可证和外汇

（1）申领进口许可证时，申请单位必须在对外订货之前向签发许可证的机关提交国家主管部门的批件。

（2）进口单位向商务部申领许可证。具体来说，中央、国务院各部、委及其所属单位，由主管部门向商务部申领；省、区、市各部门及其所属单位向其省级商务部门申领；14个沿海开放城市所属单位向商务部驻口岸特派员办事处申领。

（3）进口业务分为自营进口和代理进口两类。一类是在自营进口业务中，申领进口许可证的手续由外贸企业自办，外汇也由自己负责解决。另一类是在代理进口业务中，申领进口许可证的手续和所使用的外汇，原则上都由委托单位负责。

（4）进口货物由于某种原因货到上岸后与进口许可证上的不一致时，申请单位应到发证机关申请更改或申请换发进口许可证，对没有进口许可证的进口货物，事后补办进口许可证的，海关将处以罚款后，放行货物。

3）寻找外购供应厂商

（1）驻国外机构的反映。驻国外机构的反映包括驻外商务处、驻外企业、各公司驻外代表、国外中国银行等的反映。

（2）出国小组的汇报。

（3）在"广交会"（中国进出口商品交易会）和"小交会"（小型客户交流促成会）上向客户的调查，可通过座谈会、茶话会、谈心会了解。

（4）从各口岸中国银行分行接受调研信托、商品调研、客户调研业务中获得。

（5）充分利用国外商业网点。

（6）国外报纸、杂志。

（7）国内外统计资料。

（8）上级机关及兄弟单位的各种有关资料报道。

（9）各科研、教育机构的有关资料报道。

（10）与本企业有业务来往的外国厂商及外国朋友的介绍。

4）交易洽商

（1）洽商方式。一般洽商的方式有两种：一是与客户直接面谈；二是双方通过信件、电报、电传等通信工具洽商。

（2）洽商内容。在国际商品贸易中的主要交易条件有12项：品质条件、数量条件、包装条件、价格条件、支付条件、装运条件、保险条件、商检条件、索赔条件、仲裁条件、不可抗力条件、法律选择条件。

（3）洽商的一般程序为：询盘→发盘→还盘→接受。

① 询盘也称询价，是指交易的一方打算出售或购买一商品，向另一方发出一项"洽商邀请"。询盘的内容不只限于价格，可以兼询商品交易的12个条件的内容。询盘是交易洽商的第一步，但在法律上对双方均无约束力，买方询盘后，无必须购买的义务，卖方也无必须出售的责任。

② 发盘也称要约、报盘、报价、发价。发盘也不只是讲价格，在发盘中，必须提出主要交易条件。在发盘的有效期内，发盘人要承担义务，一经对方接受交易即告达成，但如果不具备主要交易条件，发盘虽经买方接受，也不能达成交易。

③ 还盘是指受盘人收到发盘，对其中的某个或某些交易条件不能完全接受，针对该项发盘而提出不同内容的反馈建议（即修改意见）。一方的发盘经对方还盘以后，即失去效力，即使原发盘有效期未过，也失去效力，原发盘人即解除了对原发盘所承担的义务，而还盘人却成了新的发盘人。发盘人接到对方还盘，通常采用3种方法处理：一是坚持原来的发盘，但可延长发盘的有效期，让对方再考虑；二是再还盘，作为一个新的发盘；三是接受或停止继续洽商。

④ 接受是指受盘人对一项发盘或还盘，表示完全的无保留和无条件的同意。发盘（或还

盘）被接受后，交易立即达成，双方即构成一项合同关系，双方对已达成协议的各项交易条件都必须信守执行，一般都采用签订书面合同的形式，把双方协商一致的内容条文化，明确规定各方的权利和义务。

5）签订合同

（1）经过询盘、发盘、还盘、再还盘、接受环节之后，当一方的发盘被另一方有效或正当接受时，合同关系立即成立，或交易立即达成。签订合同只是把达成的协议以书面形式肯定下来，即使双方没有签订合同，也不影响双方已达成的协议。

（2）合同成立应具备以下要素：

① 合同的事务必须是合法的，有悖于一国的贸易法律和国际公法的交易是不能进行的。

② 必须是双方就交易的内容表示一致同意才行。

③ 合同签订的当事人必须是有支付能力、能够承担法律责任的人。

（3）合同是对外贸易活动中的基本条件，每一批货物的成交，从品名、规格、检验到包装都必须按照合同规定执行。但由于某些人员对技术标准在进出口商品签约合同中的重要性认识不足，合同中漏洞甚多，出现不应有的失误，给国家和企业造成了严重的经济损失，所以，在签订合同时应注意。

6）开立信用证

（1）订购合同中规定采用信用证支付方式，买方就要承担按时开出信用证的义务，同时信用证的内容要完全符合合同的规定。

（2）目前，我国外贸企业向银行申请开证的一般做法如下：

【拓展文本】

① 外贸企业作为开证申请人要填写《开立不可撤销跟单信用证申请书》，连同订购合同副本送交当地中国银行分行，要求中国银行按照合同和开证申请书的内容和要求开证。

② 中国银行应对申请书的内容，申请人的资信、经营能力和有无外汇等情况进行审核，并在取得人民币保证或收取人民币保证金后，才缮制信用证，对外寄发。

（3）在办理开证手续时，外贸企业应注意以下问题：

① 要正确掌握开证时间。开证时间一般不宜早于合同规定的时间，也不要迟于合同规定的时间，一定要按合同规定的时间办理。有的合同规定在卖方领到出口许可证或支付履约保证金后开证，企业就应在收到卖方已领到出口许可证通知或收到履行保证金后开证。例如，合同中没有规定具体的开证日期，按国际条例，买方应在合同规定的装运期前将信用证开到卖方。

② 信用证的内容必须与合同规定完全一致。信用证中关于品质、规格、数量、价格、交货期、装运条款等内容，必须以合同规定为依据，务求正确、完备、具体、确切。

③ 对于单据的要求，包括单据种类、填法、正副本份数等应结合商品的性质和买方的需要来规定。

④ 信用证开出后，如卖方来函来电要求买方修改证内某些内容，买方应视其是否合理，考虑是否修改，因为改证不仅要增加费用，有时还会影响合同的履行。

7）进度控制及异常处理

（1）外购部门应以《采购控制表》控制外购作业进度。

（2）外购部门于每一作业进度延迟时，应主动开立《进度异常反应单》，

【拓展文本】

注明异常原因及处理对策，据此修改进度并通知请购部门。

（3）"装船日期"有延误时，外购部门应主动与供应厂商联系催交，用《进度异常反应单》注明异常原因及处理对策，通知请购部门，并依请购部门意见处理。

8）租船接货

目前，我国进口货物的租船订舱工作，大多数是由外贸企业委托外运公司代办，少数是自己直接办理。一般手续是：在订购合同中规定由卖方在交货前一定时期内，将预计装运日期通知买方；买方接到卖方通知后，才办理进口租船订舱手续，即填制租船订舱联系单，连同订购合同副本送交外运公司或其他船公司，委托其安排船舶或舱位；有的外贸企业也直接向国外船公司租船订舱。

如果因输出口岸偏僻或因使用部门急需，为避免到货延误，在签订合同时，应向外购厂商指明船公司，由外购厂商代为安排装船。

9）办理保险

我国进口货物的保险一般采用预约保险的方式。在预约保险的方式下，由于投保险别、保险金额、保险费率、适用条款及赔偿支付办法等，均已事先在预保合同中说明，因此，外贸企业作为被保险人在办理保险时，只需按约定将国外卖方发来的装船通知抄本送交保险公司，即可办理保险，至于保险金额，可按 CIF（Cost, Insurance and Freight，货值＋保险＋运费）金额投保，也可按 CIF 金额适当加成投保。

以 FOB（Free on Board，装运港船上交货）、C&F（Cost and Freight，成本加运费）条件的进口案件，由进口单位办理保险；以 CIF 条件的进口案件，由外购厂商办理保险。

进口单位应将承保公司指定的公证行在合同上标示，以便货品进口必须公证时，进口单位凭此联络该指定的公证行办理公证。

10）进口结汇

由于采用信用证支付方式是凭单付款，所以审查卖方通过银行提交的货运单据是进口合同履行过程中的一个重要环节。

在我国进口业务中，作为开证行的中国银行对国外议付行转交来的卖方全套货运单据进行审核后，将其送交外贸企业签收。

外贸企业则要根据单证相符、单单相符的原则，在单证表面相符的条件下，于接到信用证规定的全套单据日起 3 个工作日内，通知银行办理对外付款或承兑，如因单证不符拒绝付款或承兑，也应在 3 个工作日内将全套单据退回银行，并注明拒付理由或原因。

但是，在实际业务中，有时也可视不同情况，采用变通的解决办法，如同意改为货到检验后付款；凭受益人或议付行出具的担保书付款；由国外议付行通告发货人更正单据后再付款等。

11）免税

（1）免货物税及《工业用证明》的申请。

① 进口的货品可申请免货物税者，外购部门应于《输入许可证》核准后，签具必要文件，向税捐处申请，取得核准函后，向海关申请免货物税。

② 除"免凭商务部证明办理具结免税进口"的项目外，其他合于免税规定的人造树脂类材料，外购部门应于发信用证后，签具必要文件向商务部申请"非供塑胶用"证明，以便于报送时，据此向海关申请依工业用品税率缴纳进口关税。

（2）专案进口税则预估及分期缴税的申请及办理。外购部门应于进口前，签具有关文件以向海关申请税则预估，等核准后，一并办理分期缴税及保证手续。

12）装船通知

【拓展文本】

（1）外购部门接到供货商通知有关船名及装船日期时，应立即填制《装船通知单》分别通知请购部门、物料管理部门及有关部门。

（2）外购部门收到供货商的装船及提货文件时，应检具《输入许可证》及有关文件，以《装运文件处理单》送进口单位办理提货背书。

（3）提货背书办妥后，外购部门应检具《输入许可证》及提货等有关文件，以《装运文件处理单》办理报关提货。

（4）管理进口物品放行证的申请（进口签证）。进出管理物品时，外购部门应于收到装运文件后，签具必要文件送政府主管机关申请《进口放行证》或《进口护照》，以便据此报关提货。

13）报关

（1）报关手续应当自运输工具申报进境之日起 14 日内向海关申报，完税手续应当自海关填发税款缴纳证的次日起 7 日内缴纳税款。

【拓展文本】

（2）向海关申报时，应提交《进口货物报关单》，交验进口许可证和有关单证，海关依法对单证和货物进行查验，并按单证免税放行。

（3）海关估税的税率如与进口单位估税不符时，进口单位应立即通知外购部门提供有关资料，于海关核税后 14 日内以书面形式向海关提出异议。

14）提货

（1）进口货物到港后，由承运人向收货人发出到货通知，收货人接到通知后，应向海关申报，并凭提单换取提货单到港口码头办理提货手续。

（2）在提货时，如发现货物有短缺，应立即会同港务局填制《短缺报告》，交船方签认；如发现货物有残损，应将其存放于海关指定的仓库，并通知保险公司、商品检验局等有关单位进行检验，明确残损、短缺程度和原因，以便向卖方或承运人或保险公司索赔。

15）报检

（1）进口货物到货后，订货部门或用货部门必须在合同规定的期限内，请商检机构对商品进行检验，检验一般在用货部门所在地进行。

（2）为防止因超过时效而失去对外索赔权，凡属下列情况者，应当在卸货港（地）申请检验：

① 合同规定在卸货港（地）申请检验者。

② 合同规订货到检验后付款者。

③ 属于法定检验范围内的商品。

④ 合同规定的索赔期限较短者。

⑤ 货物卸离装运工具时发现残损或有异状者。

2.2.4 采购质量管理

【拓展视频】

1. 采购原材料质量管理

（1）严把质量关。如果所采购的原材料的质量有问题，将会直接影响到产成品的质量，因此，在采购中要彻底保证采购的质量，以求防患于未然。采购材料的成本是直接的，所以每个公司领导层都非常重视，而品质成本是间接的，就被许多公司领导层忽略了。"价廉物美"才是最佳的选择，偏重任何一头都会造成最终产品成本的增加。

原材料质量不良会导致生产出的产品质量不良，不良的品质会引起经常性的退货，造成各种管理费用增加。经常退货，造成经常性的生产计划变更，增加生产成本，影响交货期，降低信誉和产品竞争力。

生产过程中，因原材料品质不良造成制作中的不良品增多，返修多、返工多，增加时间成本和人员成本。原材料品质不良，成品品质不良率加大，客户投诉及退货增多，付出的代价就高。因此，采购时严把质量关，对样品进行严格的抽样验质，是采购环节质量管理的开端。

（2）采用 PDCA 循环管理。美国质量管理专家戴明博士在阐述质量管理方法时提出"计划（Plan）→执行（Do）→检查（Check）→处理（Action）"4 个阶段为一个循环，称为 PDCA 循环或戴明循环。PDCA 循环作为质量管理的科学方法，适用于企业各个环节、各个方面的质量管理工作。PDCA 循环 4 个阶段的基本工作内容如下：

【拓展文本】

① 计划阶段（P）。此阶段任务是制订计划。根据存在的问题或用户对产品质量的要求，找出问题存在的原因和影响产品质量的主要因素，以此为依据制订措施和计划来确定质量方针、质量目标，制订出具体的活动计划和措施。

② 执行阶段（D）。此阶段任务是执行计划。按照 P 阶段的计划和标准规定具体实施。

③ 检查阶段（C）。此阶段任务是检查计划的实现情况，调查执行计划的结果。将工作结果与计划对比，得出经验，找出问题。

④ 处理阶段（A）。此阶段任务是把执行的结果进行处理总结。把 C 阶段执行成功的经验加以肯定，纳入标准或规程，形成制度，以便今后照办；对失败的教训也要总结，以后不再那样做；遗留问题转入下一个 PDCA 循环。

2．提高采购商品质量的途径

如果所采购的原材料的质量有问题，将会直接影响到产成品的质量。因此，要在采购中切实保证采购质量，防患于未然，必须寻求可靠的提高采购质量的途径。

1）选择合适的供应商

企业作为买方，在现代商品质量管理中的首要任务是了解供应商的质量政策，选择合适的供应商。供货方为确保商品质量，必须提供合格品，并出具必要的合格证明。对于买方及时反馈的有关商品质量及相关问题，供应商管理部门应坚持不懈地随时采取纠正性行动。

总之，作为供应商，应及时提供有质量保证的商品，且价格合理，能提供优良的服务。作为买方，对于一些较复杂或重要的商品，最好有多个供应源。

2）正确评审供应商资格

确定合适的供应商之前，企业必须先进行调查，以判断和核实供应商是否能保证商品质量，如果与其建立供需关系，双方能否在技术、管理、财务等方面互相配合。调查方法一般为函询和访问两种方式。前一种方式是给供方函寄一份调查表，查询买方所需了解的情况。后一种方式是组成一个由各方代表组成的小组与供应商进行面谈，或到实地参观考察，考察的范围主要是质量控制、工艺制造、质量检验等，甚至包括财务与管理。调查完后应将结果写成报告，结论力求客观，以判断其经营效率状况。若打算与该供应商签订合同，则需对供应商能否交付满意的产品做出预测。

3）制订并执行联合质量计划，建立良好供需关系

现代商品不能仅靠进货检验来决定取舍，更重要的是供需双方相互信赖、共同合作，建立良好的关系，以实现商品的使用价值。具体操作中，买卖双方最终应签订合同，制订详细的联合质量计划。联合质量计划内容主要包括经济、技术和管理3个方面。联合经济计划中，重点应着眼于商品的使用价值，并确定最合理的购货总价格。

供需双方对与质量有关的一系列成本，如货物检验、材料审查、生产误期、额外存货等成本，看法应一致。作为买方，可将上述成本加到购买价格中，但应尽力压缩；作为卖方，也应力求降低有关成本。

4）做好服务工作，提高服务质量

（1）售前服务是向用户提供技术性帮助，如指导用户如何正确使用，组织技术培训等。许多用户都缺乏判断现代产品的工艺优点及质量性能所采用的必需的设备，他们无法解释用技术术语写成的规格和标准，或根据技术规格检验产品。制造商在产品标记或所附文件中，应提供有关产品的使用说明和注意事项等的详细资料；在有些产品目录和小册子中应对各种型号产品的特征做十分详尽的说明，提供正确使用的方法。

（2）售后服务的内容主要包括处理用户申诉、供应所需备件、及时排除故障。对一些技术要求复杂的产品，应派专业人员去现场进行设备安装、调试并及时排除运转中发生的故障，教会用户如何维护、保养等。

随着产品的日趋复杂，服务工作必须及时配套。商业企业有关部门尤其应重视复杂商品的售前技术培训，在产品销售、安装、运行和修理等方面接受制造商的技术帮助和指导，以便能正确指导消费。实践证明，对某些消费品，来自顾客对维修服务的申诉往往超过对所交付的最初产品质量的申诉，这些申诉既包括对缺陷的申诉，也包括对修复时间的申诉。从某种程度上来说，商店可看成是制造部门的一个附加部分，商业企业有关人员必须得到技术上的援助，从根本上提高服务质量。

5）选择最佳质量成本

20世纪60年代前后，欧美一些国家的企业相继提出了"质量成本"的概念。由于复杂产品数量增加，对精度、可靠性的要求更高，增加了质量成本；耐用品大幅度增加，结果使现场故障增多、维修量上升、零部件配备件需求增多，造成成本上升。

2.2.5 采购合同和绩效管理

1. 采购合同管理

1）采购合同的定义

采购合同是买卖合同的一种，是社会经济生活中普遍存在的合同之一，它是明确平等主体的自然人、法人、其他组织之间设立、变更、终止在采购工业品生产资料过程中的权利义务关系的协议，是确立物品采购关系的法律形式。具体来说，物品采购合同是买受人通过市场购买自己所需的物品，出卖人将物品的所有权转移给买受人，买受人支付价款的合同。

2）采购合同的类型

采购合同可以根据其主体不同，分为政府采购合同、国有企业采购合同、非国有企业采购合同等。另外，《中华人民共和国合同法》还规定了以下几种特殊的物品采购合同。

（1）分期付款的物品采购合同。即在合同订立后，出卖人把标的物转移给买受人占有、使用，买受人按照合同约定，分期向出卖人支付价款的合同。

（2）凭样品采购的物品采购合同。凭样品采购，即是以样品表示标的物的品质，并以样品作为交货依据的采购关系。

【拓展文本】

（3）试用的物品采购合同。这是卖方将标的物交给采购方，由买方在一定期限内试用，买方在试用期内有权选择购买或退回的一种物品采购合同。

（4）招标投标的物品采购合同。招标是订立合同的一方当事人采取招标通知或招标广告的形式，向不特定主体发出的要约邀请。投标是投标人按照招标人提出的要求，在规定时间内向招标人发出的以订立合同为目的的意思表示。招标投标的物品采购合同，是我国市场经济条件下大力提倡并得以广泛使用的一种合同形式。

3）采购合同管理

（1）合同签订后的日常管理。许多工作应该在合同签订后立刻进行。这些工作包括：建立管理合同的系统；为合同管理团队提供信息；准备好所有的关键性文件；等等。如果这些工作没有很好地进行，那么实施效率就要大打折扣。

① 建立管理合同的系统。主要是建立一个合同号（账户代码）以便跟踪与合同有关的所有成本。

② 为合同管理团队提供信息。包括有关与供应商之间进行沟通的任何政策、合同号、供应方细节等。

③ 准备好关键的文件。例如，获得担保书和保证书，获得供应商的有关保险单据的复印件；准备要签署的所有信用合同；保证通知合约方所有的现场程序，并获得供应方驻现场人员已得到通知准备开始的确认函。

（2）对合同变化和变更的控制工作。合同变更的最常见的原因是没有花足够的时间来确定参数，以及没有花足够的时间来评估供应商的投标文件。出于对合同变更所带来的成本变化考虑，应该对合同变更的原因及过程仔细加以控制。合同变更的控制应该从两个方面入手：一是同意或拒绝变更要求的内部程序；二是修改合同以适应被批准的变化的机制。

（3）进行合同交付与发票收取工作。一旦采购方证实了支付要求的有效性，它将按照合同中规定的支付条款对供应方进行支付，支付后就面临付款凭证的接受问题。因此，要求在收到发票时核实发票的准确性，核实之后，采购方才能确认交付工作已被圆满完成。为了达到职责分担的目的，负责检查与支付有关工作是否圆满完成的人，不应该与批准付款的人为同一个人。

（4）合同完成后的管理工作。对合同完成的处理一般是分两个阶段进行的：第一阶段，产品的交付或服务条款的结束（称作"完成"）；第二阶段，保证期（保修期）的结束。

2．采购绩效管理

1）采购绩效的构成

由采购行为所产生的业绩和效果及效率的综合程度就是采购绩效。

所谓采购效果，是指通过特定的活动，实现预先确定的目标和标准额的程度。它与采购业务的目标有关，即从合适的地方采购最便宜、最好的材料，并以最优质的服务及时地运送到最佳的地点。因此，可以从3个方面来测评采购效果，即采购物料的价格方面、成本方面、采购物流（进货）方面。

所谓采购效率,是为了实现预先确定的目标,计划耗费和实现耗费之间的关系。它与实现预期目标所需要的资源及实现这一目标的相关活动有关,如计划成本与实际成本之间的关系,从而必然涉及采购业务的组织和管理。因此,可以从采购组织的管理制度、人员、信息沟通体系方面来测评。

2)采购绩效的考核与评估的指标体系

(1)采购绩效考核与评估的指标。采购人员在其工作职责上,必须达成适时、适量、适质、适价及适地等基本任务,因此,其绩效评估应以此"五适"为中心,并以数量化的指标作为衡量绩效的尺度。

(2)质量绩效指标。其指供应商的质量水平及供应商所提供的产品或服务的质量表现,它包括供应商质量体系、物料质量水平等方面,可通过验收记录及生产记录来判断。

(3)数量绩效指标。其包括储存费用指标即现有存货利息及保管费用与正常存货水准利息及保管费用之间的差额,呆料、废料处理损失指标即处理呆料、废料的收入与其取得成本的差额。

存货积压越多,利息及保管的费用越大,呆料、废料处理的损失越高,显示采购人员的数量绩效就越差。不过此项数量绩效,有时受到公司营业状况、物料管理绩效、生产技术变更或投机采购的影响,故并不一定完全归咎于采购人员。

(4)时间绩效指标。这项指标主要是用以衡量采购人员处理订单的效率。延迟交货,固然可能形成缺货现象,但是提早交货,也可能导致买方负担不必要的存货成本或提前付款的利息费用。例如,紧急采购费用指标是指紧急运输方式(如空运)的费用与正常运输方式的差额,停工断料损失指标是指停工期间造成作业人员薪资损失、顾客订单流失、作业人员离职及恢复正常作业机器必须做的各项调整等。紧急采购会使得购入的价格偏高,品质欠佳,连带也会产生赶工时间必须支付额外的加班费用。这些费用与损失,通常都未估算在此项绩效指标内。

(5)价格绩效指标。价格绩效指标是企业最重视及最常见的衡量标准。透过价格指标,可以衡量采购人员的议价能力。例如,年采购额包括生产性原材料与零部件采购总额、非生产性采购总额(设备、备件、生产辅料、软件、服务等)、原材料采购总额占产品总成本的比例等;采购价格包括各种原材料的年度基价、所有原材料的年平均采购基价、各原材料的目标价格、所有原材料的年平均目标价格等;付款方式;平均付款周期;目标付款期;等等。

(6)采购效率指标。它主要是用来衡量采购人员的工作效果,具体有采购金额、采购金额占销货收入的百分比、采购完成率、错误采购次数、订单处理的时间等。

3)采购绩效考核与评估方式

对采购人员进行工作绩效考核和评估的方式,可以以定期或不定期式进行。

(1)定期绩效考核与评估。一般以目标管理的方式进行,即从各种绩效指标当中,选择年度重要性比较高的项目定为考核目标。年终按目标实际达成程度加以考核,则必能提升个人或部门的采购绩效。使用这种方法主要是以工作业绩为考核重点,比较客观公正,但应避免人们会特意追求考核目标的提高,而忽略其他方面,因此,要求选择的目标要高一些。

(2)不定期绩效考核与评估。一般以特定项目方式进行,适用于新产品开发计划、资本降低专项方案等,如企业要求某项特定产品的采购成本要低于某一比例。

2.2.6 采购成本控制

1. 通过分析采购要素降低采购成本

1）分析采购物料的功能

正确设计产品组成和合理使用原材料,是企业采购材料、降低产品成本的先决条件。进行价值分析,目的在于简化产品设计,便于制造、使用替代性材料,以最低的费用获得所需要的必要物资。采购物资不仅仅是购买一种实物,更重要的是购买这种实物所包含的必要功能,只有功能大于成本,价值才能大,这是价值分析理论的核心。

2）分析采购物料的价格

任何功能都要以付出费用为代价,不切实际地追求多功能、高质量,势必造成浪费。以满足需要的功能,采购到合理价格的物资,以性能价格比作为衡量物资采购成功与否的标志,是采购过程进行价值分析的又一目的。例如,在产品非磨损部位将铁制材料改为塑料制品,更新改造固定资产时,采购二手的辅助机器而非全新设备等方法。

3）分析运杂费

在达到采购目的、不影响其他工作的情况下,运用价值分析方法消除不必要的运杂费可以降低采购成本。例如,采用提供较佳付款条件的运输企业、选择费用较低的货运承揽者,或考虑改变运输模式（如将空运改为海运）,同样可以达到降低成本的目的。

4）分析采购物料的使用费用

一般情况下,购置费用容易引起人们的重视,而使用过程发生的费用往往被忽视。例如,有的物资购置费用低,但使用中修理费高、燃油、耗电多等,导致寿命周期使用费用较高,这是价值分析的另一个目的。

2. 通过分析供应商成本降低采购成本

1）供应商定价方法分析

供应商的价格底线是采购人员谈判的价格底线,只有了解供货商的定价方法、供应企业的成本构成等因素,采购人员才能做到知己知彼,把采购价格压到最低。供货商的定价方法可细分为成本加成定价法、目标利润定价法、采购商理解价值定价法、竞争定价法及投标定价法。

（1）成本加成定价法。成本加成定价法是供货商最常用的定价法,它以成本为依据,在产品的单位成本的基础上加上一定比例的利润。该方法的特点是成本与价格直接挂钩,但它忽视市场竞争的影响,也不考虑采购商（或客户）的需要。由于其简单、直接,又能保证供货商获取一定比例的利润,所以许多供货商都倾向于使用这种定价方法。

（2）目标利润定价法。目标利润定价法是一种以利润为依据制定卖价的方法。其基本思路是：供应商依据固定成本、可变成本及预计的卖价,通过盈亏平衡分析算出保本产量或销售量,根据目标利润算出保本销售量以外的销售量,然后分析在此预计的卖价下能否达到销售量;否则,调整价格重新计算,直到在制定的价格下可实现的销售量能满足利润目标为止。

（3）采购商理解价值定价法。采购商理解价值定价法是一种以市场的承受力及采购商对产品价值的理解程度作为定价的基本依据的方法,常用于消费品尤其是名牌产品,有时也适用于工业产品,如设备备件等。

（4）竞争定价法。竞争定价法最常用于寡头垄断市场,具有明显规模经济性的行业,如较成熟的市场经济国家的钢铁、铝、水泥、石油化工及汽车、家用电器等。其中,少数占有很大市场份额的企业是市场价格的主导,而其余的小企业只能随市场价格跟风。寡头垄断企业之间存在很强的相互依存性及激烈的竞争,某企业产品价格的制定必须考虑到竞争对手的反应。

(5)投标定价法。投标定价法是由采购商公开招标,参与投标的企业事先根据招标公告的内容密封报价、参与竞争。这种公开招标竞争定价的方法最常用于拍卖行、政府采购,也用于工业企业,如建筑包工、大型设备制造及非生产用原材料(如办公用品、家具、服务等)的大宗采购等。

2)供货商价格组成分析

在大型企业里,其所需的原材料多达万种以上,要对每种材料做好供货商价格组成分析是不可能的,根据存货的 ABC 分析法(详见 6.3.2 节相关内容),一般对数量上仅占 10%而其价值却占总采购成本 70%的 A 类存货进行分析。采购人员要想知道供货商的实际成本结构并不容易,通常采购人员可从供货商的供应价格影响因素及定价方法入手,对供货商的成本组成进行分析。其常用的方法有以下几个方面:

(1)根据利润表分析供货商的价格组成。采购人员要收集相关信息,可以从企业的财务利润表入手,得到供应企业的成本组成。其计算方法为

$$营业利润 = (营业收入 - 营业成本) - (销售费用 + 管理费用 + 财务费用)$$

倒挤出营业收入,作为供应商的价格组成。

(2)根据盈亏平衡分析供货商价格组成。盈亏平衡分析又叫本量利分析或保本分析,它是通过分析生产成本、销售利润和生产量之间的关系来了解盈亏变化,并据此确定产品的开发及生产经营方案。分析时将生产成本分为固定成本和变动成本。企业的产品销售收入扣除变动成本后的剩余,叫作边际贡献或边际毛利,产品单位销售收入扣除单位变动成本后的剩余,叫作单位边际贡献。当供货商有边际贡献后,再来分摊固定费用。其计算方法为

$$利润 = 营业收入 - 变动成本 - 固定成本$$
$$= (单价 - 单位变动成本) \times 销售量 - 固定成本$$

因此,供货商在制定产品价格时,产品的单价应该大于成本(即单位固定成本摊销与单位产品变动成本之和)。但是,在新产品上市或销售淡季,供货商会考虑用边际贡献来分摊固定成本,这时可以把价格压到单位总成本之下(不含单位固定成本),只要使供货商获得边际贡献即可成交。一般来说,成本构成中固定成本比例越高,价格的弹性就越大,随市场季节变化及原材料的供应而变化的波动也就越强烈,因而这些产品在采购时可采用加大订购数量及在销售淡季订购等方法来降低采购成本;而对于变动成本比例较高的产品则要下力气改善供商,形成供应链的管理模式,促进其管理水平的提高并降低管理费用。也就是说,作为采购人员,要想了解供货商的成本结构,就要了解其固定成本及变动成本的内容。

(3)根据学习曲线分析供货商价格组成。学习曲线是分析采购成本、实施采购降价的一个重要工具和手段。其基本概念是随着产品的累计产量增加,单位产品的成本会以一定的比例下降。这种单位产品成本的降低与规模效益并无任何关系,它是一种学习效益。这种学习效益是指某产品在投产的初期由于经验不足,产品的质量保证、生产维护等需要较多的精力投入以致带来较高的成本,随着累计产量的增加,管理渐趋成熟,所需要的人力、财力、物力逐渐减少,工人越来越熟练,质量越来越稳定,前期的工程、工艺技术调整与变更越来越少,突发事件及故障不断减少,物流更加畅通,原材料及半成品等库存控制日趋合理,前期

生产期间的各种改进措施逐步见效,因而成本不断降低。这就意味着生产某产品的老企业压价的空间大,因此,需要采购人员调查供货商生产产品的时间和产量等相关情况。

(4)充分考虑价格折扣分析供货商价格组成。折扣是企业产品销售中常用的一种促销方式。了解折扣有助于供货商在谈判过程中降低采购价格,概括起来大致有这几类折扣:付款的现金折扣、购买的数量折扣、采购地的地理折扣、供应的季节折扣、产品的推广折扣等。策略地利用折扣是降低采购成本的一种有效的手段。

3. 利用标准化降低采购成本

在产品的设计阶段,使用行业标准流程与技术、工业标准零件,这样既加大了原物料取得的便利性,又减少了自制所需的技术投入,同时也降低了生产所需的成本。原料、产品、服务的标准化在产品、服务设计阶段就充分考虑未来采购、制造、储运等环节的运作成本,可以提高其标准化程度,减少差异性带来的后续成本。

4. 利用管理会计方法降低采购成本

1)目标成本法

目标成本是预计目标售价减去目标利润得出的。产品的目标成本确定后,与公司目前的相关产品成本或本行业先进水平相比较,确定成本差距。设计小组通常运用质量功能分解、价值工程、流程再造等方法来寻求满足要求的产品与工序设计方案,把这一差距缩小。质量功能分解旨在识别顾客需求,并比较分析其与设计小组计划满足的需求差距,以支持价值工程的设计过程,以此达到降低成本的目的。

2)定额管理法

与采购过程有关的定额包括生产消耗定额、物资储存定额、采购费用定额等。工作中常常通过制定先进合理的物资消耗定额,采用标准化、通用化和系列化,确定最经济合理的物资消耗标准;在保证质量的前提下,尽量采用以廉代贵,综合利用原材料,提高材料利用的经济性、效益性。在充分采用准时制的情况下,制定与经济订购批量相适应的储存定额;采购过程中,采用多种采购方式,就近组织物资供应,选用恰当的运输费等方法制定采购费用定额。降低企业采购成本,定额管理是行之有效的一种方法。

5. 利用供应链管理法降低采购成本

供应链管理的核心是企业间组织的融合,最终达到以企业战略为核心,实现所有企业组织、战略和业务流程的全面结合。采购过程是供应链上的重要结点,是连接供应商与用户企业的桥梁,用供应链管理思想来管理采购物流成本,可大幅度降低采购成本。常常通过优化采购体系或对现有供货商的改进优化企业供应链,达到降低采购成本的目的。

6. 运用采购谈判技巧和战术降低采购成本

灵活运用采购谈判技巧降低采购价格,是采购中最常用的一种方法。通常要掌握采购谈判作业要领;做好采购谈判规划,主要从预测、学习、分析与策略等方面入手;注意谈判中的发问与倾听技巧;巧妙利用谈判的时机;充分利用成本结构分析,以便在谈判过程中取得合理的价格。

7. 利用库存控制降低采购成本

对于经常性、需求量大的原材料、零(配)件,需要在采购和库存成本之间作平衡分析,这种分析常采用经济批量和经济订货点来确定。

8．采购成本控制技术方法

1）JIT 法（详见 3.4.1 节介绍）

采购的数量和时间安排也影响着价格、运输成本和库存持有成本。一种采购策略是仅在需求产生时购买，采购量就是需求量。这就是适时管理战略（Just-In-Time Strategy），又称为按需购买（Hand-To-Mouth Buying）。企业也可以采用其他方法，如某种形式的先期采购（Forward Buying）或预先采购（Anticipatory Buying）。如果人们预期未来价格会上涨，这样做就有利可图。同样，如果采购者想要回避未来价格上涨的风险，也可采用投机性采购策略，一般是购买铜、银、金之类的原材料，在未来重新售出以赚取利润。投机性采购与先期采购的不同之处在于，采购量是否超过未来需求量所决定的合理购买量。

卖方不断提供的价格折扣也会影响到采购量。一方面，买方希望在一个较为优惠的价格水平上突击采购，"囤积物料"；另一方面，买方也希望通过谈判得到优惠的价格，而只有在需求出现时才实际送货，以此避免存货的积聚。

2）最优利润法

采购要利用价格的杠杆原理，所谓杠杆原理，即采购一般占到最终产品销售价值的 40%~60%时，这意味着在获得物料方面所做的点滴成本节约对利润产生的影响，要大于企业其他成本——销售领域内相同数量的节约给利润带来的影响。因此，要充分考虑，使企业利润达到最优。

> **案例阅读**
>
> 假设某公司的年销售额为 1 000 万元，总开支为 950 万元。公司拥有 500 万元的资产，其中 200 万元为库存。购入物料的成本占销售额的 50%。使用标准资产回报率模型，绘出图 2.2。如果采购价格可以全面下降 5%，那么资产回报率将提高多少？

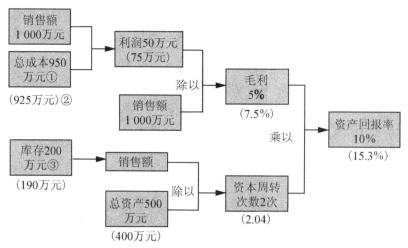

图 2.2　采购价格下降 5%前后的资产回报率

注：①采购金额占总销售额的 50%时；②括号中为假设采购价格下降 5%时的数据；③库存占总资产的 40%。

由于采购杠杆作用，一方面，这样的价格小幅度下降可以使利润增长 50%；另一方面，价格下降使库存价值降为原来的95%，以此减少了公司资产的基数，使资产周转速度从原来的2.00提高到2.04。资产回报率从原来的10%增长到15.3%，提高了5.3%。

3）概率法

许多实际存在的库存问题涉及时鲜产品或者一次性需求产品（如新鲜水果、蔬菜、鲜花、报纸和某些药品）的上架期（Shelf Life）短暂而确定，过期就无法销售了。其他的还包括玩具、时装、小食品等，这些需求都是一次性的，通常无法准确预测。为满足此类需求，只能订购一次性产品。因此，人们期望知道这种一次性订单到底应该有多大。

为找到最佳订货量（Q^*）人们可以求助于边际经济分析方法，即当售出下一单位产品的边际收益等于下一单位产品售不出去的边际损失时，就得到 Q^* 点。销售一单位产品所获得的单位边际收益为

$$利润 = 单位价格 - 单位成本$$

一单位产品销售不出去所产生的单位损失为

$$损失 = 单位成本 - 单位残值$$

把一定量产品被售出的概率考虑进来，预期收益和预期损失在以下点得到平衡，即

$$CP_n（损失）=（1-CP_n）（利润）$$

其中，CP_n 代表至多售出 n 单位产品的累积概率。解上述方程，可以得到利润概率，即

$$CP_n = \frac{利润}{利润 + 损失}$$

也就是说，应该继续增加订购量，直到销售额外单位产品的累计概率恰好等于上述比值，即：利润÷（利润 + 损失）。

 ## 2.3 供应商管理

2.3.1 供应商管理概述

1. 供应商管理的概念

采购是企业物流管理的起始点。采购管理的目标就是以正确的价格、在正确的时间、从正确的供应商处购买到正确数量和质量的商品或服务。一般来说，采购管理理论注重于采购行为本身，考虑如何选择供应商，决定采购的数量，确定合适的价格，签订采购合同，以及如何谈判使企业在采购行为中获利。而现代采购管理理论则更加强调企业与供应商之间的关系管理，如果制造企业与供应商之间建立起一种"互利双赢"的合作关系，则更有利于双方的长远发展。因此，供应商管理是构成采购管理的重要内容。

所谓供应商管理，就是对供应商的了解、选择、开发、使用和控制等综合性的管理工作的总称。其中，了解是基础，选择、开发、控制是手段，使用是目的。供应商管理的目的，就是要建立起一个稳定可靠的供应商队伍，为企业生产提供可靠的物资供应。

2. 供应商管理的意义

供应商管理是企业保证物资供应、确保采购质量和节约采购资金的重要环节。供应商管

理的重要性在 20 世纪 40 年代就受到发达国家的重视，经过 60 多年的实践及理论探索，供应商管理已经有了很多优秀的研究成果。供应商管理最主要的两个研究领域及成果是供应商的选择和供应商的关系管理。因此，供应商管理不仅包括区分供应商级别，对物资供应渠道进行选择及从质量、价格、售后服务、交货期等方面对供应商进行综合的、动态的评估，还包括如何管理同供应商的关系。供应商管理已成为采购管理的重要研究内容。

供应商管理的重要意义可以从两个层面来考虑，即技术层面和战略层面。

1）技术层面

（1）有利于降低商品采购成本。据美国先进制造研究报告表明，采购成本在企业总成本中占据着相当大的比重，对美国制造企业而言，原材料采购成本一般占产品单位成本的 40%～60%，大型汽车制造企业更高。研究报告指出，采购成本所占比例将随着核心能力的集中和业务外包比例的增加而增加，因此，供应商作为供需链中的结盟企业直接关系着产品的最终成本。

（2）有利于提高产品质量。有研究表明，30% 的质量问题是由供应商引起的，因此，提高原材料、零配件的质量是改进产品质量的有效手段。

（3）有利于降低库存。减少库存的压力使制造商将前端库存转嫁于供应商身上，将后端库存转嫁于销售商身上，不利于合作伙伴关系的建立，供应商管理可以进行协调库存管理。

（4）有利于缩短交货期。据统计，80% 的产品交货期延长是由供应商引起的，缩短产品交货期应从源头做起。

（5）有利于制造资源的集成。信息技术和计算机网络技术，尤其是互联网的迅速发展为现代制造企业跨地域、跨行业实现信息和技术的实时传递与交换，提供了必要条件。制造业面临的是全球性的市场、资源、技术和人员的竞争，制造资源市场已成为一个开放型的大市场。制造资源应被集成起来发挥作用，早已是人们在制造生产中达成的共识。

2）战略层面

（1）有利于集成供应链。即将供应商放在供应链网络结构模型中考虑，供应链是由节点企业组成，节点企业在需求信息的驱动下，通过职能分工与合作实现供应链的价值增值过程。从系统论的角度来看，制造资源是整个制造系统的输入，而供应商的行为和要素市场的规范与制造资源的质量密切相关，所以供应商管理问题是制造的出发点，也是制造成败的关键之一。

（2）有利于提升核心能力。随着企业越来越注重于核心能力的培养和核心业务的开拓，从外部获取资源通过供应商介入的新产品开发来提升自身的核心能力的情况也逐渐增多。

（3）有利于新产品开发。据预测，未来 5 年，新产品上市时间将缩短 40%～60%，仅仅依靠制造商或核心企业的能力是远远不够的，与供应商合作在新产品开发方面提升自己的核心能力已势在必行。

2.3.2 供应商评估与选择

【拓展视频】

供应商评估与选择既是供应商管理的重要内容，也是企业经营活动中的一项重要决策。企业之间的竞争将逐渐转变为供应链之间的竞争，因此，从供应链的角度来提升企业的竞争力已成为企业必然的选择，而选择良好的供应商并同其维持稳定的合作关系将会使企业整体的供应链更具竞争力。但在供过于求的市场环境下，企业面临着诸多可供选择的供应商，并且许多企业推行国际化战略,在全球范围进行采购,这使企业对供应商的选择与评估变得更加复杂。因此,供应商的评估与选择在实践中需要用科学的方法与规范的程序来指导其运作。

1. 供应商评估与选择的一般步骤

(1)成立供应商评估和选择小组。供应商选择不仅是采购部门的事情,而且是整个企业都需关注的重要决策,它需要企业各部门有关人员共同参与讨论、参与决策,包括采购部门的决策者和其他部门的决策影响者。

供应商的选择涉及企业的生产、技术、计划、财务、人事、物流、市场等部门。对于技术要求高、重要的采购项目来说,特别需要设立跨职能部门的供应商选择工作小组。供应商选择小组应由各部门有关人员组成,包括研究与开发部、技术支持部、采购部、物流管理部、市场部、计划部等。

(2)确定全部的供应商名单。通过供应商信息数据库,以及采购人员、销售人员或行业杂志、网站等媒介渠道,了解市场上能提供所需物品的供应商。

(3)列出评估指标并确定权重。确定代表供应商服务水平的有关因素,据此提出评估指标。评估指标和权重对于不同行业和产品的供应商是不尽相同的。

(4)逐项评估每个供应商的履约能力。为了保证评估的可靠性,应该对供应商进行调查。在调查时,一方面听取供应商提供的情况,另一方面尽量对供应商进行实地考察。考察小组由各部门有关人员组成,技术部门进行技术考察,对企业的设备、技术人员进行分析,考虑将来质量是否能够保证,以及是否能够跟上企业所需技术的发展,满足企业发展的要求;生产部门考察生产制造系统,了解人员素质、设备配置水平、生产能力、生产稳定性等;财务部门进行财务考核,了解供应商的历史背景和发展前景,审计供应商并购、被收购的可能,了解供应商经营状况、信用状况,分析价格是否合理,以及能否获得优先权。

(5)综合评分并确定供应商。在综合考虑多方面的重要因素之后,就可以给每个供应商进行综合评分,选择合格的供应商。

2. 评估供应商的几个方面

1)企业的组织和管理情况

(1)是否有完整的组织结构和健全的管理制度。
(2)是否有正确的经营观念。
(3)管理人员的素质如何。
(4)是否有完整的质量组织结构和有效的质量控制程序。
(5)品质人员的素质如何以及操作工人的素质如何。
(6)在商业上和财力上的生命力如何。
(7)他们的信誉与合法性如何。

2)提供服务的能力

(1)是否具备能满足客户品质需要的机器设备和技术水平。
(2)是否能按客户的要求期限即时供货。
(3)是否具备与生产有关的完整的检验设施。
(4)原材料的购进质量是否有保证,能否满足生产需要。
(5)是否同意客户定期检查,是否保持规定的作业标准。
(6)服务与合作态度如何。

3）供货效果

（1）订单的履行情况（包括质量、数量和交货期）如何。

（2）能否提供紧急订货情况。

（3）订货的多少是否允许客户随意。

（4）是否随时提供订单处理情况。

（5）是否对客户提供有利的包装和运输。

（6）是否能缩短订货周期。订货周期是指从发出订单到收到货物的时间，主要取决于订单的传递时间、订单的处理时间和运输时间等。

（7）是否有缺货现象。

（8）长期订货在价格上是否有调整。

3．供应商选择的评估要素

（1）技术水平。技术水平是指供应商提供商品的技术参数是否能达到要求。供应商是否具有一支技术队伍去制造或供应所需的产品，是否具有产品开发和改进项目的能力，这些问题都很重要。选择具有高技术水准的供应商，对企业的长远发展是有好处的。

（2）产品质量。供应商提供的产品质量是否可靠，是一个很重要的评估指标。供应商的产品必须能够持续稳定地达到产品说明书的要求，供应商必须有一个良好的质量控制体系。对供应商提供的产品，除了在工厂内做质量检验以外，还要考察实际使用效果，即检查在实际环境中使用的质量情况。

（3）供应能力。企业需要确定供应能力，即供应商的生产能力，确定供应商是否具备相当的生产规模与发展潜力，这意味着供应商的制造设备必须能够在数量上达到一定的规模，能够保证供应所需数量的产品。

（4）价格。供应商应该能够提供有竞争力的价格，这并不意味着必须是最低的价格。这个价格是考虑了要求供应商按照所需的时间、所需数量、质量和服务后确定的。供应商还应该有能力向购买方提供改进产品成本的方案。

（5）地理位置。供应商的地理位置对库存量有相当大的影响，如果物品单价较高，需求量又大，则距离近的供应商有利于管理。购买方总是期望供应商离自己近一些，或至少要求供应商在当地建立库存，地理位置近，送货时间就短，意味着缺货时可以快速供货。

（6）可靠性（信誉）。可靠性是指供应商的信誉，在选择供应商时，应该选择一家有较高声誉的、经营稳定的及财务状况良好的供应商，同时，双方应该相互信任，讲究信誉，并能把这种关系保持下去。

（7）售后服务。供应商必须具有优良的售后服务。如果需要他们提供可替代元器件，或者需要提供某些技术支持，好的供应商应该能够提供这些服务。

（8）提前期。

（9）交货准确率。

（10）快速响应能力。

4．供应商的选择方法

1）供应商初选

对已有的供应商和潜在的供应商进行分析，包括供应商的一些基本信息，如市场信誉度、合作的意愿、财务状况、地理位置等一些基本因素，对供应商进行分类，以识别关键供应商。

2）供应商审核

供应商审核就是在初选的基础上，根据一定的审核标准对选定的供应商做进一步的认定审核。

3）供应商考评

供应商考评是一项很重要的工作，它分布在各个阶段。在供应商的选择过程中需要考评，在供应商的使用阶段也需要考评。不过每个阶段考评的内容和形式并不完全相同。

2.4 自动化采购

2.4.1 自动化采购的优势

随着计算机、互联网技术的发展，电子采购为采购提供了一个全天候、超时空的采购环境。电子采购这种自动化采购方式降低了采购费用，简化了采购过程，极大降低了企业库存，使采购交易双方易于形成战略伙伴关系。从某种角度来说，电子采购是企业的战略管理创新。

传统的采购模式存在六大问题：一是采购、供应双方都不进行有效的信息沟通，互相封锁，呈典型的非信息对称博弈状态，采购很容易发展成为一种盲目行为；二是无法对供应商产品质量、交货期进行事前控制，经济纠纷不断；三是供需关系一般为临时或短期行为，竞争多于合作；四是响应用户需求的能力不足；五是利益驱动造成暗箱操作，舍好求次、舍贱求贵、舍近求远，易产生腐败温床；六是生产部门与采购部门脱节，造成库存积压，占用大量流动资金。

而自动化采购模式具有六大优势：一是可以扩大供应商比价范围，突破传统采购模式的局限，从货比三家到货比百家、千家，大幅度地降低采购费用，降低采购成本，大大提高采购效率。二是实现采购过程的公开化，有利于实现实时监控，使采购更透明、更规范。三是实现采购业务操作程序化，必须按软件规定流程进行，大大减少了采购过程的随意性。四是促进采购管理定量化、科学化，实现信息的大容量和快速传送，为决策提供更多、更准确、更及时的信息，使决策依据更充分。五是生产企业可以由"为库存而采购"转变为"为订单而采购"。在电子商务模式下，采购活动是以订单驱动方式进行的，用户需求驱动制造订单的产生，制造订单驱动采购订单的产生，采购订单再驱动供应商生产。该模式可以即时响应用户需求，降低库存成本，提高物流速度和库存周转率。参与采购的供需双方进入供应链，从以往的"输赢关系"变为"双赢关系"。供需双方之间建立起长期的、互利的合作关系，使自己在供应链中成为不可替代的角色。六是实现采购管理向外部资源管理的转变。由于与供需双方建立起长期的、互利的合作关系，所以采购方可以及时将质量、服务、交易期的信息传送给供方，使供方严格按要求来提供产品与服务。根据生产需求协调供应商的计划，可以实现准时化采购。

由此可见，企业使用自动化采购已成为未来采购的发展趋势。

2.4.2 自动订货系统概述

1. 自动订货系统定义

电子自动订货系统（Electronic Ordering System，EOS）是指企业利用通信网络（VAN 或互联网）和终端设备以在线联机的方式进行订货作业和订货信息交换的系统。自动订货系统按应用范围可分为各企业的自动订货系统（如连锁店经营中，各个连锁分店与总部之间建立的自动订货系统），零售商与批发商之间的自动订货系统以及零售商、批发商与生产商之间的自动订货系统。

2．自动订货系统设计目标

（1）相对于传统的订货方式，如上门订货、邮寄订货、电话订货、传真订货等，EOS能够缩短从接到订单到发出订货的时间，缩短订货商品的交货期，减少商品订单的出错率，节省人工费用。

（2）有利于减少企业的库存水平，提高企业的库存管理效率，同时防止商品特别是畅销商品缺货现象的出现。

（3）对于生产厂家和批发商来说，通过分析零售商的商品订货信息，能准确判断畅销商品和滞销商品，有利于企业调整商品生产和销售计划。

（4）有利于提高企业物流信息系统的效率，使各个业务信息子系统之间的数据交换更加便利和迅速，丰富企业的经营信息。

3．自动订货系统结构

自动订货系统是许多零售店和许多批发商共同组成的大系统，其结构如图2.3所示。

图2.3　自动订货系统的结构图

1）批发、零售商场

采购人员根据管理信息系统（Management Information System，MIS）提供的功能，收集并汇总各机构要货的商品名称、要货数量，根据供货商的可供商品货源、供货价格、交货价格、交货期限、供货商的信誉等资料，向指定的供货商下达采购指令。采购指令按照商业增值网络中心的标准格式进行填写，经商业增值网络中心提供的电子数据交换（Electronic Data Interchange，EDI）格式转换系统而成为标准的EDI单证，经由通信界面将订货资料发送至商业增值网络中心，然后等待供货商发回的信息。

2）商业增值网络中心

商业增值网络中心不参与交易双方的交易活动，只提供用户连接界面，每当接收到用户发来的EDI单证时，自动进行EOS交易伙伴关系的核查，只有具有伙伴关系的双方才能进行交易，否则视为无效交易。确定有交易关系后还必须检查EDI单证格式，只有交易双方都认可的单证格式，才能进行单证传递，并对每笔交易进行长期保存，供用户今后查询或在交易双方发生交易纠纷时，可以将商业增值网络中心所储存的单证内容作为司法证据。

3）供货商

商业增值网络中心转来的EDI单证，经商业增值网络中心提供的通信界面和EDI格式转换系统而成为一张标准的商业订单，根据订单内容和供货商的MIS系统提供的相关信息，供货商可及时安排出货,并将出货信息通过 EDI 传递给相应的批发、零售商场,从而完成一次基本的订货作业。

当然,交易双方交换的信息不仅仅是订单和交货通知,还包括订单更改、订单回复、变价通知、提单、对账通知、发票、退换货等许多信息。

商业增值网络中心(Value Added Networks,VAN)是公共的情报中心,它通过通信网络让不同机构的计算机或各种连线终端相通,是一种更加便利的共同的情报中心。实际上,在这个流通网络中,VAN 也发挥了很大的功能。VAN 不单单负责资料或情报的转换工作,也能够与国内外其他地域的 VAN 相连并交换情报,从而扩大了客户资料交换的范围。

4. 自动订货系统的流程(图 2.4)

(1)根据库存及销售情况,零售商利用条码阅读器获取准备采购的商品条码,并在终端机上输入订货材料。

(2)将订货材料通过网络传给批发商。

(3)批发商根据各零售商的订货信息及库存信息,形成订货信息,并传给供货商。

(4)供货商开出提货传票,并根据传票,同时开出提货单,实施提货,然后根据送货传票进行商品发货。

(5)批发商接收货物,并开出传票、拣货、送货。

(6)零售商收货、陈列、销售。

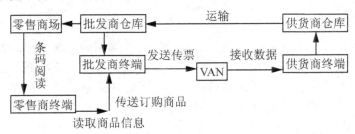

图 2.4 自动订货系统的流程

2.4.3 自动订货系统发展趋势

1. 自动订货系统实现的基础

随着商业化的迅速发展,电子订货系统因其方便高效的特点越来越受到人们的重视,而电子订货系统的标准化和网络化已经成了其发展的趋势。

(1)要实施自动订货系统,必须做一系列的标准化工作。如商品的统一代码、企业的统一代码、传票的标准格式、通信程序的标准格式及网络资料的标准格式等。

(2)要实施自动订货系统,必须要有稳定安全的专业网络。在贸易流通中,常常是按商品的性质划分专业的,如食品、医药、玩具、衣料等,因此形成了各个不同的专业。例如,日本各行业为了实现流通现代化的目标,分别制定了自己的标准,形成 VAN,其目前已提供服务的有食品、日用杂品、医药品等专业。

自动订货系统工作方式如图 2.5 所示。自动订货系统已给贸易伙伴带来了巨大的经济效益和社会效益,专业化的网络和地区网络在逐步扩大和完善,交换的信息内容和服务项目都在不断增加，自动订货系统正趋于系统化、标准化和国际化。

2．自动订货系统的实施

1）全面考虑影响自动订货系统实施的因素

（1）系统的现状。供应商、批发商和零售商信息化程度参差不齐，所以对新的自动订货系统的适应能力也各不相同。通常信息化程度较高的企业，其内部的作业流程也比较合理，对新的作业方式有较强的适应能力。

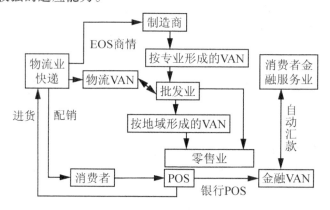

图 2.5　自动订货系统的工作方式

（2）零售商的专业属性。零售商的专业属性是指零售商场所售商品信息的品类特征、专业属性将直接影响自动订货的实施。

（3）系统的发展前景。实施单位是否有自动订货系统化的体制或能力也是自动订货系统运行维护的一个重要的因素，自动订货系统在运行时需要多方面的沟通、协调，基本商品资料会经常更新，来自各供货商的报文非常频繁，需要随时更新商品数据库，因此，维护商品数据库的正确性就非常重要。在考虑了上述因素后，实施自动订货系统还应该考虑自动化发展方向，与供应商协调合作问题之后，做出整体规划。

2）实施自动订货系统的前提条件（图 2.6）

（1）联网对象的协调制度。所有的交易各方应该就新商品信息的导入、促销处理、意外状况处理、登录维护等诸多方面建立统一规范，做到 EOS 业务处理一致性。

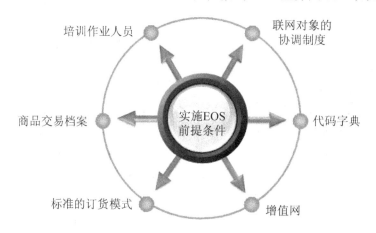

图 2.6　实施自动订货系统的前提条件

（2）代码字典。建立商品代码（自用、通用）、条形码、企业代码的管理体制，建立代码字典。

（3）增值网。根据企业信息化的性质、性能价格比以及交易伙伴参加情况来选择最合适的交易网。

（4）标准的订货模式。包括订货方式、订货时间、订货周期、订货人、EOS终端、多店订货及设备操作程序。标准的订货模式是EOS实现网络信息交换的必要条件。

（5）商品交易档案。为了进行分单处理和绩效分析，应建立交易对象信息表。

（6）培训作业人员。实施EOS之前要对作业人员进行培训，包括维护、操作及意外处理等内容。

知识拓展

订单处理系统根据功能分为自动报价系统和订单传送系统。自动报价系统根据用户询价输入实现报价的自动化；订单传送系统实现订单接收、确认及输入。

（1）自动报价系统。客户首先向系统输入客户名称、口令，登录报价系统，然后再输入询问的商品名称（或代码）、详细规格等。系统根据客户交易数据库，对该客户报价的历史资料库及供应商的报价库，取得对客户此种商品的报价历史资料、折扣率、商品供应等信息，形成报价单并打印。销售主管核准后送客户或直接从网上传递报价单。

（2）订单传单系统。客户根据报价系统传给的报价信息，决定订货的数量、规格，形成正式的订单数据，然后转换成订购数据并进一步转换成为内部订单格式，通过网络传给供货商。其中订单的发送和接收需要考虑订购数据的识别和法律效力问题。可采用数字签名的方式确认。

供货商接收订单后，由销售人员核查在客户指定的出货日期是否能够如期出货，此核查可以通过查询库存数据库等进行确认。数据确认即可转入待出货订单数据库中，并相应地修改库存信息。若销售人员经核查无法满足订单需求，可由其余客户进行协调，可选择分批交货或延迟交货，然后根据协调结果修改订单数据文件。

销售人员核查客户的订单应付账是否超过公司对客户所规定的信用额度，超出额度应由销售主管核准后再输入订单数据或退订。

思考与练习

一、思考题

1. 简述企业采购的原则，以及实施的基本步骤与流程。
2. 一般企业有哪些采购制度？
3. 企业采购管理包括哪些内容？
4. 结合实际谈谈企业采购的发展趋势。
5. 降低采购物流成本的方法有哪些？
6. 如何利用管理会计方法降低采购成本？

二、案例讨论

某公司的采购部负责全公司的材料采购，其中生产材料有1 000多种，可分为钢材类、水泥类、化工类、建材类、工电器类、生产工具类、辅助材料、小五金、劳保用品。采购经理负责全面工作，钢材类、水泥类材料采购业务由一位采购员负责，其他材料业务量较少，由另一位采购员负责。

该公司没有长期固定的供应商，采购员尽可能多地掌握潜在的供应商，每当有大宗采购业务时，采购员联系各供应商询价、比价，确定一家供应商进货。采购员要知道供货材料的成本结构，了解其成本波动情况，在降低采购成本方面掌握主动。如供应商所提供的化工材料是由国外进口的原料制造的，采购员就要经常通过信息渠道了解进口原料的价格，如果价格下跌，就要求供应商降低产品价格。

对于采购员而言，要编制应付款明细账，掌握往来单位应付款情况；还要编写支票使用记录，用于财务审查。

1. 现款采购业务控制流程

（1）付款审批。采购员填写支票借据（第1联为采购员存根联，第2联为财务的报销附件，第3联报销后退借款人），将支票借据和请购单上报副总经理审批。主管副总经理累计本周采购用款，根据《用款计划单》控制购用款（首先保证现款采购，再考虑赊购采购），根据经验审查主要材料的采购价格，根据请购单审查采购的用途，根据所掌握的最新的施工进度和生产进度控制采购时间，在《支票借据》的第1、第2联签字，同意本次采购用款。采购员拿副总经理批准的支票借据，到财务部取支票。财务部根据副总经理批准的支票借据，交采购员支票或汇票。同时，在支票借据上采购员填写支票号，出纳员填写经办人。财务留第2、第3联支票借据。

（2）订货。采购员通知供应商采购数量等，并再次确定采购价格、运费，督促供应商按期交货。

（3）收货。材料到货后，采购员和库管员共同验收（核对材料型号和数量），进行初检。如果材料型号不对或有明显质量问题，则拒绝收货，要求对方退货；如果核查没问题，由库管员填写《原材料进厂报检审批单》。

（4）入库。验收合格入库后，由库管员填写第5联材料入库单，将第5联入库单、原材料进厂报检审批单和对方送货单（第1联）交采购员。

（5）核算。付款后收对方购货发票和运费发票，运费发票可能是供货的，也可能是第三方的。采购员填写自用的支票使用记录和应付款明细，既有先付款后收货，也有先收货后付款。核算部留入库单第1联登账，在《费用录入单》和发票上盖章，交副总经理审核。副总经理根据发票借据第1联，审核此费用是否是自己批准的，如是，则在《费用录入单》和发票上签字还给采购员。采购员拿发票和《费用录入单》、入库单到财务报账，会计记账，在支票借据的第3联填写结算金额并签字，将第3联交还采购员。采购员填写支票使用记录并附上支票借据的第3联，以备和会计对账、复查。

2. 赊购采购业务控制过程

（1）订货。采购员和供应商签订合同（也可能不签），确定采购数量、本次采购的价格运费和供应商协商以前赊购的还款金额日期，督促供应商按期交货。

验收合格入库后，由库管员填写第5联材料入库单，将第5联入库单、原材料进厂报检审批单和对方送货单（1联）交采购员，采购员在入库单上填写商定的材料实际价格、金额及运杂费、价格，签字后留第1联，登记往来单位应付款明细账，其他联交还库管员处理。如果对方带来发票，采购员保留对方发票，核算部留入库单第2联，登材料明细账，将入库单第3、第5联交财务。

（2）结算。采购员根据《用款计划单》中的还款部分，找出以前赊购的入库单，按入库单计算付款的实际金额，付款和入库应该配套，电话通知供应商付款。采购员填写支票借据，上交副总经理审批。主管副总经理累计本周采购用款，根据《用款计划单》控制购用款（首先保证现款采购，再考虑赊购采购），根据经验审查主要材料的采购价格，根据请购单审查采购的用途，根据所掌握的最新的施工进度和生产进度控制采购时间，在《支票借据》的第1、第2联签字，同意本次还款。采购员拿副总经理批准的支票借据，到财务部取支票。

财务部根据副总经理批准的支票借据，交给采购员支票或汇票。同时在支票借据上，采购员填写支票号，出纳员填写经办人。财务留第2、第3联支票借据。供应商以收货单和发票要款，采购员将支票或汇票交供应商，收对方发票（购货发票和运输发票可能不同时到），填写支票记录，核销自己的应付款明细账。采购员填写还款单附上入库单、发票支票借据第 1 联交核算部。核算部留还款单第 3 联记账，在发票上盖章，转交副总经理审核。

副总经理根据发票借据第 1 联，审核此费用是自己批准的，在《还款单》上签字，在发票上签字还给采购员。采购员拿《还款单》和入库单、发票、发票借据第 1 联到财务报账。会计记账，在支票借据的第 3 联填写结算金额并签字，将第 3 联还采购员。采购员填写支票使用记录并附上支票借据的第 3 联，以备和会计对账、复查。

讨论

（1）该公司供应部的采购流程有什么特点？
（2）根据案例总结一下采购部门的职责。

三、实训练习

实训1　就下列现象进行分析并提出解决的措施

现象 1：绝大部分企业都设置有采购计划员这个岗位，其主要职能就是根据企业下月的生产计划编制采购计划。有趣的是，许多企业里并不按采购计划员编制的采购计划进行采购，而是要经过加工，而加工的依据呢，多半是领导的个人经验。

现象 2：企业里经常会出现计划外采购的情况，一般都是因为出现了临时的意外情况，这时一般需要领导的特批。可是有一个真实的例子就是，有一个厂的厂长在偶然一次进仓库时发现了一种配件是几个月前他特批过的，因为当时情况特别紧急，所以他的印象特别深刻，但是在他发现的时候，那些配件还是原封不动地躺在仓库里睡大觉。

现象 3：许多企业的老板都有这样一个体会，就是在审批签字的时候，没有任何依据，只能被动地签字，除了极个别的情况外，一般不会出现拒签的情况，以至于有个企业的老板说"我就是大家的奴隶"。

现象 4：众所周知，企业之间的竞争最后其实是成本的竞争，而在现在生产设备自动化程度越来越高的时候，压缩产品在制造过程中的成本空间越来越小，而材料的采购成本却大有文章可做。但是，采购成本居高不下却一直是许多企业的顽疾之一。

实训2　个人消费品和家庭消费品的采购

实训目的：掌握个人采购与家庭采购在决策过程中的区别，不同采购方式在消费品采购时的区别。

实训内容：确定生活中个人需要某类商品、家庭需要的另一类商品，然后以"去实体店"的方式购买家庭所需要的商品，以"网购"的方式购买个人需要的商品。

实训要求：

（1）列出确定购买个人消费品的决策因素，再与家庭成员一起分析购买家庭消费品的决策因素，对比两类不同的采购类型的决策因素的异同并说明原因。

（2）购买这两类商品后，仔细分析两种采购的具体流程，绘制采购流程图，分析异同并说明原因。

（3）分析"去实体店"购买方式和"网购"方式各自的特点，并详细分析各自适合什么类型消费品的采购。

（4）将上述分析、比较和设计的内容形成一个完整的报告。

【拓展视频】

【本章小结】

第 3 章

企业生产物流管理

学习目标

（1）熟练掌握企业生产物流的概念、特征和类型。
（2）熟悉不同生产模式下的生产物流管理。
（3）掌握生产物流的计划与控制的方法。
（4）熟悉 MRP、JIT 和 TOC 的原理。
（5）了解物流信息技术的发展对物流产业发展的影响。

导入案例

西米克公司的工序大体上分为正极制片、负极制片、卷绕、封口、化成和包装等几大步骤，其中正极制片和负极制片是同步的，其他的都有先后顺序。现场观察并绘制价值流程图的过程显示，通常每个车间都有 30 万~50 万元的在制品库存。特别是化成车间，由于其生产周期长，所以在制品库存则更多达 200 万元，除去正在加工的在制品外，这些在制品大多是处于等待流入下一车间，或者等待本车间加工的状态。

如此巨大的在制品库存带来的结果：一是占用大量流动资金；二是拖延了生产周期，整个生产周期达到 20 多天，严重制约了对客户订单的反应能力；三是占据了大量的场地，现场拥挤；四是根据工艺的要求，从制片投料到封口工序完成应该控制在 48h 内，但在实际中远远超过了这个时限，影响了产品质量。

之所以存在如此巨大的在制品库存浪费，一方面是由于过去西米克公司还没有减少在制品库存的意识。尤其是全厂追求产量的时候，为了防止下一工序因为缺货而停产，导致自己车间被指责，各车间拼命生产而不管下一工序是否需要，导致在制品库存越来越多。另一方面，西米克公司在内部生产和质量管理上实行"按批次管理"制度，每一个生产批次的产品必须在本车间内全部完工，并经过品管部的 QC（Quality Control，质量控制）抽检合格后，方可放行到下一车间，而每个生产批次的产量都在 10 万件以上，在没有全部完工并经过 QC 抽检之前，不得转运到下一车间。

思考
（1）西米克公司的生产属于哪种生产类型？该生产类型的物流具有哪些特征？
（2）西米克公司的在制品有哪几种类型？
（3）案例中的"按批次管理"指的是生产物流组织中哪种典型的移动方式？该方式具有什么特点？其生产周期如何计算？
（4）西米克公司在制品库存过高的原因是什么？请提出改进意见。

3.1 生产物流概述

3.1.1 生产物流的概念

生产物流也称厂区物流、车间物流等，是企业在生产工艺中的物流活动，即物料不断地离开上一道工序，进入下一道工序，不断发生装上卸下、向前运动、暂时停止等活动。《物流术语》中给生产物流下的定义是，生产物流（Production Logistics）是指"企业生产过程中发生的涉及原材料、在制品、半成品、产成品等所进行的物流活动。"

生产物流是企业生产的重要组成部分，是企业生产得以顺利进行的保障。首先，它是企业物流系统的重要组成部分。企业物流系统的水平结构如图 3.1 所示。只有合理组织生产物流过程，才可能使生产过程始终处于最佳状态。其次，生产物流研究的核心问题是如何对生产过程中的物料流和信息流进行科学的规划、管理与控制。最后，企业生产物流过程需要物流信息提供支持。通过信息收集、传递、储存、加工和使用，控制各项物流活动的实施，使其协调一致，保证生产的顺利进行，从而实现生产成本最小化和效益最大化。

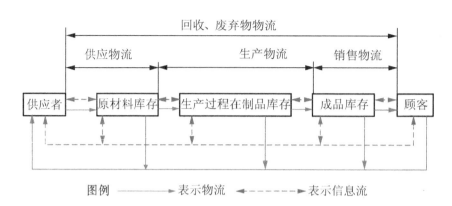

图 3.1　企业物流系统的水平结构

生产物流具有以下特点：

（1）主要功能要素的特点。一般物流的功能要素主要有运输和储存，其他是作为辅助或次要或强化性功能要素出现的。企业物流的主要功能要素则是搬运活动。

（2）物流过程的特点。企业生产物流是一种工艺过程型物流。一旦企业生产工艺、生产设备及生产流程确定，企业生产物流也因而形成了一种稳定的物流，物流便成了工艺过程的重要组成部分。

（3）物流运行的特点。企业生产物流的运行具有很强的伴生性，往往是生产过程中一个组成部分，这决定了企业生产物流很难与生产过程分开而形成独立的系统。

3.1.2　影响生产物流的主要因素

1. 生产类型

企业的生产类型是生产的产品产量、品种和专业化程度在企业技术、组织和经济上的综合反映和表现。它在很大程度上决定了企业和车间的生产结构、工艺流程和工艺装备的特点，生产过程的组织形式及生产管理方法，同时也决定了与之匹配的生产物流的类型。因此，生产类型是影响生产物流的主要因素。

2. 生产规模

生产规模是指单位时间内的产品产量，通常以年产量来表示。生产规模越大，则生产过程的结构越复杂，物流量越大；生产规模越小，一般其生产过程的结构也越简单，物流量就越小。

3. 专业化与协作化水平

若企业的专业化与协作化水平低，则由自身生产的产品的零部件种类就越多，所需的原材料的品种也随之增加，物料流程更复杂且会延长；若企业的专业化与协作化水平高，生产中需要的一些半成品可以由供应商供给，则企业的物流流程就会缩短。

4. 技术管理水平

企业的技术水平先进，组织管理能力强，就可采用先进的生产设备和工艺，保证各生产阶段、各工序的活动有序开展，提高产品质量，降低物资消耗，其生产物流系统就易于实现。

3.1.3 生产物流的类型

企业生产类型，可以按照生产性质、生产工艺特性、企业组织生产的特点、专业化程度等对生产物流进行分类（图 3.2），这样有助于企业根据不同的物流特征，进行生产物流的管理。

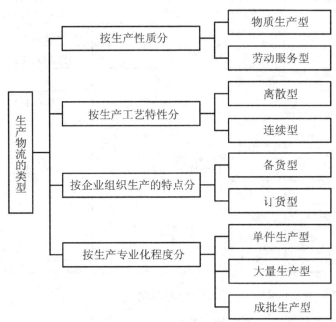

图 3.2 企业生产物流的类型

1. 按生产性质可分为物质生产型和劳动服务型

当今生产管理的范围不仅包括制造业，也包括服务业。生产的概念已经形成物质生产型和劳动服务型两大类。

（1）物质生产型的生产过程是通过生产要素的输入，经过物理、化学变化，转化为有形产品的输出。

（2）劳动服务型的生产过程与前者即有共同点也有明显的区别。劳动服务型的生产过程与物质生产型的生产过程的共性都是"投入→转换→产出"的过程，其与物质生产型的主要区别是生产过程的产出不是物质产品，而是无形的服务产品。

2. 按照生产工艺特性可分为离散型和连续型

（1）离散型。产品由离散的零部件装配而成，零部件以各自的工艺过程通过各个生产环节，物料运动处于离散状态，因此将其称为离散型生产。因为这类产品都是先加工零件，再将零件装配成产品，所以又将其称为加工—装配式生产，如汽车制造。

（2）连续型。在连续型生产过程中，物料均匀、连续地按一定工艺顺序运动，生产流程具有连续性的特点和要求，故又称为流程式生产，如化工、炼油、冶金等的生产过程。离散型和连续型生产的特征对比见表 3-1。

表 3-1 离散型和连续型生产的特征对比

比较项目	离散型	连续型
用户数量	较多	较少
产品品种数	较多	较少
产品差别	有较多用户要求的产品	有较多标准化产品
自动化作业	较难实现	较易实现
设备布置的性质	批量或流水生产	流水式生产
设备布置的柔性	较高	较低
生产能力	模糊的	可明确规定
扩充能力的周期	较短	较长
对设备可靠性要求	较低	高
维修的性质	多数为局部修理	局部检修多，停产大修少
原材料品种数	较多	较少
能源消耗	较低	较高
在制品库存	较高	较低
副产品	较少	较多

3．按企业组织生产的特点可分为备货型和订货型

按照企业组织生产的特点，可以把制造型生产分为备货型（Make-To-Stock，MTS）和订货型（Make-To-Order，MTO）两种。连续型生产一般为备货型生产，离散型生产既有订货型生产又有备货型生产。

（1）备货型。备货型生产是指企业根据市场需求（现实需求和潜在需求），有计划地进行产品开发和生产，生产出的产品不断补充成品库存，通过库存随时满足用户的需求，如轴承、坚固件、小型电机等产品的生产。

（2）订货型。订货型生产是指企业根据用户订单组织产品的设计和生产。企业根据用户在产品结构及性能等方面的要求以合同的方式确定产品的品种、性能、数量及交货期来组织生产，如船舶的生产。

备货型生产与订货型生产的特征对比见表 3-2。

表 3-2 备货型生产与订货型生产的特征对比

比较项目	备货型	订货型
产品	标准产品	按照用户要求生产，无标准产品，大量的改进产品或新产品
对产品的需求	可以预测	难以预测
订货期	事先确定	订货时确定
价格	不重要，由成品库随时供货	订货时确定
设备	多采用专用高效设备	多采用通用设备
人员	专业化人员	多种操作技能人员

4. 按生产专业化程度可分为单件生产型、大量生产型和成批生产型

（1）单件生产型。单件生产型特点是产品对象基本上都是一次性需求的专用产品，一般不重复生产。

（2）大量生产型。大量生产型的特点是产品品种单一，每一种产品的批量大，生产重复高，产品专业化程度高。一般这类产品在一定时期内具有相对稳定的需求。

（3）成批生产型。成批生产型介于大量生产型和单件生产型之间，即品种不单一，每种都有一定的批量，生产有一定的重复度。由于成批生产的范围很广，通常将它划分为"大批生产""中批生产"和"小批生产"3种。

按生产专业化程度划分的生产类型如图3.3所示。

图 3.3 按生产专业化程度划分的生产类型

大量、成批、单件生产型的特征对比见表3-3。

表3-3 大量、成批、单件生产型的特征对比

比 较 项 目	单 件 生 产	大 量 生 产	成 批 生 产
产品品种	很多	单一或很少	较多
产品产量	单一或很少	很大	较大
采用设备与工装	通用	专用	专用与通用并存
设备排列	工艺专业化	对象专业化	对象、工艺专业化
劳动分工	粗	细	有一定分工
工人技术水平	较高	低	一般
生产周期	长	短	较长
劳动生产率	低	高	较高
单件成本	高	低	较高
计划管理工作	复杂多变	较简单	较复杂
控制管理	复杂	简单	较简单
适应性	强	差	较差

3.2 企业生产物流合理组织

企业生产系统的组织工作，是以最大限度地提高企业综合生产效率为目标，而对企业的人力、设备、物料等各项资源在时间上和空间上进行科学组织和安排。生产系统的合理组织有利于保证企业按质按量地为社会提供所需的产品，进而促进企业经济和社会效益目标的实现。

从物料投入到成品产出的生产物流过程，包括工艺过程、检验过程、运输过程、等待过程等，研究企业生产物流的组织从空间、时间和人员 3 个方面分析，也就是从空间、时间和人员 3 个角度组织企业的生产物流。

3.2.1 企业生产物流的空间组织

生产物流的空间组织是指生产区域或工作地的布置，其目标是如何缩短工艺流程，从而缩短物流的时间。一般有 3 种专业化组织形式，即工艺专业化、对象专业化和成组工艺化。

1. 按工艺专业化形式组织生产物流

工艺专业化是把同类的生产设备集中起来，加工按计划生产的工艺相同的各种产品，即加工对象多样化，而加工工艺相同。

按工艺专业化形式组织生产物流的特点是同类型的设备用同工种的工人和同一加工方法完成产品某一工艺过程加工，如图 3.4 所示。

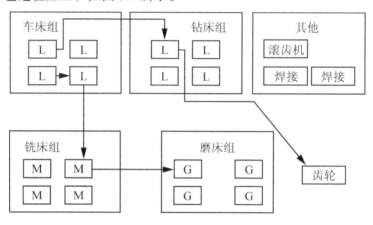

图 3.4 按工艺专业化形式组织生产物流

其优点是对产品品种的变化和顺序的变化适应能力强，生产系统的可靠性较高，工艺及设备管理较方便；机器设备重复少；有利于工人提高技术水平；某部设备发生损坏，或人员不足时，便于调剂，不至于影响或延误生产任务的完成。其缺点是物料在加工过程中半成品往返和交叉运输多，路线复杂、物料库存量相对较大、储运费用增加；生产周期长，在制品的资金占用量增加；车间（工序）间的联系与协作关系复杂，不便于管理。

在企业生产规模不大，生产专业化程度低，产品品种不稳定的单件小批量生产条件下，适宜于按工艺专业化组织生产物流。

2. 按对象专业化形式组织生产物流

对象专业化是按加工产品为对象划分生产单位，通过固定制造某种部件或某种产品的封闭车间，其设备、人员按照加工或装配的工艺过程顺序布置，形成一定的生产线。对象专业化形式组织生产物流实行流水线式生产，加工对象单一，但加工工艺、方法多样。

对象专业化形式组织生产物流的优点是布置符合工艺过程，物流畅通，减少搬运次数；生产计划简单，易于控制；可以使用专业设备和机械化、自动化搬运方法。缺点是设备发生故障时引起整个生产线中断;产品设计变化将引起布置的重大调整;生产线速度取决于最慢的机器;设备的维修和保养费用高。

在企业专业方向已经确定,产品品种比较稳定,生产类型属于大批量生产,设备比较齐全能有充分负荷的条件下,适宜于按产品专业化组织生产物流,如图 3.5 所示。

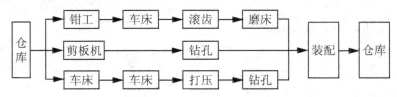

图 3.5 按对象专业化形式组织生产物流

3. 按成组工艺形式组织生产物流

成组工艺形式是结合了上述两种形式的特点,按成组技术原理,把完成一组相似零件的所有或极大部分加工工序的多种机床组成机器群,以此为一个单元,并根据其加工路线,再在其周围配置其他必要设备,如图 3.6 所示。

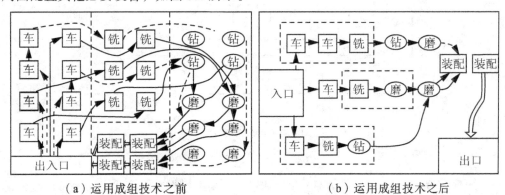

(a) 运用成组技术之前　　　　　　(b) 运用成组技术之后

图 3.6 按成组工艺形式组织生产物流

按成组工艺形式组织生产的主要优点是可以大大地简化零件的加工流程,减少物流迂回路线,在满足品种变化的基础上有一定的批量生产,具有柔性和适应性。缺点是需要较高的生产控制水平以平衡各单元之间的生产流程;若单元之间流程不平衡,需要中间储存,增加了物料搬运;班组成员需掌握所有作业技能;减少了使用专用设备的机会。

3.2.2 企业生产物流的时间组织

生产物流的时间组织是指一批物料在生产过程中各生产单位、各道工序时间上的衔接和结合方式。要合理组织生产物流,不仅要缩短物料流程的距离,而且还要加快物料流程的速度,减少物料的成批等待,实现物流的节奏性、连续性。一般来说,一批物料有 3 种典型的移动组织方式,即顺序移动、平行移动和平行顺序移动方式。

1. 顺序移动方式

顺序移动方式是指当一批加工对象在上道工序完成全部加工后,整批地转到下道工序进行加工的方式,如图 3.7 所示。

2．平行移动方式

平行移动方式是指每个产品或零件在上道工序加工完后，立即转到下道工序加工，各个零件或产品在各道工序上的加工平行地进行，如图3.8所示。

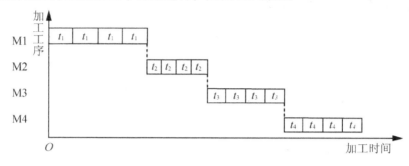

图3.7　顺序移动方式

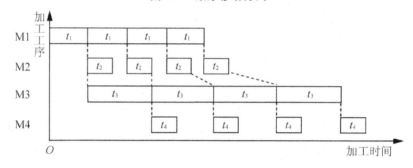

图3.8　平行移动方式

3．平行顺序移动方式

平行顺序移动方式是指一批零件或产品既保持每道工序的平行性，又保持连续性的作业移动方式。即指一批零件在前一道工序尚未全部加工完毕，将已加工好的一部分零件转送到下一道工序加工，并使下道工序能连续地加工完该批零件的方式。其具体做法是，若后道工序单件加工时间比前道工序单件加工时间长，则前道工序往后道工序按件运送；若后道工序单件加工时间比前道工序单件加工时间短，后道工序的最后一个零件只能等到前道工序所有零件加工完毕后，才能开始加工，则后道工序的第一个零件加工时间，可从最后一个零件的加工时间依次向前倒推确定。平行顺序移动方式如图3.9所示。

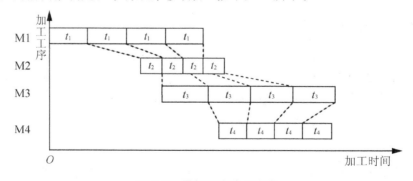

图3.9　平行顺序移动方式

4. 比较 3 种移动方式的特点（表 3-4）

表 3-4 3 种移动方式的特点对比表

	顺　　序	平　　行	平行顺序
优点	① 工序内加工过程连续 ② 设备利用率高 ③ 整批加工，整批运送，管理与运输方便	同时对一批零件进行加工，生产周期最短	既保证工序内连续加工（工序内连续），又保证多道工序能同时对一批零件进行加工（不同工序尽量平行），加工周期居中
缺点	加工周期最长	若单件工序时间不等，会出现加工中断现象	每次向下工序转移零件数量和时间不同，管理复杂
适用范围	批量小，单件工序时间短，重量轻	批量大，单件工序时间长，重量较大的零件	批量大，单件工序时间长

知识拓展

运作模式：目前世界大型物流公司大多采取总公司与分公司体制，采取总部集权式物流运作，实行业务垂直管理，实际上就是一体化经营管理模式，即一个指挥中心，多个操作中心。分部必须坚决服从总部，总部对分部有高度的控制力，分部在作业上做到专业化、流程标准化。总部必须具有强大的指挥、设计能力，对市场把握的高度准确性和控制风险的能力。信息化、网络化则是拥有这种能力的保证。在现代物流的管理与运作中，信息技术与信息网络扮演着一个十分重要的角色，甚至就是公司形象和核心竞争力的标志。很多大型的物流企业通常都设有运作管理系统、质量保证系统、信息管理系统和客户管理系统。

盈利模式：世界著名物流公司中，非资产型物流公司的盈利能力要强于资产型物流公司，而且其具有竞争力的业务核心是物流管理，其中物流设计、控制、组织、协调能力是其竞争基础。具有代表性的竞争手段有高度重视物流解决方案设计；在服务操作上严格执行统一的服务标准；坚持严格的质量的管理制度；以信息技术和信息网络贯穿物流整个服务过程。

3.2.3 企业生产物流的人员组织

生产物流单位形式的选择与人员的组织主要体现在生产物流的组织结构和人员的岗位设计方面。要完成生产物流的组织工作，必须选择合理的生产物流组织结构并明确工组岗位人员的职责，以保证生产物流优化和畅通。

随着企业经营战略的转变，越来越多的企业选择了实行生产与物流一体化，在企业内部的组织结构上设立了生产与物料控制部门（Product Material Control，PMC），要求 PMC 建立制定完善的生产与物料控制体系，配合生产计划做到良好的物料控制，对生产进度及物料进度及时跟进以及沟通协调。在 PMC 下并分别设立生产管制部（PC）和物料控制部（MC），其中物料控制部的主要职能是物料计划、请购、物料调度、物料的控制等。

人力资源管理理论提倡岗位设计应该把技术因素与人的行为、心理因素结合起来考虑。

1. 生产物流的人员组织的原则

根据生产物流的特征，岗位设计的基本原则应是"因物料流向设岗"（即因岗定人），而不是"因人、因设备、因组织设岗"，因此，要考虑以下几个问题：

（1）岗位设置数目是否符合最短物流路径原则（目标是尽可能少的岗位设置尽可能多的工作任务）。

（2）所有岗位是否实现了各工艺之间的有效配合（目标是保证生产总目标、总任务的实现）。

（3）每一个岗位是否在物流过程中发挥了积极的作用（目标是岗位之间的关系应协调统一）。

（4）物流过程中的所有岗位是否体现了经济、科学、合理的系统原则（目标是物流优化）。

2．生产物流的人员组织的内容

根据人的行为、心理特征，岗位设计还要考虑工作者个人的工作动机需求，因此要从以下 3 个方面入手：

（1）扩大工作范围，丰富工作内容，合理安排工作任务。目的在于使岗位工作范围及责任增加，改变人员对工作的单调感和乏味感，使得身心成熟发展，从而有利于提高生产效率，促进岗位工作任务的完成。具体可以从横向和纵向两个途径扩大工作范围。

横向途径有：将分工很细的作业单位合并，由一个人负责一道工序改为几个人共同负责几道工序；尽量使员工进行不同工序、设备的操作，即用多项操作代替单项操作；采用包干负责制，由一个人或一个小组负责一项完整的工作，使其看到工作的意义。

纵向途径有：生产人员承担一部分管理人员的职能，如参与生产计划的制订、自行决定生产目标、作业程序、操作方法、检验衡量工作质量和数量，并进行工作核算。生产人员不但承担一部分生产任务，而且还可参与产品试验、设计、工艺管理等技术工作。

（2）工作满负荷。目的在于制定合理的生产定额从而确定岗位数目和人员需求。

（3）优化生产环境。目的在于改善生产环境中的各种不利于生产效率的因素，建立"人—机—环境"的最佳系统。

3．生产物流的人员组织的要求

岗位设计体现在生产物流的 3 种空间组织形式上，对人员又有不同的要求。

（1）针对按工艺专业化形式组织的生产物流，要求员工不仅专业化水平高，而且具有较多的技能和技艺，即一专多能，一人多岗。

（2）针对按对象专业化形式组织的生产物流，要求员工在工作中具有较强的工作协调能力，能自主平衡各工序之间的瓶颈，保证物流的均衡性、比例性、适时性要求。

（3）针对按成组工艺形式组织的生产物流，要求向员工授权，即从管理和技术两个途径，保证给每个人都配备技术资料、工具、工作职责和权利，改变不利于物流合理性的工作习惯，加强对新技术的学习和使用。

3.3 企业生产物流计划与控制

3.3.1 企业生产物流计划

1．生产物流计划的内容

生产物流计划是企业生产过程中物料流动的纲领性书面文件，它指导生产物流的从开始有序运行至完成的全过程。其核心是生产作业计划的编制工作，即根据计划期内规定的生产产品的品种、数量、期限及具体客观实际，具体安排产品及其零部件在各工艺阶段的生产进度。与此同时，为企业内部各生产环节安排短期的生产任务，协调前后衔接关系。其具体内容如下：

（1）确定企业计划期的生产物料需用量。

（2）确定生产物料的消耗定额。

（3）清查企业的库存资源，经过综合平衡，编制出物料需求计划并组织实现。

2．生产物流计划的意义

一个科学合理的生产物流计划，对于生产的连续正常进行，提高生产物流管理的工作效率具有重大意义。

1）生产物流计划是订货和采购的依据

企业生产经营所需要的生产物流种类繁多，数量不一，规格各异，只有事先做好周密的计划，才能尽可能地避免在订购过程中各种错误的发生。有了生产物流计划，可以对生产物资市场的价格波动进行合理的预测，并及时做出反应。对价格预期上扬较大的生产物资可有计划地提前做好准备，避免涨价损失；反之，如果预期生产物资价格下降，则应控制进货，防止物料贬值，造成资金浪费。

2）可以作为监督生产物流合理使用的标准

生产物流计划设置了一些考核指标，以衡量供应部门、生产车间、仓库管理、运输等部门的工作质量和效率。几个重要的考核指标是：计划准确率、订货合同完成率、库存生产物流周转率、库存生产物流削价或报废的损失率等。工作中需经常对照检查这些指标，考核企业生产物料使用的有效性，从而使企业能更充分地利用资源，发挥生产物流的最大效能，有效地降低成本。

3）有助于存货控制和生产物流配送

生产物流计划包括生产物料的分配和配送计划。通过运用相应的控制工具和管理方法（如分销需求计划），使原材料库存和产成品保持在一个合适的水平，可以更好地协调生产与市场之间的关系。

3．生产物流计划的任务

1）保证生产计划的顺利完成

为了保证生产按计划的顺序运行，在规定的时间和数量出产各种产品，要研究物料在生产过程中的运动规律，以及在各工艺阶段的生产周期，以此来安排经过各工艺阶段的时间和数量，并使系统中各生产环节内的在制品的结构、数量和时间协调。总之，通过物流计划中的物流平衡以及计划执行过程中的调度、统计工作，来保证计划的完成。

2）为均衡生产创造条件

均衡生产是指企业及企业内的车间、工段、工作地等生产环节，在相等的时间阶段内完成等量或均增数量的产品。均衡生产的要求如下：

（1）每个生产环节都要均衡地完成所承担的生产任务。

（2）不仅要在数量上均衡生产和产出，而且各阶段物流要保持一定的比例性。

（3）尽可能缩短物料流动周期，同时要保持一定的节奏性。

3）加强在制品管理，缩短生产周期

保持在制品、半成品的合理储备是保证生产物流顺利进行的必要条件。在制品过少，会使物流中断而影响生产；反之，又会造成物流不畅，加长生产周期，占用较多的流动资金。因此，对在制品的合理控制，既可减少在制品占用量，又能使各生产环节衔接、协调。

4．生产物流计划的编制和执行

1）生产物流计划的编制

企业生产物流计划按计划期的长短可分为年生产物流计划、季生产物流计划和月生产物流计划。年生产物流计划是企业全年生产物流供应工作的依据和基础；季生产物流计划是在年度计划的基础上编制的，是由年度到月度，由长期到短期的中间环节，由企业物资部门在季度到来之前10天左右的时间编制；月生产物流计划是季生产物流计划的具体化，其任务是把年、季生产物流计划中规定的指标，按照月、旬具体地安排到车间、班组，层层落实，保证企业生产计划的完成。这里重点介绍年生产物流计划的编制，其他计划的编制可参照年生产物流计划。

（1）审核数据计算指标。编制计划时，对有关的数据和资料真实性、准确性要进行认真的审核。特别要注意的是，生产部门的生产物资需要量是否合理，需要时间是否恰当，生产物料消耗定额是否先进可行，预计期末库存、周转库存量是否合理，各种物资需要是否配套，生产物料所需资金是否超出资金定额指标等。

（2）综合平衡。生产物流计划和其他计划，如生产计划、运输计划、资金使用计划、库存计划等构成企业的计划管理体系，各计划之间存在相互依存、相互制约的关系。因此，企业的生产物流计划与企业其他计划要进行综合平衡。

（3）编制计划。生产物流计划一般由3个部分组成，即生产物流核算表、待购生产资料物流表和文字说明。生产物流部门在编制年度生产物流计划时，要考虑一些不确定因素的影响。这样做虽然不能准确地预见到全年、全季度的所有变化，但可以增强计划抗突发事件的能力。在生产物流计划的实施过程中，会出现某些不确定的偶然事件，从而破坏年和季生产物流计划中原有的平衡。这时，就可通过月生产物流计划来进行调整，月计划就是从长期到短期，从概括到具体，积极应变，实现组织供需平衡的过程。

2）生产物流计划的执行与检查

（1）生产物流计划的执行。执行计划的重点在于资源，要积极组织力量通过订货、采购、委托加工、协作等形式保证生产物料供应。生产物料进厂后，一方面要及时组织发放，重要产品生产所需生产物料应优先保证，紧张短缺生产物料择优供应，超储积压生产物料积极组织利用；另一方面要加强生产物流管理，定额发料，防止浪费。

执行生产物流计划的方法主要有以下两种：

① 内部经济合同。企业内部采取生产物料供应部门与用料部门签订内部经济合同的方法，明确双方的经济责任。计划范围内的供应不到位或不及时，由生产物料供应部门负经济责任；用料部门用料计划不准或计划外用料，由用料部门承担经济责任，以加强生产物流计划的严肃性。

② 定额承包。生产物料供应部门可以对生产用主要原料、燃料和材料按物料消耗定额承包给生产部门。在完成生产任务的前提下，如果节约留用，则按规定提取奖金，如果超出消

耗定额，则按规定扣发奖金，以此来促使生产部门关心生产物料的节约，降低消耗，提高经济效益。

（2）生产物流计划的检查。在生产物流计划执行的过程中，要不定时地对计划的执行情况进行检查。检查的主要内容有：按定额计算的计划需用量与实际耗用量的对比；生产物料到货衔接情况、供货合同执行进度和情况；生产物料消耗定额执行情况；生产物料节约使用等情况。相应的检查方法有全面检查与抽样调查，专项检查、经常检查与定期检查，统计资料对比与现场分析，以及在计划期结束后进行的生产物料核销检查等。

在生产物流计划检查时，应该做到"有法可依，有章可循"。这里的"章"，是指在编制生产物流计划时事先制定好的一些重要考核指标，如计划准确率、订货合同完成率、生产物料节约率、库存生产物料周转率、库存生产物料损失率、仓库机械化作业率、包装容器回收率、资金占用量及周转率等。工作中对照检查这些指标，可以考核企业生产物流计划的执行力度。

（3）生产物流计划的修订。生产物流计划在执行过程中，既要保证计划的严肃性，又要根据执行的情况和外部条件的变化而进行相应的调整。一般计划调整的原因有生产计划的变动、设计变动、工艺变动、由于生产物流计划本身的不准确性而需要进行的修订等。

对生产物流供应计划进行修订时，通常采用的方法有：定期修订，多在订货前修订；经常修订，指对随时可能发生的变化进行的局部性的、较小的修订；专项修订，指当实际进程与原计划任务相差较大时进行的修订。

3.3.2 企业生产物流控制

在生产物流运行过程当中，由于受到生产企业的战略选择与企业内外部环境的作用和影响，计划与实际之间会产生偏差，为了保证计划的完成，必须对物流活动进行有效控制，使得在企业生产过程中其生产物流不偏离预定目标，所以应加强企业生产物流的过程管理，以实现对生产物流的有效控制。

1. 控制系统组成要素

（1）控制对象。控制对象是由人、设备组成的一个系统单元，通过对其施加某种控制或指令，能完成某种变化。在生产物流系统中，物流过程是主要的控制对象。

（2）控制目标。控制目标是系统预先确定的力争达到的目标，控制的职能就是随时或定期对控制对象进行检查，发现偏差，进行调整，以利于目标的实现。

（3）控制主体。在一个控制系统里，目标已定，收集控制信息的渠道也已畅通，就需要一个机构来比较当前系统的状态与目标值的差距，如果差距超过允许的范围，则制定纠正措施，下达控制指令。这样的控制机构就成为控制主体。

2. 生产物流控制的方式

1）负反馈控制方式

负反馈控制是控制主体根据设立的目标，发布控制指令，控制对象根据下达的命令执行规定的动作，将系统状态输出结果的信息传递到控制主体，经过结果与目标比较确定调整量，通过控制对象来实施。负反馈过程如图3.10所示。负反馈控制的特点是根据当前状态决定下一步行动，由于从信息收集到调整实施有一定的时间滞后，所以在某种情况下就可能影响目标的实现。负反馈控制的另一个特点是稳定性好，其总趋势是保持系统的平衡状态。

2）前反馈控制方式

前反馈控制是根据对系统未来的预测，事先采取措施应付即将发生的情况。这种控制方式带有主动性。前反馈过程如图 3.11 所示。从图中可以看出，除了缺少信息收集这一环节外，它几乎与负反馈过程相同。但前反馈控制主体中有预测功能，它是靠系统长期运行以后加以总结得到的。实际上，对于一个复杂的物流系统，预测不可能完全正确，事实上还有许多事先无法估计到的随机干扰，所以在实际生产物流过程中很少采用单独的前反馈控制方式，通常采用由负反馈和前反馈结合的复合控制系统。

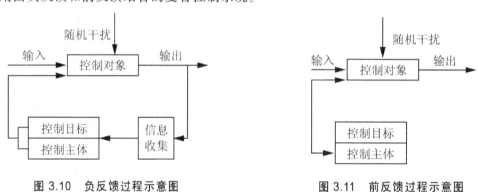

图 3.10　负反馈过程示意图　　　　图 3.11　前反馈过程示意图

3．生产物流控制的内容

1）进度控制

生产物流控制的核心是进度控制，即物料在生产过程中的流入、流出控制，以及物流量的控制。

2）在制品管理

在生产过程中对在制品进行静态、动态控制及占有量的控制。在制品控制包括在制品实物控制和信息控制。有效地控制在制品，对及时完成作业计划和减少在制品积压均有重要意义。

3）偏差的测定和处理

在进行作业过程中，按预定时间及顺序检测执行计划的结果，掌握计划量与实际量的差距，根据发生差距的原因、差距的内容及严重程度，采取不同的处理方法。首先，要预测差距的发生，事先规划消除差距的措施，如动用库存、组织外协等。其次，为及时调整产生差距的生产计划，要及时将差距的信息向生产计划部门反馈。最后，为了使本期计划不做或少做修改，将差距的信息向计划部门反馈，作为下期调整的依据。

完成上述控制内容的系统可以采用不同的形式和结构，但都具有一些共同的要素。这些要素包括以下几个方面：

（1）强制控制和弹性控制，即通过制定有关标准、严密监督等手段进行的强制控制；同时又要留有余地，实行自我控制。

（2）目标控制和程序控制，即控制系统的作用是核查生产实际结果，进行目标控制；同时，要对生产程序、生产方式进行核查。

（3）管理控制和作业控制，管理控制的对象是全局，是指为使系统整体达到最佳效益而按照总体计划来调节各个环节、各个部门的生产活动。这是来自管理层的监督控制。作业控制是对某项作业进行控制，是局部的，其目的是保证其具体任务或目标的实现。有时不同作业控制的具体目标之间可能会出现脱节或矛盾的情况，需要管理控制对此进行协调，以使整体达到最优效果。

4．生产物流控制的程序

生产物流控制的程序要与控制的内容相适应，其控制的程序一般包括以下几个步骤：

（1）制定作业计划标准。物流控制从制订作业计划标准开始，所制定的标准要保持先进合理的水平；随着生产技术条件等因素的变化，要对标准定期或不定期地进行修订。

（2）制订生产物流计划。依据生产计划制订相应的物流计划，并有目的、有组织、系统地完成计划。

（3）物流信息的收集、传送和处理。物流过程要有物流信息为之服务，即物流信息要支持物流的各项业务活动。通过信息传递，把运输、储存、加工、装配、装卸及搬运等业务活动有机地结合起来，协调一致，以提高物流作业效率。

（4）及时调整。为了保证生产物流计划的顺利完成，要及时检查监督计划的执行情况，及时调整偏差，保证完成生产物流计划的目标。

① 短期调整。为了保证生产的正常进行，及时调整偏差，保证计划顺利完成。

② 长期调整。这是为了保证生产及其有效性的评估和调整。

5．生产物流控制原理

在生产物流系统中，物流协调和减少各个环节生产和库存水平的变化是很重要的。在这样的系统中，系统的稳定与所采用的控制原理有关。下面介绍两种典型的控制原理。

1）推进型控制原理

推进型物流控制基本方式是根据最终产品的需求结构，计算出各个生产工序的物料需求量，在考虑了各生产工序的生产提前期之后，向各工序发出物流指令（生产计划指令），其流程如图3.12所示。推进型控制的特点是集中控制，每个阶段物流活动都要服从集中控制指令。但各阶段没有考虑影响本阶段的局部库存因素，因此，这种控制原理不能使各阶段的库存水平都保持在期望水平上。

以推进型控制原理为理论指导的生产物流的组织形式有物料需求计划（MRP，详见3.3.3节相关内容）、制造资源计划（MRP Ⅱ）、企业资源计划（ERP）。

2）拉引型控制原理

拉引型物流控制基本方式是根据最终产品的需求结构，计算出最后工序的物流需求量，根据最后工序的物流需求量，向前一工序提出物流供应要求，前一阶段按本阶段的物流需求量向上一阶段提出要求，其流程如图3.13所示。依此类推，各生产工序都接受后序工序的物流需求。从指令方式上不难看出，由于各个工序独立发出指令，所以实际上是一种单一阶段的重复。拉引型控制的特点是分散控制，每一阶段的物流控制目标都是满足局部需求，通过这种控制方式，使局部生产达到最优要求。但各阶段的物流控制目标难以考虑系统的总体的控制目标，因此，这种控制原理不能使总费用水平和库存水平保持在期望水平。

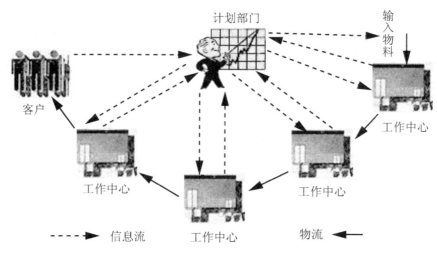

图 3.12　推进型控制的信息与物料流程图

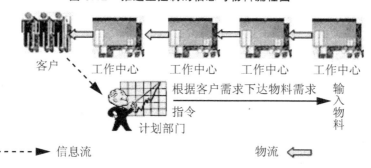

图 3.13　拉引型控制的信息与物料流程图

3.3.3　企业物料需求计划

1. 物料需求计划的概念

物料需求计划（Material Requirement Planning，MRP）是指一种工业制造企业内物资计划管理模式。它根据产品结构各层次中物品的从属和数量关系，以每个物品为计划对象，以完工日期为时间基准倒排计划，按提前期长短区别各个物品下达计划时间的先后顺序。

MRP 的详细程度很高，一般是在制造各产品类目的过程中需要零部件时，才制订物料需求计划。企业根据市场需求制订营销计划后，生产系统必须按期交付出产成品，由此倒推产生了主生产进度计划，再根据产品的数量与产品的层次结构逐次求出各零部件所需时间。

2. MRP 的逻辑原理

1）主生产进度计划

主生产进度计划（Master Production Schedule，MPS），它反映产品的层次结构，即所有物料的结构关系和数量组成。由需求时间和相互关系来确定主产品进度计划。根据营销计划、主产品结构和工艺规程决定了成品出厂时间和各个时间段内的生产量，包括产出时间、数量或装配时间和数量等。

2）产品物料清单

物料清单（Bill Of Material，BOM）是指产品所需零部件明细表及其结构。它是所有产品、半成品、在制品、原材料、配套件、协作件及易耗品等与生产有关的物料的统称。采用计算机辅助企业生产管理,首先要使计算机能够读出企业所制造的产品构成和所有要涉及的物料,为了便于计算机识别,必须把用图示表达的产品结构转化成某种数据格式,这种以数据格式来描述产品结构的文件就是物料清单,即 BOM。它是定义产品结构的技术文件,因此,又称为产品结构表或产品结构树。物料清单的形成是将产品作为一个系统来考虑,即考虑产品包括多少零部件,每个产品从总装、局部安装、部件到零件可划分为几个层次,每层的零部件又由多少个零件组成,产品结构越复杂,零部件的装配组合层次就越多,所需的各种材料和零件的明细就越具体、越复杂。

3)库存文件

库存文件包含各个品种在系统运行前库存的静态资料,但它的主要任务是提供并记录在 MRP 运行过程中实际库存量的动态变化数据。

4)MRP 的逻辑原理图

根据上述 3 个文件就可以形成每一次加工件与采购件的建议计划,如加工件的开工日期与完成日期,采购件的订货日期、入库日期等。同时,根据 MRP 的输出信息和工艺路线等可以对企业的生产能力进行详细的计划,通过编制能力需求计划以保证 MRP 的执行,如图 3.14 所示。

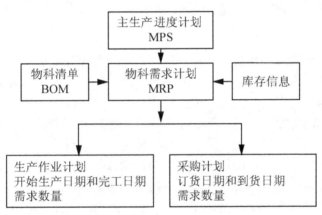

图 3.14 MRP 的逻辑原理图

3. MRP 的特点

1)需求的相关性

在根据订单确定了所需产品的数量之后,由产品结构文件即可推算出各种零部件和原材料的数量,这种根据逻辑关系推算出来的物料数量称为相关需求。

2)需求的确定性

MRP 计划都是根据主生产进度计划、产品物料清单和库存文件精确计算出来的,对品种、数量和需求时间都有严格的要求,不可改变,即刚性需求。

3)计划的复杂性

由于产品的所有零部件需要的数量、时间和先后关系等需要准确地计算出来,当产品的结构复杂,零部件数量特别多时,必须依靠计算机进行计算。

4)MRP 的优越性

(1)由于各个工序对所需要的物资都按精密的计划适时、足量地供应,一般不会产生超量库存，对于在制品还可以实现零库存，从而节约库存费用。

（2）有利于提高企业管理素质。企业只有加强物流的信息化、系统化和规范化管理才能协调好供应、生产和销售以及售后服务工作。

3.4 企业生产物流现代化管理

【拓展视频】

3.4.1 准时制生产

1. 准时制（JIT）生产的含义

准时制生产是一种在多品种小批量混合生产条件下，高质量、低消耗的生产方式。准时制生产也可以表述为："只在需要的时候，按需要的数量，生产所需要的产品。"准时制生产就是追求一种无库存，或库存达到最小的生产物流系统。

一般来说，生产系统中的物流方向是从零件到组装再到总装配成产品，而准时制生产方式却主张从反方向来看物流，即从总装配到组装再到零件。当后一道工序需要时才到前一道工序去拿取正好需要的零部件。与此同时，向前道工序下达下一段时间的需要量，这就是准时制生产的基本思想，即适时、适量、适度生产。

2. 准时制（JIT）生产的目标

准时制生产是一种生产管理技术。它的目标是消除无效劳动和浪费，其具体目标如下：

（1）持续不断地提高产品质量，追求零废品。准时制生产的目标是消除各种引起不合格品的因素，使每一加工工序的产品都力求达到最高水平。

（2）持续不断地降低库存，向"零"库存挑战。准时制生产认为，过量库存是生产系统设计不合理、生产过程不协调、生产操作不良的证明。

（3）不断地缩短准备时间。准备时间长短与批量选择相联系，如果准备时间趋于零，准备成本也趋于零，就有可能实现极小批量、多批次产品生产。

（4）生产提前期最短。短的生产提前期与小批量相结合的生产系统，应变能力强，柔性好。

（5）不断地减少零件搬运，使搬运量最低。零件运送搬运是非增值作业，如果能使零件、装配件运送量减小，搬运次数减少，就可以节约产品装配时间，减少装配中可能出现的问题。

（6）实现最大限度地节约。准时制生产认为，生产多余的产品不但不是财富，反而是一种浪费，因为要消耗材料和工时，还要支付装卸搬运和仓储等物流费用。

3. 准时制（JIT）生产的要求

（1）整个生产均衡化。在生产准备方面，要大大加快速度，否则由于没有库存满足不断变化的市场需求。平均地按照加工时间、数量、品种进行合理搭配和排序使物流在各作业之间、工序之间、生产线之间、工厂之间均衡地流动。

（2）强调全面质量管理。目标是从消除各环节的不合格品到消除产生不合格品的根源；在产品质量上，不能只靠检验来发现缺陷，必须建立质量保证体系，从根本上保证产品质量。

（3）通过产品的合理设计，使产品与市场要求相一致，并且易生产、易装配，如模块化设计。设计的产品尽量使用通用件、标准件，设计时应考虑实现自动化。

4. 准时制（JIT）系统生产物流控制的方法

1）生产同步化

传统的生产方式各工序之间相互独立，设备布置的方法采用机群布置，产品累积到一定程度后一次性送到下一工序，需设置工序间仓库；生产同步化不需要设置工序间仓库，前一道工序结束后被立即送到下一道工序，设备布置方法不适宜按机床分类布置，应根据加工工件的工序顺序综合考虑作业人员的操作进行布置，一般采用"U"形布置。

生产同步化通过一个流生产来实现。一个流生产是指从原材料到成品产出的整个制造加工过程，零件始终不停滞、不堆积、不超越，按节拍一个一个流动的生产方法。它的含义是：每道工序加工完成一个制件后立即流到下一个工序，工序间的在制品数量不超过前一工序的装配数量，制件的运动不间断、不超越、不落地，生产工序、检验工序和运输工序合为一体，只有合格的产品才可以往下道工序流。

2）小批量生产

企业生产必须从用户需求出发，根据客户订单进行生产。品种数量多，但是产量有限，生产的重复程度低，物料需求与具体产品制造存在一一对应的相关需求。

3）质量保证

通常的质量管理方法对产品的检验是在最后一道工序进行，如果有不合格产品则进行返工或做其他的处理，而尽量不让生产线停止。但是 JIT 的生产方式中要求一旦发现问题，立即停止，防止类似事件的发生，将问题解决在发源地。在 JIT 的制造生产过程中采用的全面质量管理（Total Quality Management，TQM），即以人为核心的管理体系，它在不同的职能和部门之间运作，涉及所有职员，自上而下，向前后延伸并包括了供应链和客户链。

4）生产均衡化

生产均衡化是实现适时适量生产的前提。均衡化要求物流的运动完全与市场需求同步，在制造阶段，通过专用设备通用化和制定标准作业来实现，只有实现均衡化才能大大减少以至消除原材料、外构件、在制品及成品的库存的浪费。均衡生产是一种理想状态，在生产中实施混流生产是实现均衡化的有效方式。

5）看板管理

JIT 是通过看板管理实现工序之间的生产同步化和生产均衡化的。看板管理又称准时生产，即前道工序根据看板上的信息，只能在必要的时间，按必要的数量，生产必要的产品，形成由出产决定投入的闭环系统。

看板管理方法在同一道工序或者前后工序之间进行物流或信息流的传递。JIT 是一种拉动式的管理方式，需要从最后一道工序通过信息流向上一道工序传递信息，这种传递信息的载体就是看板。

（1）看板的功能。

① 生产及运送的工作指令。看板是一种能够调节和控制在必要时间生产出必要的产品的管理手段。它通常通过一种卡片，上面记载零部件的型号、取货地点、送货地点、数量等信息，以此作为生产、取货和运输的指令。

② 防止过量生产和过量运送。看板必须按照既定的运送规则来使用。其中的规则之一是："没有看板不生产、不运送。"由于看板所标识的只是必需的量，所以运用看板能做到防止过量生产、过量运送。

③ 进行"目视管理"的工具。看板的另一条运送规则是"看板必须附在实物上存放""前道工序按照收到的看板顺序进行生产"。根据这一规则，作业现场的管理人员对生产的优先顺序能一目了然、容易管理。只要通过看板所表示的信息，就能知道后道工序的作业进展情况、本工序的生产能力利用情况、库存情况等。

④ 改善的工具。看板的改善功能是通过减少看板的数量来实现的。看板数量的减少意味着在制品库存量减少。如果在制品的库存量较高，即使设备出现问题、不良产品数量增加等不良情况也不会影响到后道工序的生产，所以容易掩盖问题。在 JIT 生产方式中通过不断减少看板数量来减少在制品库存，就能解决上述问题。

（2）看板的种类。

① 工序内看板。工序内看板是指工序进行加工时所用的看板，这种看板用于装配线及生产多种产品也不需要作业更换时间的工序，如机加工工序等，示例见表 3-5。

表 3-5　工序内看板

零部件示意图	工序	前工序	本工序
		热处理	机加工
	名称	A233-3670B	
管理号	箱内数	20	发行张数	2/5

② 信号看板。信号看板是在不得不进行成批生产的工序之间所使用的看板，如模锻工序等信号看板挂在成批制作的产品上，当该批产品的数量减少到基准数时摘下看板，送到生产工序，然后生产工序按该看板的指示开始生产。

③ 工序间看板。工序间看板是指工厂内部从后道工序到前道工序领取所需的零部件时所用的看板，示例见表 3-6。

表 3-6　工序间看板

前工序部件 1#线	零部件号：A232-6085C	使用工序
	箱型：3 型	总装 2 号
出口位置号	标准箱内数：12 个/箱	入口位置号
POSTNO.12-2	看板编号：2 号/5 张	POSTNO.4-1

④ 外协看板。外协看板是针对外部的协作厂家所使用的看板。外协看板上必须记载进货单位的名称和进货时间、每次进货的数量等信息。外协看板与工序间看板类似，只是前道工序不是内部工序而是供应商，通过外协看板的方式从最后一道工序慢慢往前拉动，直到供应商。

⑤ 临时看板。临时看板是在进行设备保全、设备修理、临时任务或需要加班生产的时候所使用的看板。临时看板是为了完成非计划内的生产或设备维护等任务，灵活性较大。

3.4.2　敏捷制造

1. 敏捷制造的含义

进入 20 世纪 90 年代，由于准时制生产和精益生产在美国取得了明显的效益，美国制造业认识到在市场竞争中只是降低成本和提高产品质量是不够的，还必须缩短产品开发周期、加速产品更新换代，经过研究，提出了敏捷制造（Agile Manufacturing）的概念。

敏捷制造就是指制造系统在满足低成本和高质量的同时，能够对多变的市场需求做出快速反应。所谓敏捷性，是指企业对市场变化、技术发展以及社会环境变化做出反应的速度与能力。一方面，不论是全球性或是地区性市场，在众多的竞争者的角逐中，处于不断分割、快速变化的状态；另一方面，用户的需求也越来越苛刻，需要不断提供高质量、高性能的新产品。敏捷制造能使企业在激烈的竞争环境中生存和发展。

敏捷制造的能力主要体现在这几个方面。第一，快速反应能力。能够随市场变化做出判断与预测，并能做出正确反应。第二，竞争力。企业具有一定的生产能力、工作效率以及有效参与竞争所需的技能。第三，柔性（灵活性）。以同样的人员与设备生产不同产品或实现不同目标的能力。第四，快速性。以最短的时间执行任务的能力（最短的产品开发周期，最短的生产周期，供货准时等）。

2. 敏捷制造的特点

敏捷制造的主要特点是注重速度。例如，两个企业同时开发某种新产品，其中一家是敏捷企业，可以在较短的时间内率先将新产品推向市场，从而占领市场并使对方处于劣势；或者一家企业开始研制一种新产品，一段时间以后，另一家敏捷企业也开始开发这种新产品，这两家企业可能同时将新产品投放市场。因敏捷企业开发较晚，对市场需求预测较准确，也可以采用更新的技术；又因开发周期短，耗费较少，新产品的性能与价格将优于对方从而取得市场竞争的胜利。

3. 敏捷制造企业的竞争战略

由于用户需求极为复杂，市场处于不断变化之中，所以敏捷企业没有固定和现成的模式可循，关键在于要将敏捷性原则贯彻于企业的目标及实施目标的具体步骤中去。注重速度，看重时间上的竞争意义。敏捷竞争战略一般可归结为以下几个方面：

（1）以顾客为中心，以用户为上帝。要让用户需求通过敏捷企业的产品与服务得到满意。为了平衡产品批量和生产成本之间的制约关系，可以实行敏捷定价，同一产品对于不同顾客可实行不同定价。

（2）通过合作增强竞争能力。为了尽快向市场推出低成本、高质量的产品，敏捷企业必须充分利用现有资源，而不论这些资源在何处或属于谁。因此，要加强与国内外企业的合作，组织具有交叉功能的团队，重组商业过程，组织虚拟公司等。为了扩展可以充分利用资源的途径，有时和竞争对手也可以合作。

（3）具有灵活重组的能力。敏捷企业为了保证在多变的市场环境中发展，组织结构必须具有高度的灵活性，能够迅速地重组人力和物力。

（4）重视人才培养和信息交流。在敏捷企业中，管理人员必须培养一种企业家精神，学会分权，强调共同责任感，奖励革新等。

由于竞争不仅体现在价格方面，还体现在信息及产品与服务方面，这些都和人才密切相关，所以敏捷企业要通过加强对员工的义务教育、在职培训来激发他们的积极性与创造性，培育具有竞争力的员工队伍。

3.4.3 约束理论

1. 约束理论的产生

约束理论（Theory Of Constraints，TOC）是以色列企业管理顾问高德拉特于 20 世纪 70 年代提出的，是继 MRP 和 JIT 后的又一项组织生产的新方式。该理论最初被称为最优生产时间表，后又改称为最优生产技术，最后发展成为约束理论，在 20 世纪 90 年代逐渐形成完善的管理体系。美国生产及库存管理协会非常关注 TOC，称其为"约束管理"。它是一种持续改善、解决"瓶颈约束资源"的管理哲学，已在制造企业、钢铁、纺织、电子等盈利行业广泛应用。

2. 约束理论的基本思想及其核心内容

约束理论把企业看作是一个完整的系统，认为任何生产系统都会产生约束因素。就像一条链子，瓶颈好像是链条中最薄弱的那一个环决定着整个链条作用一样。正是由于各种各样的约束因素限制了企业出产产品的数量和利润的增长，所以企业在实现其目标的过程中，应逐个识别和消除这些约束因素，从而实现其"有效产出"的目标。

为了达到这一目标，约束理论强调，首先，要在能力和现场作业管理方面寻找约束因素（市场、物料、能力是主要约束）；其次，应把重点放在瓶颈工序上，保证瓶颈工序不发生停工待料，提高瓶颈工作中心（机器设备）的利用率，从而得到最大的有效产出；最后，应根据不同的产品结构、工艺流程和物料流动的总体情况，设定管理的控制点。

3. 寻找生产系统资源的瓶颈约束

约束理论认为，在生产系统中，有效产出最低的环节（瓶颈），决定着整个系统的产出水平。任何一个环节（瓶颈）只要它阻碍了企业去更大程度地增加有效产出，或阻碍了减少库存和运行费用，那它就是一个约束。因此，要找出生产系统的瓶颈，最大限度地利用瓶颈上的设备，由非瓶颈（非关键路线）上的设备支持配合瓶颈（关键路线）上的设备，打破约束，再找出下一个新瓶颈，不让惰性成为最大的约束。

4. 约束理论的应用步骤

（1）找出系统中存在哪些约束。企业要增加有效产出，一般会在以下方面考虑提出应对措施：

① 原料，即增加生产过程的原料投入。
② 能力，即某种生产资源不足而导致市场需求无法满足，就要考虑增加的资源。
③ 市场，如果由于市场需求不足而导致市场能力过剩，就考虑开拓市场需求。
④ 政策，找出企业内部和外部约束有效产出的各种政策规定。

（2）最大限度利用瓶颈，即提高瓶颈利用率。这是解决第一步中所提出的各种问题的具体方法，从而实现有效产出的增加。如某种内部生产资源是约束，就要采取一系列措施来保证这个环节始终高效率生产，以某台设备利用率不高的约束来说，具体的解决方法如下：

① 设置时间缓冲。多用于单件小批量生产类型，即在瓶颈设备前道工序的完工时间与瓶颈设备的开工时间之前设置一段缓冲时间，以保证瓶颈设备的开工时间不受前面工序生产率波动和发生故障的影响。缓冲时间的设置，与前面非瓶颈工序波动的幅度和故障出现的概率及企业排除故障恢复正常生产的能力有关。

② 在制品缓冲。多用于成批生产类型，其位置与数量确定的原则与方法同单件小批量生产一致。

③ 在瓶颈设备前设置质检环节。

④ 统计瓶颈设备的产出的废品率。

⑤ 找出产出废品的原因并根除。

⑥ 对返修或返工的方法进行研究改进。

（3）使企业的所有其他活动服从第（2）步中提出的各种措施。目前很多的企业在解决生产系统中的瓶颈问题没有明确这点，对那些非约束环节追求百分之百的利用率，给企业带来的不是利润，而是更多的产品，约束环节的更多的等待时间以及其他的浪费。因此，企业要按照约束环节的生产节拍来协调整个生产流程。

（4）打破瓶颈，即设法解决第（1）步中找出的瓶颈。

（5）重返第（1）步，持续改善。

5．TOC条件下的企业物流——DBR系统

企业制订计划时要以寻求顾客需求与企业能力的最佳配合为目标，一旦一个被控制的工序（即瓶颈）建立了一个动态的平衡，其余的工序也相应地与这一被控制的工序同步。基于TOC的计划与控制关键在于识别瓶颈资源，它是通过DBR系统实现的，即"鼓（Drum）""缓冲器（Buffer）""绳子（Rope）"系统。DBR系统可以做成软件系统，也可以说是一种基于约束思想的方法。

1）企业物流约束的识别及合理利用

识别企业的真正约束是企业运行TOC的开端，也是控制物流的关键。因为这些瓶颈制约着企业的运作能力，也控制着企业同步生产的节奏——鼓点。在安排生产计划时，首先把优先级计划安排在约束资源上，"鼓"反映了系统对约束资源的利用，"鼓"的目标是使有效产出最大。事实上，产品的交货期不是企业的生产周期决定的，而是取决于市场需求。只有各个工序都在市场需求的时间完成了加工任务，产品的最终完工时间才能与实际要求的交货期限相符。

2）随机波动的控制

缓冲器是为了保证企业在瓶颈生产工序上不受其他因素波动的影响，例如，瓶颈生产率高于预期，而上游供货不足导致等待；导致不能正常供应上游产品而导致的瓶颈工序受限；等等。缓冲器就是预防系统随机波动而导致瓶颈出现等待任务的情况。为了保证瓶颈不会出现因缺料而停工，在约束资源的后续装配工序前设置非约束资源缓冲，可以保证瓶颈能力100%利用时间。

缓冲器分为库存缓冲和时间缓冲两类。库存缓冲用以保证非瓶颈工序出现意外时瓶颈工序的正常运作；而时间缓冲则要求瓶颈工序所需的物料提前提交的时间，以解决由于瓶颈工序和非瓶颈工序在生产批量的差异而可能造成的对生产的延误。

3）物流能力的平衡

绳子的作用是为了使库存减少。因为产销率决定于瓶颈资源，所以对于非瓶颈资源来说，它们应该根据瓶颈资源的利用情况来决定利用多少，过多的利用会造成库存的增加，用得少会造成瓶颈资源的等待。所以绳子就起到一个使非瓶颈资源与瓶颈资源同步的作用，即保证他们与鼓的节奏一致。绳子的目标使在制品库存最小。绳子根据约束资源的生产节拍，决定

上游原材料的发放速度,其原理类似看板管理思想,即由后道工序根据需求向前道工序领取必要的零件进行加工,而前道工序只能补充动用的部分,实行的是一种受控生产方式。通过绳子系统的控制,使得设备均衡生产,减少提前期及在制品库存,而同时又不使瓶颈停工待料,所以绳子是瓶颈对其上游机器发出生产指令的媒介。

3.4.4 企业生产物流信息管理系统

企业生产物流信息管理系统是对一个企业生产进行全面管理的人和计算机相结合的系统。它综合运用计算机技术、信息技术、管理技术和决策技术,与现代化的管理思想、方法和手段结合起来,辅助生产管理人员进行管理和决策。

信息技术的发展对企业物流发展的影响有以下 3 个方面:

(1)优化物流产业结构。信息技术的发展可以优化物流产业结构,使物流产业向电子化、智能化、高科技化方向发展。由于信息化技术、电子化技术、模块化技术、仿真技术等在物流中的应用,使物流高科技化趋势日益明显,在新技术的影响下,物流产业结构得到进一步调整,技术落后、经营不善、价格过高的经营者不得不转变经营方向或逐渐被市场淘汰,资金流向具有应用发展前景的新技术方面,物流产业在结构上比以往更加合理,从而为降低成本打下了基础。

(2)提高物流运作效率。在网络通信技术的支持下,各种信息能够到达企业管理和运营的每一个作业层次,并能够支持企业采购、生产、营销、库存管理等活动与物流活动在空间上的分离。在信息共享的基础上,从原材料供应到商品到达最终客户的全部物流过程就成为一个透明的"管道",对这一过程的优化和功能集合就成为提高物流效率的必然选择,其结果是形成了以供应链为基础的物流流程一体化的新型物流组织,也称为第四方物流企业。这种新型物流组织是建立在全面掌握物流信息的基础上,并在此基础上向整个供应链提供全程物流服务,其运作的核心是物流信息和以此制定的全程物流解决方案。

(3)建立新型的客户关系。信息技术的发展可以使物流管理者通过与客户之间构筑信息流和知识流来建立新型的关系。物流信息技术的发展拓展了获取物流信息需求的新途径,用网络等信息技术来交换有关物流信息,成为企业获得物流活动所需要的信息的有效途径。例如,物流活动的各参与方通过信息网络交换库存、运输、配送等信息,使各参与方一起改进物流活动效率,提高客户满意度。对于全球经营的跨国企业来说,信息技术的发展可以使它们的业务延伸到世界的各个角落。

3.4.5 企业生产管理

1. 生产计划管理

(1)生产计划编制。包括原始数据的管理、人工修改与调整、生产能力需求、材料供应需求等。

(2)生产计划调整。包括计划变更、计划调整、计划追加、计划删除等。

(3)生产能力审查。包括生产能力数据维护、生产计划审查等。

(4)材料供应审查。包括材料供应数据维护、材料供应审查等。

(5)生产计划查询。包括生产计划查询、生产计划调整查询、生产能力查询、材料供应查询等。

（6）生产计划报表。包括生产计划报表、生产计划调整报表、生产能力报表、材料供应报表等。

2．产品信息管理（图3.15）

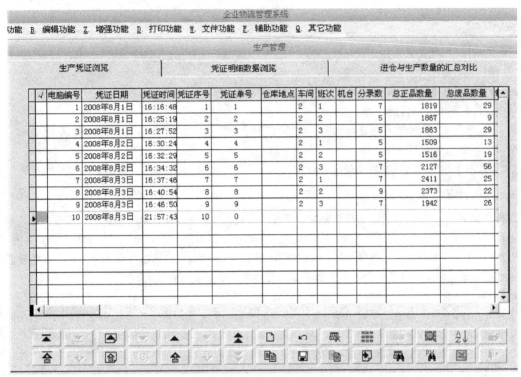

图3.15　产品信息管理示例

（1）产品代码管理。包括产品代码的输入、修改、删除等维护功能。

（2）产品结构维护。包括产品结构代码维护、产品结构维护、成本与提前期累加代产品结构维护、零件替代维护等。

（3）产品工艺路线维护。包括作业信息维护、工序说明维护、工具与运输设备信息维护等。

3．车间作业管理

（1）车间作业计划编制。包括车间作业计划编制模型、有关参数的选择、人工调整、下达作业清单、车间作业任务分析等。

（2）车间作业计划调整。

（3）车间基本信息管理。包括设备能力、设备修理、人员情况等。

（4）工序事务管理。包括工序完成事务处理、工序转移事务处理工序、事务处理浏览等。

（5）车间作业管理查询。包括作业计划查询、作业调整查询、基本信息查询、工序事务查询等。

（6）车间作业管理报表。包括作业计划报表、作业调整报表、基本信息报表、工序事务报表等。

思考与练习

一、思考题

1. 企业生产物流的含义是什么？
2. 阐述物料需求计划的基本原理。
3. 物料清单在 MRP 中的作用是什么？
4. MRP Ⅱ 与 ERP 的区别是什么？
5. 怎样理解 JIT 生产方式的基本思想？
6. JIT 有哪些要求？
7. 简述约束理论的基本思想及其核心内容。

二、案例讨论

小鸭集团下属 12 个分公司，生产经营家用滚筒洗衣机、波轮洗衣机、商用洗衣机、家用冰柜、超市冷柜、电燃气热水器、燃气灶具、空调器、办公设备、发电机组、小家电等 12 大门类，150 多个系列的产品，固定资产达 22.8 亿元人民币，是中国最大的滚筒洗衣机生产基地、电热水器生产基地、商用冷柜生产基地之一。小鸭集团通过各地办事处及各厂的销售公司进行产品销售，拥有很大的商业客户基础。

1. 信息化抉择

中国加入 WTO 后，国内庞大的消费市场正迅速成为国际商业巨头竞争中的必争之地。面临来自国内外的市场竞争，小鸭集团开始意识到，搞好生产、降低成本是企业管理不懈的追求。同时，随着 IT 技术的飞速发展，企业面临的竞争环境发生了根本性变化，如顾客需求瞬息万变、技术创新不断加速、产品生命周期不断缩短等。

因此，赢得竞争的最直接和最有竞争力的核心手段就是必须实施 ERP。如何选择、应用 ERP 就成了小鸭集团的当务之急。

然而，ERP 项目的实施不是一个普通软件的实施，它涉及对企业的管理优化和流程重组，而实施人员的素质和水平及对业务的了解程度将直接影响到项目的实施成败。

在选择 ERP 软件时，小鸭集团在综合比较了十几家软件公司后才最终选择了一家在制造业实施 ERP 经验丰富的科技公司。小鸭集团作为规模庞大的电子制造业企业，各种生产模式并存，物流种类多达 30 万种，数据量庞大，业务相当复杂。这就要求 ERP 软件系统功能强大，而这恰恰是信科的强项。

2. ERP 实现

ERP 项目的实施是关系到软件应用效果的关键，也是项目成败的决定因素。小鸭集团在经历了系统培训、业务分析、实施分析、实施设计、模拟测试和试运行等重要阶段后，短短半年就按计划实现了第一阶段实施的重要切换。目前已经完成了 ERP 系统的 FI（财务会计模块）、MM（物料管理模块）的全部功能，以及成本管理中控制模块、销售模块、生产计划管理模块的部分功能，使小鸭集团的财务管理和物料管理进入了真正意义的实施管理和控制，有效地支持了集团业务的快速增长，并为下阶段的实施开了一个好头。

ERP 实施的效果是显著的。短短几个月的时间里，小鸭集团成功地实现了新老系统的转换，完全抛弃了原有生产管理系统，并成功地把这个系统扩展到五大生产基地，用 ERP 管理企业生产，提高了人均产值和客户服务水平，库存资金占用降低了 30%~50%。小鸭集团在员工人数不增加的情况下，实现年产洗衣机 220 万台，营业收入超过 30 亿元人民币。ERP 项目的成功实施为进一步推进 CMIS，实现设计、制造一体化奠定了坚实的基础。

此外，小鸭集团还是具有重复制造和单件离散制造等多制造模式的企业，这就必然对实施的 ERP 项目提出更高的要求。

3. 应用效果

小鸭集团已经成为中国上市公司中实施企业资源计划系统的大型电子电器企业之一，其 ERP 项目软硬件设备投资已超过 1 000 万元人民币。

ERP 系统的成功实施，为小鸭集团完成年度销售目标提供了有力的保障。小鸭集团将进一步完善 ERP 系统中的 PP（产品计划）、CO（管理会计）、SD（销售与分发）3 个模块，在集团总部全面实施成功后再推广到集团下属的五个大型生产基地，从而实现与之信息共享集成，形成真正意义上的 ERP 系统。

同时，企业信息化由于信息技术的大量采用，改进并强化了企业物流、资金流、人员流及信息流的集成管理，对企业固有的经营思想和管理模式产生了强烈冲击，带来了根本性的变革。信息技术与企业管理的发展与融合，使企业竞争战略管理不断创新，企业竞争力不断增强，从而推动了业务流程重组，促进了组织结构优化，有效地降低了成本，扩大了企业竞争范围，加快了产品和技术创新，加速了差别化，提高了企业的整体管理水平。

讨论

（1）企业实施 ERP 有什么好处？

（2）在实施 ERP 项目时要采取哪些措施？

（3）结合案例说明企业实施 ERP 的应用。

三、实训练习

实训　服务型企业空间布局分析与改进

实训目的：了解服务型企业空间布局形式，掌握服务型企业布局分析考虑的因素、分析的具体流程，并分析空间布局的优劣，设计新的改进的方案。

实训内容：实地调研某一服务型企业（如餐厅、咖啡屋、超市），对其布局形式进行详细分析，评价该布局的优劣；应用所学的知识对布局不合理之处提出有效的改进方案。

实训要求：

（1）确定需要调研的服务型企业的类别，了解其具体的运作流程，及所需的功能区域。

（2）联系企业并实地考察，重点分析功能区域的布局形式，评价该布局的优劣。

（3）与企业负责人沟通，就该布局需要改进的方面和内容达成共识。

（4）应用所需的理论知识，对需要改进的布局进行优化设计，形成分析与改进设计报告。

（5）针对自己的分析设计结果，再与企业负责人沟通，听取他对改进设计方案的建议，再次修改设计方案，如此反复直至得到企业负责人的认可为止。

（6）将以上分析、改进和设计的内容形成一个完整的报告。

【拓展视频】

【本章小结】

第 4 章

企业销售物流管理

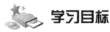 学习目标

(1) 熟练掌握企业销售物流的概念、特征和类型。
(2) 熟悉销售物流的主要环节。
(3) 掌握销售物流的程序。
(4) 熟悉销售物流的服务要素、内容。
(5) 了解 DRP 的原理、作用。
(6) 了解销售物流管理的技术和方法。

导入案例

武钢 2012 年销售物流网络年会在哈尔滨召开。武钢与来自全国公、水两路共 30 余家网络客户共商"武钢物流"发展新举措，共话武钢物流产业发展美好明天。

2011 年，武钢青山本部全年共完成钢材产品外发量 1 585 余万吨，实现门对门配送量 240 万吨，物流环节合同执行率达 100%。2011 年，武钢销售物流网络工作创新创效取得的丰硕成果。武钢销售物流网络围绕"诚信经营、质量优先、共同担当、合作共赢"十六字要求，脚踏实地优化和完善现有网络，巩固现有合作方式，为进一步发展奠定基础。做到进一步明确共同的发展目标，做优、做强、做大"武钢物流"的市场；培育合作、协同、共赢的文化理念，实现更快、更省、更安全、更环保、更廉洁、效益更好的目标；不断创新提升"武钢物流"的核心竞争力，通过降本增效实现互利共赢，通过持续推进已有的成功经验和发展路径，减少成本消耗，增加收益，做大市场"蛋糕"，实现共同发展。

思考
（1）武钢销售物流管理的目标是什么？
（2）武钢销售物流合理化的形式包括哪些？
（3）武钢销售网络的目标定位是什么？
（4）武钢销售物流与网络客户的关系定位是什么？

4.1 企业销售物流概述

4.1.1 销售物流及其主要环节

《物流术语》中对销售物流的定义是，销售物流（Distribution Logistics）是指"企业在出售商品过程中所发生的物流活动。"它包括产成品库存、仓储发货运输、订货处理与客户服务等内容。销售物流是企业物流系统的最后一个环节，是企业物流与社会物流的最后一个衔接点。它与企业销售系统相配合，共同完成产品的销售任务。

企业在完成产品的制造后，需要及时组织销售物流，使得产品能够及时、完好地送达用户指定地点。为了保证销售物流的顺利完成，需要做好以下几个环节的工作。

1）产成品的包装

包装既是生产企业生产物流系统的终点，也是销售物流系统的起点。产品的包装具有保护功能、便利功能和促销功能，尤其是产成品的运输包装在销售物流过程中将起到便于保护、仓储、运输、装卸搬运的作用。因此，在包装材料、包装形式上一定要考虑运输、仓储环节的需要，当然也要顾及材料和工艺的成本费用。

2）产成品的储存

保持合理的库存水平，及时满足客户需求，是产成品储存最重要的内容。客户对企业产成品的可得性非常敏感，缺货不仅使客户需求得不到满足，而且还会提高企业进行销售服务的物流成本。为了避免缺货，企业一方面可以提高自己的存货水平，另一方面可以帮助客户进行库存管理，这样做不但可以把自己的库存降下来，而且可以稳定客源，便于与客户长期合作。

3）销售过程

销售过程受政策性因素、产品因素、市场因素和生产企业本身的影响。生产企业应在对其企业内部各种因素的变化和外部环境进行深入细致的分析和研究后，对企业产品的销售量、费用支出、服务质量经过反复比较，确定销售过程，从而使产品以最快的速度送达用户手中，不断扩大产品销售地域，提高产品的市场占有率，降低流通周转费用，加快产品占用资金的时间。

4）发送运输

不论销售渠道如何，也不论是消费者直接取货，还是生产者或供应者直接发货给客户，企业的产成品都要通过运输才能到达客户指定地点。而运输方式的确定要考虑批量、运送距离、地理等条件。运输方式的选择对于销售物流系统的运作效率和成本控制起着十分重要的作用。管理者首先要根据销售系统的要求从航运、铁路、公路、航空运输等方式或联合运输方式中做出选择，其中包括对不同方式的运价和服务水平的评价。

对于生产者或供应者送货的情况，应考虑批量大小问题，它将直接影响物流成本费用。因此，配送是一种较先进的形式，它可以提高设备的利用率，降低运输成本。运输方面的良好服务包括运输速度快，及时满足客户需要；运输手段先进，减少途中商品损坏率；合理组织运输途径，减少运输里程及运输安全系数高，避免丢失等问题的发生。

5）装卸搬运

客户希望在物料搬运设备方面的投资最少化，例如，客户可能要求以其使用的托盘或集装箱装货；也有可能要求将特殊货物集中在一起装车，这样可以直接再装，不需要重新分类，这些要求应尽可能满足。

4.1.2 销售物流的过程与模式

1. 销售物流的过程

销售物流的起点，一般情况下是生产企业的产成品仓库，经过分销物流，完成长距离、干线的物流活动，再经过配送完成市内和区域范围的物流活动，到达企业、商业用户或最终消费者。销售物流是一个逐渐发散的物流过程，这和供应物流形成了一定程度的镜像对称，通过这种发散的物流，使资源得以广泛地配置。仅从一个订单来研究，销售物流过程如图4.1所示。

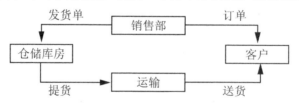

图 4.1 销售物流过程

2. 销售物流的模式

1）生产企业自己组织销售物流

这是在买方市场环境下主要销售物流模式之一，也是我国当前绝大部分企业采用的物流形式。

生产企业自己组织销售物流，实际上是把销售物流作为企业生产的一个延伸或者看成生产的继续。生产企业销售物流成了生产者企业经营的一个环节。而且，这个经营环节是和用户直接联系、直接面向用户提供服务的一个环节。在企业从"以生产为中心"转向"以市场为中心"的情况下，这个环节逐渐变成了企业的核心竞争环节，也已经逐渐不再是生产过程的继续，而是企业经营的中心，生产过程变成了这个环节的支撑力量。

生产企业自己组织销售物流的好处在于，可以将自己的生产经营和用户直接联系起来，信息反馈速度快、准确程度高，信息对于生产经营的指导作用和目的性强。企业往往把销售物流环节看成是开拓市场、进行市场竞争中的一个环节，尤其在买方市场的前提下，格外看重这个环节。生产企业自己组织销售物流，可以对销售物流的成本进行大幅度的调节，充分发挥它的"成本中心"的作用，同时能够从整个生产企业的经营系统角度，合理安排和分配销售物流环节的力量。

在生产企业规模可以达到销售物流的规模效益前提下，采取生产企业自己组织销售物流的办法是可行的，但不一定是最好的选择。究其主要原因，一是生产企业核心竞争力的培育和发展问题，如果生产企业的核心竞争能力在于产品的开发，销售物流可能占用过多的资源和管理力量，对核心竞争能力造成影响；二是生产企业销售物流专业化程度有限，自己组织销售物流缺乏优势；三是一个生产企业的规模终归有限，即便是分销物流的规模达到经济规模，延伸到配送物流之后，就很难再达到经济规模，因此可能反过来影响其更广泛、更深入地开拓市场。

2）第三方物流企业组织销售物流

由专门的物流服务企业组织企业的销售物流，实际上是生产企业将销售物流外包，将销售物流社会化。

由第三方物流企业承担生产企业的销售物流，其最大优点在于：第三方物流企业是社会化的物流企业，它向很多生产企业提供物流服务，因此，可以将企业的销售物流和企业的供应物流一体化，可以将很多企业的物流需求一体化，采取统一解决的方案。这样可以做到：一是专业化；二是规模化。这两者可以从技术方面和组织方面强化成本的降低和服务水平的提高。在网络经济时代，这种模式是一个发展趋势。

3）用户自己提货的形式

这种形式实际上是将生产企业的销售物流转嫁给用户，变成了用户自己组织供应物流的形式。对销售方来说，已经没有了销售物流的职能。这是在计划经济时期广泛采用的模式，将来除非在十分特殊的情况下，否则这种模式不再具有生命力。

4.1.3 销售物流的内容

从生产和流通企业的角度看物流服务内容，如图4.2所示。企业提供运输、储存、配送、包装、流通加工等服务，准确设定物流服务要素与物流成本的最佳组合，找到企业经营与客户之间的结合点，在取得合理利润的前提下，为客户提供满意的产品或服务。

1）运输

物流服务商要选择满足客户需要的最经济的运输方式，然后具体组织运输作业或自行组织运输，或选择最佳的承运人，在规定的时间内将货主企业的商品运抵目的地。实时对运输过程进行监控，合理调配运输车辆，减少回程车辆放空，在为客户提供满意服务的同时，提高自身的经济效益。

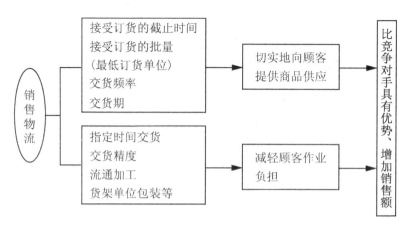

图 4.2　销售物流内容

2）储存

对于货主企业来说，储存是商品在生产经营过程中的暂时停滞，是资源的一种浪费。为此，物流服务商应尽可能选择连贯的运输方式，并在储存体系中配备高效率的分拣、传送、保管设备，多种物流作业同时交叉进行，以减少货主企业的库存量和库存时间。物流服务商还可以按照 JIT 管理思想，利用电子商务的信息网络，尽可能地通过完善的信息网络，用信息（虚拟库存）代替实物库存，实现在不降低物流服务水平的前提下尽可能减少实物库存水平。

3）配送

物流服务商的配送任务是由其配送部门（或与独立的配送中心合作）在为客户制定完善的配送规划的前提下完成的。经过对计划的配送作业进行运行效率的模拟分析，选定最佳的配送方案，并进行合理的车辆调度，在最短的时间内完成货主物品的市内配送。近年来出现一种准时配送服务方式，客户在订货时就能确定到货的时间，而 JIT 配送体系中，配送中心并不承诺货物可以在最短的时间送达，而是以双方协商确定的客户需要的时间为准时配送时间。

4）包装

商品包装是为了便于销售和运输管理，并保护商品在流通过程中不受到毁损，保持完好。为便利运输和保管，将商品分装为一定的包装单位以及保护商品免受损毁而进行包装，这些都是物流服务的内容。

5）流通加工

这是在流通过程中为适应客户需要进行必要的加工，如切割、平整套载配套等。

6）物流系统设计及网络化物流服务

在以提高客户满意程度为主要目标的综合物流服务中，应把客户的需求作为一个整体，在以各方面综合绩效最优作为目标时，牺牲某部分局部利益是必要的。物流服务商要充当客户的物流专家，因而必须能够为客户设计物流系统，代替它选择和评价运输商、仓储商及其他物流服务提供商，为企业提供多种物流管理和决策服务，创造新的盈利机会。

7）客户服务

要获得满意的物流服务，必须将物流各环节的信息整合起来。建立起物流服务网络，以便客户进行货物跟踪、电子订货、运价咨询、业务查询,有效地减少物流中间环节和费用,大幅度提高客户服务水平。

4.2 销售物流渠道

4.2.1 销售物流渠道的结构

1. 销售物流渠道的概念

销售物流渠道又称分销渠道,是指产品从生产企业运送到消费者或客户手中所经过的路线及经营机构。研究销售物流渠道的目的是在企业生产出产品之后,能将产品及时、安全、经济地送到消费者或客户手里,以提高生产企业的经济效益和满足客户的需求。

在商品从生产领域转移到消费领域过程中,不仅包括各种专业商业机构和生产企业的销售机构,以及为商品流通服务的各种仓储、运输、金融及保险机构等,而且还必须把最终用户包括在内,才能组成一个完整的销售物流渠道系统,才能更好地制定企业的销售物流渠道策略。

2. 发展分销渠道的原因

在社会经济活动中,"分销渠道"从无到有,不断发展完善,是什么原因促使了它的出现呢?首先,分销渠道中由于中间商对其代理的区域市场较为熟悉,并且拥有一批固定的客户群,因而能帮助厂商迅速地打开当地市场。其次,中间商对本地客户的资信情况和投资环境更加了解,可以帮助厂商规避交易和投资风险;通过中间商还可以减少自己构建销售网络所必需的高昂费用,降低了整体销售成本。此外,中间商一次性订购批量产品,会大大减轻厂商的压力。多种因素使得分销渠道得以稳定发展。产品由分销渠道扩散到客户手中,具有以下几点优势:

(1)分销渠道减少了市场中交易的次数。在交易中,通过分销渠道的中间商(如批发商、零售商等)实现了集中采购与配送,从而减少了市场中交易的次数,提高了交易的效率。专业生产商的数目越大,中间商的优势越明显,如图4.3所示。这表明一个厂商在卖给顾客少量产品时,可以通过中间商来持续地降低营销费用和物流成本。在图4.3(a)中,10个顾客直接从4个供应商处购买产品,交易次数为40次;如果通过1个中间商间接销售,则交易次数降为14次,如图4.3(b)所示,比直接方式的交易次数降低了65%。显然,供应商和顾客的数目越多,中间商的作用就越明显。

(2)专业化的分销渠道设置使分销成本最小化,交易规范化。专业化是提高分销效率的最基本的驱动力。在实际业务中,某些专业企业(如第三方物流组织)因为它们能比其他企业更好地承担基本功能,所以能提高分销渠道中的物流运作效率。同时,对交易的规范化处理,可以加强渠道成员的合作,提高渠道效率。

(3)分销渠道为买卖双方搜索市场资源提供了便利。在市场环境中,买方试图满足自己的消费需求,而卖方(如制造商)则想要预测并抓住这些需求信息,如果这一双向"搜索"过程能成功进行,需求信息能适时高效地流动,那么对买卖双方都是有利的。分销渠道中的中间商分别按不同的行业进行组织,并向各自的市场提供相关市场信息,从而为买卖双方提供了便利,并降低了分销渠道中的相关成本,如销售成本(因为充足的市场信息降低了交易次数)、运输成本、库存成本、订单处理成本及顾客服务成本等。

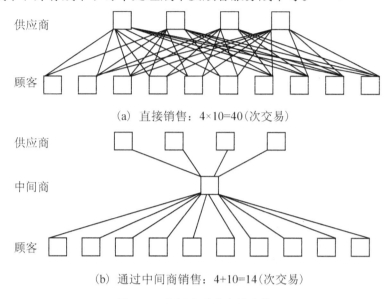

图 4.3　中间商减少交易次数

4.2.2　分销渠道的类型

分销渠道是指产品由生产者向消费者或用户移动过程所经过的通道或路线。分销渠道是商品流通环节、流通空间和流通时间的总体。商品的流通环节表现为两种形式:其一是商品的经营形式;其二是商品流通的客观形式,指商品的运输、储存等形式。商品的流通空间包括渠道的长度和宽度两个方面:渠道的长度是商品流通中所经过的路线或途径的长短,流通环节多,渠道就长,反之就短;渠道的宽度指商品流通中在同一环节上要经过多少种形式。商品面向全国市场,渠道就较为宽广;面向本地市场就较为狭窄。如图 4.4 所示,制造企业的典型分销渠道一般是从制造商起,经过批发商,最后到零售商。因为批发商在分销中的双重角色,造成分销过程的复杂程度加深,一个批发商可以把商品卖给零售商,也可以卖给次级批发商;而分销渠道的复杂性加大了渠道设计的难度。

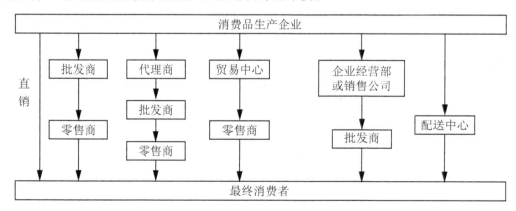

图 4.4　分销渠道

可以看出，产品从生产者到消费者的流通过程中有各种销售物流渠道，有的销售物流渠道环节多，路线长；有的销售物流渠道中间环节少，甚至没有中间环节，路线就短。而且，不同国家、不同区域、不同行业的销售物流渠道模式也有着很大的不同。

一般商品销售物流渠道不外乎以下 3 种基本形式：

（1）直接销售物流渠道。直接渠道是指不经过任何中间环节，由生产者直接把产品服务转移到最终消费者（也包括工业用户）的方式。采用直接渠道，可以使生产者的产品直接到达消费者，而不经过任何中间商，这样可以缩短运输时间，节约运输费用，还可以保证产品的质量。特别是鲜活、体积比较大的产品，采用直接渠道的优点更为明显。随着竞争的加剧，企业必须提供良好的售后服务，采用直接渠道更能适应竞争的需要。

（2）间接销售物流渠道。它指生产者把商品销售给消费者的过程中，加入了中间环节，把商品和服务销售给消费者的销售物流渠道。在这种多层次的销售渠道中，中间商作为生产与生产、生产与消费的桥梁和纽带，具有集中、平衡、扩散、分担风险等功能。在现代经济条件下，中间商作为媒介的商品流通形式是商品流通的主要形式。但由于流通环节的增加，使物流的运输、仓储费用增加，从而使产品的成本上升，加重了需求者的负担。

中间环节一般是指配送中心、批发商和零售商（代理商）。根据所加入的中间环节有以下几种具体形式：

① 一阶渠道。是指在生产者和消费者中间只加入一个中间环节的销售物流渠道，即由生产者把商品出售给一个中间商，再由中间商把商品销售给顾客。

② 二阶渠道。是指在生产者和消费者中间有两个中间环节的销售物流渠道。这种销售物流渠道在消费品市场中的应用很广。

③ 三阶渠道。是指在生产者和消费者之间有 3 个中间环节的销售物流渠道。这 3 个中间环节一般是指代理商、批发商和零售商（或经销商）。

（3）代销渠道。它指生产者和消费者之间有代理商为之服务的销售物流渠道。它既不同于直接销售物流渠道，又不同于间接销售物流渠道，它与生产者之间并不是商品买卖关系，在商品流通中它不属于中间环节，而只是接受顾客（客户）的委托，办理代购、代销、代储、代运及代存等业务，以佣金或手续费方式赚取报酬，没有商品的所有权，如贸易中心、贸易货栈、贸易信托公司等的代营业务。

4.2.3 分销需求计划

1. 分销需求计划的概念

分销需求计划（Distribution Requirement Planning，DRP）是指应用物料需求计划的原则，在配送环境下从数量和提前期等方面确定物料配送需求的一种动态方法。DRP 是流通领域的一种物流技术，是物流技术在流通领域应用的直接结果，主要解决的问题是分销物资的供应计划和调度。在制造企业分销渠道上，DRP 的应用范围相当广泛，对企业而言，DRP 可用于规划原材料的进货补货安排，也可用于企业产成品的分销计划。

2. 分销需求计划的原理

DRP 在两类企业中可以得到应用。一类是流通企业，如储运公司、配送中心、物流中心、流通中心等。这些企业的基本特征是不一定搞销售，但一定有储存和运输的业务；它们的目标是在满足用户需要的原则下，追求有效利用资源（如车辆等），达到总费用最省。另一类是一部分较大型的生产企业，它们有自己的销售网络和储运设施。这样的企业既搞生产又搞流通，产品全部或一部分由自己销售。企业中由流通部门承担分销业务，具体组织储、运、销活动。

3．分销需求计划的基本特征

（1）以保证满足社会需求为目的。

（2）通过物流运作满足社会的需求。

（3）合理组织物流资源。

分销需求计划流程示意图如图 4.5 所示。

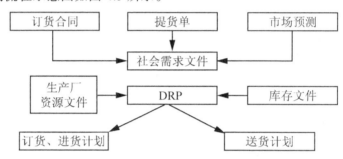

图 4.5　分销需求计划（DRP）流程示意图

4．分销需求计划的内容

1）输入文件

（1）需求文件。所有用户的订货单、提货单和供货合同，包括子公司的订货单、企业的订货单，市场调查、预测的需求量构成社会需求文件。

（2）库存文件。对自有库存物资进行统计汇总，从而根据需求情况确定进货量。

（3）资源文件。包括生产企业的地理位置、企业可供应的物资品种。

2）输出文件

（1）订货、进货计划。即从生产企业订货、进货的计划。

（2）送货计划。即根据物资流动的作业时间、路程，为用户送货的计划。

4.2.4　分销需求计划的意义与作用

1．提升企业竞争力

使企业与其上下游伙伴之间的联系更紧密，流程更优化，从而提高整个链条各方的竞争力。

2．为企业提供决策依据

DRP 系统能及时把最底层的数据收集上来，并提供包括销售、库存、子公司、分销商等各方面的统计分析数据，决策者根据这些数据可以更加快速地做出正确的决策。

3．可使企业迅速扩充分销体系

依靠传统手段，跨地域的销售网络很难管理。通过 DRP 系统，公司可以对分销网络中的各节点实行标准管理并进行实时监控，增加分销节点，不会导致管理滞后的问题。

4．改善对分公司及分销商的管理

总公司可以随时查询分公司的各种经营数据和分销商的销售及库存情况，总公司与分公司及分销商之间通过网络传递和处理订单。

5．确保及时供货

可以及时了解公司的库存情况，因而也能更为合理地安排生产，以保证供应。

6．降低库存

各方可以把库存降到最合理的程度，同时又能避免缺货情况。

7．提高公司业务透明度

由于客户和业务数据都由系统所管理，销售和采购实施流程式审核过程，避免了公司业务被少数业务人员所把持的情况。管理人员也能随时了解工作情况，便于监督和管理。

8．提高效率，降低误差

由于企业内部与企业之间都通过联网操作，大大减少了纸面工作和差错。管理人员即使不在办公室，也能对公司的业务情况了如指掌。

4.3 企业销售物流服务

4.3.1 企业销售物流服务的概念

企业销售物流服务是围绕市场需求，在最有效和最经济的成本前提下，为顾客提供满意的产品和服务的活动。作为一种复合型的物流服务，销售物流要面对诸如营销供应、采购、成本控制、生产外包、供应商联盟、第三方物流、渠道库存、客户服务等环节，进行全方位组织、统筹、控制、跟踪及评估管理计划和控制。因此，销售物流的管理者必须具备多方面的专业知识和经验，更重要的是，要具备开阔的视野、相当强的协调和沟通能力，并以客户需求为准绳。

企业销售物流服务具有以下意义：

（1）物流服务已逐渐成为企业经营差别化的重要一环。在企业的营销政策上，特别是在细分化营销时期，企业物流功能不再只停留在商品传递和保管等一般性活动上，不再是企业生产和消费的附属职能。进入细分化营销阶段，市场需求出现多样化和分散化，企业只有不断迅速、有效地满足各种不同类型、不同层次的市场需求，才能在激烈的竞争和市场变化中求得生存和发展，而差别化战略中的一个重要内容就是客户服务上的差异。因此，作为客户服务重要组成部分的物流服务成为企业实施差别化战略的重要方式和途径。

（2）物流服务水准的确立对经营绩效产生重大影响。确定物流服务水准是构筑物流系统的前提条件，在物流开始成为经营战略重要一环中，物流服务越来越具有经济性的特征，即物流服务有随着市场机制和价格机制变化的倾向，或者说，市场机制和价格机制的变动通过供求关系既决定了物流服务的价值，又决定了一定服务水准下的成本。物流服务的供给不是无限制的，否则，过高的物流服务势必损害经营绩效，不利于企业收益的稳定。因此，制定合理或企业预期的物流服务水准是企业战略的重要内容之一，特别是对于一些例如运输、紧急输送等物流活动需要考虑成本的适当化或各流通主体相互分担的问题。

（3）物流服务方式的选择对降低流通成本产生重要影响。低成本战略历来是企业营销竞争的重要内容，而低成本往往涉及商品生产、流通的全过程，除了生产原材料、零配件、人力成本等各种有形的影响因素外，物流服务方式等软性要素的选择对成本也具有相当大的影响力。合理的物流方式不仅能提高流通效率，而且能从利益上推动企业发展，成为企业利润的重要来源。

（4）物流服务起着连接厂家、批发商和零售商的纽带作用。随着经济全球化、网络化的发展，企业的竞争体现为一种动态的网络竞争，竞争优势也体现于网络优势，而物流客户服务以其性质和内容，成为构造企业经营网络的主要方式之一。一方面，以商品为媒介，减少了供应商、厂商、批发商和零售商之间的隔阂，有效地推动了商品从生产到消费全过程的顺利流动；另一方面，物流服务通过自身特有的系统设施（POS、EOS、VAN等）不断将商品销售、在库等重要信息反馈给流通渠道中的所有企业，并通过知识、经验等经营资源的蓄积，使整个流通过程能不断协调地应对市场变化，进而创造一种超越单个企业的竞争网络的供应链价值。

4.3.2 企业销售物流服务的基本特点

1. 产品的可得性

产品的可得性指的是当客户需要产品时，企业具有可向客户提供足够产品的库存能力。虽然这看上去很容易，但是人们经常可以看到，尽管企业花了很多时间、大量金钱和精力来引导客户需求，但却因为其产品不具备可得性而无法使客户得到满足。企业中传统的做法是根据客户需求预测来储存产品，也就是说，库存计划是以产品需求预测为依据的。企业根据产品销售的流行性、盈利能力、产品在整个产品序列中的重要性以及产品不同的价值特点，采取不同的产品存储策略。

产品的可得性要考虑以下3个性能指标的完成情况：

（1）缺货频率。是指企业出现缺货无法满足客户订单的次数。

（2）满足率。是指用来衡量缺货的程度及其影响的指标。

（3）发出订货的完成状况。是指对产品的可得性最准确的绩效衡量指标就是订单完成的状况。

2. 运作绩效

运作绩效涉及根据客户的订单送付货物所需的时间。不管涉及的实际运行周期是处在市场分销阶段、生产支持阶段，还是采购阶段，企业都可以从运作速度、持续性、灵活性及故障的补救等几个方面来衡量运作绩效：

（1）运作速度。是指客户产生需求、下达采购订单、产品的送货直至把物料准备好供客户使用这一过程所需的时间。

（2）持续性。订货、交货周期的持续性用运行周期按计划所规定的时间运行完毕的次数来衡量。

（3）灵活性。是指处理异常的顾客服务需求的能力。厂商的物流能力直接关系到在始料不及的环境下如何妥善处理的问题。需要灵活作业的要素有修改基本服务安排、支持独特的销售和营销方案、新产品引入、产品逐步停产、供给中断、产品回收、特殊市场的定制或顾客的服务层次、在物流系统中履行产品的修订或定制等。

（4）故障的补救。不管厂商的物流作业多么完美，故障总是会发生的，而在已发生故障的作业条件下继续实现服务需求往往是十分困难的。因此，厂商应制定一些有关预防或调整特殊情况的方案，以防止故障发生。

3. 服务可靠性

物流质量与物流服务的可靠性密切相关。物流活动中最基本的质量问题就是如何实现已计划的存货可得性及作业完成能力。除了服务标准外，质量上的一致性涉及能否迅速提供有关物流作业和顾客订货状况的精确信息。服务的可靠性体现了物流的综合特征，关系到企业是否具备实施与交货相关的所有业务活动的能力，还涉及企业向客户提供有关物流运作和物流状态等重要信息的问题。除了货物的可得性和运作绩效以外，服务的可靠性还表现为以下特征：完好无损地到货；结算准确无误；货物准确地运抵目的地；到货货物的数量完全符合订单的要求等。另外，服务的可靠性还包括企业是否有能力、是否愿意向客户提供有关实际运作及订购货物的准确信息。

4.3.3 企业销售物流服务要素

销售物流服务有 5 个要素，即时间、可靠性、沟通、方便性和客户服务支持。这些要素无论对卖方成本还是对买方成本都有影响。

1. 时间

从卖方的角度，时间因素通常以订单周期表示，而从买方的角度则是备货时间或补货时间。具体影响时间因素的变量有以下几个：

（1）订单传送。订单传送包括订单从客户到卖方传递所花费的时间，少则用电话几秒钟，多则用信函需几天。卖方若能增加订单传送速度就可减少备货时间，但可能会增加订单传送成本。

（2）订单处理。卖方需要时间来处理客户的订单，使订单准备就绪和发运。这一功能包括调查客户的信誉、把信息传递到销售部做记录、传送订单到存货区、待发送的单证。这里的许多功能可以用电子数据处理同时进行。一般来说，卖方的作业成本节约比实施现代技术的资本投资要大，这是因为当今计算机的硬件与软件的成本大大降低了。

（3）订单准备。订单准备时间包括订单的挑选和包装发运，不同种类的货物搬运系统以不同的方式影响着订单的准备工作，货物搬运系统可以从简单的人力操作到复杂的自动化操作。其订单准备时间相差很大，物流公司要根据成本和效益选择不同的系统。

（4）订单发送。订单发送时间是从卖方将指订货物装上运输工具开始计算至买方卸下货物为止的时间。当卖方雇用运输公司时，计算和控制订单发送时间是比较困难的。要减少订单发送时间，买方必须雇用一个能提供快速运输的运输公司，或利用快速的运输方式，但这时运输成本会上升。

2. 可靠性

对有些客户来说，可靠性比备货时间更重要，如果备货时间一定，客户可以使存货最小化。也就是说，若客户百分之百保证备货时间是 10 天，则可把存货水平在 10 天中调整到相应的平均需求，并不需要用安全存货来防止由于备货时间的波动所造成的缺货或少货。

（1）备货时间。因为备货时间的可靠性直接影响客户存货水平和缺货成本，提供可靠的备货时间可以减少客户面临的这种不确定性。卖方若能提供可靠的备货时间，可使买方尽量减少存货和缺货成本，以及订单处理时间。

（2）安全交货。可靠性不仅是备货时间上的一致性，而且是关于规划与一致的备货时间，以及安全和质量的均一性等条件下送达客户所订购的货物。安全交货是所有物流系统的最终目的，如果货物到达时受损或丢失，客户就不能按期望进行使用，从而增加了客户方面的成本负担；如果所收到的货物是受损的货物，就会破坏客户的销售或生产计划，就会产生缺货成本，导致利润或生产的损失。因此，不安全的交货会使买方发生较高的存货成本或利润和生产损失。这种状况对致力于实施一定程度的零库存计划以尽量减少存货的公司是不能接受的。

（3）订单的正确性。可靠性包括订单的正确性。正在焦急等待紧急货物的客户，可能会发现卖方发错了货。没有收到想要的货物的客户，可能面对潜在的销售或生产损失。不正确的订单会使客户不得不重新订货，或客户由于气愤而向另一个供应商订货。

3．沟通

对订货供应活动极其重要的两个活动是客户订购信息与订单供应和实际存货的沟通。在订货信息阶段，用 EDI 能减少订单信息传递到仓库接受时的错误，卖方应简化产品标识，以减少订单挑拣人员的错误。EDI 不仅能减少订单供应中的错误，而且能增加存货的周转率。EDI 与条形码的结合，可以改进卖方服务水平并减少成本。事实上，EDI 与条形码有助于卖方改进大部分的物流功能。与客户沟通和交流对物流服务水平的设计来说是基本的，交流渠道必须永远畅通。没有与客户的接触，物流经理就不能提供有效和经济的服务。然而，沟通是一个双向的过程，卖方必须能够传达客户重要的物流服务信息。

4．方便性

方便是物流服务水平必须灵活的另一说法。从物流作业的角度看，仅有一个或少数几个对所有客户的标准服务水平最为理想，但这是以客户服务需求均一为假设前提的。事实上，这种假设并不实际，例如，某一客户可能要求卖方托盘化并以铁路进行运输，另一客户则要求非托盘的水陆运输，而第三个客户可能要求特殊的交货时间。物流服务与客户对包装、运输方式和承运人交流时间要求等有关。方便或灵活性能认识客户的不同要求。卖方一般能根据客户大小、生产线等因素来划分客户，这种划分使物流经理认识到客户的不同要求，并努力以最经济的方式来满足这种要求。

5．客户服务支持

客户服务支持是客户关系管理中的重要部分，它是通过呼叫中心互联网来实现的。这样也就便于产生客户的纵向及横向销售业务。客户服务与支持为客户提供产品质量、业务研讨、现场服务、订单跟踪、客户关心、服务请求、服务合同、纠纷解决等功能。

对于现场服务及售后服务部门来说，如何提高服务质量，加快服务速度，保证客户满意是很重要的。要达到以上目的，必须要建立一套完整的服务/支持管理体系。这套管理体系能够进行货物的跟踪、服务合同管理、求助电话管理及理赔和投诉管理等。

（1）货物的跟踪。能够根据货运票据上的信息，自动列出货物从始发站到终点站的沿途经过的大型编组站及货运站，在货物到达需要进行解编作业的车站，自动透过铁路内部网络到外部网络，进而向客户汇报货物的动态，更新有关的运输信息，以及对客户信息进行管理。

（2）服务合同管理。在客户服务与支持中，预设了各种服务合同的样本，规定了服务条件、服务方式（热线电话、门到门运输等）、服务人员、产品费用及有效范围等各项内容，协助缩短收账周期，可以与销售管理的开发票作业相联系，开出发票，并将签订的物流服务合同信息保留在内部数据库中，进行综合的管理与传输。

（3）求助电话管理。求助电话是一种较为常见的服务方式。客户的求助电话都应按照制定的优先权规则得到及时的处理，并且及时进行服务人员的分派，以确保客户能尽快地得到回音。

（4）理赔和投诉管理。如果发生货物损失问题需要理赔，或者因服务不周，令客户不满，一方面需要采取措施消除客户的不信任感和愤怒，另一方面需要从中分析原因，避免类似事件再次发生。

当以上 4 个方面的功能实现之后，将会产生大量的客户和潜在客户在各方面的信息。这些信息是宝贵的资源，利用这些信息可以进行各种分析，以便产生设计客户关系方面的商务智能方案，供决策者及时做出正确的决策。

客户关系管理软件允许客户自由选择面谈、电话、电子邮件和网络方式与企业建立关系，这种多渠道的方式，使企业与客户的交流提高了效率，也加速了交流信息的传递速度，使客户满意度提高。

4.4 销售物流现代化管理

4.4.1 销售物流管理技术

1. 物流信息系统的组成

1）接受订货系统

办理接受订货手续是交易活动的始发点，为了迅速准确地将商品送到，必须准确迅速地办理接受订货的各种手续。

2）订货系统

订货系统是与接受订货系统、库存管理系统互动的，库存不仅应防止缺货、断货，还应在库存过多或库存不合理时，根据订货情况，适时适量地调整订货系统。

3）收货系统

收货系统是根据预定信息，对收到的货物进行检验，与订货要求进行核对无误之后，计入库存，指定货位等的收货管理系统。

4）库存管理系统

正确把握商品库存，对于制订恰当的采购计划、接受订货计划、收货计划和发货计划是必不可缺的，所以库存管理系统是物流信息的中心。

5）发货系统

通过迅速、准确的发货安排，将商品送到顾客手中。发货系统是一种与接受订货系统、库存管理系统互动,向保管场所发出拣选指令或根据不同的配送方向进行分类的系统。

6)配送系统

降低成本对高效配送计划是重要的,将商品按配送方向进行分类,制订车辆调配计划和配送路线计划的系统。企业销售渠道的组成情报系统应畅通,企业应建立起高效、快速的信息情报系统。

2. 需求计划管理

1)需求的概念

销售物流的首要任务是进行销售预测,然后在此基础上制订生产计划和存货计划。销售预测的一项重要指标是市场需求。市场需求是指一定的顾客在一定的地理区域、时间、市场营销环境和市场营销方案下购买商品的总量。市场需求随市场变化,不是一个固定的数值,而是一个变量。

需求预测是一项十分复杂的工作,在需求趋势相对稳定或没有竞争时,都要进行需求预测。在竞争条件比较稳定时预测需求是较易于操作的,但在市场环境不断变化的条件下,需求预测也变得复杂起来,应根据市场需求的不断变化,做好需求趋势预测。

2)市场需求测量

(1)市场潜量。市场潜量是指在一定时间内,在一定水平的行业市场营销努力,在一定的环境条件下,一个行业中所有企业可能达到的最大销售量。

(2)区域市场潜量。

① 市场累加法。该方法是先识别每个市场的所有潜在顾客,并估计每个潜在顾客的购买量,计算出每个市场的购买潜量,然后把每个市场的购买潜量相加。

② 多因素指数分析法。描述区域需求的最重要的指数是购买力指数,是一个受多因素影响的指数。各个因素的重要性一般是不同的,必须给每个因素以一定的权数,从而使计算较为合理。计算并分析其中各影响因素的变动对需要量的影响程度。

【拓展软件】

4.4.2 销售物流系统管理案例

4.4.2 节至 4.4.5 节介绍本书主编自主开发的企业物流管理系统在生产企业应用的实际案例,以说明使用企业信息系统管理的优越性。

1. 系统登录

(1)双击相应的工业企业物流管理系统快捷图标,进入系统首页,显示"系统登录"界面,如图 4.6 所示。输入操作员的登录名和密码后登录到仓储物流管理信息系统。用户第一次运行系统时可用系统管理员代码"001"的身份登录,即在系统登录框中输入"001",然后在图中红圈处的编辑区输入密码"88888"后按 Enter 键或单击 按钮,进入企业物流管理系统主界面。若要退出,则单击 按钮即可。

(2)图 4.7 所示为系统主界面。系统主界面上方为功能菜单,可见到主菜单的 9 个主要功能模块,即文件、数据编辑、查询计算、统计盘点、数据管理、初始设置、辅助功能、窗口转换、帮助。按照不同的功能模块划分成不同的功能组,例如点选"文件"菜单出现"页面设置""退出";又如点选"数据编辑"菜单出现"进仓管理""烫金管理""销售管理""预留管理""综合管理""生产管理""装车管理"。

图 4.6　系统登录界面

图 4.7　系统主界面

2. 销售凭证录入

仓管部接到订单之后，进行商品销售出库管理。单击鼠标左键从"数据编辑"菜单选择"销售管理"选项，如图 4.8 所示。本模块包括出入库、退货处理两个子模块。进入界面，进行销售出库相关数据编辑，即销售日期、凭证类别、销售时间、销售序号、销售单号、仓库地点、客户代码和客户名称。在界面下方两行有选择查找数据的工具，还可以进行字段内容阵列定位、字段内容查找定位、拼音声母查找定位、短语阵列录入、复制插入记录、保存记录和统计所选记录等功能。信息录入完毕单击🖫按钮。

说明：

（1）在"客户凭证：入库"窗口，系统为一些选项设置了一个默认值，如"日期"栏系统默认为当前服务器时间；"操作员"栏系统默认为"系统管理员"；"运输方式"栏默认为"自运"；"状态"栏默认为"未执行"；"多次入库"栏默认为"否"。以上系统默认项均不能修改。

（2）在添加入库货品时，"货品名称"和"货品数量"都不能为空，其中货品的数量必须是货品最小出入库数量的整数倍（在辅助功能模块的词汇定义中可以看到对货品最小出入库数量的定义）。

（3）从下拉列表中选取的选项为必填项，不能为空。

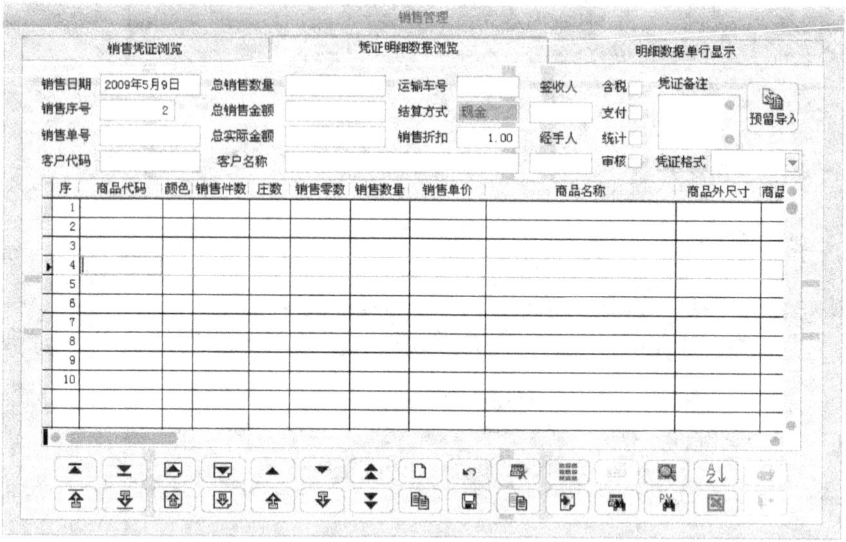

图 4.8　销售商品数据录入

3. 新增销售卡片

点选销售管理操作界面上方"辅助功能"菜单中的"增加销售卡片"选项，弹出的操作界面如图 4.9 所示，进行新增销售商品数据操作。新增操作完成后，单击【增加】按钮将新增结果保存至系统。

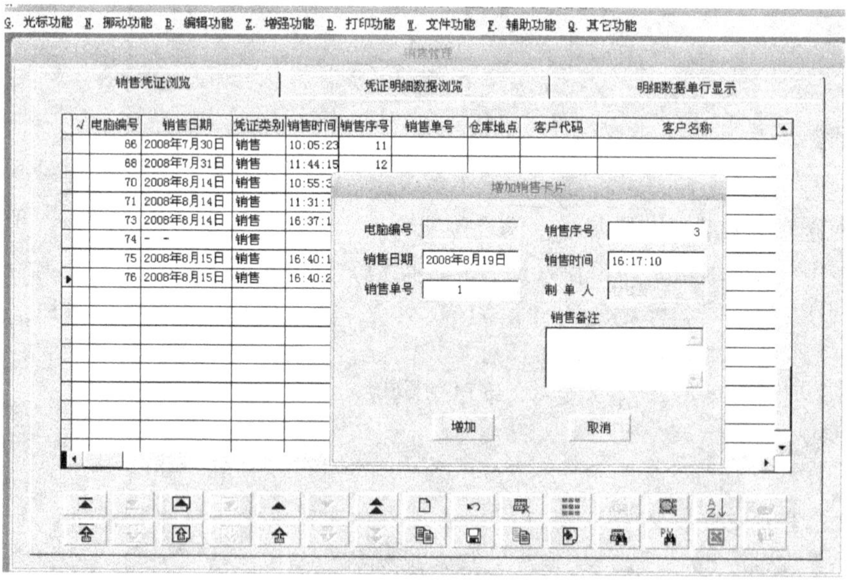

图 4.9　增加销售卡片

返回后,单击【查询销售卡片】按钮可以浏览商品卡片,如图 4.10 所示。再返回后,采用同上方法查询销售卡片。

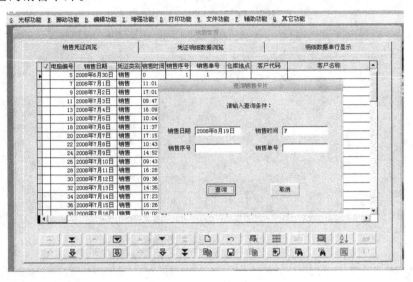

图 4.10　查询销售卡片

在销售卡片中选择客户订单所要的商品,进行该商品的价格等信息的查询,如图 4.11 所示。

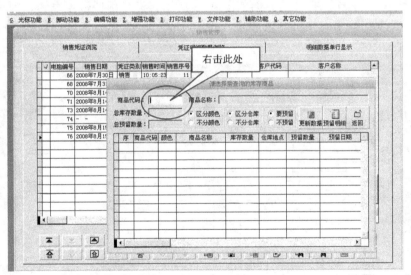

图 4.11　选择需要查询的商品

4. 退货管理

在销售出库时,顾客退回的商品需要再进仓,这时要进行退货商品信息编辑,如图 4.12 所示。

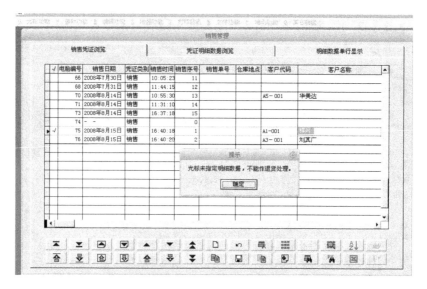

图 4.12 退货商品编辑

4.4.3 预留管理

1. 登录界面

企业根据客户订单预留产品,进行预留数据管理操作。单击鼠标左键从"数据编辑"菜单选择"预留管理"选项,打开的界面如图 4.13 所示。进行预留数据编辑,即录入和管理预留日期、凭证类别、预留时间、预留序号、预留单号、仓库地点、客户代码、客户名称等信息。

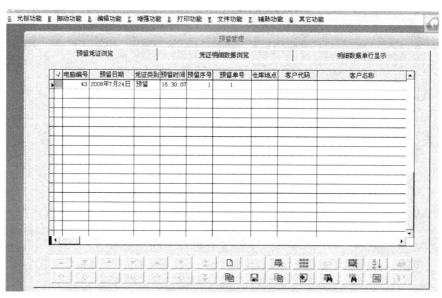

图 4.13 预留明细数据编辑

2. 预留产品

预留产品指顾客已经预定的、不定期取走的产品,因为属于已经销售产品,但是还在库存，为了区别未售出产品，在产品上烫金做标记，称为烫金产品。

单击鼠标左键从"数据编辑"菜单选择"烫金管理"选项，打开操作界面如图 4.14 所示，输入烫金产品信息。单击【单行显示】按钮，弹出"烫金产品库位安排"操作界面，进行库位安排及相关信息的录入操作，如图 4.15 所示。

图 4.14　预留产品信息录入

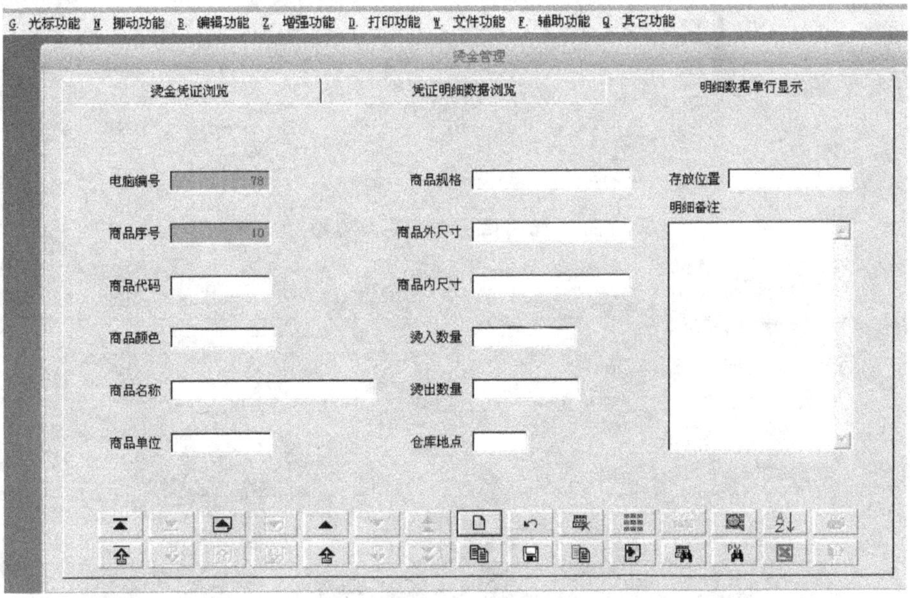

图 4.15　烫金产品库位安排

3. 填写入库凭证操作

在图 4.14 所示界面中直接录入入库烫金产品信息，即新增一行，在该行的"凭证类别"中输入"销售"，则录入的同时在页面的右侧出现待选货品列表，在待选货品列表中用上、下方向键选中目标货品后按 Enter 键，或直接用鼠标双击目标货品，则将该货品添加到入库货品列表中。

4．分配储位

进入界面，进行入库凭证相关数据录入。录入完成后，单击圖按钮将当前入库凭证保存至系统，系统将自动根据储位原则对入库货品进行储位分配。

5．生成入库单

储位分配完成后，系统自动生成本次入库的入库单据。

说明：系统默认只对状态是"未执行"的客户凭证进行修改，如果客户凭证状态已经不是"未执行"，那么进入客户凭证界面只能对该入库凭证的信息进行查看。

4.4.4 商品查询操作

1．商品查询菜单

打开商品查询菜单，界面如图 4.16 所示。单击【商品进出查询】按钮。双击界面中的圆圈的位置，打开商品查询操作界面，如图 4.17 所示。

图 4.16　商品查询菜单界面

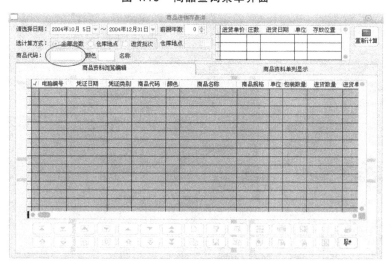

图 4.17　商品查询操作界面

2．商品查询操作

在图 4.17 所示界面中，右击图中【商品进出查询】按钮处，弹出如图 4.18 所示的商品二级分类科目窗口。双击选中商品，弹出界面如图 4.19 所示，出现商品细类编号，然后选中双击，编号自动出现在商品代码编辑区，如图 4.20 所示。

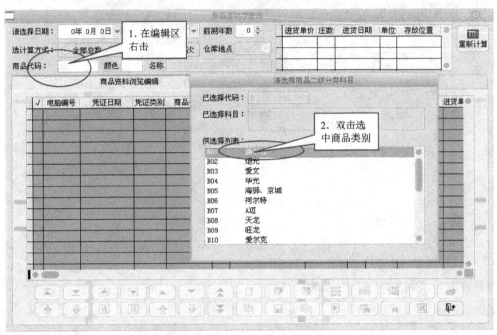

图 4.18　商品查询操作界面

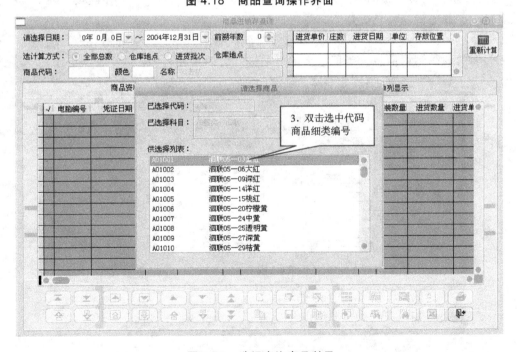

图 4.19　选择查询商品科目

说明："客户业务查询""商品库存查询"的操作方法同"商品查询"。

图 4.20　系统自动弹出选中的商品代码

4.4.5　装车管理

1. 装车管理操作

装车管理子模块的功能是对运输车辆、司机及货品进行管理。

单击鼠标左键从"数据编辑"菜单选择"装车管理"选项，打开界面如图 4.21 所示。进行装车数据编辑，即装车日期、运输车号、装车总数量、装车司机信息、装车费用（自动计算）、客户信息、商品汇总信息、选择客户、费用计算、装车汇总、续存模块、调出模块、装车报表打印、商品销售信息、装车信息等数据录入。

进行装车操作时，图 4.21 所示界面分为上、下两个列表，上边的列表为运输凭证列表，下边的列表为商品销售信息，当前选择的是运输凭证的货品列表。

图 4.21　装车管理界面

（1）单击【选择客户】按钮，弹出操作界面，进行装车产品数据编辑操作。返回后，单击【装车汇总】按钮，弹出界面，如图 4.22 所示。

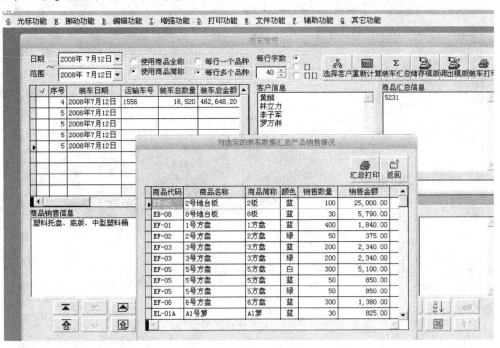

图 4.22 装车产品数据

（2）点击"数据编辑"下拉菜单，单击【装车管理】按钮弹出界面，如图 4.23 所示，进行运输车辆数据编辑操作。

图 4.23 运输车辆数据编辑

（3）单击【调出模块】按钮，弹出界面，如图 4.24 所示，进行装车费用数据查询操作。

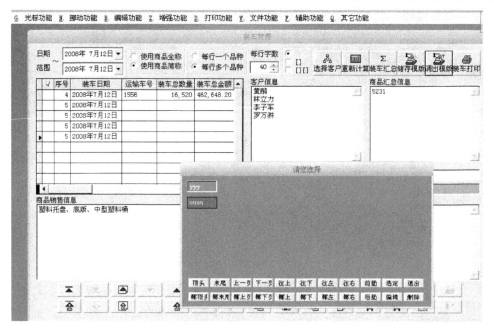

图 4.24　装车商品选择

（4）单击【装车打印】按钮，弹出界面，如图 4.25 所示，进行报表浏览、打印报表操作。

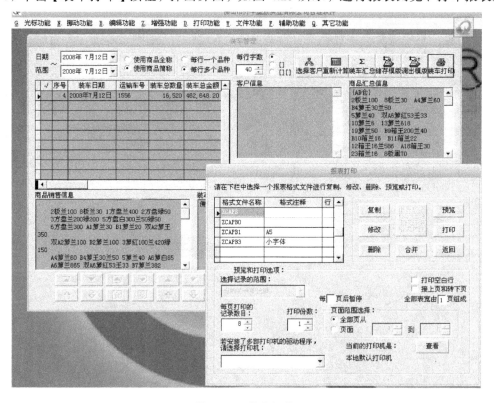

图 4.25　装车打印

（5）打印处理送货凭证。在"装车管理"界面的运输凭证列表中，选择需处理的送货凭证，单击鼠标右键，弹出装车操作快捷菜单，选择"打印处理运输凭证"选项，进入"处理送货凭证"窗口，在该窗口中对送货凭证中的信息进行修改，修改完成后单击【保存】按钮对信息进行保存，然后打印，如图4.26所示。

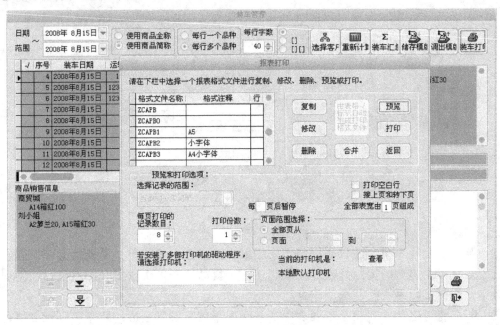

图4.26 装车报表打印

说明：只有对送货凭证进行打印，送货凭证的状态才会从"未处理"转为"执行"；只有"未处理"的送货凭证，才能够进行处理操作。

（6）反馈/显示送货凭证。在图的运输凭证列表中，选择需反馈的送货凭证，单击鼠标右键，弹出装车操作快捷菜单，选择"反馈/显示送货凭证"选项，进入"反馈/显示送货凭证"窗口，在该窗口中对送货凭证中的信息如"货品的应收数量""实收数量"和"运费"等进行修改，修改完成后单击【保存】按钮对信息进行保存。保存后送货凭证的状态变为"完成"，其调用的资源则变为可用。

说明：反馈/显示送货凭证的主要功能是对送货完成后的送货凭证进行反馈，送货凭证一经"结算"，就不能够反馈了，只能查看送货凭证的一些信息。

2. 合并装车单

合并装车单的主要功能是将客户、收货人及车辆均相同，且状态为"下达"的装车单进行合并。其基本操作如下：

（1）在图4.27所示的装车单列表中选中该装车单，单击【合并】按钮，进入"合并装车单"窗口。该窗口的左边为装车单详细信息，包括客户、司机、车牌号、包含货品等；右边上方的列表列出了可以和这张装车单合并的装车单；右边下方的列表列出了已经被合并的装车单。

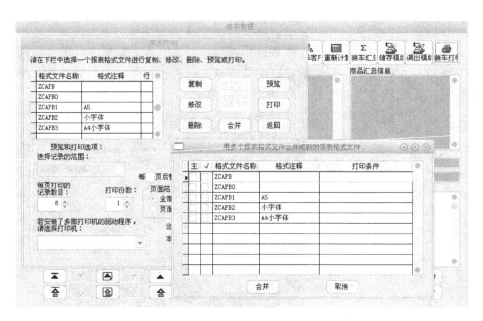

图 4.27 合并装车单

（2）若要查看装车单中的货品信息，则用鼠标选中某一装车单，系统就会在该列表中列出被选中装车单中包含的货品列表。如果想让这个货品列表再次隐藏，则点击"辅助功能"下拉菜单，选择"隐藏文件"选项即可。

（3）若要将可以合并的装车单列表中的某张派车单与窗口左边的装车单进行合并，则双击右上方的装车单，该派车单就会移到右下方合并的装车单列表中。

（4）若要取消合并装车单，则双击装车单，该装车单就会回到右上方的列表中。

（5）若确定要进行合并的装车单已在右下方的合并列表中，则单击【合并】按钮，系统将合并列表中装车单的货品合并到左边的装车单中，而这些被合并的装车单将被置为"作废"状态。

思考与练习

一、思考题

1. 试对企业销售物流渠道进行分析？
2. 目前我国企业销售服务的内容有哪些。
3. 简述销售物流的模式。
4. DRP 的原理和作用是什么？
5. 物流服务要素有哪些？
6. 销售物流管理信息化有何意义？

二、案例讨论

钢铁企业的销售物流是成品钢（材）从钢铁生产企业到最终客户的实体流通过程，它包括产品时间及空间的转移，以及在此过程中的增值加工，涉及运输、仓储、加工、配送等物流环节。我国钢铁企业的销售物流具有以下特征：

（1）钢铁销售运距长，铁路运输是主要的运输方式。一般来说，钢铁企业有着较大的销售半径，销售区域分布广泛，但一旦形成消费市场，消费市场对其需求又相当大。钢铁生产这种近原材料地远消费地的特性，使得产品销售的运输距离远远大于原材料的运输距离。钢铁销售物流更容易受到诸多外界因素的制约，往往计划赶不上变化，不确定性强，难于组织。我国钢铁企业的生产部门一般设在矿区，相比较其他成本更高的运输方式，铁路成为大多数钢铁企业销售物流的首要选择。

（2）产品往往需要进行不同程度的深度加工。钢铁企业的最终客户也是生产企业，其产品需求为连动需求。钢铁企业的客户，除建筑行业外，绝大多数不能直接投入使用，还需要通过深加工来满足客户的特殊需求。钢铁产品的选择受下游产业链影响很大，产品深加工势在必行。

（3）仓储数量大。钢铁的销售物流渠道一般为直销或经过一级经销商（或钢铁贸易商）后，直接进入消费领域，中间环节少。但由于一般单张订单需求量大，使得钢铁企业为满足销售需要，通常持有较高库存，资金占用大。

近年来，中国钢铁交易网等平台的出现使得我国钢铁企业在物流信息化上迈出了很大一步；各大钢铁企业先后建立剪裁配送中心，以产品差异化占领市场；与下游产业客户企业构建战略联盟，建立长期、稳定的供应链；寻求灵活多样的物流方式，降低物流成本。但相比国外钢铁企业先进而成熟的物流系统，我国的钢铁物流还比较落后，销售物流常常不能满足销售需要，主要存在以下问题：铁路与运输灵活性差，制约性强，销售产品的输送有时不能按计划完成；成品库与在制品库区分不明，仓储作业混乱，此外为了保有销售安全库存，仓储数量大，资金积压严重；管理人员尚未形成现代物流意识，缺乏专业物流人才，销售物流组织能力不强，资源利用率低，人工成本高。

讨论

（1）钢铁销售采用铁路运输方式决策时考虑的主要因素是什么？铁路运输对钢铁销售产生了哪些不利影响？

（2）钢铁企业的成品需要进一步深度加工的原因是什么？可以采取哪些合理的方式？

（3）钢铁企业库存数量大的原因是什么？

（4）我国钢铁企业物流已取得哪些成效？存在的不足又是什么？

（5）钢铁企业销售物流应该如何进行合理化改进？

三、实训练习

实训1　就下列现象进行分析并提出解决措施

现象1：一个企业的销售收入究竟是多少？应收款是多少？这么简单的问题，可能会难住许多企业的老总，因为当他面对着财务部和销售部提供的两套报表时，不知道该相信谁。

现象2：当一个业务员拿着特价申请来找领导签字时，领导只能凭着感觉来判断业务员的话该不该相信，而无法拿出有效的数据。

现象3：当客户兴冲冲地拿着提货单到仓库去提货时，却被告知仓库里没有可以发的货了，因为业务员所看到的是库存中货物已经为其他客户预留了。

现象4：由于业务开展得大，在全国都建立了办事处，但不幸的是，所有的地方都缺货，而库存资金占用却翻了一番，企业不得不一边贷款生产，一边看着存货不断增长。

实训2　销售物流服务能力评价

实训目的：了解销售物流服务对企业的重要性，掌握进行企业的销售物流服务能力评价的要素、方法和步骤。

实训内容：选择一家快递企业，评价其物流服务能力。

实训要求

(1) 确定一家快递企业,让自己异地的亲属、朋友或同事快递物品,次数不少于3次。

(2) 对每次该快递企业的物流服务能力进行记录,包括订货周期、可靠性、信息渠道、方便性等要素,然后利用一定的方法和步骤给予评价。

(3) 将上述评级的内容和结果形成一个完整的报告。

【拓展视频】

【本章小结】

第 5 章
企业回收物流与废弃物物流管理

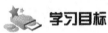 **学习目标**

（1）掌握企业回收物流与废弃物物流的产生和概念。
（2）了解回收物流与废弃物物流的目的和任务。
（3）熟悉回收物流与废弃物物流管理的主要环节。
（4）掌握回收物流与废弃物物流处理的技术和方法。
（5）熟悉绿色物流的管理内容。
（6）掌握绿色物流的治理措施。

 **导入案例**

近来，随着工业化国家的城市化和居民消费水平的提高，城市垃圾的增长十分迅速。全球垃圾年产量有100多亿吨，相当于全球每年粮食总产量的6倍。资料表明，在发达国家，包装废弃物在重量上约占城市固体废弃物的1/3，而在体积上约占1/2。大量垃圾造成的环境污染，已成为人类社会发展所面临的重要问题。通过以下几段趣闻，大家可以体会到发达国家在垃圾处理和环境保护方面的重视程度。

垃圾门票：加拿大西北部的普罗维登堡，有一个设备齐全的现代化游泳池，那里四季如春，是人们理想的休闲场所。为了搞好市政环境卫生，当局规定男女老少均不必购买门票，只要交纳一定数量的包装垃圾即可入池挥臂击水。所以该城终年干干净净，即使偶尔有零星的垃圾，一会儿也会"不翼而飞"。

垃圾监视比赛：意大利环保部门经常举行"垃圾监视者"比赛，内容是让参赛者将其拍摄的垃圾照片当场展出，哪张照片上的垃圾最脏、最乱，哪张照片就获大奖。这一做法使大量的不按规定堆放的垃圾曝光，从而得到相应的处理。

垃圾征税：意大利人每年要购买70亿个塑料袋，而每个要付出8美分税金（欧盟对塑料、除锈剂等造成污染的物品也要征环境税）。

清垃圾代坐牢：美国高速公路两旁的垃圾清理工作十分辛苦而危险，一直缺乏足够的人手。这时，监狱牢房想出一个点子，凡刑期未达120天的轻刑犯人，可以用清理高速公路上的垃圾来代替坐牢。

垃圾公园：美国佛罗里达州有一座垃圾公园，公园里的游乐设备都是用垃圾为原料做成的。它的目的是告诫人们，身在优美的环境中，要注意对垃圾的利用。

音乐垃圾箱：荷兰卫生部门设计了一种音乐垃圾箱。这种垃圾箱有一个感应器，每当垃圾丢入箱内，感应器就自动播放优美的歌曲、故事或笑话。这种垃圾箱很受人们的欢迎，几乎每个人都情愿多跑几步路，把垃圾丢进音乐垃圾箱内。

垃圾纪念碑：意大利的菲腊奥市位于利古里亚海滨，那里风景优美，气候宜人，是理想的旅游胜地。许多游客在尽情地享受日光浴和海水浴后，把各种饮料、食品垃圾扔在大海里，造成了环境污染。当地政府特意在此修建了一座垃圾纪念碑，碑上写着"保护大自然，这里展出的所有废物，都捞自海中"。

垃圾电影院：英国新建了一座亨德尔影剧院，全部建材都来自于垃圾。该院银幕是用38 000块废白布拼凑而成，2 800个座椅来自于拣来的45 000根钢材焊接而成，服务员穿的是清一色废旧布料所拼凑的奇异服装。它告诉人们，浪费很严重，"废品"并不废。

思考

结合述案例谈谈对发展废弃物物流重要性的认识。

 ## 5.1 企业逆向物流概述

5.1.1 逆向物流及其驱动因素

1. 逆向物流的概念

逆向物流（Reverse Logistics）可以简单地概括为物品从供应链下游向上游的运动所引发的物品活动，也称反向物流。逆向物流包含来自于客户手中的物资、包装品和产品。更简单的概括是，逆向物流就是从客户手中回收用过的、过时的或者损坏的产品和包装开始，直至最终处理环节的过程。但是现在越来越被普遍接受的观点是，逆向物流是在整个产品生命周期中对产品和物资的完整的、有效的和高效的利用过程的协调。

逆向物流有广义和狭义之分。狭义的逆向物流指从产品消费点收集有再利用价值的物质、产品、零件或者原材料，加以提炼、分拣、加工、分解，使其成为有用的资源重新进入生产和消费领域的过程。广义的逆向物流除了包含狭义的逆向物流的定义之外，还包括废弃物物流的内容，其最终目标是减少资源使用，并通过减少使用资源达到废弃物减少的目标，同时使正向以及回收物流更有效率。

从广义角度而言，与逆向物流相关的概念还有"回收物流""逆物流""反向流""返回物流"或"静脉物流"等专业术语。

2．逆向物流的驱动因素

在那些已经运用逆向物流系统的公司中，高级管理人员过度地将它的管理推给了运营层上，但有许多因素迫使企业将逆向物流的管理提高到战略程度的高级管理日程上。带来这些变化的主要驱动因素有政府立法、新型的分销渠道、供应链中的力量转换、产品生命周期的缩短。

对于企业而言，运用逆向物流往往出于以下动机：环境管制、经济利益（体现在废弃物处理费用的减少、产品寿命的延长、原材料零部件的节省等方面）和商业考虑。因而，管理者首先应认识到逆向物流的重要性和价值；其次，要在实际运作中如何给予逆向物流以资源和支援，这才是发挥竞争优势的关键。

近年来，随着电子商务的快速发展，物流业已从传统的流通业中独立出来并日益受到人们的关注。而且随着人们环保意识的增强，环保法规约束力度的加大，逆向物流的经济价值也逐步显现。在我国经济发展水平较为落后的时期和地区，厉行节约是首要选择，传统经济生活中的废品收购，空桶、空瓶、空盘，废旧钢铁、纸张、衣物等的重复利用也是一种司空见惯的社会生活现象，服务于废品回收再用的逆向物流并不是什么新东西。另外，对产品零部件的回收再利用或将上述包装回收后清洗再利用，都比买新的要便宜。只不过，由于过去十几年中对环境保护的高度重视，使得逆向物流产生了新的含义，如耐用产品和耐久消费包装。后来，新的资源再生利用技术的研究与推广了大大降低了处理回收物品的成本，使用逆向物流不仅仅意味着成本的减少，而且它能带来资源的节约就可能意味着经济效益、社会效益和环境效益的共同增加。

5.1.2　逆向物流的分类

1．按照回收物品的渠道来分

逆向物流按照回收物品的渠道可分为退货逆向物流和回收逆向物流两部分。退货逆向物流是指下游顾客将不符合订单要求的产品退回给上游供应商，其流程与常规产品流向正好相反。回收逆向物流是指将最终顾客所持有的废旧物品回收到供应链上的各节点企业。

2．按照逆向物流材料的物理属性来分

逆向物流按照逆向物流材料的物理属性可分为钢铁和有色金属制品逆向物流、橡胶制品逆向物流、木制品逆向物流、玻璃制品逆向物流等。

3. 按照成因、途径和处置方式及其产业形态来分

逆向物流按照成因、途径和处置方式及其产业形态的不同，被学者们区分为投诉退货、终端使用退回、商业退回、维修退回、生产报废与副品、包装6大类别。

5.1.3 逆向物流的特点

逆向物流作为企业价值链中特殊的一环，与正向物流相比，既有共同点，又有各自不同的特点。二者的共同点在于都具有包装、装卸、运输、储存、加工等物流功能。但是，逆向物流与正向物流相比，又具有其鲜明的特殊性。

1. 分散性

换而言之，逆向物流产生的地点、时间、质量和数量是难以预见的。废旧物资流可能产生于生产领域、流通领域或生活消费领域，涉及任何领域、任何部门、任何个人，在社会的每个角落都在日夜不停地发生。正是这种多元性使其具有分散性。而正向物流则不然，按量、准时和指定发货点是其基本要求。这是由于逆向物流发生的原因通常与产品的质量或数量的异常有关。

2. 缓慢性

人们不难发现，开始时逆向物流数量少、种类多，只有在不断汇集的情况下才能形成较大的流动规模。废旧物资的产生也往往不能立即满足人们的某些需要，它需要经过加工、改制等环节，甚至只能作为原料回收使用，这一系列过程的时间是较长的。同时，废旧物资的收集和整理也是一个较复杂的过程。这一切都决定了废旧物资缓慢性这一特点。

3. 混杂性

回收的产品在进入逆向物流系统时往往难以划分为产品，因为不同种类、不同状况的废旧物资常常是混杂在一起的。当回收产品经过检查、分类后，逆向物流的混杂性随着废旧物资的产生而逐渐衰退。

4. 多变性

由于逆向物流的分散性及消费者对退货、产品召回等回收政策的滥用，有的企业很难控制产品的回收时间与空间，这就导致了多变性。它主要表现在以下4个方面：

（1）逆向物流具有极大的不确定性。
（2）逆向物流的处理系统与方式复杂多样。
（3）逆向物流技术具有一定的特殊性。
（4）相对高昂的成本。

5.1.4 逆向物流的原则

1. "事前防范重于事后处理"原则

逆向物流实施过程中的基本原则是"事前防范重于事后处理"，即"预防为主、防治结合"的原则。因为对回收的各种物料进行处理往往给企业带来许多额外的经济损失，这势必增加供应链的总物流成本，与物流管理的总目标相违背。因此，对生产企业来说，要做好逆向物

流一定要注意遵循"事前防范重于事后处理"的基本原则。循环经济、清洁生产都是实践这一原则的生动例证。

2. 绿色原则（"5R"原则）

绿色原则即将环境保护的思想观念融入企业物流治理过程中，这一思想即为"5R"原则：研究（Research）、重复使用（Reuse）、减量化（Reduce）、再循环（Recycle）、拯救（Rescue）。

（1）研究。重视研究企业的环境对策，如循环经济、清洁生产等绿色技术的研究与推广应用。

（2）重复使用。如用已使用过的纸张背面来印名片。

（3）减量化。减少或消除有害废弃物的排放，如减少进入回收流通的商品及包装材料，在产品的设计和生产过程中充分考虑回收物流的需要，使其方便于将来的回收和利用等。严格控制退货政策也可以达到减少退货量的目的，这一方法在目前我国的消费品市场上最常见。

（4）再循环。对废旧产品进行回收处理，再利用，如纯净水桶、酸奶瓶等的回收物流。

（5）拯救。对已产生的废旧产品或废弃物进行修复，以使其可再用或将其对回收物流对社会的损害降到最小。

3. 效益原则

在现代经济、社会条件下，现代企业是一个由生态系统与经济系统复合组成的生态经济系统。物流是社会再生产过程中的重要一环，物流过程中不仅有物质循环利用、能源转化，而且有价值的转移和价值的实现。因此，现代物流涉及经济与生态环境两大系统，理所当然地架起了经济效益与生态环境效益之间彼此联系的桥梁。经济效益涉及目前和局部的更密切相关的利益，而环境效益则关系更宏观和长远的利益。经济效益与环境效益是对立统一的。后者是前者的自然基础和物质源泉，而前者是后者的经济表现形式。

4. 信息化原则

尽管逆向物流具有极大的不确定性，但是通过信息技术的应用［如使用条形码技术、GPS（Global Positioning System，全球定位系统）技术、EDI技术等］可以帮助企业大大提高逆向物流系统的效率和效益。因为使用条形码可以储存更多的商品信息，这样有关商品的结构、生产时间、材料组成、销售状况、处理建议等信息就可以通过条形码加注在商品上，也便于对进入回收流通的商品进行有效的追踪。

5. 法制化原则

尽管逆向物流作为产业而言还只是一个新兴产业，但是逆向物流活动从其来源可以看出，它就如同环境问题一样并非新生事物，它是伴随着人类的社会实践活动而生，只不过在工业化迅猛发展的过程中使这一"暗礁"浮出水面而已。然而，正是由于人们以往对这一问题的关注较少，所以市场自发产生的逆向物流活动难免带有盲目性和无序化的特点。例如，近年来我国废旧家电业异常火爆，据分析调查往往是通过对旧家电"穿"新衣来牟取利润的，这是以侵犯广大农户和城市低收入家庭等低收入消费群体的合法权益为基础的，这急需政府制定相应的法律、法规来引导和约束。而具有暴利的"礼品回收"则会助长腐败，是违法的逆向物流，应坚决予以取缔。还有废旧轮胎的回收利用，我国各大城市街区垃圾箱受损、井盖丢失、盗割铜缆等现象就与城市偷窃者长期地逍遥法外不无关系，固体废物走私犯罪活动蔓延势头，如废旧机电、衣物及车辆的流通，汽车黑市等违法的逆向物流活动都急需相关的法规来约束。

6. 社会化原则

从本质上讲，社会物流的发展是由社会生产的发展带动的，当企业物流管理达到一定水平时，它对社会物流服务就会提出更高的数量和质量要求。企业回收物流的有效实施离不开社会物流的发展，更离不开公众的积极参与。例如在国外，企业与公众参与回收物流的积极性较高，在许多民间环保组织如绿色和平组织的巨大影响力下，都有不少企业参与绿色联盟。

5.1.5 逆向物流的重要性

1. 提高潜在事故的透明度

【拓展文本】

逆向物流在促使企业不断改善品质管理体系上，具有重要的地位。ISO 9001：2000（ISO 是 International Standard Organization 的缩写，即国际标准组织）将企业的品质管理活动概括为一个闭环式活动——计划、实施、检查、改进，逆向物流恰好处于检查和改进两个环节上，承上启下，作用于两端。企业在退货中暴露出的质量问题，将透过逆向物流资讯系统不断传递到管理阶层，提高潜在事故的透明度，管理者可以在事前不断地改进质量管理，以根除产品的不良隐患。

2. 提高顾客价值，增加竞争优势

在当今顾客驱动的经济环境下，顾客价值是决定企业生存和发展的关键因素。众多企业通过逆向物流提高顾客对产品或服务的满意度，赢得顾客的信任，从而增加其竞争优势。对于最终顾客来说，逆向物流能够确保不符合订单要求的产品及时退货，有利于消除顾客的后顾之忧，增加其对企业的信任感及回头率，扩大企业的市场份额。如果一个公司要赢得顾客，它必须保证顾客在整个交易过程中心情舒畅，而逆向物流战略是达到这一目标的有效手段。另外，对于供应链上的企业客户来说，上游企业采取宽松的退货策略，能够减少下游客户的经营风险，改善供需关系，促进企业之间的战略合作，强化整个供应链的竞争优势。特别对于过时性风险比较大的产品来说，退货策略所带来的竞争优势更加明显。

3. 降低物料成本

减少物料耗费，提高物料利用率是企业成本管理的重点，也是企业增效的重要手段。然而，传统管理模式的物料管理仅仅局限于企业内部物料，不重视企业外部废旧产品及其物料的有效利用，造成大量可再用性资源的闲置和浪费。由于废旧产品的回购价格低、来源充足，对这些产品回购加工可以大幅度降低企业的物料成本。

4. 改善环境行为，塑造企业形象

随着人们生活水平和文化素质的提高，环境意识日益增强，消费观念发生了巨大变化，顾客对环境的期望越来越高。另外，由于不可再生资源的稀缺以及对环境污染日益加重，各国都制定了许多环境保护法规，为企业的环境行为规定了一个约束性标准。企业的环境业绩已成为评价企业运营绩效的重要指标。为了改善企业的环境行为,提高企业在公众中的形象,许多企业纷纷采取逆向物流战略,以减少产品对环境的污染及资源的消耗。

5.2 企业回收物流管理

5.2.1 回收物流概述

1. 回收物流的产生

企业在生产过程中,从生产经过流通直至消费是物品流向的主渠道。除了生产出产成品外,有生产过程中形成的边角余料、废渣、废水;也有流通过程产生的废弃包装器材;还有大量由于变质、损失、使用寿命终结而丧失了使用价值或在生产过程中的不合格品、废品,不具有使用价值的物料。它们都要从物流主渠道中分离出来,成为生产或流通中产生的排放物。这些排放物,一部分可以回收并再生利用,称为再生资源,它们形成了回收物流(Return Logistics);另一部分在循环利用过程中,基本或完全失去了使用价值,形成无法再利用的最终排放物,即废弃物。废弃物经过避免对环境造成污染的无害化处理后返回自然界,形成了废弃物物流。为了避免和防止排放物对环境造成污染,人们提倡绿色物流。绿色物流是在物流过程中抑制物流对环境造成危害的同时,实现对物流环境的净化,使物流资源得到最充分利用。

2. 排放物的来源

1)生产过程产生的排放物

(1)工艺性排放物。在生产过程中,由于生产工艺性质不同,其排放物有很大差异,如机械制造厂加工中形成的切屑、边角余料等;造纸厂产生的废渣及为漂白等目的使用的化学药液随水排出的废水;钢厂生产中产生的废气、钢渣、炉底、钢材切头切尾料等。此类排放物根据工艺流程和技术水平,其排放时间、数量、种类有一定规律性,能形成稳定的物流系统。

(2)生产过程中的废品、废料。在生产过程中,由于原材料、管理等原因而产生的不合格品、边角余料,有些在工艺流程中往往就地回收,重新纳入生产流程中,所以很少进入社会物流系统。

(3)生产中损坏和报废的机械设备、设施和劳动工具。造成其报废的主要原因是:由于正常使用中造成机械设备、设施的物质寿命的终结或意外损坏而丧失使用价值;或者由于生产率的提高,科技的进步,继续使用原设备不经济,造成生产成本过高,进行设备更新淘汰。这些排放物不是经济活动产生的,需要随时进行处理。

2)流通过程中产生的排放物

流通也是产业部门,需要消耗燃料、动力和材料,这些都会产生废弃物。流通过程中最为典型的废弃物是已经使用过的包装材料或废弃捆包材料,如木箱、编织带、纸箱、塑料或金属捆带、捆绳等,有的可以直接回收重复使用,有的要进入物料大循环再生利用。

3)消费后产生的排放物

这类排放物一般称为垃圾,如家庭垃圾、办公室垃圾等混合组成的城市垃圾,包括破旧衣物、已失去使用价值的家用电器、玻璃和塑料容器、办公废纸及食物残渣等，其中有许多可以回收利用。

3. 回收物流的概念

回收物流是指退货、返修物品和周转使用的包装容器等从需方返回供方或专门处理企业所引发的物流活动。

5.2.2 产品回收物流管理的目的与意义

1. 产品回收管理的目的

产品回收管理的目的是以最小的成本恢复产品最大的经济价值，同时满足技术、生态的要求。回收物流系统设计过程中必须考虑到回收物品的加工处理能力的提供，并需要确定设施类型。此外，还要保证事先确定的修复策略必须正确地实施，同时在设施与运输连接中没有生产力限制。总而言之，产品回收物流系统的设计目的是要使运输总和、作业量及每年投入成本最小化，同时满足需求与供给的限制。

2. 产品回收管理的意义

目前，如何妥善处理废旧产品，已被越来越多的国家所重视。例如，美国环保局目前正考虑建立一个全国性的体系，通过经济手段鼓励回收和重新使用废旧产品；在日本，家电生产企业、零售商、消费者共同承担家电回收再利用的义务，家电生产企业负责废旧家电的再商品化，而消费者丢弃一台废旧电器，要支付一定的费用，违反规定的将受到重罚；德国也十分重视废弃产品的技术研发，发明了一种可有效回收塑料和防火材料的新方法，将原先的塑料垃圾转换成有使用价值的二次原料资源，由于回收再利用利润诱人，所以，专门进行废旧产品处理的公司不断增加。回收物流利用的重要意义如下：

（1）经济意义。自然界的物资是有限的，森林的采伐、矿山的开采都是有一定限度的，在资源已日渐枯竭的今天，人类社会越来越重视通过回收物流将可以利用的废弃物收集、加工、重新补充到生产、消费的系统中去。回收利用废旧物料，相当于利用了社会资源的潜在资源，从而可以在一定程度上缓和资源的紧张状况。

（2）回收物流与废弃物物流合理化处理的社会意义。当前社会最关心的问题之一就是环境问题，而环境污染的根源是废弃物（含废水、废气）。因此，回收物流的合理化处理，可以降低垃圾处理成本。良好的垃圾处理系统是社会文明的标志之一，城市里如果没有环卫系统的运行，街道将变得又脏又臭，良好的生活环境和工作环境将受到破坏。

如果造纸厂和化工厂的废水任其流入自然界的水源中，将污染河流、海洋，不仅危害人类，水生动物、植物也将受到危害。目前，核废料已成为国际公害，受到全世界舆论的密切关注。

工业生产的多种排放物的回收，不仅创造了巨大的经济价值，而且多种废旧物资的回收利用和循环使用，避免了废旧物资对现存耕地的占用，防止有毒有害物资对江、河、湖、海的污染。因此，回收物流和废弃物物流的管理，不应完全从经济效益考虑，也应从人类社会效益考虑。

5.2.3 产品回收系统模型

1．产品回收系统模型组成

（1）回收收集点。回收收集点可以是专门设立的回收中心，也可以是零售商，负责收集废弃的各类产品。

（2）存储地。存储地是连接回收点和拆卸、再循环车间的纽带。

（3）拆卸、再循环车间。拆卸、再循环车间负责将回收的电子电器产品拆卸、分解、归类和粉碎处理。

（4）材料市场终端处理地。将分离出来的有利用价值的材料再次出售或再利用，而将无利用价值的材料直接送至填埋地和焚烧炉。当然，对一些有害的危险材料将作进一步的处理。

2．我国产品回收需要解决的问题

（1）政府重视。政府有关部门应制定出相应的法规，使生产者、销售者和消费者共同承担起产品回收再利用的责任和义务，使废旧产品的回收再利用步入"从商品到商品"的循环经济轨道。

（2）进行产品产业链的绿色设计。鼓励生产厂商生产环境友好型产品，从源头减少甚至淘汰有害物质的使用，采用更有利于循环利用的材料和设计。

（3）建立废旧产品的有效回收网络。采取多种形式保证回收渠道的顺畅，极大地改善回收的效率和效果。

（4）转变消费观念，树立良好的环保意识。教育消费者购买环保型产品，提高公众的环保意识，人人都自觉参与废旧产品的回收利用工作。

5.2.4 包装物回收物流管理

随着经济的发展和人民生活水平的提高，包装产业总产值不断增长，在提高商品价值的同时也给人们生活带来负面的影响。一方面，包装产业消耗了大量的资源能源，使我国的资源紧张状况更加严峻；另一方面，包装废弃物大量增加对环境造成了严重的污染。

1．包装废弃物的回收利用的种类

1）纸包装材料的回收利用

纸包装材料的回收利用，不仅会带来许多商机，而且是环境保护的必然趋势。纸和纸板作为包装的主要材料，大部分还有回收利用的价值和空间。

【拓展视频】

2）塑料包装材料和回收利用

塑料包装回收再利用是一种最积极的促进材料再循环使用的方式，即不再有加工处理的过程，而是通过清洁后直接重复再用。许多塑料包装容器，如托盘、周转箱、大包装盒、塑料桶等用于运输包装的硬质、光滑、干净、易清洁的较大容器，经一次使用甚至多次使用仍然完好，只需稍作修整和清洁消毒就可以重复使用。

3）玻璃包装材料的回收利用

由于玻璃制品的化学稳定性好，清洁卫生，可再生利用，所以很多发达国家都十分重视废玻璃的回收利用，回收率最高的国家回收率达 90%以上。我国玻璃包装容器回收和再生利用率约 60%，除啤酒瓶以外，其他杂瓶回收率较低，主要原因是回收价格低。这样不仅浪费了宝贵的资源，而且对土地资源等自然环境造成很大的危害，不利于社会的可持续发展。

4）金属包装材料的回收利用

近年来，我国对废铝的回收利用十分重视，国内回收率一直稳步上升，回收总量在逐年增加。例如，因为铝质易拉罐的平均收购价为 0.16 元/个，所以用户、拾荒者积极性比较高，回收率可达 80%。相对来说，金属包装材料的回收利用率较好。

2. 包装回收物流的管理

物料的回收利用由来已久，如废旧金属、纸、玻璃、塑料等。收集的废旧物品价值一般较低，但需要先进的处理技术和专用设备，投资成本较高，因而要求回收处理设施比较集中，进行大批量处理，以形成规模经济效应。再循环逆向物流过程涉及的活动不多，网络结构较简单。针对包装物的回收的活动如下：

（1）整修。这类包装物往往是可以循环使用的包装物。在使用过程中，质量受到损坏，需要运到包装物供应商进行整修，通过整修后，再投入使用。

（2）回收利用。这类包装物的损坏程度很高，往往难以修复后再重新使用。一般这些包装物被卖到回收站，通过回收站进行处理，分解成原料，再提供给包装物生产企业作为制造新包装物的原材料，如包装瓶、罐、纸类包装箱等。

5.2.5 汽车零部件回收物流管理

1. 汽车零部件回收利用的意义

汽车零部件回收物流是产品再制造的前提和保证，是实现产品再制造管理的重要之一。零部件回收能够显著提高产品的利用率，缩短再制造生产周期，满足产品个性化的需求，降低生产成本，减少废弃物排放量，从源头上减少资源消耗和环境污染，从而树立起企业清洁生产者的形象。

【拓展文本】

国家发改委发布的《汽车零部件再制造试点管理办法》规定，开展再制造试点的汽车零部件产品范围暂定为：发动机、变速器、发电机、转向器和启动机 5 类产品。这标志着我国汽车零部件再制造产业正式踏上规范化发展的道路。

汽车零部件再制造在中国不仅对保护环境、节约资源和能源具有重要作用，而且，完全可以作为一个新兴产业给予扶持和发展，因此，再制造产业化前景广阔。据了解，报废汽车中含有多种重金属、化学液体、塑料等物质，如拆解不当会给环境带来很大危害。与此同时，汽车生产需要消耗大量的资源，其中大量都是不可再生资源，而汽车上的钢铁、有色材料等零部件 90% 以上都可以回收利用。

2. "再制造"概念

所谓汽车零部件再制造，是指把旧汽车零部件通过拆卸、清洗、检测分类、再制造加工或升级改造、装配、再检测等工序后恢复到像原产品一样的技术性能和产品质量的批量化制造过程。再制造不仅可以节约能源，而且还能在保证产品正常使用性能的前提下大大降低生产和使用成本。

汽车零部件的回收在回收物流中占有重要的部分，尤其在发达国家零部件的回收得到了足够的重视。例如，德国是世界上第一辆汽车诞生的国家，也是世界上汽车回收工作做得最好的国家。目前，德国拥有约200多家旧汽车回收企业，旧汽车回收率已接近100%。实际上，德国汽车业从20世纪90年代初就开始逐渐增加在汽车回收、再生方面的投资。德国主要汽车生产厂家奥迪、奔驰、宝马等自1991年以来用于建造专门的"拆卸流水线"上的投资巨大，年均增幅达20%，远高于其他国家。实践证明，汽车的钢铁、有色材料零部件90%以上可以回收利用，汽车玻璃、塑料等的回收利用率达50%以上。

3. 建立规范的汽车零部件产品回收处理体系

目前，我国还没有建立规范的汽车零部件产品回收处理体系，废旧零部件的回收和管理完全是在经济利益的驱动下自发进行的。无序回收及原始落后的拆解处理造成的资源浪费、环境污染情况十分严重，也给使用回收零部件的消费者带来了安全隐患。例如，对废旧零部件拆解不规范，有的只提取了部分易于回收的贵重金属，而大量难以回收的有用资源被当作垃圾随意丢弃或者填埋。简单、无序、不可持续的废旧零部件处理方式远远不能适应社会发展的需要，因此，面对大量涌现的废旧零部件和目前我国对于废旧零部件的回收处理现状，必须建立规范的零部件产品回收处理体系，以发展循环经济，实现资源的可持续发展。

5.2.6　废旧物料回收物流管理

废旧物料是产品生产过程或流通过程中由于各种原因产生的边角料、废料等，由于技术或经济因素的影响暂时无用但可以预期回收利用的物资。废旧物料的回收利用可以弥补自然资源的不足，还可以降低生产成本，提高经济效益。

1. 废旧物料回收物流的组织方法

（1）制订废弃旧物料回收计划。编制计划时要突出重点，抓住一般，先考虑对国民经济有重要影响作用的紧缺物料的回收项目，同时考虑生产、技术、经济方面的可能性。

（2）建立健全废旧物料回收管理机构。废旧物料回收管理机构是完成废旧物料回收任务的组织形式，应本着精简统一的原则，建立健全从中央到地方、从地方到企业的废旧物料回收网。

（3）制定废旧物料回收的技术经济政策。如制定废旧物料的价格政策、鼓励废旧物料回收的政策，开发废旧物料资源的政策，确定废旧物料的合理流向政策等，这些政策是开展物料回收利用的重要依据。

2. 废旧物料实际处置方法

（1）将钢铁、铝、铅等废旧物料适当分类，再分成若干等级，以便于企业内部设法利用。

（2）对拆卸下的大件废料，如钢或其他金属，可以用乙炔剪断，作为废料或予以拼接，以备日后代用作新料。

（3）某些拆下后可转用到其他地方的废料，如马达、泵、管道等，应小心拆解，再送到维修保养部门整修后，重新入库待用。

（4）对某些存量很多，且有利用价值的废旧物料，可以在组织内部调用，设法利用，如代作其他物料使用或大材小用；或退还给供应商；或集中定期向外出售，如直接销售给其他公司、销售给商人或经纪公司等。

（5）对某些已无明显利用价值的物料，采取焚毁、破毁、掩埋等处理方法。

5.2.7 废玻璃瓶、废玻璃回收物流管理

1. 废玻璃瓶的回送复用

废玻璃瓶可再生资源利用物流方式的特点是：需要一个回送复用的运输系统。回送复用运输系统，可以将使用过的旧玻璃瓶再回运给生产企业。这种回送复用的运输系统是配送运输的反向运输。在实践中，配送运输和回送复用运输两者构成一个往返的物流系统，如图5.1所示。

图 5.1 玻璃瓶的回送复用系统

这种双向回送复用系统的主要优点在于：回送复用运输并不用专门安排运力，而是一个配送回程的"捎脚"运输，因此，并不需要增加多少费用投入，便于解决空瓶回运问题，也不至于增加城市区域的物流密度。

值得注意的是，这种回送复用系统只适用于短途汽车运输方式。如果返程实载以火车或大型汽车等进行远程物流，则返程只载空瓶运力浪费很大，运费有可能超过使用新瓶的价格，生产企业不如购买新瓶。

2. 废玻璃的原厂复用

玻璃生产企业的碎玻璃原厂复用，是将各生产工序产生的碎玻璃都回运到配料端。由于这种废玻璃的成分与本企业生产的玻璃成分相同，不需要再进行成分的化验和组成计算，只需按一定配料比例与混合料一起投入炉内重新熔制，这是一种经济可行的再生资源物流方式，如图5.2所示。

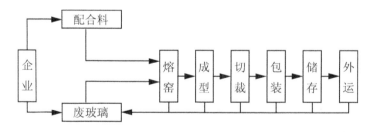

图 5.2 废玻璃的原厂复用物流方式

这种物流系统可采取两种方式解决：一种是料斗与传送带配合输送，各工序将废玻璃投入料斗中，通过料斗漏置于传送带上，再传送至投料处的废玻璃存放场；另一种是采用作业车辆完成物流过程，各工序废碎玻璃投入带斗车辆中，定期用车辆运至投料处的废碎玻璃存放场，用于熔窑再熔化。

5.3 废弃物物流管理概述

5.3.1 废弃物物流的产生与分类

1. 废弃物物流的产生

废弃物物流（Waste Material Logistics）是指将经济活动或人民生活中失去原有使用价值的物品，根据实际需要进行收集、分类、加工、包装、搬运、储存等，并分送到专门处理场所的物流活动。生产企业如炼钢产生的废渣、工业生产产生的污水，社会上废弃的家电、计算机、电池及其他各种垃圾等这些废弃物对本企业已没有再利用的价值，但如果不加以妥善处理，就会妨碍生产的发展甚至造成环境污染。由于大量生产、大量消费的结果，导致大量废弃物的产生。

2. 废弃物物流的分类

（1）按废弃物的状态分类，可分为固体废弃物、液体废弃物和气体废弃物。由此相应的就有固体废弃物物流、液体废弃物流和气体废弃物物流。固体废弃物也被称为垃圾，其形态是各种各样的固体物的混合杂体。这种废弃物物流一般采用专用垃圾处理设备处理，在没有专用处理设备的地方，可采用一般固体物物流工具处理。液体废弃物也称为废液，其形态是各种成分液体混合物。这种废弃物物流常采用管道方式。气体废弃物也称为废气，主要是工业企业，尤其是化工类型工业企业的排放物，多种情况下是通过管道系统直接向空气排放或利用。气体废弃物的物流形式较简单。

（2）按废弃物的来源分类，可分为产业废弃物、流通废弃物和消费废弃物。产业废弃物通常是指那些在生产行业中被再生利用后也没有使用价值的最终废弃物。流通废弃物就是指在流通过程中产生的相对现在来说已没有使用价值的废弃物，大多数时候表现为废气。流通业也被称为是流动污染源，因为流通废弃物几乎都是在运动时产生的。消费废弃物是指生活垃圾，是企业生活区和生产作业过程产生的日常生活垃圾，如废弃食物形成的有机物，废弃包装物和建筑物，家具、用具损坏形成的无机物等。生活废弃物的物流特点是难度大，费用较高，对环境卫生有很大影响，有污染、有异味、有细菌传播和蚊蝇滋生。生活废弃物排放点分散，经常性连续排放，所以需用专用的防止散漏的半密封的物流器具储存和运输。

（3）按废弃物的性质分类，可分为危险废弃物和非危险废弃物。危险性废弃物，即它的数量或浓度达到一定程度时，会对环境和人体健康产生危害的废弃物质及其混合物。它有两个特点：一是危险性；二是废弃性。实验室中的危险物质是很危险的，但它不属于危险性废弃物的范畴。非危险性废弃物是单纯的废弃物，并不会对人类或是人们的生活的环境造成危害或是存在潜在的危险性。

【拓展视频】

5.3.2 废弃物物流的管理

1. 废弃物利用的意义

1）经济意义

废弃物资是一种资源，但和自然资源不同，它们曾有过若干加工过程，本身凝聚着能量和劳动力的价值,因而常被称为载能资源。回收物资重新进入生产领域作为原材料会带来很高的经济效益。例如,回收利用 1 t 废钢铁,可炼出好钢 900 kg,节约铁矿石 2 t、石灰石 600 kg、优质煤 1 t 或焦炭 0.68 t,可节约能源 75%,节约水 40%;回收利用 1 t 废杂铜可提炼电解铜 860 kg,节约铜矿石 60 t,节约电能 50%左右;回收利用 1 t 废纸可造新纸张 800 kg,可节约煤 500 kg,节电 500 kW。

我国有数量巨大的固体废弃物资源,对这些废弃物开发利用,既可改善环境,又可取得社会经济效益。例如,我国生产企业每年产生的旧包装数量惊人,回收利用潜力巨大,每年生产企业消耗的包装材料的使用数量是十分惊人的,每年用于包装的板纸平均在 40 t 以上。这表明,企业回收利用废旧包装的市场潜力还是相当巨大的。

2)社会意义

由于废弃物的大量产生,严重影响到人类赖以生存的环境,所以必须有效地利用和处理回收物流和废弃物物流,使废弃物得以重新进入生产、生活循环或得到妥善处理(焚烧或掩埋),保护生态环境。

对于废弃物来说,一方面它的量在不断地增长,另一方面在管理方面也与其他类资源有所不同。总体来看,我国对废弃物的处理及利用程度还相当落后,高科技真正地进入废弃物处理还有一段历程。随着经济发展、科技进步和人民生活水平的提高,各种废弃物的数量迅速增加,对社会生产、环境卫生和人类的身体健康造成日益严重的威胁。例如,工业烟尘排放使大气严重污染;工业废水特别是化工业污水,造成江河、地下水资源严重污染;城市垃圾毒化卫生等,导致自然界生态破坏,危及自然界中植物动物和人类的生存,有的已造成严重灾难。因此,废弃物物流日益受到重视,成为现代物流系统的重要类型之一。

2. 对废弃物物流的管理

1)废弃物掩埋

目前大多数企业对企业产生的最终废弃物,在政府规定的规划地区,利用原有的废弃坑塘或用人工挖掘出的深坑,将垃圾运来倒入到一定的处理量之后,表面用好土掩埋,掩埋后的垃圾场,还可以作为农田进行农业种植,也可以用于绿化或做建筑、市政用地。这种物流方式适用于对地下水无毒害的固体垃圾,其优点是不形成堆场、不占地、不露天污染环境,可防止异味对空气污染;缺点是挖坑、填埋要有一定投资,在未填埋期间仍有污染。

2)垃圾焚烧

这是在一定地区用高温焚毁垃圾以减少垃圾和防止污染及病菌、虫害滋生的方式。这种方式只适用于有机物含量高的垃圾或经过分类处理,将有机物集中的垃圾。有机物在垃圾中容易发生生物化学作用,这是造成空气、水及环境污染的主要原因,而其本身具有可燃性,因此,采取焚烧的办法是很有效的。

3)垃圾堆放

在远离城市地区的沟、坑、塘、谷中,选择合适位置直接倒垃圾,也是一种物流方式。这种方式物流距离较远,但垃圾不需再处理,通过自然净化作用使垃圾逐渐沉降风化,是一种低成本的处置方式。

【拓展视频】

4)净化处理加工

这是对垃圾(废水、废物)进行净化处理,以减少对环境危害的物流方式。尤其是废水的净化处理,是这种物流方式中有代表性的流通加工方式。在废弃物物流领域，这种流通加工极具特殊性，它不是为了实现流通和衔接产需两种典型的流通加工，而是为了实现废弃物无害排放的流通加工。这种物流活动主要是社会活动而不是经济活动。

5.3.3 企业废弃物物流的合理化

企业废弃物的物流合理化必须从能源、资源及生态环境保护3个战略高度进行综合考虑，即形成一个把废弃物的所有发生源包括在内的广泛的物流系统，如图 5.3 所示。该系统实际包括 3 个方面：一是尽可能减少废弃物的排放量；二是对废弃物排放前的预处理，以减少对环境的污染；三是废弃物的最终排放处理。

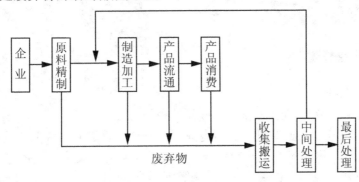

图 5.3　企业废弃物的产生、处理系统

1. 生产过程中产生的废弃物的物流合理化

为了做到对企业废弃物的合理处理，实现废弃物物流合理化，企业通常可以采取以下做法：

（1）建立一个对废弃物收集、处理的管理体系。这要求企业对产生的废弃物进行系统管理，把废弃物的最终排放量控制到最小的限度之内。

（2）在设计研制产品时，在可能的情况下，要考虑到废弃物的收集及无害化处理的问题。

（3）加强每个生产工序变废弃物为宝的利用，并鼓励职工群策群力解决生产中的问题。

（4）尽可能将企业产生的废弃物在厂内合理化处理。暂时做不到厂内处理的要经过无害化处理后，再考虑向厂外排放。

2. 产品进入流通、消费领域产生的废弃物的物流合理化

为了建立一个良好的企业市场营销形象，加强对社会环境的保护意识，企业还应关注产品进入流通、消费领域产生的废弃物的物流合理化。

（1）遵守政府有关规章制度，鼓励商业企业和消费者支持产品废弃物的收集和处理工作，例如，可以采取以旧换新的购物方式等。

（2）要求消费者对产品包装废弃物纳入企业废弃物的回收系统，不再作为城市垃圾而废弃，增加环境压力，如购买产品对回收部分收取押金或送货上门时顺便带回废弃物。

（3）教育企业职工增强环保意识，改变价值观念，注意本企业产品在流通、消费中产生的废弃物的流向，积极参与物流合理化的活动。

3. 企业排放废弃物的物流合理化

（1）建立一个能被居民和职工接受，并符合当地商品流通环境的收集系统。

（2）有效地收集和搬运废弃物，努力做到节约运输能量。

（3）在焚烧废弃物的处理中，尽可能防止二次污染。

（4）对于最终填埋的废弃物，要尽可能减少它的数量和体积，使之无害化，保护处理场地周围的环境。

（5）在处理最终废弃物的过程中，尽可能采取变换处理，把不能回收的部分转换成能量或其他有用物资，如用焚烧废弃物转化的热能来制取蒸气、供暖、供热水等。

5.4 企业绿色物流管理

【拓展视频】

5.4.1 企业绿色物流概述

1. 企业绿色物流的产生

20世纪70年代以来，世界环境在不断恶化，资源逐渐消耗，使人类的生存环境和经济运行受到了严峻的挑战。在此背景下，由有关国家和人士发起和倡导的一场旨在保护地球环境、保护自然资源的"绿色革命"开始在生产、流通及消费领域蓬勃发展，并很快风靡全球。各行各业都开始利用"绿色"这一代表生命和环境保护的字眼，从产品的研制、生产、包装、运输、销售、消费，到废弃物的回收和再利用的整个生命周期内，都在考虑环境的保护问题。一时间，"绿色浪潮""绿色食品""绿色标志""绿色产业""绿色营销"和"绿色消费"等各种冠以"绿色"的名词如雨后春笋，目不暇接。"绿色物流"（Green Logistics）作为可持续发展模式在物流行业中开始出现，并逐渐成为21世纪物流管理的新方向。

众所周知，传统物流活动的各个环节，都会在不同程度上对环境产生负面影响。例如，运输环节中车辆的燃油污染和尾气排放；不可降解的废弃包装材料；装卸搬运环节的粉尘污染；流通加工产生的边角废料造成的废弃物污染；等等。随着经济转入成熟的发展时期，物流将会成为经济发展的重要支柱，因此，为了充分发挥现代物流产业对经济的拉动作用，实现可持续发展，必须从环境角度对物流系统进行改进，以形成一个与环境共生存的现代综合物流系统，以改变原来经济发展与物流之间的单向作用关系，从而抑制物流对环境造成的危害，同时形成一种能促进经济和生活消费健康发展的物流体系。这就产生了"绿色物流"这一全新的概念。

2. 企业绿色物流管理的概念

绿色物流是近几年刚刚提出的一个新概念，目前还没有形成成熟的定义。一般认为，绿色物流是指以降低对环境的污染、减少资源消耗为目标，利用先进物流技术规划和实施运输、储存、包装、装卸搬运和流通加工等物流活动。一般认为，绿色物流是指在物流过程中抑制物流对环境造成危害的同时，实现对物流环境的净化，使物流资源得到最充分的利用。绿色物流的行为主体主要是专业的物流企业，同时涉及有关生产企业和消费者。

所谓"绿色物流管理"，就是将环境保护的观念融于企业物流经营管理之中，它涉及企业供应链管理的各个层次、各个领域、各个方面、各个过程，要求在企业供应链中时刻全面地考虑环保、体现绿色。这一思想可概括为"5R"原则：

（1）研究（Research），将环保纳入企业的决策要素中，重视研究企业的环境对策。

（2）削减（Reduce），采用新技术、新工艺，减少或消除有害废弃物的排放。
（3）再开发（Reuse），变传统产品为环保产品，积极采取"绿色标志"。
（4）循环（Recycle），对废旧产品进行回收处理，循环利用。
（5）保护（Rescue），积极参与社区内的环境整洁活动，对员工和公众进行绿色宣传，树立绿色企业形象。

3. 企业绿色物流管理的目标

具体来说，企业实施绿色物流管理，要达到3个主要目标：一是物质资源利用的最大化，通过集约型的科学管理，使企业所需要的各种物质资源最有效、最充分地得到利用，使单位资源的产出达到最大、最优；二是废弃物排放的最小化，通过实行以预防为主的措施和全过程控制的环境管理，使生产经营过程中的各种废弃物最大限度地减少；三是适应市场需求的产品绿色化，根据市场需求，开发对环境、对消费者无污染和安全、优质的产品。这三者之间是相互联系、相互制约的，资源利用越充分，环境负荷就越小；产品绿色化，又会促进物质资源的有效利用和环境保护。通过这3个目标的实现，最终使企业发展目标与社会发展目标、环境改善协调同步，走上企业与社会都能可持续发展的双赢之路。

绿色物流的目标不同于一般的物流活动。一般物流活动的最终目标是追求某一主体的经济利益最大化，它往往通过满足顾客的物流需求、扩大市场占有率，最终通过物流企业的盈利来实现。而绿色物流的目标除上述经济利益目标之外，还追求节约资源、保护环境这一既具有经济属性又具有社会属性的目标。

5.4.2 发展企业绿色物流的意义

1. 绿色物流是经济全球化和可持续发展的必然要求

众所周知，保护地球环境和大自然是世界各国义不容辞的责任，但是导致环境遭受污染、资源遭受破坏的行为又涉及人类生产经营和社会消费等诸多方面。而作为生产和消费中介的物流，它对地球环境的影响，仍未受到应有重视。伴随世界大市场和经济全球化的发展，物流的作用日益明显，绿色浪潮惠及的不仅仅是生产、营销和消费，作为可持续发展的必然要求，物流的绿色化也必须被提到战略日程上来。

2. 绿色物流是最大限度降低经营成本的必由之路

有专家分析认为，产品从投产到售出，制造加工时间仅占10%左右，而约有90%的时间被花费在储运、装卸、分装、二次加工和信息处理等物流活动中。因此，物流专业化无疑为降低成本奠定了基础。显然，绿色物流不仅仅是一般物流费用的节约或物流成本的降低，更重要的应该是物流活动本身的绿色化和由此带来的节能、高效、少污染的效果。绿色物流在节省生产经营成本方面的潜力是无可估量的。

3. 绿色物流有利于全面满足人们不断提高的物质文化需求

作为生产和消费的中介，物流是满足人们物质文化需求的基本环节，而绿色物流则是伴随着人们生活需求的进一步提高，尤其是绿色消费的提出应运而生的。再"绿色"的生产过程、再好的绿色产品，如果没有绿色物流的支撑，也难以实现其最终价值，绿色消费也就难以进行。同时，不断提高的物质文化生活，意味着生活的电子化、网络化和连锁化，电子商务、网上购物、连锁经营,无不依赖于绿色物流的发展。可以说,如果没有绿色物流,就没有人类安全和环保的生活空间。

4. 绿色物流有利于企业取得新的竞争优势

日益严峻的环境问题和日趋严格的环保法规,使企业为了持续发展,必须积极解决经济活动中的环境问题,改变危及企业生存和发展的生产方式,建立并完善绿色物流体系,通过绿色物流来追求高于竞争对手的相对竞争优势。哈佛大学 Nazli Choucri 教授深刻阐述了对这一问题的认识:"如果一个企业想要在竞争激烈的全球市场中有效发展,它就不能忽视日益明显的环境信号,继续像过去那样经营。对各个企业来说,接受这一责任并不意味着经济上的损失,因为符合并超过政府和环境组织对某一工业的要求,能使企业减少物料和操作成本,从而增强其竞争力。实际上,良好的环境行为恰似企业发展的助推器而不是障碍。"

5. 绿色物流是适应国家法律法规要求的有效措施

随着社会的进步和经济的发展,世界上的资源日益紧缺。同时,由于生产所造成的环境污染进一步加剧,为了实现人口、资源与环境相协调的可持续发展,许多国际组织和国家相继制定出台了与环境保护相关的协议、法规与法律体系,如《蒙特利尔议定书》《里约环境和发展宣言》《京都协议书》等。同时,中国也制定了以《环境保护法》为代表的一系列法律、法规,以促进环境保护事业的发展。这些法律、法规都要求产品的生产商必须对自己所生产的产品造成的污染负相应的责任,并且采取相应的措施,否则它们将会受到法律的严厉制裁。

【拓展文本】

5.4.3 绿色物流体系

1. 绿色交通运输

绿色交通运输是指为了降低物流活动中交通运输所带来的尾气、噪声等污染使企业所受的损失,节省交通运输的建设和维护费用,从而发展低污染的、有利于城市环境的多元化,来完成物流活动的协同交通运输系统,以及为最大限度地降低交通污染程度对交通源、交通量、交通流的规制体系。绿色交通运输的理念主要包括 3 个方面的内容,即通达有序、安全舒适、低能耗与低污染。绿色交通运输更深层次上的含义是综合协调的交通运输网络体系。

绿色交通运输主要表现为减缓交通拥挤、降低环境污染,这具体体现在以下几个方面:一是减少高污染运输车辆的使用;二是提倡使用清洁干净的燃料和绿色交通工具;三是控制运输设备的资源消耗,降低固定资产的折旧;四是控制汽车尾气排放,制定排气标准;五是加强交通管制,使道路设计合理化,减少堵塞;六是降低噪声;等等。

在相关政策上,主要表现为交通源规制、交通量限制以及交通流控制 3 个方面。交通源规制主要是指政府应该采取有效措施,从源头上控制物流企业的发展造成的环境污染。例如,治理车辆的废气排放、限制城区货车行驶路线、发挥经济杠杆作用、收取车辆排污费,促进低公害车的普及等。交通量限制主要是指通过政府指导作用,促进企业选择合适的运输方式,发展共同配送,统筹建立现代化的物流中心,最终通过有限的交通量来提高物流效率。交通流控制主要是指通过道路与铁路的立体交叉发展和建立都市中心环状道路、制定道路停车规则及实现交通管制系统的现代化等措施,减少交通阻塞,提高配送效率。

2. 绿色仓储与保管

仓储与保管是物流活动的主要构成要素，在物流活动中起着重要的作用。绿色仓储与保管是指在储存环节为减少储存货物对周围环境的污染及人员的辐射侵蚀，同时，避免储存物品在存储过程中的损耗而采取的科学合理的仓储保管策略体系。在整个物流仓储与保管过程中，要运用最先进的保质保鲜技术，保障存货的数量和质量，在无货损的同时消除污染。尤其要注意防止有毒化学品，放射性商品，易燃、易爆商品的泄漏和污染。一般在储存环节，应加强科学养护，采取现代化的储存保养技术，加强日常的检查与防护措施，使仓库设备和人员尽可能少受侵蚀与危害。

3. 绿色装卸搬运

绿色装卸搬运是指为尽可能减少装卸搬运环节产生的粉尘烟雾等污染物而采取的现代化的装卸搬运手段及措施。在货物集散场地，尽量减少泄漏和损坏，杜绝粉尘、烟雾污染。清洗货车的废水必须要经过处理后再排放。在货物集散地要采用防尘装置，制定最高容许的容度标准。废水应集中收集、处理和排放，加强现场的管理和监督。

4. 绿色包装

很少有制造商考虑产品包装对环境的影响到底有多大，多数人甚至认为精美的包装象征着高档的产品。生活垃圾中大部分是包装物的事实，足以说明包装物对人们的环境产生了怎样的影响。绿色包装是绿色物流体系的一个重要组成部分。绿色包装是指能够循环复用、再生利用或降解腐化体及对环境不造成公害的适度包装。简而言之，绿色包装是指采用节约资源、保护环境的包装。推行绿色包装的目标，就是要保存最大限度的自然资源，形成最小数量的废弃物和最低限度的环境污染。

绿色包装的途径主要包括以下几个方面：一是促进生产部门采用尽量简化的及由可降解材料制成的包装；二是商品流通过程中尽量采用可重复使用的单元式包装，实现流通部门自身经营活动用包装的减量化，主动地协助生产部门进行包装材料的回收与再利用；三是对包装废弃物进行分类；四是积极开发新型包装材料（易降解、易拆卸折叠）；五是节省包装资源，降低包装物成本，提高包装业效率。

5. 绿色流通加工

流通加工指物品在从生产地到使用地过程中，根据需要实施包装、分割、计量、分拣、组装、价格贴付、标签贴付、商品检验等简单作业的总称。流通加工具有较强的生产性，也是流通部门对环境保护可以大有作为的领域。

6. 绿色信息收集和管理

物流不仅是商品空间的转移，而且包括相关信息的收集、整理、储存和利用。绿色信息的收集和管理是企业实施绿色物流战略的依据。面对大量的绿色商机，企业应从市场需求出发，收集相关的绿色信息，并结合自身的情况，采取相应的措施，深入研究信息的真实性和可行性。绿色信息的收集包括绿色消费信息、绿色科技信息、绿色资源和产品开发信息、绿色法规信息、绿色组织信息、绿色竞争信息及绿色市场规模信息等。绿色物流要求收集、整理、储存的都是各种绿色信息，并及时应用到物流中，促进物流活动的进一步"绿色化"。

7. 绿色指标体系

绿色指标体系是衡量企业物流产业发展过程中环保程度的一整套指标，加快绿色指标体系的研究和制定，有利于物流企业结构的优化，促进物流产业的可持续发展。同时，健全的绿色指标体系可以作为国际贸易活动中与贸易伙伴谈判的筹码。因此，物流管理部门应在环保和技术监督部门的配合下，组织建立绿色物流的指标体系。在具体实施过程中，可采用先易后难、先重点突破后全面推广的原则，选择一些有一定基础、技术难度不太大、易于突破的指标，然后再逐步完善和扩展，构筑起符合国际规则的物流绿色屏障。

8. 绿色物流的政策

在物流活动中造成资源浪费、环境污染的厂家和个人，并不承担相应的成本或仅承担其成本的很小一部分，而这种消极行为的所有或部分受害者并不仅仅是这些行为的履行者。为了解决这种负外部经济效应，需要政府在整个社会层面对物流领域进行干预。从这种意义上说，绿色物流事业既包括厂商和个人行为，又包括政府行为。政府环保物流政策的实施工具包括：通过立法和制定行政规则，将节约资源、保护环境的物流要求制度化；动用舆论工具进行环境伦理、绿色观念、绿色意识的大众宣传；利用税收及收费手段对物流活动污染制造行为予以限制和惩罚；以基金或补贴的形式对节约资源、保护环境的物流行为予以鼓励和资助；利用产业政策直接限制浪费资源和制造污染的物流企业发展，支持绿色产业的发展；等等。

9. 企业绿色物流管理

企业绿色物流管理，既包括企业的绿色物流活动，又包括社会对绿色物流活动的管理、规范和控制。从绿色物流活动的范围来看，它既包括各个单项的绿色物流作业（如绿色运输、绿色包装、绿色流通加工等），又包括为实现资源再利用而进行的废弃物循环物流。

知识拓展

绿色供应商从产品设计开始到产品回收，包括 6 个部分：绿色设计，绿色物料，绿色供应过程，绿色生产，绿色销售、包装、运输和消费，产品废弃。

1. 绿色设计

研究表明，产品性能的 70%~80%是由设计阶段决定的，而设计本身的成本仅为产品总成本的 10%，因此，在设计阶段要充分考虑产品对生态和环境的影响，使设计结果在整个生命周期内的资源利用、能量消耗和环境污染最小。绿色设计主要从零件设计的标准化、模块化和可回收设计上进行研究。

2. 绿色物料

原材料供应是绿色供应链的源头，必须控制源头的污染。

3. 绿色供应过程

（1）绿色供应商。选择供应商需要考虑的主要因素包括产品质量、价格、交货期、批量柔性和环境宜人等。如果供货方把目光聚焦于环保，降低材料使用，减少废弃物产生，就会有更好的竞争优势。

（2）绿色物料。

4. 绿色生产

需综合考虑零件制造过程的输入、输出和资源消耗及对环境的影响，要注意下面几点：

（1）绿色工艺：在工艺方案选择的过程中要尽量避免对环境造成影响。生产工艺的选择过程中，影响机器设备选择的主要因素是能源和物料的消耗、零配件的通用性、合理的维修和保养费用等。

（2）宜人的环保政策能给员工提供一个宜人的工作空间。

（3）整个流程必须使之对环境的影响最小。

5. 绿色销售、包装、运输和消费

（1）绿色销售。是指企业对销售环节进行生态管理，比如分销渠道、中间商的选择、网上交易和促销方式的评价等。

（2）绿色包装。主要从这几个方面进行考虑：实施绿色包装设计，优化包装结构，减少包装材料，考虑包装材料的回收使用。

（3）绿色运输。主要评估中央配送，能源消耗和运输路线的计划。

（4）绿色消费。意味着在设计阶段就必须使用可回收物料。同时，公众必须有更好的环境意识。

6. 产品废弃

（1）回收利用。是指循环产品的收集，再加工以及在市场上的销售。

（2）循环再用。是指产品不能再循环使用时，产品的主要零配件还有回收的价值。

（3）作为废弃物处理。这需要考虑对环境的伤害，所以必须进行深埋或焚烧处理。

5.4.4 企业绿色物流治理措施

1. 绿色运输治理

1）开展共同配送

共同配送是指由多个企业联合组织实施的配送活动。几个中小型配送中心联合起来，分工合作对某一地区客户进行配送，它主要是针对某一地区的客户所需要物品数量较少而使用车辆不满载、配送车辆利用率不高等情况。共同配送可以分为以货主为主体的共同配送和以物流企业为主体的共同配送两种类型。从货主的角度来说，通过共同配送可以提高物流效率。如中小批发者，假如各自配送难以满足零售商多批次、小批量的配送要求。而采取共同配送，送货者可以实现少量配送，收货方可以进行统一验货，从而达到提高物流服务水平的目的。从物流企业角度来说，一些中小物流企业，由于受资金、人才、治理等方面的制约，运量少、效率低、使用车辆多、独自承揽业务，在物流合理化及效率上受到限制。假如彼此合作，采用共同配送，则筹集资金、大宗货物，通过信息网络提高车辆使用率等问题均可得到较好的解决。因此，共同配送可以最大限度地提高人员、物资、资金、时间等资源的利用效率，取得最大化的经济效益，同时，可以去除多余的交错运输，并取得缓解交通，保护环境等社会效益。

2）采取复合一贯制运输方式

复合一贯制运输是指吸取铁路、汽车、船舶、飞机等基本运输方式的优点，把它们有机地结合起来，实行多环节、多区段、多运输工具相互衔接进行商品运输的一种方式。这种运输方式以集装箱作为连接各种工具的通用媒介，起到促进复合直达运输的作用。因此，要求装载工具及包装尺寸都要做到标准化。由于全程采用集装箱等包装形式，可以减少包装支出，降低运输过程中的货损、货差。复合一贯制运输方式的优势还表现在：一方面，它克服了单个运输方式固有的缺陷，从而在整体上保证了运输过程的最优化和效率化；另一方面，从物流渠道看，它有效地解决了由于地理、气候、基础设施建设等各种市场环境差异造成的商品在产销空间、时间上的分离，促进了产销之间的紧密结合以及企业生产经营的有效运转。

3）大力发展第三方物流

第三方物流是由供方与需方以外的物流企业提供物流服务的业务方式。发展第三方物流，由这些专门从事物流业务的企业为供方或需方提供物流服务，可以从更高的角度、更广泛地考虑物流合理化问题，简化配送环节。进行合理运输，有利于在更广泛的范围内对物流资源进行合理利用和配置，可以避免自有物流带来的资金占用、运输效率低、配送环节烦琐、企业负担加重、城市污染加剧等问题。当一些大城市的车辆配送大为饱和时，专业物流企业的出现使得在大城市的运输车量减少，从而缓解了物流对城市环境污染的压力。除此之外，企业对各种运输工具还应采用节约资源和减少环境污染的原料作动力，如使用液化气、太阳能作为城市运输工具的动力；或响应政府的号召，加快运输工具的更新换代。

2. 绿色包装治理

绿色包装是指采用节约资源、保护环境的包装。绿色包装的途径主要有：促进生产部门采用尽量简化的及由可降解材料制成的包装；在流通过程中，应采取措施实现包装的合理化与现代化。

1）包装模数化

确定包装基础尺寸的标准，即包装模数化。包装模数标准确定以后，各种进入流通领域的产品便需要按模数规定的尺寸包装。模数化包装有利于小包装的集合，利用集装箱及托盘装箱、装盘。包装模数如能和仓库设施、运输设施尺寸模数统一化，也利于运输和保管，从而实现物流系统的合理化。

2）包装的大型化和集装化

它有利于物流系统在装卸、搬迁、保管、运输等过程的机械化，加快这些环节的作业速度；有利于减少单位包装，节约包装材料和包装费用；有利于保护货体，如采用集装箱、集装袋、托盘等集装方式。

3）包装多次、反复使用和废弃包装的处理

采用通用包装，不用专门安排回返使用；采用周转包装，可多次反复使用，如饮料、啤酒瓶等；梯级利用，一次使用后的包装物，用毕转化作他用或简单处理后转作他用；对废弃包装物经再生处理，转化为其他用途或制作新材料。

4）开发新的包装材料和包装器具

发展趋势是包装物的高功能化，用较少的材料实现多种包装功能。

3. 绿色流通加工

绿色流通加工主要包括两个方面措施：一是变消费者加工为专业集中加工，以规模作业方式提高资源利用效率，减少环境污染，如饮食服务业对食品进行集中加工，以减少家庭分散烹调所带来的能源和空气污染；二是集中处理消费品加工中产生的边角废料，以减少消费者分散加工所造成的废弃物的污染，如流通部门对蔬菜集中加工，可减少居民分散加工垃圾及相应的环境治理问题。

4. 废弃物物流的治理

从环境的角度看，今后大量生产、大量消费的结果必然导致大量废弃物的产生，尽管已经采取了许多措施加速废弃物的处理并控制废弃物物流，但从总体上看，大量废弃物的出现仍然对社会产生了严重的消极影响，导致废弃物处理的困难，而且会引发社会资源的枯竭及自然资源的恶化。因此，21世纪的物流活动必须有利于有效利用资源和维护地球环境。

5.4.5 绿色物流的发展及对策

1. 政府规制

规制（Regulation）是指依据一定的规则对构成特定社会的个人和构成特定经济的经济主体的活动进行限制的行为。政府规制可解释为：在以市场机制为基础的经济体制条件下，以校正、改善市场机制内在的问题为目的，政府干预和干涉经济主体（特别是对企业）活动的行为。由于物流对环境影响是一种外部效应，所以不能依靠市场机制加以调节，需要政府应用法律和政策加以规制。

从发达国家的实践来看，政府对绿色物流的对策主要体现在3个方面，即发生源规制、交通量规制和交通流规制。

（1）发生源规制主要对产生环境问题的来源进行管理，从当前物流发展趋势看，产生环境问题的根源是物流量的扩大及配送服务的发展所引起的在途货车增加。发生源规制的主要目标就是限制污染超标车辆上路及促进低公害车的使用。发生源规制主要有5项，即根据大气污染防治法对废气排放进行规制；根据对车辆排放氮氧化合物的限制对车种进行规制；促进使用符合规制条件的车辆；低公害车的普及推广；对车辆噪声进行规制。

（2）交通量规制主要是发挥政府的指导作用，推动企业从自备车运输向社会化运输体系转化，发展共同配送，建立现代化的物流信息网络等，以最终实现物流的效率化。交通量规制主要有4项，即货车使用合理化指导；促进企业选择合适的运输方式；以推进共同配送来提高中小企业流通的效率化；统筹物流中心的建设。

（3）交通流规制的主要目的是通过建立都市中心环状道路、制定道路停车规则及实现交通管制的高度化等措施来减少交通堵塞，提高配送效率。交通流规制主要有4项，即环状道路的建设；道路与铁路的立体交叉发展；交通管制系统的现代化；道路停车规制。

2. 民间组织的倡导

开展绿色物流除了政府规制外，还必须重视民间组织的倡导。民间组织主要指行业协会、企业联合会、商会及社会团体等，它们是政府与企业的桥梁，民间组织在开展绿色物流中有其独特的优势。民间组织倡导的绿色物流对策主要有促进共同物流体系的建立、物流标准化、促进物流社会化、推广低公害物流技术的应用等。

3. 企业的自律行为

开展绿色物流，离不开企业这个经济主体，只有所有物流企业和相关企业接受绿色物流的理念，并成为其自觉行动，才能说真正进入了绿色物流时代。作为企业的经营者，应意识到企业不仅是经济组织，也是社会组织，企业不仅要追求利润最大化，而且要承担社会责任。企业家应具有强烈的公德意识和社会责任感，即使从企业经济效益出发，走向绿色物流也有利于企业长期效益最大化。首先，良好的公众形象是企业最有价值的资产，而当前改善企业的公众形象的最佳途径之一即是绿色化；其次，可以提高企业的适应性。例如，在当前的某些行为虽然不违法，但有悖于绿色物流的宗旨，企业不加改善也能生存，但一旦政府采取严厉的规制措施，企业则可能被置于死地。因此，开展绿色物流，是物流企业及相关企业长治久安、持续发展的唯一选择。

思考与练习

一、思考题

1. 研究废弃物物流有什么意义？
2. 企业应如何建立物质回收系统？
3. 如何理解逆向物流的概念？
4. 如何合理利用逆向物流的有利一面来减少它的弊端？
5. 如何理解绿色物流的概念？谈谈你对绿色物流今后发展趋势的看法。

二、案例讨论

"纸质废品装入黄色垃圾袋，空饮料罐装入蓝色垃圾袋，玻璃瓶扔进指定垃圾桶……"，欧盟多年来针对包装垃圾制定了复杂的垃圾分装规定，并给各成员国布置了废旧包装回收再利用的"任务"，以加强环保。德国政府规定，以膨大包装把纸盒包装里折叠的单瓦楞纸板衬垫安排得极松弛以使纸盒尺寸加大，让人产生错觉等行为均属欺骗性包装。

据欧盟委员会统计，2002 年，欧盟原 15 个成员国约 5% 的垃圾来自包装废弃物，总计 6 600 万吨。按重量计算，包装类垃圾占城市垃圾的 17%，体积上所占比例为 20%～30%。

1994 年，《包装和包装废弃物指令》及其修正案是欧盟针对包装及包装废弃物的主要立法。据介绍，该指令允许成员国采取生态税、废物处理税等经济手段，减少产品包装和促进使用环保的包装，但以不妨碍欧盟内部市场的运行为限。

该指令设定了实现包装回收再利用率的分阶段目标：要求成员国包装类垃圾按重量计算，其回收及焚烧处理率应在 2001 年 6 月 30 日前至少达到 50%，2008 年年底前至少达到 60%，包装材料的再生利用率在 2001 年 6 月 30 日前至少达到 25%，2008 年年底前至少达到 55%。同时，不同包装材料的再生利用率也有差异，例如，玻璃制品为 60%，纸制品为 60%，金属材料为 50%，塑料制品为 22.5%，木制品为 15%。

过度包装问题在欧盟国家并不突出，欧洲人环保意识较强，有时他们会主动抵制厂家的过度包装行为。对厂家而言，过度包装也增加成本。该指令要求成员国做到将包装体积和重量限制到最小的适用程度，只要让消费者觉得足够安全和卫生即可。

德国是世界上最早推崇包装材料回收的国家，并率先制定了循环经济法。德国在十几年前就开始倡导商品"无包装"和"简包装"，如果厂商对商品进行一定包装，就必须缴纳"废品回收费"；而消费者若想扔掉包装，则必须缴纳"垃圾清运费"。德国还实行过强制性的押金制度，要求零售商向购买其包装不可反复使用的饮料的消费者收取押金，等收回包装后再退钱。但这一制度后来被欧洲法院裁定为非法，理由是它妨碍了欧盟内部商品的自由流动。

讨论

（1）包装使商品身价倍增，对此你有何启发？

（2）列举一例也可采用分档次包装的商品，并说明如何包装。

三、实训练习

实训　回收与废弃物物流现状调查

实训目的：了解回收与废弃物物流的现状，分析如何提高回收与废弃物物流的效率和效益。

实训内容：选择某个一地区，调查其回收与废弃物物流的现状，并给出提高该地区回收与废弃物物流效率和效益的解决方案或措施。

实训要求：

（1）学生以小组的方式开展调研工作，每5人一组。

（2）各组成员通过当地统计局发布的数据或以实地调研的方式了解该地区的回收与废弃物物流的现状。

（3）分析该地区回收与废弃物物流过程中存在的问题，设计提高该地区回收与废弃物物流效率和效益的解决方案或给出具体的措施。

（4）形成一个完整的调研分析报告。

【拓展视频】　　【本章小结】

第 6 章

企业库存控制与管理

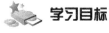
学习目标

（1）掌握企业库存的含义、分类。
（2）了解企业库存理论。
（3）熟悉企业库存的作用和意义。
（4）掌握 ABC 法、经济批量订购法、先进先出法和后进先出法等库存成本的控制方法。
（5）了解企业库存控制的策略。
（6）熟悉库存记录管理的内容和方法。

导入案例

在 2000 年一年，英迈公司的全部库房只丢了一根电缆。半年一次的盘库，由公证公司作第三方机构检验，前后统计结果只差几分线，陈仓损坏率为 0.3‰，运作成本不到营业总额的 1%……这些都发生在全国拥有 15 个仓储中心，每天库存货品上千种，价值可达 5 亿元人民币的英迈公司身上。它们是如何做到的呢？

1. 几个数字

一角二分三：英迈库存中所有的货品在摆放时，货品标签一律向外，而且没有一个倒置，这是在进货时就按操作规范统一摆放的，目的是出货和清点库存时查询方便。运作部曾经计算过，如果货品标签向内，以一个熟练的库房管理人员操作，将其恢复至标签向外，需要 8min。这 8min 的人工成本就是一角二分三。

3kg：英迈的每一个仓库中都有一本重达 3kg 的行为规范指导，细到怎样检查销售单、怎样装货、怎样包装、怎样存档、每一步骤在系统上的页面是怎样的等，在这本指导上都有流程图，有文字说明，任何受过基础教育的员工都可以从规范指导中查询和了解到每一个物流环节的操作规范，并遵照执行。在英迈的仓库中，只要有动作就有规范，操作流程清晰的观念为每一个员工所熟知。

5min：统计和打印出英迈上海仓库或全国各个仓库的劳动力生产指标，包括人均收货多少钱，人均收货多少行（即多少单，其中人均每小时收到或发出多少行订单是仓储系统评估的一个重要指标），只需要 5min。在英迈的 Impulse 系统中，劳动力生产指标统计适时在线，随时可调出。而如果没有系统支持，这样的一个指标统计至少得一个月时间。

10cm：仓库空间是经过精确设计和科学规划的，甚至货架之间的过道也是经过精确计算的，为了尽量增大库存使用面积，只给运货叉车留出了 10cm 的空间，叉车司机的驾驶必须稳而又稳，尤其是在转弯时，因此英迈的叉车司机都要经过此方面的专业培训。

20min：在日常操作中，仓库员工从接到订单到完成取货，规定时间为 20min。因为仓库对每一个货位都标注了货号标志，并输入 Impulse 系统中，Impulse 系统会将发货产品自动生成产品货号，货号与仓库中的货位一一对应，所以仓库员工在发货时就像邮递员寻找邮递对象的门牌号码一样方便快捷。

4h：一次，由于库房经理的网卡出现故障，无法使用 Impulse 系统，结果他在库房中寻找了 4h，也没有找到他想找的网络工作站。依赖 IT 系统对库房进行高效管理，已经成为库房员工根深蒂固的观念。

1 个月：英迈的库房是根据中国市场的现状和生意的需求而建设的，投入要求恰如其分，目标清楚，能支持现有的经销模式并做好随时扩张的准备。每个地区的仓库经理都要求能够在 1 个月之内完成一个新增仓库的考察、配置与实施，这都是为了快速地起动物流支持系统。在英迈的观念中，如果人没有准备，有钱也没用。

2. 几件小事

（1）英迈库房中的很多记事本都是收集已打印一次的纸张装订而成，即使是各层经理也不例外。

（2）所有进出库房都须严格按照流程进行，每一个环节的责任人都必须明确，违反操作流程，即使有总经理的签字也不可以。

（3）货架上的货品号码标识用的都是磁条，采用的原因同样是因为节约成本，以往采用的是打印标识纸条，但因为进仓货品经常变化，占据货位的情况也不断改变，用纸条标识灵活性差，而且打印成本也很高，采用磁条后问题得到了根本性解决。

（4）英迈要求与其合作的所有货运公司在运输车辆的箱壁上必须安装薄木板，以避免因为板壁不平而使运输货品的包装出现损伤。

（5）在英迈的物流运作中，厂商的包装和特制胶带都不可再次使用，否则，视为侵害客户权益。因为包装和胶带代表着公司自身知识产权，这是法律问题。如有装卸损坏，必须运回原厂出钱请厂商再次包装。

而如果由英迈自己包装的散件产品,全都统一采用印有其指定国内代理怡通公司标识的胶带进行包装,以分清责任。

3. 仅仅及格

提起英迈,在分销渠道中都知道其最大优势是运作成本,而这一优势又往往被归因于其采用了先进的Impulse系统。但从以上描述中已可看出,英迈运作优势的获得并非看似那样简单,而是对每一个操作细节不断改进,日积月累而成的。从所有的操作流程看,成本概念和以客户需求为中心的服务观念贯穿始终,这才是英迈竞争的核心所在。英迈中国的系统能力和后勤服务能力在英迈国际的评估体系中仅被打了62分,刚刚及格。据介绍,在美国专业物流市场中,英迈国际能拿到70~80分。

作为对市场销售的后勤支持部门,英迈运作部认为,真正的物流应是一个集中运作体系,一个公司能不能围绕新的业务,通过一个订单把后勤部门全部调动起来,这是一个核心问题。产品的覆盖面不见得是公司物流能力的覆盖面,物流能力覆盖面的衡量标准是应该经得起公司业务模式的转换,换了一种产品仍然能覆盖到原有的区域,解决这个问题的关键是建立一整套物流运作流程和规范体系,这也正是大多数国内IT企业所欠缺的物流服务观念。

思考

(1)从英迈公司的物流运作中能得到哪些启示?

(2)英迈公司运作的优势究竟来源于什么?

6.1 库存理论

6.1.1 库存的概念

库存是指储存作为今后按预定的目的使用而处于闲置或非生产状态的物品。库存管理系统库存是指用来监制库存水平、确定应维持的库存水平、决定何时补充库存及订货量大小的一整套管理政策和机制。

广义的库存还包括处于制造加工状态和运输状态的物品,即运营系统的投入要素和资源,人力、资金、能源、设备及原材料等;运营系统的产出品,如零部件、组件和产成品等;运营过程中的半成品和在制品(Work-In-Process,WIP)。

1. 企业的库存构成

企业的库存构成因企业不同而不同:一个制造型企业的库存可能主要由劳动力、机器设备、运营资金以及原材料、在制品和产成品构成;而一个工程设计公司的库存可能主要由工程设计方案和图纸构成。无论是制造业还是服务业,库存分析的基本目的是确定以下两个问题:

(1)订货量应该为多少?库存管理中最基本的问题是订货量的多少,针对这一问题,人们就不同的库存实践提出了订货数量模型。

(2)何时补充订货?另外一个库存管理问题是何时进行订货(也称再订货点)。由于需求的不确定性,这一问题变得较为复杂,所以需要安全库存作为保障以应付库存的短缺。连续检查系统和定期检查系统就是这一决策的体现。

2. 库存的作用

1）获得大量购买的价格折扣

企业大量采购可以得到价格折扣，因为增购的部分不是立即用于生产的，所以就会增加库存。只要库存成本的增加低于购买价格的节约，企业就愿意增加原材料库存。

2）节省运费

许多企业整车皮、整卡车甚至整船运输原材料，大批量采购导致大批量装运。整车运输比零担运输的运费率低，只要运费低于仓储成本，那么大批量运输就对企业有利。许多企业在产品销售地附近建立面向市场的仓库，将产品由工厂大批量运送到仓库，然后将产品以零担方式短距离运送给客户。这样企业不仅可以缩短运货时间、提高服务水平，而且可以降低运输成本、在途存货成本及销售机会成本。

3）避免因紧急情况而出现停产

企业通常保持一定数量的库存作为缓冲，即保险库存，以防在运输或订货方面出现问题而影响生产。许多企业不愿意因为原材料缺货而关闭生产、装配线，因为这种成本是相当高的。保险库存的数量将根据延迟交货的概率及原材料的使用数量来确定。

4）防止涨价、政策的改变及延迟交货等情况的发生

一些企业会面临原材料供应的不确定性。例如，当黄金有涨价征兆时，珠宝制造商就会提前购买和存储黄金；对于从国外进口原材料的企业来说，如果供应国发生政变或经济危机，那么供应就被中断，从而导致缺货。

5）调整供需之间的季节差异

农产品一般具有季节性，如小麦或其他谷物只在一年中的某些时期生产，需要存储这些产品以满足全年的需求。在一些情况下，运输方式也可能造成供给的季节性差异，如在冬季一些航道和港口封冻，使得货物的供应受阻。在这种情况下，企业需要增加库存以维持生产的连续进行。对于任何企业来说，根据季节性高峰需求设计生产能力是没有效率的，而且风险极大，较好的方法是全年有规律地小规模生产。当然，这也就形成在高峰需求期间的产品库存。

6）保持供应来源

大型制造企业利用小供应商制造本企业也能制造的装配件或半成品是非常有利的，当它们没有足够生产能力的满足高峰需求时，可以从小供应商处购买。如果大制造商在一年中的某个时期不从小供应商那里购买产品，小供应商可能就会关闭工厂并辞掉所有员工。当大制造商再次需要从小供应商进货时，小供应商就要重新招聘员工。这样不仅会提高成本，而且会降低产品质量。因此，大制造商在淡季给小供应商一些订单使其维持生产或部分生产能力是有必要的。这样做对于大型企业来说，虽然会增加库存，但比改变供应商或使小供应商重新生产的成本更低。

7）获得生产的节约

长期连续生产会降低产品的生产成本，但这意味着生产先于需求，产品不能马上全部销售出去，企业需要权衡考虑降低的生产成本与增加的库存成本之间的关系，对于技术含量高、生命周期短的产品尤其要慎重考虑。

8）提高客户服务水平

由于市场竞争的日益加剧，企业必须不断提高服务水平，才能保持和提高竞争力。许多

企业采取的一个策略就是将产成品库存靠近客户以利于及时交货,尤其对于可替代性很高的产品,这种策略更为重要。

9)产品系列化、多样化使得企业的库存水平上升

如果某个企业只生产一种产品,那么企业根据预计销售量,就可以确定相应的周转库存和保险库存;如果该企业要增加产品的花色品种,那么它在决定库存数量时,就必须为每一种产品保持相应的库存,其库存总数就会大大增加。

10)存货由零售商转向供应商,加大了企业库存管理的难度

买方市场的形成使零售业、制造业的竞争日益激烈,零售商往往采用减少存货的方法来压缩成本,这样做的结果使供应商不得不增加库存来满足零售商的随时订货。

6.1.2 库存的分类

1. 按库存的用途进行分类

(1)原材料库存。原材料库存是指企业通过采购和其他方式取得的,用于制造产品并构成产品实体的物品,以及供生产耗用但不构成产品实体的辅助材料、修理用备件、燃料和外购半成品等,是用于支持企业内制造或装配过程的库存。

(2)在制品库存。在制品库存是指已经过一定生产过程但尚未全部完工,在销售以前还要进一步加工的中间产品和正在加工中的产品。在制品库存之所以存在,是因为生产一件产品需要生产期间(称为循环时间)。

(3)维护/维修/作业用品库存。维护/维修/作业用品库存是指用于维护和维修设备而储存的配件、零件、材料等。这类库存的存在是因为维护和维修某些设备的需求和所花的时间有不确定性,对存货的需求常常是维护计划的一个内容。

(4)包装物和低值易耗品库存。包装物和低值易耗品库存是指企业为了包装本企业产品而储备的各种包装容器,以及由于价值低、易损耗等原因而不能作为固定资产的各种生产资料的储备。

(5)产成品库存。产成品库存就是已经制造完成并等待装运,可以对外销售的制成产品的库存。产成品必须以存货的形式存在的原因是用户在某一特定时期的需求是未知的。

2. 按库存的目的进行分类

(1)周转库存。周转库存是指用于经常周转的货物储备,即在前后两批货物正常到达期之间,提供生产经营需要的储备。

(2)保险库存。保险库存又称安全库存,是指用于防止和减少因订货期间需求率增长或到货期延误所引起的缺货而设置的储备。保险储备对作业失误和发生随机事件起着预防和缓冲作用,它是一项以备不时之需的存货,在正常情况下一般不动用,一旦动用,必须在下一批订货到达时进行补充。

(3)季节性储备。季节性储备是指企业为减少原材料季节性生产和季节性销售的影响而储存的原材料或产成品。

6.1.3 库存理论的内容

库存理论包括商品库存和供给的各个方面,其中包括库存在制造业中扮演的角色、各种库存系统的特性和维持库存的成本等。

1. 库存在制造业中扮演的角色

近年来，有关库存管理的研究视角发生了很大变化。原先管理者认为库存是企业的资产，因为其出现在企业的财务报告中，然而，情况并非如此。产品生命周期正日趋缩短，产品被市场淘汰的可能性正日趋增大。同时也可以看到，在制造企业生产现场的过量库存掩盖了许多管理问题。而且，库存的维持成本通常是很高的。因此，如今的企业管理者则把库存看作企业的负债。这些问题只要有可能，就必须减少或是消除。现在的企业运营管理者讨论得最多的就是库存管理问题。他们认为库存非常重要，但要降低各种库存品，就要控制好从原材料、采购件、在制品到最终的成品的库存成本。

2. 库存系统的特征

为了设计、实施各管理库存系统，人们必须考虑存货的特性并了解可用的各种库存系统的特征。

（1）顾客的需求类型。当估计需求类型时，人们首先想到了趋势、周期性和季节性。例如，在以一个月为周期的循环中，有时月初是需求的高潮，月末需求则降到最低点。但其他的需求因素也应该予以考虑，因为需求可能发生在离散的个体中，如每天售出的球拍数目；有时需求的对象是连续的，如用加仑或美元所表示的水的消费量。如果最终需求可以用概率分布来描述，则表示的是独立型需求，并且人们可以据此预测未来的需求量。在某些情况下，一种库存物品的需求与另一种物品的需求相关联。例如，麦当劳店中番茄酱的需求量取决于汉堡和炸薯条的售出量，这种类型的称为依赖型需求。

（2）计划期限。管理层必须决定一种特殊物品的存货是否具有长期性，抑或是临时性。例如，医院对氧气瓶的需求具有随时性和永久性，但是一个运动衫零售商不会永远供应在亚特兰大奥运会穿的运动衫。

（3）补充订货的提前期。这一时间对库存量有显著的影响。如果从订货到交货这段时间相对较长，则人们必须存储更多的货品，特别是关键的重要物品；如果补充订货的提前期服从一定的概率分布，则人们就可以相应地决定这一期间的库存量。

3. 库存限制和相关成本

许多限制是显而易见的，如存储空间的大小决定存货量多少，而且许多易腐物品的保质期也限制了其库存量。另外一些限制因素比较复杂，如维持库存的成本及其他一些明显的成本，如仓库的建设投入成本及库存设施（如冰箱）的投入成本等。库存物品的成本代表着一定的资本消耗，也可将它看成是一种机会成本的投入。其他的成本有人员费用、维持管理费用以及对库存资产的保险费和税费等。

通常用年平均成本来衡量一个库存系统的绩效。这些相关成本包括订购成本、缺货成本及订购货品的成本。

库存维持成本直接与库存物品的数量相关联，与库存资本相联系的机会成本是维持成本中的主要组成部分。其他部分包括保险费、损耗费和直接处理费用。

订购成本与订单数量多少有关，它主要发生于订货准备、运输、接收与收货检查之中。缺货成本与缺货的数量直接相关，其中包括已经丧失的销售利润和将会丧失的销售利润。

4. 库存成本分类

1）库存持有成本

库存持有成本是指为保持库存而发生的成本，它可以分为固定成本和变动成本。固定成本与库存数量的多少无关,如仓库折旧、仓库人员的固定工资等;变动成本与库存数量的多少有关,如库存占用资金的应计利息、破损和变质损失、保险费用等。库存持有成本主要包括4项成本:资金占用成本、存储空间成本、库存服务成本和库存风险成本。

(1)资金占用成本。资金占用成本有时也称为利息成本或机会成本,是库存资本的隐含价值。资金占用成本反映的是盈利机会的损失,如果资金投入其他方面,就会要求取得投资回报,因此,资金占用成本就是这种尚未获得的回报的费用。

(2)存储空间成本。这项成本包括与产品运入、运出仓库有关的搬运成本及储存成本如(租赁、取暖、照明费用等),即实物存储与搬运成本。这项成本将随情况不同而有很大变化,例如,原材料经常是直接从火车卸货并露天存储,而产成品则要求更安全的搬运设备及更复杂的存储设备。

存储空间成本仅随库存水平的提高或降低而增加或减少。如果利用公共仓库,有关搬运及存储的所有成本将直接随库存的数量而变化,在做库存决策时,这些成本都要考虑;如果利用自有仓库,大部分存储空间成本是固定的,如建筑物的折旧。

(3)库存服务成本。库存服务成本主要指保险及税金。根据产品的价值和类型,产品丢失或损坏的风险有高有低,就需要不同水平的风险金。另外,许多国家将库存列入应税的财产,高水平库存导致高税费。保险及税金将随产品不同而有很大变化,但在计算存货储存成本时,必须要考虑它们。

(4)库存风险成本。作为库存持有成本的最后一个主要组成部分的库存风险成本,反映了一种非常现实的可能性,即由于企业无法控制的市场原因,造成的库存贬值。

由于库存持有成本中的固定成本是相对固定的,与库存数量无直接关系,它不影响库存控制的决策。

2)订货或生产准备成本

订货或生产准备成本是指企业向外部的供应商发出采购订单的成本或指企业内部的生产准备成本。

(1)采购订单成本。采购订单成本是指企业为了实现一次订货而进行的各种活动的费用,包括处理订货的差旅费、邮资、电报电话费、文书等支出。订购成本中有一部分与订货次数无关,如常设采购机构的基本开支等,称为订货的固定成本;另一部分与订货的次数有关,如差旅费、邮资等,称为订货的变动成本。具体来讲,订购成本包括与下列活动相关的费用:检查存货水平;编制并提出订货申请;对多个供应商进行调查比较,选择最合适的供应商;填写并发出订货单;填写、核对收货单;验收发来的货物;筹备资金并进行付款。这些成本很容易被忽视,但在考虑涉及订货、收货的全部活动时,这些成本很重要。

(2)生产准备成本。生产准备成本是指当库存的某些产品不由外部供应而是企业自己生产时,企业为生产一批货物而进行改线准备的成本。其中,更换模、夹具需要的工时或添置某些专用设备等属于固定成本,与生产产品的数量有关的费用如材料费、加工费等属于变动成本。

3)缺货成本

库存决策的另一项主要成本是缺货成本,它是指由于库存供应中断而造成的损失,包括原材料供应中断造成的停工损失、产成品库存缺货造成的延迟发货损失和丧失销售机会的损失(还应包括商誉损失)。如果生产企业以紧急采购代用材料来解决库存材料的中断之急,那么缺货成本表现为紧急额外购入成本(紧急采购成本大于正常采购成本的部分)。当一种产品缺货时,客户就会购买竞争对手的产品,那么就对企业产生直接利润损失,如果失去客户,还可能为企业造成间接或长期成本。在供应物流方面,原材料或半成品或零配件的缺货,意味着机器空闲甚至关闭全部生产设备。

(1) 保险库存的持有成本。许多企业都会考虑保持一定数量的保险库存,即缓冲库存,以防在需求或生产提前期方面的不确定性。但是困难在于确定在任何时候需要保持多少保险库存,保险库存太多意味着多余的库存,而保险库存不足则意味着缺货或销售损失。

保险库存每一追加的单位增量都造成效益的递减。超过期望需求量的第一个单位的保险库存所提供的防止缺货的预防效能的增值最大,第二个单位所提供的预防效能比第一个单位稍小,依此类推。如果保险库存量增加,那么缺货概率就会减少。在某一保险存货水平,储存额外数量的成本会有一个最小值,这个水平就是最优水平;高于或低于这个水平,都将产生净损失。

零售业保持保险库存可以在用户的需求率不规则或不可预测的情况下,有能力持续供应生产企业保持产成品保险库存,可以在零售和中转仓库的需求量超过平均值时有能力补充它们的库存,半成品的额外库存可以在工作负荷不平衡的情况下,使各制造部门之间的生产正常化。准备这些追加库存是要不失时机地为客户及内部需要服务,以保证企业的长期效益。

(2) 缺货成本计算。缺货成本是由于外部和内部中断供应所产生的。当企业的客户得不到全部订货时,叫作外部短缺;而当企业内部某个部门得不到全部订货时,叫作内部短缺。如果发生外部短缺,将导致以下情况发生:

① 延期交货。延期交货可以有两种形式,或者缺货商品可以在下次规则订货中得到补充或者利用快速延期交货。如果客户愿意等到下一个规则订货,那么企业实际上没有什么损失;但如果经常缺货,客户可能就会转向其他供货商。

如果缺货商品延期交货,那么就会发生特殊订单处理和运输费用,延期交货的特殊订单处理费用要比普通处理费用高。由于延期交货经常是小规模装运,运输费用相对要高,而且,延期交货的商品可能需要从另一地区的一个工厂仓库供货,进行长距离运输。另外,可能需要利用速度快、收费高的运输方式运送延期交货商品。因此,延期交货成本可根据额外订单处理费用和额外运费来计算。

② 销售损失。尽管一些客户可以允许延期交货,但是仍有一些客户会转向其他供货商,许多企业都有生产替代产品的竞争者,当一个供货商没有客户所需的产品时,客户就会从其他供货商那里订货,在这种情况下,缺货就会导致销售损失。对于卖方的直接损失是这种产品的利润损失。这样,可以通过计算这种产品的利润乘以客户的订货数量来确定直接损失。

③ 失去客户。第三种可能发生的情况是由于缺货而失去客户,客户永远转向另一个供货商。如果失去了客户,企业也就失去了未来一系列收入,这种缺货造成的损失很难估计,需要用管理科学的技术及市场营销的研究方法来分析和计算。除了利润损失,还有由于缺货造成的信誉损失。信誉很难度量,在库存决策中常被忽略,但它对未来销售及企业经营活动非常重要。

为了确定需要保持多少库存,有必要确定如果发生缺货而造成的损失。首先,分析发生缺货可能产生的后果。其次,计算与可能结果相关的成本,即利润损失。最后,计算一次缺货的损失。如果增加库存的成本少于一次缺货的损失,那么就应增加库存以避免缺货;如果发生内部缺货,则可能导致生产损失(人员和机器的闲置)和完工期的延误;如果由于某项物品短缺而引起整个生产线停工,这时的缺货成本可能非常高,尤其对于实施 JIT 管理的企业来说更是这样。为了对保险库存量做出最好的决策，制造企业应该对由于原材料或零配件缺货造成停产的成本有全面的理解，首先确定每小时或每天的生产率，然后计算停产造成的产量减少，最后得出利润的损失量。

4）在途库存持有成本

如果企业以目的地交货价出售产品，就意味着企业要负责将产品运达客户，当客户收到订货产品时，产品的所有权才转移。从财务观点来看，产品在实际交付前仍是卖方的库存，因为这种在途库存直到交给客户之前仍然属企业所有，运货方式及所需的时间是储存成本的一部分，企业应该对运输成本与在途库存持有成本进行分析。

（1）在途库存的资金占用成本一般等于仓库中库存的资金占用成本，如果在运输过程中卖方对库存具有所有权，那么相应的资金占用成本就要考虑。

（2）存储空间成本一般与在途库存不相关，因为运输服务部门提供设备进行必要的装载及搬运活动，其费用已计入运价。

（3）对于库存服务成本，一般不对在途货物征税，但对保险的要求还要分别分析。例如，当使用承运人时，承运的责任相当明确，没有必要考虑附加保险，当使用自有车队或使用出租运输工具时，那么就需要上保险。

（4）由于运输服务具有短暂性，货物贬值或变质的风险要小一些，所以库存风险成本可以忽略不计。

一般来说，在途库存持有成本要比仓库中的库存持有成本小。在实际中，需要对每一成本进行仔细分析，才能准确计算出实际成本。

6.2 库存控制策略

6.2.1 库存控制系统

库存控制系统是物流大系统中重要的子系统，是物流管理活动中的一个重要领域。把库存量控制到最佳数量，尽量少用人力、物力、财力把库存管理好，获取最大的供给保障，是企业追求的目标，甚至是企业之间竞争生存的重要一环。

库存控制系统是以控制库存为共同目的的相关方法、手段、技术、管理及操作过程的集合。这个系统贯穿从物品的选择、规划、订货、进货、入库、储存乃至最后出库的整个过程。这些过程的作用结果是实现了按企业目标控制库存的目的。

1. 库存控制的要素

（1）企业的选地和选产。这是库存控制系统中决定库存控制结果的最基础的要素。在规划一个企业时，企业的选地对未来控制库存水平的关系极大。如果这个企业远离原材料产地而运输条件又差，则库存水平便很难控制到低水平，库存的稳定性也很难保证。同样，企业产品的决策本身便已是库存控制的一个影响因素，有的产品决策脱离了该地库存控制的能力，这可能导致产品在市场销售上的失败。企业选地和选产在一定意义上是库存对象物的供应条件的选择，即该供应条件是否能保证或满足某种方式的控制。

（2）订货。订货批次和订货数量是决定库存水平的非常重要的因素。对于一个企业而言，库存控制是建立在一定要求的输出前提下的，需要调整的是输入，而输入的调整依赖于订货，因此订货与库存控制关系十分密切，乃至不少企业的库存控制转化为订货控制，以此解决库存问题。

（3）运输。订货只是商流问题，是否能按订货意图的批量和批次以实现控制，这便取决于运输的保障。运输是库存控制的一个外部影响要素，有时候库存控制不能达到预期目标并不是控制本身或订货的问题，而是运输的提前或延误。提前一下子增大了库存水平，延误则使库存水平下降甚至会出现失控状态。

（4）信息。在库存控制中，信息要素的作用尤其重要。在库存控制系统中，监控信息的采集、传递、反馈是控制的一个关键。这可以说是信息要素在这个系统中的突出点。

（5）管理。管理和信息一样，也是一般要素。库存控制系统并不是靠一条流水线、一种新技术工艺等硬件系统支持，而是靠管理。因此，管理要素的作用可能更大一些。

2．影响库存控制的因素

库存控制是受许多环境条件制约的，库存控制系统内部也存在"交替损益"现象，这些制约因素可以影响控制效果，乃至决定控制的成败。其主要制约因素如下：

（1）需求的不确定性。在许多因素影响下，需求可能是不确定的，如突发的热销造成的突增等会使控制受到制约。

（2）订借周期。由于通信、差旅或其他自然的、生理的因素使订货周期不确定，会制约库存控制。

（3）运输。运输的不稳定和不确定性会制约库存控制。

（4）资金。资金的暂缺、资金周转不灵等会使预想的控制方法落空，因而也是一个制约因素。

（5）管理水平。管理水平达不到控制的要求，则必然会使控制无法实现。

（6）价格和成本的制约等。

6.2.2 库存合理化

库存合理化是用最经济的办法实现库存的功能。库存的功能集中体现为对需要的满足，实现被储物的"时间价值"，这是库存合理化的前提或本质。如果不能保证库存功能的实现，其他问题便无从谈起了。但是，库存的不合理又往往表现在对库存功能实现的过分强调，是过分投入储存力量和其他储存劳动所造成的。因此，合理库存的实质是，在保证库存功能实现前提下的尽量少的投入，也是一个投入产出的关系问题。库存合理化的主要标志包括以下几个方面。

1．质量标志

保证被储存物的质量是完成库存功能的基本要求，只有这样，商品的使用价值才能通过物流之后得以最终实现。在库存中增加了多少时间价值或是得到了多少利润，都是以保证质量为前提的。因此，库存合理化的主要标志中，为首的应当是反映使用价值的质量。

现代物流系统已经拥有很有效的维护物资质量、保证物资价值的技术手段和管理手段，许多企业也正在探索物流系统的全面质量管理问题，即通过物流过程的控制，通过工作质量来保证储存物的质量。

2. 数量标志

在保证库存功能实现前提下，要有一个合理的数量范围。目前管理科学的方法已能在各种约束条件的情况下，对库存合理数量范围做出决策。

3. 时间标志

在保证库存功能实现的前提下寻求一个合理的储存时间，这是和数量有关的问题，库存量越大而消耗速率越慢，则储存的时间必然越长，相反则必然越短。在具体衡量时往往用周转速度指标来反映时间标志，如周转天数、周转次数等。

在总时间一定的前提下，个别被储物的储存时间也能反映库存的合理程度。如果少量被储物长期储存，成了呆滞物或储存期过长，虽反映不到总周转指标中去，但说明库存管理存在不合理现象。

4. 结构标志

结构标志是从被储物不同品种、不同规格、不同花色的储存数量的比例关系对库存合理与否的判断，尤其是相关性很强的各种物品之间的比例关系更能反映库存合理与否。由于物品之间相关性很强，只要有一种物品出现耗尽，即使其他种物品仍有一定数量，也会导致无法投入使用。因此，不合理的结构影响面并不仅仅局限在某一种库存物品上，而是有扩展性的，结构标志的重要性也可由此确定。

5. 分布标志

分布标志指不同地区库存数量的比例关系，以此判断和当地需求相比，库存对需求的保障程度，也可以由此判断对整个物流的影响。

6. 费用标志

仓租费、维护费、保管费、损失费、资金占用利息支出等，都能从实际费用上判断储存的合理与否。

6.2.3 库存管理的策略目标

物流战略管理目标要求以尽可能最低的金融资产维持存货。库存管理的基本目的是要在满足对顾客所承担的交付货物义务的同时实现最大限度的流通量。良好的存货管理政策是基于5项选择性的策略之上的，即顾客细分化、产品要求、运输一体化、时间要求和竞争表现。

1. 顾客细分化

每一个将产品出售给各种顾客的企业都会面临一定范围的交易收益率。从有些顾客中可以获得高额利润并有发展潜力，而从另外一些顾客那里却不一定能得到收益。与顾客做生意的收益率取决于顾客所购买的产品、销售量、价格、所需的增值服务，以及为发展和维持一种正在进展的关系而必须追加的活动。而库存管理就需要把精力集中在满足这类核心顾客的需求上，有效的物流细分化的关键就在于优先安排支持这些核心顾客的存货。

2. 产品要求

绝大多数的企业都在其生产线上经历着产量和收益率的重大变化。如果不加限制的话，也许企业会发现,全部的上市产品中不足20%的产品占全部利润的80%以上。虽然这种所谓的符合"80/20规则"的现象很普通,但管理者可以避免为执行物流战略和维持良好品种的生产线而产生的过度成本。避免过度成本的关键是要对产品进行现实的评估,区分出哪些产品可获得利润但却是低产量的。显然,一个企业会想方设法地对更有利可图的产品提供高度可得性和一致性的货物交付。然而,对于低营利性产品给予高水平支持,以便向核心顾客提供全方位的服务也是必要的。在此要避免的是对于那些由次要的或非核心顾客购买的低营利性产品承担高水平的服务责任。因此,在展开一项选择性的库存管理策略时,必须考虑生产线的利润率。

3. 运输一体化

在特定的设施中选择哪些种类的产品进行储备,会直接影响到运输表现。绝大多数的运输费率是以具体的装运数量和规模为基础的。因此,在一个仓库里储备充足的产品,以便向某个顾客或地理区域安排统一的装运也许是良好的策略。这是因为,运输中相应节省的费用往往会抵消,甚至超过为维持存货而增加的费用。

许多企业认为,在中心配送仓库里维持慢运输或低利润的产品项目是比较经济的,而实际的交付表现则可以在收到订单时再根据顾客的重要性程度做出适当的安排。对于核心顾客的订单,可以通过可靠的航空运输提供快速服务,而对于其他的次要顾客的订单,则可以通过较便宜的地面运输交付货物。

4. 时间要求

承担快速交付产品的义务以满足顾客的需要,是物流服务的重要驱动力。按时间的需要做出的安排,是想通过提高针对制造或零售顾客的明确需求迅速做出反应的能力,来减少总的存货。如果产品和材料能够迅速交付,就没有必要在制造工厂维持存货。同样,如果零售店能够迅速得到补给,那么就可以减少在供应链中必须维持的安全储备量。维持安全储备量的方法是要在所需要的时候获悉存货的准确数量,虽然这种按时间要求做出的规划可以将为满足顾客需求而储备的货物减少到绝对小的程度,但是必须将这种节省的费用与其他在对时间敏感的物流过程中所发生的各种费用进行平衡。例如,如果按时间的需求做出的规划趋向于缩小装运的规模,将会使装运的次数、频率和费用增加。依此类推,这会导致更高的运输成本。因此,要有效和高效地做出物流安排,就必须实现交易平衡,在最低的总成本条件下提供所期望的顾客服务。

5. 竞争表现

在一个与市场竞争隔绝的空间里是无法产生存货管理策略的。实际上,企业更期望去做的业务是它能否承诺和履行迅速并一致的交付。因此,即使这种承担将增加总成本,它也有必要在一个特定的仓库中进行存货定位,以提供物流服务。良好的存货管理策略可以获得顾客服务优势或抵消其竞争对手当前所形成的压力。不过,在物流系统中存在材料和零部件存货的理由与制成品存货不同。因此,每一种存货及所承担的水平必须从总成本的角度来观察,对设施、网络、运输及存货等决策之间关系的理解是库存管理所应遵循的基本思想方法。

6.3 库存管理方法

6.3.1 选择库存管理方法的原则与目标

库存管理要遵循经济性原则，管理成本不能超过由此带来的库存成本节约。库存管理需要在库存成本和客户服务水平之间寻找平衡点，100%的客户服务水平往往不是最佳选择，企业总是寻找维持系统完整运行所需的最小库存或达到满意的客户服务水平基础上的最低库存。选择库存管理方法时要考虑以下因素。

1. 需求性态

这一要素对于选择合适的库存管理方法非常重要。对于制造业来说，原材料、零部件的需求量是由最终产品的需求量决定的，是一种从属需求，多数最终产品则是独立需求。

在对独立需求的产品进行管理时，应该依据准确的需求预测；对于从属需求的产品，则不需进行专门的需求预测，只要依据对它产生影响的产品需求预测就可以了。

2. 企业运作反应方式

1）拉动方式

拉动方式是以客户需求为动力，通过整个分销系统逐级拉动，直至生产者。生产者和分销商的库存以既定的订货量为基础，有时也会随现有库存量、额定最大库存的变化而变化。在这种方式下，每次的订货量是预先确定的，但直到客户需要时才进行订货。

2）推动方式

推动方式则是预先对库存水平进行计划。使用这种方式必须对最终用户的需求情况有清楚的了解，并估计各个时期的需求量，制订一个总体计划，及时向分销系统推出产品，直到最终用户。

3）两者区别

两者的根本区别在于，拉动方式中生产企业对现实客户需求做出反应，而推动方式中生产企业是根据需求预测和计划来安排生产的。在拉动方式中，企业必须对客户的突发需求做出迅速而准确的反应。推动方式的优势在于，企业对市场进行准确的预测以后，统筹考虑，制订详细计划，稳定地满足客户需求，它可以将各种相似的需求统一考虑来降低成本，拉动方式则很难做到这一点。一般来说，拉动方式对于独立需求的产品比较有效，推动方式适用于从属需求的产品。拉动方式注重由需求者向供应者的信息流通，推动方式需要双向的交流。

当产品的需求水平、订货周期不稳定且难以预测、仓库和分销中心容量有限时，使用拉动方式比较合适。当产品利润较高、需求是从属需求、存在规模经济性、供给不稳定或供应能力有限、存在季节性供应时，使用推动方式可以降低成本。许多企业把这两种方式结合起来使用，例如，企业不仅预先制订系统化的计划，也可以对需求的突发变化做出快速反应。企业也可以在不同时期使用不同方式，在销售旺季使用拉动方式，在销售淡季使用推动方式。

3. 按订单存货和按仓库存货

按订单存货方式是指当对库存产生现实需求时才补充存货，所以它的储存成本较低，订货成本和货物价格较高。按仓库存货方式保持比较稳定的存货，储存成本比较高，但它的订货成本和货物价格较低。

存货的价值高低和需求的稳定性是影响这两种方式的因素。对于特定用户特殊订货且价值较高的物资，应使用按订单存货方式。对于需求稳定且可以预测、价值较低的物资，制定合适的库存水平，采用按仓库存货方式比较合理。

4．单独管理和系统化管理

单独管理是指只对一个孤立的仓库、分销中心进行管理；系统化管理是指运用系统的方法达到总体的最优。这两种方式各有利弊，系统化方法需要花费很多时间和费用对整个系统的运行进行研究，需要较高的员工素质，对单个仓库进行管理则要简单、廉价得多。在准备使用系统化管理方法以前，一定要对它能够真正达到预想目标的可能性进行分析，不能盲目推行。对单个仓库进行管理，往往会达到本仓库的最优，却不是整个系统的最优。

通过以上分析可以看出，不同的库存管理方式适用于不同的情况，从而产生不同的效果。因此，企业在选择库存管理方式之前，一定要结合本企业特点，获得足够的信息，分析各种方式的优、缺点。

6.3.2 库存管理方法及其评价指标

1．ABC 分析法

1）ABC 分析法的概念

ABC 分析法源自于 ABC 曲线分析，ABC 曲线又称帕累托曲线。在企业的生产中，少数几种产品的产值却占了企业总产值的大部分；在零售商的许多种商品销售中，为数不多的一些商品销售额却占总销售额的大部分。以制造企业为例，将全部产品按不同的产值依次排序，形成帕累托曲线，再按照一定的标准将它们分成 3 类，对这 3 类不同的产品按不同的要求加以管理，就是 ABC 分析法。

将 ABC 分类法引入库存管理就形成了 ABC 库存分类管理法。在库存品种中，一般只有少数几种物品的需求量大，因而占用较多的流动资金；从用户方面来看，只有少数几种物品对用户的需求起着举足轻重的作用，种类数比较多的其他物品的需求量却较小，或者对于用户的重要性较小。由此，可以将库存物品分为 A、B、C 这 3 类。一般来说，A 类物品种类数占全部库存物品种类总数的 10%左右，而其需求量却占全部物品总需求量 70%左右；B 类物品种类数占 20%左右，其需求量大致也为总需求量的 20%左右；C 类物品种类数占 70%左右，而需求量只占 10%左右。

ABC 分析法是库存管理中常用的分析方法，也是经济工作中的一种基本工作和认识方法。ABC 分析法应用在库存管理中比较容易取得的成效有：压缩总库存量；用活流动资金；使库存结构合理化；节约管理力量。

2）ABC 分类的标准

ABC 分类的标准是库存中各品种物资每年消耗的金额，即该品种的年消耗量乘以它的单价，即为每年消耗的金额。将年消耗金额高的划归 A 级，次高的划归 B 级，低的划归 C 级。具体划分标准及各级物资在总消耗金额中应占的比重并没有统一的标准，要根据各企业、各仓库库存品种的具体情况和企业管理者的意图来确定。但是，根据众多企业多年运用 ABC 分级的经验，一般可按各级物资在总消耗金额中所占的比重来划分，参考数字见表 6-1。

表 6-1　库存物资 ABC 分级比重

级　别	年消耗金额	品　种　数
A	60%～80%	10%～20%
B	15%～40%	20%～30%
C	5%～15%	50%～70%

占用大部分消耗金额的 A 级物资，其数量所占的百分比却极小。因此，经过 ABC 分级，可以使企业管理者弄清楚所管理物资的消耗的基本情况，可以分清哪些品种是 A 级，哪些是 B 级，哪些是 C 级，从而采取不同的策略进行管理。对 A 级物资，必须集中力量，进行重点管理；对 B 级物资，按常规进行管理；对 C 级物资，则进行一般管理。

制定 ABC 这 3 类物资的区分标准的基本方法如下：

（1）先计算每种库存物资在一定期间，如 1 年内的供应金额。其计算方法是用品种单价乘以供应物资的数量。

（2）按供应金额的大小顺序，排出各个品种序列。供应金额最大的品种为顺序的第一位，依此类推，然后再计算各品种的供应金额占总供应金额的百分比。

（3）按供应金额大小的品种序列计算供应金额的累计百分比，把占供应总金额累计 70%左右的各种物资作为 A 区；占余下的累计 20%左右的各种物资分为 B 区；除了以上两区之外余下的各种物资分为 C 区。

3）ABC 分析法的一般步骤

一般来说，企业的库存反映着企业的管理水平。调查企业的库存，可以大体搞清该企业的经营状况。虽然 ABC 分析法已经形成了企业中的基础管理方法，有广泛的适用性，但目前应用较广的，还是在库存分析中。ABC 分析法的一般步骤如下：

（1）收集数据。按分析对象和分析内容，收集有关数据。如果对库存物品的平均资金占用额进行分析，了解哪些物品占用资金多，以便实行重点管理，应收集的数据有每种库存物资的平均库存量、每种物资的单价等。

（2）处理数据。对收集来的数据资料进行整理，按要求计算和汇总。例如，以平均库存乘以单价，计算各种物品的平均资金占用额。

（3）制作 ABC 分析表。ABC 分析表的构成见表 6-2。

表 6-2　库存 ABC 分析表

品种名称	序号	品目累计/（%）	单价	平均库存	资金平均占用额	平均资金累计占用额	平均资金累计占用/（%）	分类

（4）根据 ABC 分析表确定分类。按 ABC 分析表，观察第三栏品目累计百分数和第八栏平均资金累计占用额百分数，将品目累计百分数为 5%~15%，而平均资金累计占用额百分数为 60%~80% 的前几个物品，确定为 A 类；将品目累计百分数为 20%~30%，而平均资金累计占用额百分数也为 20%~30% 的物品，确定为 B 类；其余为 C 类，C 类情况正和 A 类相反，其品目累计百分数为 60%~80%，而平均资金累计占用额百分数仅为 5%~15%。

（5）绘 ABC 分析图。以品目累计百分数为横坐标，以资金累计占用额百分数为纵坐标，按 ABC 分析表第三栏和第八栏所提供的数据，在坐标图上取点，并连接各点曲线，则绘成如图 6.1 所示的 ABC 分析曲线。

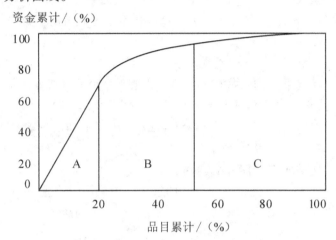

图 6.1　ABC 分析曲线

按 ABC 分析曲线对应的数据及 ABC 分析表确定 A、B、C 这 3 个类别的方法，在图上标明 A、B、C 这 3 类，则可制成 ABC 分析图。在管理时，如果认为 ABC 分析图的直观性仍不强，也可绘成直方图。

4）ABC 分类管理准则

（1）A 类库存。A 类物资在品种数量上仅占 15% 左右，但如能管理好它们，就等于管理好了 70% 左右消耗金额的物资。对 A 类物资的管理准则为：勤进货、勤发货、与用户勤联系、了解需求的动向。

（2）C 类库存。C 类库存与 A 类库存相反，品种数众多，而所占的消耗金额却甚少。对 C 类库存不应投入过多管理力量，多储备一些不会增加多少占用金额。

（3）B 类库存。B 类库存的状况处于 A、C 类之间，因此，其管理方法也介乎 A、C 类库存管理方法之间，采用通常的方法管理，或称常规方法管理。

在对库存物资进行 ABC 分类之后，应根据企业的经营策略对不同级别的库存物资进行不同的管理，有选择性地对库存进行控制，以减轻库存管理的压力。

至于长期不发生消耗的物品，已不属于 C 类，而应视作积压库存。这部分库存，除其中某些品种因其特殊作用仍必需保留的以外，应该清仓处理，避免积压损失的扩大。

2. 经济批量法

1）经济批量的确定

经济批量又称经济订货量，是指使得购进的存货总成本最低的采购批量。它回答了两个基本问题：应该最经济订货量是多少和应何时发出订单。存货总成本包括 3 个部分，即订货成本、储存成本和缺货成本。

通过经济批量的基本模型可计算出经济订货量。设存货全年的需求量为 A，订货单价为 P，则全年购置成本 $A \times P$；企业每次的订购量为 Q，则全年的订货次数就为 A/Q；每次订货成本为 B，则订货的变动成本为 $A/Q \times B$；订货的固定性支出，如采购地办事机构的固定开支为设 $F1$。则订货成本计算公式为

$$订货成本 = A \times P + A/Q \times B + F1$$

企业全年的平均储存量就为 $Q/2$，假设每单位存货量的年储存成本为 C，则储存变动成本为 $Q/2 \times C$；储存固定成本，如仓库的折旧费、仓库管理人员的工资等设为 $F2$。则储存成本计算公式为

$$储存成本 = Q/2 \times C + F2$$

在不允许缺货的情况下，即缺货成本为 0，则全年存货的总成本的计算公式为

$$全年存货的总成本 = 订货成本 + 储存成本 + 缺货成本$$
$$= A \times P + A/Q \times B + F1 + Q/2 \times C + F2 + 0$$

因为 A、P、B、$F1$、C、$F2$ 等要素为常数项，往往属于决策的非相关成本，所以决策的相关成本只是订货的变动成本、储存的变动成本。

式中，以 Q 为因变量，对上式求导数，即求极小值，可以得到下面一系列公式

$$每次订货批量（经济批量） Q = \sqrt{2AB/C}$$

$$每年最佳订货次数 N = \frac{A}{Q} = \sqrt{\frac{AC}{2B}}$$

$$经济进货批量成本 = \sqrt{2ABC}$$

$$最佳订货周期 t = \frac{1}{N} = \frac{1}{\sqrt{\frac{AC}{2B}}}$$

$$经济批量占用资金 I = \frac{Q}{2} \times P$$

2）经济订货点的确定

经济订货点又称再订货点，就是订购下一批存货时本批存货的尚存储存量。确定订货点必须考虑成本的节约，订货点过长，年储存成本增加；订货点过短，一旦供货延期或销量增加将会造成停工待料。最理想的订货点应该是当下批材料运达仓库时，仓库库存正好用完，这一储存量是在正常情况下的最低储备量，又称正常储备量。当发生延期到货或使用量增加时，为防止缺货而增加的储备称为安全储备量。因此，经济订货点的公式为

$$经济订货点 = 正常储备量 + 安全储备量$$

经济订货批量有助于企业在采购时树立成本效益观念，重视资金的时间价值，合理安排采购计划，减少不必要的资金占用。

任何可以节省费用的手段都应该是采购过程值得考虑的对象，但必须合情、合理，更要合法，有利于与供货商的伙伴互动关系。至于上述几种方法应该优先使用哪种，哪种方法较好，则有赖于采购人员依照不同状况进行专业判断后确定。

3. 定量订购与定期订购方法

1）定量订购方法

定量订购是指预先规定一个定购点，当实际储备量降到订购点时，就按固定的订购数量（每次订购数量一般用经济批量法确定）提出订购。运用这种方法，每次订购的数量不变，而订购时间由材料物资需要量来决定。

定量库存控制的关键是正确确定订购点，即提出订购时的储备量标准。如果订购点偏高，将会增加材料物资储备及其储存费用；如果订购点偏低，则容易发生供应中断。确定订购点时需要考虑 4 个因素：一是经济订购批量的大小；二是订货提前量；三是超常耗用量；四是保险储备量。订购点量和保险储备量的计算公式为

$$订购点量 = 订购时间 \times 平均每日耗用量 + 保险储备量$$

$$保险储备量 = （预计日最大耗用量 - 每天正常耗用量）\times 订购提前期日数$$

式中，订购时间是指提出订购到物资进厂所需的时间。

【例】 某企业一种物资的经济订购批量为 950t，订购间隔期为 30 天，订购时间为 10 天，平均每日正常需用量为 50t，预计日最大耗用量为 70t，订购日的实际库存量为 800t，保险储备量为 200t，订货余额为零，则订购点库存量 = 10 × 50t +（70t - 50t）× 10 = 700t。也就是说，当实际库存量超过 700t 时，不考虑订购；而降低到 700t 时，就应及时按规定的订购批量 950t 提出订购。

这种方法的优点是手续简单、管理方便；缺点是物资储备控制不够严格。因此，它一般适用于企业的耗用量较少、用途固定、价值较低、订购时间较短的物资。

2）定期订购方法

定期订购是指预先确定一个订购时间，按照固定的时间间隔检查储备量，并随即提出订购，补充至一定数量。因此，这种方法的订购时间固定，而每次订购数量不确定，按照实际储备量情况而定。订购量计算公式为

$$订购量 = 平均每日需用量 \times （订购时间 + 订购间隔）+ 保险储备量 - 实际库存量 - 订购余额$$

式中，订购间隔是指相邻两次订购日之间的时间间隔；实际库存量为订购日的实际库存数量；订货余额是过去已经订购但尚未到货的数量。

【例】 在上例中，订购量 = 50t ×（10 + 30）+ 200t - 800t = 1 400t。

这种订货方式的优点是对物资储备量控制严格，它既能保证生产需要，又能避免货物超储；缺点是手续麻烦，每次订货都得去检查库存量和订货合同，并计算出订货量，它一般适用于企业必须严格管理的重要货物。

4. 库存管理方法的评价指标

1）客户满意度

客户满意度就是指客户对于销售者现在的服务水平的满意程度。这个指标涉及许多内容，如客户忠诚度、取消订货的频率、不能按时供货的次数、与销售渠道中经销商的密切关系等。

2）延期交货

如果一个企业经常延期交货，不得不使用加班生产、加急运输的方法来弥补库存的不足，

那么可以说，这个企业的库存管理系统运行效率很低。它的库存水平和再订货点不能保证供应紧急生产且运输的成本很高，远远超过了正常成本。但并不是要求企业一定不能有延期交货，如果降低库存水平引起的延期交货成本低于节约的库存成本，那么这种方案是可取的，它可以实现企业总成本最低的目标。

3）库存周转次数

计算整个生产线、单个产品、某系列产品的周转次数可以反映企业的库存管理水平。可以通过对各个时期、销售渠道中各个环节的库存周转次数进行比较，看看周转次数的变化趋势是上升还是下降，周转的"瓶颈"是在销售渠道的哪个环节。

库存周转次数在不同行业的企业里的变化幅度很大，即使同一行业的不同规模的企业也有很大差异。总体来说，库存周转次数越大，表明企业的库存控制越有效，但有时客户订货时却不能马上得到货物，这就降低了客户服务水平。企业要想增大库存周转次数并维持原有的客户服务水平，就必须使用快速、可靠的运输方式，优化订单处理程序，降低保险库存，以达到增大库存周转次数的目的。对企业各环节、各种产品的库存周转次数进行分析评价，就可以发现企业物流系统存在的问题。

6.4 库存记录管理

库存记录管理包括实物记录和财务记录两个方面。准确的库存记录是财务会计核算的一个重要方面，也是库存管理的基础。任何库存管理系统的基础就是在记录中所获得的信息，决策都是以其为依据而做出的。没有记录的准确性，系统设计得再好，也会出现问题。

6.4.1 库存实物记录

1. 库存记录的重要性

库存系统如果没有记录便不能有效地工作。如果夸大了库存余额，便会有缺货的危险；如果缩小了库存余额，就会造成超储。所有有关订货时间和订购数量的决策都是以各该项物品的库存余额为依据的，错误的库存记录会引起许多问题的连锁反应，使物流计划落空，造成生产率低下、交货延误、大量支付交货费用和保险运输费，从而导致订货超过需要，并造成大量的超储和库存陈旧、贬值。

库存的物品都应加以分类和严格地加以标记，以便在核对时能判明它们的位置和数量。整个库存控制中包括保管和堆放的方法，库存管理要保证无差错（盘点不准）、无盗失、无损坏变质。库存控制是根据提供有关库存消耗量、余额和到货量等一系列库存记录信息来进行的，恰当的库存管理需要定期核对物品并加以记录。记录核对和实物盘点最好由与其自身的经营利益无关的独立机构来进行。

2. 库存记录的内容

需要保持的有意义和有用的基本库存记录包括物品的标记和分类、物品的位置、单位成本和实价、可互换或代用的物品、储存年限、最终物品（它作何用）、物品入库的日期、发出日期、供应来源、每种物品的余额等。

所有库存系统都必然与库存记录的准确性有关。如果不能保持资料的完整性，库存系统就注定要失败。无论是用人工或是用计算机，记录的准确性对于经营都是至关重要的。对于准确库存记录的两项基本要求是：有记录全部货物收发的合理指标；有检查记录准确性的良好系统，该系统能显示和纠正造成误差的原因。

实物控制的一个重要方面是限制和控制仓库的收发。每当物品入库或出库时，这项业务便应记入相应的记录中。未经批准和无凭证的业务不得办理，否则控制在实际上就是不可能实现的。只有经过批准的人员方可进入仓库，这样才能更好地控制无凭证的业务。最好是对所有物品按物品编号及其在仓库的地区位置做好标志。存货区明显和井然有序就能减少物品的损失和错置。

有效利用仓容的一条重要途径是采用定位系统。仓库要用适当的编码系统区划成若干个地段和二级地段。物品要存放在同一位置或适当的地段，并在收货卡片上注明位置及物品的号码。当需要发出物品时，仓管人员便直接到物品的预定位置。设计良好的定位系统对资料的完整性大有益处。

为检查库存记录的完整程度和准确程度，需要对物品进行实物盘点。账面（记录）与实际库存之间的差额必须查明，任何差额（偏离值）都必须予以纠正，并正确地算出其盘盈或盘亏的数额。对于所有物品可采取存货的定期实物盘点法，或者也可实行循环盘点法。全部物品的实物盘点通常都需要在限定的时间内停止生产或营业，核实所有物品的数量和修改记录。循环盘点法就是在全年内对存货进行有顺序的盘点。

库存记录的状况受有关人员、实物控制系统的影响。有关人员是指实际从事收发和保管物品的人员，以及管理这些人员的第一线人员。仓库主管人员在保持记录的准确性方面必须负责。对员工必须进行仓库作业方法方面的培训，以使他们认识到准确性的重要意义。最好是规定准确程度的目标，测定准确程度，并将实际记录与目标进行比较。

3. 定期盘点记录法

定期盘点记录法就是定期地检查库存的存货余额，以核对和保持准确的库存记录的方法。库存记录可以以人工过账、机器过账，或者保存在计算机内。定期盘点法要求在一个短暂的时期内对各种存货进行全面盘点。对大多数企业而言，一年或半年核查一次便足够了。假如一年只做一次实物盘点，则通常安排在每年生产和库存水平处于最低点时进行。

在盘点日，应停止仓库区的作业，指定一个储存场所来存放盘点期间内到达的所有物品，因为它们不在盘点之列。在这整个非常时期内，除非紧急情况，所有内部的移动和搬运均应暂停。如果实物盘点将需数日，应把停产的日期通知用户。

使用较普遍的记录库存水平的方法是标签法。盘点人员要负责盘点，填好标签，并将标签放在物品上。标签既要适用于人工系统，也要适用于计算机系统。当某个盘点人员完成一个区域时，应对其进行检查，以保证所有物品都加有标签（检查放的位置是否正确），然后再将标签收集在一起。分布在装卸码头、出口货物储存区、退回货物区、展销会等的物品也应包括在盘点之列。

库存记录和实物盘点应与存货标签相符，来自标签的资料均要整理成存货统计表。在物品重新开始流动之前，检查人员应该检查任何重大的变异和调整误差。对库存记录和总账应进行相应的修正，以使记录上的余额同实际存货数量相一致。

实物盘点的次数通常根据物品价值的大小和物品在公开市场上处理的难易程度来确定。

贵重或值钱的物品较一般库存物品，其盘点次数就可能要更多些。

4．循环盘点记录法

循环盘点记录法是有顺序地不定期进行的一种实物盘点的库存记录法，是控制库存记录的准确性和将其保持在高水准的一种基本方法。通过有效的循环盘点，由于能减少生产停工，改善用户的服务，减少存货消耗，故可达到增进收益的目的。同中断生产的定期盘点法相比，通常循环盘点法所需费用较少。

这种方法就是在全年内对存货顺次地加以盘点。对有限的少数物品则每天或按某一间隔期进行核查，要核查的存货项目可随机或根据预定的计划来选择。循环盘点能检查库存记录的状况和得出记录准确程度的高低。记录准确程度可由有误差物品的百分比和误差的相对值来度量，误差的显著性与物品的相对价值有关，如贵重物品的误差是显著的，而对廉价物品而言，±2%的误差也是可以接受的。

循环盘点法为许多企业所广泛地运用，它可以由专业人员或固定指派的仓库管理人员来进行实物盘点。当由固定指派的仓库管理人员来进行时，他们可根据各自的职责在工作间隙时间内完成循环盘点；当由专业人员来进行时，由于专业人员熟悉物品、存放次序、保管制度和可能发生的各种特殊事项，所以盘点的工作效率较高。

6.4.2　库存财务记录管理概述

1．库存实物和财务属性

库存具有实物和财务属性，实物属性是指货物的流动，财务属性是指成本的变化。在一个企业中，库存的实物和财务属性通常都是既相互分离又相互联系的问题领域。库存财务核算的重点放在与成本变化有关的物流活动方面。

存货在财务上属于流动资产，其作用体现在作为一种资源，形成某一特定时期的经营实绩或期间收入，某一时期内消耗物品的计价将用来确定实绩或收入。存货之所以影响实绩，还在于非最优化的存货策略会增加不必要的费用而减少收入。

2．存货成本和费用的核算

存货的成本和费用将取决于所采用的核算方法。核算方法决定着如何判定自有资产改变的时间和方式，以及资产转换为成本和费用的时间和方式，核算方法支配着那些影响期间收入确定的会计事项的判定。例如，在通货膨胀时期，期初存有的货物通常都以高于购入它们时所预期的价格售出。增加的这种收入将反映在该时期的所得之内；但是，如果库存仍要维持在同一数量水准，那么，已获得的这种额外收入就将以大致相同的数量花费在购进补充库存物品上。这样，收入的增加便是幻觉，它通常称作"存货利润"。

存货核算的主要基础是成本。在会计核算上有多种用来确定存货成本的方法，选择核算方法的主要目标是要能清晰地反映期间实绩。为确定任一给定时刻的存货金额，则必须掌握各种现有库存物品的数量，并确定出其数量和价值。现有库存物品的数量要通过盘点或计量来获得，确定各项物品的价值的方法要以符合企业实际为依据。

对于库存的财务核算，所采用的核算方法非常重要，因为它会显著地影响存货的总金额和有关销售商品的成本。在会计上权责发生制的原则下，存货计算方法可分为估价法和存货流动法。在大多数情况下，估价法以物品的原始成本与市价中的较低者为依据。如果单价过去一直不变,就不存在什么问题,但在一个时期内,各种物品往往都是按不同单价购入或置得的。由于销售物品在损益表中必须作价(商品销售成本),以及未销售的物品在资产负债表中必须估价(库存量),所以就存在计价问题。

6.4.3 库存财务记录的内容

1. 库存取得的计价

按现行会计准则,企业的各类库存(存货)应以其历史成本入账。存货的历史成本是指采购成本或加工成本或采购成本加上加工成本。

企业存货的取得主要有外购、自制和委托加工等途径。从理论上讲,企业无论以何种途径取得的存货,凡与存货形成有关的支出,均应计入存货的历史成本之内。实际工作中,从不同途径取得的存货,其历史成本的构成内容有所不同。

(1)外购存货。外购存货的历史成本是指采购成本。采购成本是在采购货物过程中发生的支出,包括买价和与其直接有关的采购费用及税金。

(2)自制存货。自制存货的历史成本是指耗用的外购存货和加工成本之和,包括在制造过程中发生的直接材料费用、直接人工费用、其他直接费用和应分摊的间接费用。直接材料费用是指生产过程中直接用于产品生产并成为产品主要部分的材料成本;直接人工费用是指生产过程中直接从事产品生产所发生的人工成本;其他直接费用是指生产过程中发生的直接材料、直接人工以外的应直接归属于某项产品的费用;间接费用是指生产过程中有助于产品形成并需要分配计入产品成本的费用。

(3)委托加工存货。委托外单位加工完成的存货的历史成本包括加工过程中耗用的材料或半成品的实际成本、加工费用和往返的运杂费及应缴的税金。

2. 库存出库的计价

库存流动方法与物品的出库方式有关。会计上假定的出库流动可以不同于货物的真实实物流动。

(1)先入先出法。先入先出法是运用最为广泛的存货流动方法,它主张"先入者先出"。它假设各种物品都是由仓库中最早的存货供给的,并且供给的物品都按记载在存货分类账中的最初的成本计价,任何时候库存的物品都是最后购入的。按照先入先出法,存货成本是根据关于已销售或已消耗货物都是储存时间最长的货物、仓库中仍储存货物都是最后购入或产出的货物的假设来计算的。

(2)后入先出法。后入先出法假设货物最近期的成本应记入销售商品的成本。按照后入先出法,仓库中物品的成本是最早获得的物品的成本,发出物品均按最近获得的物品的成本计价。在某时期内销售或消耗的存货都是最近获得或产出的;正保持的存货均是最早获得或产出的。后入先出法是用接近本期的补充供应品的成本金额来计算本期的收入金额。

后入先出法的根本目的是本期收入与本期成本相匹配。但是,后入先出法可能导致资产负债表中的存货价值不真实,而使流动比率和其他流动资产的关系失真。在价格上涨时期,它使收入减少,而在价格下跌时期使收入增加。由于在价格上涨的时期它可减少所得税,所以它往往是有利的。同先入先出法一样,后入先出法既可用于连续系统,又可用于定期系统。

(3)平均成本法。平均成本法的意义是既要得出真实的期末存货值,又要得出真实的销售商品成本。这种方法并不试图说明哪个单位存货先出或后出,而是为了确定每项物品在某一时期内的平均成本。平均成本法可以使用的平均数有算术平均数、加权平均数、移动平均数。所有 3 种平均数都可在定期库存系统中使用，但只有移动平均数才最适合于连续库存的。算术平均数用生产或采购的单位成本之和除以产量或订购次数来确定，算术平均数忽略批量的大小（物品数量），给予每批单位生产成本或购入成本以相等的权数，而不管物品数量的不同。加权平均数除考虑单位成本外，还考虑数量，故排除了算术平均数的失真，用该期间可用物品的总数去除可用来销售或使用的货物成本即为加权平均数。移动平均数就是计算每次采购或追加库存后的平均单位成本，它最适合于计算机管理的库存作业。

（4）特定成本法。这种方法是在每项物品入库时对它进行标记或编码，通常用于为用户定做的产品。在这种方法下，成本变化和实物流动是完全一致的，所以库存成本易于确定。在所有存货流动假设中，特定成本法所提供的期末存货价值和销售商品成本最为真实，保持着记录的库存成本能很快就能测定出来，所以它最适合数量少而价值大的货物。它的运用范围通常局限于加工数量小的大型、贵重的物品，但这种存货计价方法执行起来需要较高的费用。

思考与练习

一、思考题

1. 库存的作用是什么？
2. 简述库存成本的分类方法。
3. 库存要素有哪些？
4. 什么是拉动式库存管理？
5. 简述库存 ABC 分类管理法的核心思想、分类标准及管理原则。
6. 库存记录内容有哪些？
7. 什么是定期盘点记录法？什么是循环盘点记录法？
8. 什么是先进先出法？什么是后进先出法？

二、案例讨论

河北快运公司现有 20 家分、子公司，其中河北省内 11 家，省外主要大中城市 9 家。其主要的业务范围为医药、日用百货、卷烟、陶瓷、化工产品的物流配送，同时还为多家大型企业等提供货运代理。马某是河北快运公司总经理，上任两年来，公司业务量猛增，效益节节攀升。

凯蒂服饰公司是河北快运的战略合作伙伴，其将公司每天向所有 127 家零售商（北京 48 家零售商，戴娜 54 家零售商，凯蒂 19 家零售商，经销商 6 家零售商）的配送业务全部外包给了河北快运公司。为此，河北快运公司专门在北京马驹桥的物流园区建立了一个配送中心，用于凯蒂服饰公司的仓储分拣作业，并提供相应送货的服务。

目前，每个月约有 43 900 箱、共计 522 万件服装的仓库储存量，根据对业务量的预测，5 年后仓库容量要达到 84 000 箱、1 000 万件。目前每天发货 127 家，预计将来发货要达到 300 家。现在每月作业量约 200 万件（包括出、入库作业及退货返回），作业量虽然很大，但是将来作业量还要大幅度提高。

以河北快运现有的设施及人员配备，应付目前的仓储业务量已经有些紧张，主要问题是库房每天收到的退货很多，这些退货往往是一些过季的服装，产品质量并没有问题，需要再次上架，等待次年销售；上上下下人员从早忙到晚勉强能保证每天的配送量，下面的仓库主管也一直在抱怨。那如何应对未来业务量增长的挑战？

目前，公司仓库的存箱区的货物摆放没有采用托盘。虽然每天到货近 400 箱，但是由于规格很多，有近 200 多种规格，所以无法采用托盘。现在采用 2m 多高的货架，直接将整箱货物直接码垛在货架上，不严格按货位摆放。当需要往货架最上层码放货物时，需要借助梯子。货物在拣货区货架摆放是以件为单位的，拣货区的货架高约 2m。发货前装箱工作，需要两个人进行，一个人念发货单，一个人核对货物号，这样效率低，而且出错率高。

想要通过扩充仓库面积来达到存储量的成倍增加已经不太现实了，因为前不久刚刚对仓库进行了大幅度的扩充，由原来的 3 000m^2 一下提高到目前的 4 800m^2。

仓库现有员工 17 人，员工工资在仓库总成本中占很大比例，马经理一直想通过精简仓库员工来降低总库存成本，但是由于这段时期业务量不断增加，员工工作强度的确不小，"要不然仓库主管也不会一再抱怨"。

"应该怎样对仓库进行改进从而使其存储能力和分拣能力满足凯蒂服饰公司对配送业务量的需求并尽量达到设计要求？"马经理还想知道，"实现这一目标需要投资多少？效率又会提高多少？"

讨论

（1）马经理的烦心事主要有哪些？
（2）采取什么措施可以提升仓库的储存能力？
（3）是否可以采取有效的库存管理和控制方法，在不大幅提升库位的情况下，满足客户的需求？
（4）对于仓库的改造设计，你能为马经理想出哪些方法和措施？成本和效率如何？

三、实训练习

实训 1　就下列现象进行分析并提出解决措施

现象 1：一个产品分解为各种原辅材料，每种材料的批量和采购提前期都不相同，为了降低成本而又不影响生产，每种材料究竟应该在仓库里保存多少？这一直是企业非常关心的问题。有许多企业因为库存的物料不配套，由于工艺调整便造成库存物料的大量浪费。

现象 2：在有些制药、食品、化工企业，大量的物料批账已经混乱不堪，没有进行先进先出的发料管理，有些物料已经过期、变质，还作为企业的存货存在账上。谁也不知道每批物料的去向，出现了质量问题以后，没有办法去追溯。

现象 3：仓库保管员辛辛苦苦编制的库存报表，被领导一把扔在那里，没有起到相应的作用。

现象 4：每个月的月底，财务都会跑来和仓库保管员对账，对来对去却总是对不上，而财务部门对于仓库保管员送来的一摞材料单也是头疼不已。

实训 2　某企业物资结构情况调查与分析

实训目的：了解该企业的物资结构，掌握该企业对各类物资不同的管理方法，分析该企业物资管理方式是否合理。

实训内容：选择当地一家小型生产企业或小超市，对该企业的库存物品的情况进行调查，详细分析几种主要物品的库存数量、单价、库存总额、每月销售量及企业对这几类不同物品库存管理方法，同时利用所学知识和工具分析企业物资管理是否合理。

实训要求：
（1）学生可以以小组的方式开展调查工作，每 5 人一组。
（2）各组成员自行联系，并调查当地的一家小型生产企业或小超市。

(3)调研的内容一定要包括物品的名称、库存量、单价、库存总额、每月销售量和销售额、所采用的库存管理方法等,并将数据整理成 Excel 文件。

(4)利用 ABC 分类管理的方法确定调研物资的类别,并与企业对该类物资的管理方法进行对比,分析企业对物资管理的方式是否合理。

(5)对于不合理的物资管理方式,给出改进建议。

(6)针对本组的分析结果和改进的设计方案,与企业管理人员沟通,听取他们对分析结果和方案设计的建议,之后做出适当的调整,如此反复直至得到管理人员的认可为止。

(7)每个小组将上述调研、分析、改进的内容形成一个完整的分析报告,对于 ABC 分析的内容要利用 Excel 工具进行,做出规范的图和表。

【拓展视频】

【本章小结】

第 7 章

企业物流成本管理

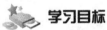 **学习目标**

（1）了解物流成本的结构、特点和管理原则。
（2）熟悉企业物流总成本的构成。
（3）掌握企业物流成本管理的原则。
（4）掌握物流成本的基本控制方法。
（5）了解企业成本的控制策略。
（6）掌握企业物流成本的核算方法。
（7）掌握企业物流作业的成本管理内容。

导入案例

物流成本制度创新,拓宽了物流成本的核算范围。物流成本概念的拓展,体现在企业物流成本不仅包括物流活动的各种耗费,而且还应该考虑资金占用的成本,主要是库存占用资金的利息,实践中还应考虑因库存期过长造成的商品贬值、报废等代价,尤其是处于产品更新快、竞争激烈的行业中的企业,如电子、电器、汽车等。

此外,物流成本中还应包含资金周转速度的内涵,如存货周转率等指标,才能真正反映物流实际成本。

一般以成本会计为基础,来完善物流成本的分类。物流成本的分类方式,可按物流领域、支付形态、物流功能、归属标的、成本性质及营运管理等标准划分。可以在合理利用现行成本会计工作成果的基础上,拓宽一种典型的物流成本分类方法,归类为直接成本、间接成本和日常费用三大项。直接成本是为完成物流工作而引起的费用,即运输、仓储、原料管理、订货处理以及库存的某些方面的直接费用,是能从传统的成本会计中提取出来的。间接成本是难以割舍的,是作为一种物流运作的资源分配的结果,一般是在固定的基础上分摊的。

以成本核算为基础的传统会计方法仍是首选的核算技术,因为,仅仅为了方便企业物流成本的计算,就立即完全放弃已比较成熟的财务会计制度,这显然是不可能的,也是不必要的。但是,由于其对企业物流成本的计算是不完全的,甚至影响了物流合理化的发展,人们有必要引入一种属于更广泛的完全成本法范畴的成本核算方式——作业成本计算法。

企业将所有与完成物流功能有关的成本纳入以作业为基础的成本分类中,将间接成本和日常费用等资源成本正确地分摊到各类作业上,进而计算出物流服务的成本,作为成本控制的标准。总之,一项特殊的成本除非它是置于物流组织管理控制下的,否则不应分配给物流因素。

思考

(1)物流成本制度创新的意义何在?
(2)如何确定物流成本的核算范围?

7.1 企业物流成本的管理模式

7.1.1 企业物流成本概述

1. 企业物流成本的概念

企业物流成本是指企业产品空间位移(包括静止)过程中所耗费的各种资源的货币表现,是物品在实物运动过程中,如包装、装卸搬运、运输、储存、流通加工、物流信息等各个环节所支出的人力、物力、财力的总和。

企业物流成本包括从原材料供应开始一直到将商品送达消费者所发生的全部物流费用。然而在传统上,物流成本在企业会计核算上并没有统一的科目,其计算总是被分解为各个独立的部分,制造企业习惯将物流费用计入产品成本,商业企业则把物流费用与商品流通费用混在一起。因此,无论是制造企业还是商业企业,都难以按照物流成本的内涵完整地核算出物流成本。物流成本之所以难以计算,主要是在于物流成本具有隐含性特征。在物流成本中,有不少是物流作业部门无法控制的,如保管费中就包括由于过多进货或过多生产而造成积压的库存费用，以及紧急运输等例外发货的费用。从销售方面看，物流成本并没有区分多余的服务和标准服务的不同，如物流成本中包含过多的促销费用。

2．企业物流成本的构成

企业物流成本涵盖了企业的生产、销售全过程的物品实体与价值变化而发生的全部费用。它包括物品从生产源点的采购开始到最终顾客手中的仓储、搬运、装卸、包装、运输及在消费领域发生的验收、分类、保管、配送、废品回收等过程所发生的所有成本，其具体由以下几个部分构成：

（1）物流活动中的人力成本，包括职工工资、奖金、津贴及福利等。

（2）运输成本，包括人工费用、运营费用、其他费用。

（3）流通加工成本，包括设备费用、加工材料费用、流通加工劳务费用、其他费用。

（4）配送成本，包括配送中心进行分拨、配货、送货过程中所发生的各项费用。

（5）包装成本，包括包装材料费用、包装机械费用、包装技术费用、包装辅助费用、包装人工费用。

（6）装卸与搬运成本，包括人工费用、运营费用、装卸搬运合理损耗费用、其他费用。

（7）仓储成本，包括仓储持有成本、订货或生产准备成本、缺货成本、在途库存持有成本。

7.1.2　企业物流成本的分类

物流成本之间存在此消彼长的特点。在物流功能之间，一种功能成本的削减会使另一种功能的成本增加。因为各种费用互相关联，所以必须考虑整体物流系统的最低成本。

物流成本管理目标是要将存在于会计科目中的物流成本全部抽取出来，使人们能够清晰地认识到潜藏的物流成本，以便挖掘降低成本的潜力。

1．按成本性质划分

1）可控成本与不可控成本

成本从是否可以控制的角度，可以划分为高度可控成本、低度可控成本和不可控成本。这样划分使管理者可以针对功能范围内的可以控制的成本做出有效决策。一般来说，可控成本是指在会计期间内责任单位可以采取措施进行调整的成本。可控成本与不可控成本的划分有利于区分成本控制责任。

2）固定成本与变动成本

成本的变动通常是由业务量的变动引起的。因此，分析物流成本的性态首先需要理解成本和相应业务活动之间的关系。变动成本很大程度上随业务量而变化，固定成本则不受业务量变化的影响。变动成本如搬运装卸费等，固定成本如运输、仓储部门管理人员的工资等。

3）实际成本与机会成本

实际成本是由实际发生的交易产生的成本。机会成本是指在备选方案中做出具体选择时，因放弃其他交易而牺牲的可能获取的价值量，机会成本并非一般意义上的成本，它并不构成企业的实际支出，也无须记入账册，在损益表中不体现机会成本，但它却是正确进行决策时必须予以考虑的现实因素。因此，会计的稳健性、保守性要求运用当期实际成本，或使历史成本分摊，而对管理决策的制定而言，必须考察实际成本和机会成本。

4）相关成本与沉没成本

相关成本指企业进行决策时应当充分考虑的各种形式的未来成本，它包括任何受决策影响的成本。相对于管理决策，不发生变动的成本是沉没成本。例如，起重机在购买后其入账价格即成为沉没成本，在决定出售该起重机时，引致的有关税费为相关成本，而最初购买价与售价及所得税差额为"沉没"掉的成本，无法挽回。沉没成本不等同于固定成本。

2. 按企业物流总成本的结构划分

一般来说，企业物流总成本包括生产采购成本、运输成本、仓储成本、订单处理和信息成本、批量成本和存货储存成本，即：物流总成本＝生产采购成材本＋运输成本＋仓储成本＋订单处理和信息成本＋批量成本＋存货储存成本。其中的各种物流成本存在相互作用、相互制约的关系。企业物流成本管理不是降低某一环节局部成本费用，而是应当在满足一定顾客服务水平的基础上追求物流总成本最低，实现利润最大化。

1）生产采购成本

生产采购成本可分为向外部的供应商发出采购订单成本和内部的生产准备成本。

（1）采购订单成本是指为发出一次采购订单而花费的各种费用。采购订单成本中有一部分与采购次数无关，如常设采购机构的基本开支等，称为采购的固定成本；另一部分与采购的次数有关，如差旅费、邮资等，称为采购的变动成本。

（2）生产准备成本是指当某些原材料或库存商品不由外部供应而是企业自己生产时，企业为生产货物而发生的前期准备性成本。

2）运输成本

在所有物流成本中，所占比率最高的是运输成本。通常运输成本占物流总成本的40%以上，因此，在物流总成本分析中，最为重要的是严格控制在运输方面的开支，加强对运输的经济核算。

运输成本可以根据运费单来确定，也可以从企业自备车队运输的有关会计账目来核定，对运输业务设立标准成本。

3）仓储成本

仓储成本包括由于仓储设施数量变化而发生的所有费用。有时仓储成本被很不合理地划归到存货成本中，应该分清仓储成本和存货成本，大多数仓储成本不随存货水平变动而变动，而是随着存储地点的多少而变。划分仓储成本和存货成本可以更好地辨清成本状态，有利于企业做出正确决策。

案例阅读

一家生产、销售成品药同时兼营包装物的公司，有若干由公司自行管理的温控仓库，温控仓库是专为成品药所设计建造的，其安全性和库房管理作业的准确性远远超出另一项包装物产品的需要。为了充分利用仓库设施，公司鼓励非药品部门将其产品存放于这些仓库中。尽管搬运产品的数量增加时需要额外雇员和支付额外的加班费，但由于仓库运营成本基本固定，所以可以按使用的各部门在仓库中使用的空间比重分摊成本。用于储存成品药的仓库其高昂的成本，使公司成本分摊远超过为一般商品提供仓储的公共仓库收取的费率。如果使用公共仓库，可以以更低廉的成本达到相当的服务水平。鉴于此，公司的一些部门将产品从本公司仓库中运出，存入该地区的公共仓库中。尽管公司配送中心搬运和储存的产品量明显减少，但是由于固定成本占据极大比重，结果，几近相等的成本分摊给了更少的其他使用公司仓库的部门。这引发其他部门也同样换用公共仓库以寻求各自较低的成本。其结果是公司仓储成本相对更高了。公司仓储成本基本固定，不管仓库空间利用如何，该成本都不会有太大变动。非成品药部门转而利用公共仓库时，公司还得继续为自营的仓库支付大致相等的总费用，而且还要支付额外的公共仓库使用费。

事实上，物流成本核算体系使得各部门的产品流动是以一种有损公司利益、增加公司成本的方式来工作。这一案例进一步说明了理解物体性态的重要性。要区分开仓储成本和存货成本，这有助于公司做出正确决策。

4）订单处理和信息成本

订单处理和信息成本包括发出订单和结算订单的成本、相关处理成本、相关信息交流成本，这不仅仅包括随决策变动发生变化的成本。在订单处理和信息成本中，固定成本所占比重较大，相对于一些先进的信息通信系统而言，人工环节越多，信息传递速度就越慢，也就越缺乏稳定性。对这些成本进行估计的较好方法是将总成本在过去期间中的变动部分（调整通货膨胀）与订单处理数量的变动值进行比较，其他方法还有机械型时间与动作研究、回归分析等。在衡量各种订单处理方法的成本时，必须结合固定成本和可变成本来分析。

5）批量成本

批量成本通常包括以下成本的部分或全部：生产准备成本，转产导致生产能力丧失的成本，物料搬运、计划安排和加速作业等成本。

6）存货储存成本

存货成本只包括那些随存货量变动的成本。由于有些概念区分模糊，难以对其准确确定，可以把存货成本具体分为以下4类进行分析。

（1）存货投资的资金成本。企业持有的存货关系到用于其他类型投资的资金，因此，企业的资金机会成本应当确切反映真正实际发生的成本。现行会计核算中使用以下几种方法计算存货成本，即先进先出法、后进先出法、加权平均法、移动平均法、计划成本法、毛利率法、零售价法等。不论企业采用哪种方法计算存货成本，有一点是肯定的，即存货越多，全部存货的资金成本也就越高。企业在存货上的投资影响到决策制定。

（2）存货服务成本。存货服务成本包括为持有存货而支付的税收与保险费。保险一般是用来担保特定时段一定产品的价值的。持有存货所缴税费直接与保险费率、存货水平之间存在严格的比例变动关系。

（3）储存仓位空间成本。一般要考虑4种仓库设施，即工厂仓库、公共仓库、租用仓库和公司自有仓库。不论采用哪种设施，大部分成本，如租赁费、管理人员工资、安全保卫费和维修费用等是固定的。固定费用和已摊成本与确定存货策略无关，是不随存货量变动的成本，它不应归入存货成本中，而应在成本分析中将其计入仓储成本里。

（4）存货风险成本。存货风险成本又可分为以下4种：

① 跌价成本。这一成本是无法再按原价销售、不得不削价处理的单位成本之和。如果降价出售产品以免过时，跌价成本就是产品的初始成本与其残值之差，或初始售价与降价后的售价之差。

② 损坏成本。损坏成本仅包括随存货量变动的损坏部分，运输期间发生的损失不包含在内，因为该损失的发生与存货无关。通常无法明确确定与存货量相关的损坏成本到底占多大比重，所以有必要用数学方法确定这些成本与存货量之间存在的关系，可以用回归分析或绘制数据图确定。

③ 窃损成本。很多企业认为存货失窃比现金资产更难以管理与控制，这一成本更大程度上同企业的安全保卫措施相关。因此，最好是把失窃成本的大部分或全部记录到仓储成本账户下。

④ 易地成本。易地成本是企业为避免产品陈旧过时，将其从一处仓储地运到另一仓储地所花费的成本。一般来说，这笔成本不单独列出，而是包括在运输成本当中。在这种情况下，可以用运费单上载明的有关数字来计算。易地成本是由运输成本、仓储成本、存货成本等之间互相权衡后所做决策产生的。

7.1.3 企业物流成本管理的基本原则

1. 从流通全过程角度管理物流成本

对于一个企业来讲，控制物流成本不单是本企业的事，即追求本企业物流的效率化，而应该考虑从产品制成到最终用户整个供应链过程的物流成本效率化，例如，物流设施的投资或扩建与否要视整个流通渠道的发展和要求而定。

在控制企业物流成本时，值得注意的是，针对每个用户成本削减的幅度有多大。特别是当今零售业的价格竞争异常激烈，零售业纷纷要求发货方降低商品的价格，因此，作为发货方的厂商或批发商都在努力提高针对不同用户的物流活动绩效，如果厂商或批发商不能明确测定出这种个别成本的削减幅度有多大，进而以价格下降的形式转化成对用户的利益，势必会影响最终用户对厂商和批发商的依赖。

2. 从营销策略角度管理物流成本

随着价格竞争的激化，顾客快速反应（Efficient Consumer Response，ECR）等新型供应链物流管理体制不断得到发展与普及。这种新型的物流管理体制使得用户除了对价格提出较高的要求外，更要求企业能有效地缩短商品周转时间，真正做到迅速、准确、高效的物流管理。要实现上述目标，仅仅要求本企业的物流系统具有一定效率是不够的，它需要企业协调与其他企业及顾客、运输业者之间的关系，实现整个供应链活动的效率化。也正因为如此，追求成本的效率化不仅是企业物流部门的事，同时也是生产部门、销售部门的事，也即需要将降低物流成本的目标贯彻到企业所有职能部门之中。

提高对顾客的物流服务是企业确保市场营销目标实现的最重要的手段，从某种意义上说，提高顾客的物流服务水平是降低物流成本的有效方法之一。但是，超过必要量的物流服务不仅不能带领物流成本下降，反而有碍于物流效益的实现。例如，随着多频度、少量化经营的扩大，对配送的要求越来越高，而在这种情况下，如果企业不充分考虑用户的产业特点和运送商品的特性，简单化地实行即时配送或小包装发货，无疑将大大增加企业的物流成本。因此，在正常情况下，为了既保证提高对顾客的物流服务，又防止出现过剩的物流服务，企业应在考虑用户的产业特点和运送商品的特性的基础上，与顾客充分沟通、协调，共同实施降低物流成本的方法，并将由此产生的利益与顾客分享，从而使物流成本的管理直接为市场营销目标服务。

【拓展视频】

3. 从信息系统角度管理物流成本

企业内部的物流效率化仍然难以使企业在不断激化的竞争中取得成本上的竞争优势，为此企业必须与其他交易企业之间形成一种效率化的交易关系，即借助于现代信息系统的构筑,一方面使各种物流作业或业务处理能够准确、迅速地进行;另一方面,能由此建立起物流战略系统,具体来说,通过将企业订购的意向、数量、价格等信息在网络上进行传输,从而使生产、流通全过程的企业或部门分享由此带来的利益,充分应对可能发生的各种需求,进而调整不同企业之间的经营行为和计划,这无疑从整体上控制了物流成本发生的可能性。也就是说,现代信息系统的构筑为实现物流成本的降低,而不是向其他企业或部门转嫁成本奠定了基础。

4. 从效率化配送角度管理物流成本

对应于用户的订货要求建立短时期、准确的物流系统,其伴随配送产生的成本费用要尽可能降低,特别是多频度、小单位配送的发展,更要求企业采用效率化的配送方法。企业要实现效率化的配送,就必须重视提高装载率以及车辆运行管理。

所谓配送计划,是指与用户的订货相吻合,将生产或购入的商品按客户指定的时间进行配送的计划。对于生产企业,如果不能按客户制定的时间进行生产,也就不可能在用户规定的时间配送商品,因此,生产商配送计划的制订必须与生产计划相联系起来进行。要做到配送计划与生产计划相匹配,就必须构筑最为有效的配送计划信息系统。这种系统不仅仅是处理配送业务,而是在订货信息的基础上,管理从生产到发货全过程的业务系统,特别是制造商为缩短对用户的商品配送,同时降低成本,必须通过这种信息系统制作配送计划。商品生产出来后,装载在车辆中进行配送,对于发货量较多的企业,需要综合考虑并组合车辆的装载量和运行路线。也就是说,当车辆有限时,在提高单车装载量的同时,事先设计好行车路线及不同路线的行车数量等,以求在配送活动有序开展的同时,追求综合成本的最小化。在制订配送计划的过程中,还需要将用户的进货条件考虑在内,例如,进货时间、在客户作业现场搬运的必要性、用户附近道路的情况等都需要综合分析。用户的货物配送量也对配送计划具有影响,货物输送量少,相应的成本就高,应当优先倾向于输送量较多的地域。

在提高装载率方面,先进的做法是将商品名称、容积、重量等数据输入到信息系统中,再根据用户的订货要求计算出最佳装载率。从总体上看,对于需求比较集中的地区,可以较容易地实现高装载率运输,而对于需求相对较小的地区,可以通过共同配送来提高装载率。

5. 从物流外包角度管理物流成本

从运输手段上讲,可以通过一贯制运输来降低物流成本,也即将从制造商到最终消费者之间的商品运送,利用各种运输工具的有机衔接来实现,运用运输工具的标准化以及运输管理的统一化,来减少商品周转、装载过程中的费用和损失,并大大缩短商品在途时间。

物流外包(或称第三方物流、合同制物流)是利用企业外部的分销公司、运输公司、仓库或第三方货运人执行本企业的物流管理或产品分销的全部或部分职能。其范围可以是对传统运输或仓储服务的有限的简单购买,也可以是广泛的、包括对整个供应链管理的复杂的合同。它可以是常规的,即将先前内部开展的工作外包;也可以是创新的,即有选择地补充物流管理手段,以提高物流效益。一个物流外包服务提供者可以使一个企业从规模经济、更多地门对门运输等方面实现运输费用的节约,并体现出利用这些专业人员与技术的优势。另外,一些突发事件、额外费用的减少增加了工作的有序性和供应链的可预测性。实际上,外包的利益不仅局限于降低物流成本上,企业也能在服务和效率上得到许多其他改进,如增强战略行动的一致性、提高顾客反应能力、降低投资成本、带来创新的物流管理技术和有效的渠道管理信息系统等。

7.2 企业物流成本控制策略

7.2.1 物流成本控制的方法

物流成本能够真实地反映物流作业的实际状况，通过物流成本的计算，可以进行物流经济效益的分析，发现和找出企业在物流管理中存在的问题和差异。由于物流作业各要素成本间交替损益的状态，所以不能以某一环节作业的优劣和某一单项指标的高低去评价物流系统的合理性。物流各项作业成本之间的相互影响，最终将体现在物流总成本上。因此，物流总成本就成为衡量与评价物流综合经济效益和物流合理化的统一尺度。

物流成本控制是指对物流各环节发生的成本进行有计划有步骤的管理，以达到预期设定的成本目标。

1. 绝对成本控制

绝对成本控制是把成本支出控制在一个绝对金额以内的控制方法。绝对成本控制从节约各种成本支出、杜绝浪费出发，进行物流成本控制，要求把物流过程发生的一切成本支出划入成本控制范围。标准成本和预算控制是绝对成本控制的主要方法。

标准成本是指在一定假设条件下应该发生的成本。对标准宽严程度的看法不同，从而有多种不同的标准成本概念。

（1）理想标准。理想标准是指在现有最理想、最有利的作业情况下，达到最优水平的成本指标。

（2）正常标准。它是在目前的生产经营条件下，为提高生产效率，避免损失、耗费的情况下所应达到的水平。这一标准广泛应用于企业的标准成本控制之中。

（3）过去业绩标准。依据前期成本实际水平制定的标准。

2. 相对成本控制

相对成本控制是通过对成本与产值、利润、质量和服务等指标进行对比分析，寻求在一定制约因素下取得最优经济效益的一种控制技术。

相对成本控制扩大了物流成本控制领域，要求在降低物流成本的同时，注意与成本关系密切的因素，诸如产品结构、项目结构、服务质量水平、质量管理等方面的工作，目的在于提高控制成本支出的效益，减少单位产品成本投入，提高整体经济效益。

7.2.2 压缩物流成本的策略

在考虑物流和销售之间的相关成本问题时，可以提出实行物流合理化的两种方法：一是以改变客户服务水平为目标的物流合理化；二是在规定服务水平的前提下，改进物流活动效率的合理化。就压缩物流成本的效果来看，以前一种方法为优，但采用这种方法后，服务水平随之改变，跟销售部门的关系需要作某些调整。后一种方法可在物流部门单独地完成，但这个方法所能实现的合理化有一定的限度。从企业物流合理化的步骤看，采用从后一个方法入手、向前一个方法过渡的办法较为有利,按这样的步骤过渡,所遇阻力较小,可以说这种步骤是具有实际意义的。

1．实施方法

（1）降低运输成本的措施：通过商流和物流的分离使物流途径简短化；扩大工厂直接运送；减少运输次数；提高车辆的装载效率；设定最低的接受订货量；实行计划运输；开展共同运输；选择最佳运送手段。

（2）降低保管费的措施：减少库存点；切实管理好库存物资；维持合理的库存量；提高保管效率。

（3）降低包装成本的措施：采用价格便宜的包装材料；包装简易化；包装作业机械化。

（4）降低装卸成本的措施：减少装卸次数；引进集装箱和托盘；利用机械化达到省力化。

2．完善物流途径

就降低物流成本而言,完善物流途径,使之简短化、合理化有很大的效果。它不仅可以降低运输费,而且还可以降低保管费和装卸费等。

在实行物流途径简短化时,关键问题是实行商流、物流分离,如新设仓库及配送中心等物流节点。这里所说的商流、物流分离是从物流合理化着手,使商流途径和物流途径分离,这是试图将复杂的、多方面的商流途径,通过同一途径从物流途径中分离开,规定一个合理的物流途径。

这种物流途径的简短化的目的不单单在于缩短运输距离,以降低运费,还在于将分店和营业场所处理的物流业务移交配送中心,通过综合管理来达到规定的指标。物流途径的简短化还有以下好处：用一处配送中心来承担几处营业场所和分公司物流业务,借此可以实现向配送中心运输的大批量化,以及配送中心向外配送的大批量化。

3．扩大运输量

货物的批量化可根据以下方法进行：提高每次接受订货的单位,或者减少运输次数,或者与同行业的其他公司或其他行业等进行联合运输。这些都牵涉到为客户服务的水平,不能在物流部门单独进行。

如果提高每次接受订货的数量,那么,客户订货就要增大,因此必须得到客户的同意。此外,减少运送次数就意味着延长交货日期,这也必须征得客户的同意。配送共同化在很多情况下,也是视改变交货日期为必要条件的。

可以预料,这样改变为客户服务的水平,将因市场竞争而给销售活动带来影响,所以不能在物流部门单独进行,必须事先取得销售部门的同意。在实施这一合理化措施时,必须预计物流成本的降低额与由此给销售带来的影响,并进行比较分析。如能取得销售部门的同意,则比较容易实施,而且效果也好。

4．合理的库存

库存具有调节生产和销售,或者调节采购和销售之间的时间间隔的职能。若从降低物流成本的角度看,则库存量越少越好。但是,库存是以对客户服务为前提而存在的,只根据成本是无法判断库存的合理与否的。合理的库存量,就是跟一定时期估计的客户的需要量相对应,根据客户的需要所必需的最小量就是合理的库存量。库存管理的中心任务就是根据订货量和订货日期来保持合理的库存量。

7.2.3 设定物流成本控制标准

设定物流成本控制的标准是物流成本管理、控制过程的首要环节。建立适当的物流成本控制标准可以为以后的差异分析、业绩考核及纠正差异提供良好的基础。

1. 物流目标成本设定

1)物流目标成本的含义

物流目标成本是指根据预计可实现的物流产出或效益而计算出来的投入量,它是目标管理思想在成本管理工作中的应用产物。

由于目标成本是应该发生的成本,可以用作评价实际成本的尺度,从而成为督促员工去努力争取的目标,所以被称为目标成本。

标准成本和目标成本虽然都可以作为成本预算和成本控制的基础,但是它们的含义、指导思想和制定方法并不相同。"标准成本"是在20世纪初出现的,是科学管理的作业标准化思想和成本管理结合的产物。标准成本的制定从最基层的作业开始,分别规定数量标准和价格标准,逐级向上汇总,成为单位标准成本。制定标准成本时强调专业人员的作用,使用观测和计量等技术方法,建立客观标准,以"调和"劳资矛盾。

2)目标成本管理要点

目标成本是成本管理和目标管理结合的产物,强调对成本实行目标管理。一切管理行为以目标设立为开始,执行过程也以目标为指针,结束后以目标是否完成来评价业绩。目标管理强调授权,给下级一定自主权,减少干预,在统一的目标下发挥下级的主动性和创造精神;强调事前明确目标以使下级周密计划并选择实现目标的有效具体方法,减少对作业过程的直接干预。目标成本管理的要点如下:

(1)初步在最高层设置目标。企业的领导应明确整个组织的总目标,并以此作为一切工作的中心,起到指导资源分配、激励员工努力工作和评价经营成效的作用。总目标包括根据企业宗旨和社会责任确定的本年度的关键指标,如销售额、利润、成本、质量、回报率、创新水平等。这些目标要转化为企业各层次、各部门和单位的目标。总目标是建立在分析和判断基础上的,要考虑面临的机会、威胁、优势、劣势等,它是试验性的,下级单位在制定可考核的子目标时要对总目标进行修正。

(2)明确组织的任务。每个目标和子目标都应有一个责任中心和主要责任人,并明确其应完成的任务和应承担的责任。在分解目标时,常常会发现原有组织结构的责任是含混不清的,不适应新确立的目标,这就需要及时澄清责任或根据目标要求对原有组织作必要的、合理的改组。例如,推出一个新物流服务的目标涉及技术开发、服务和市场推广主管人员,要明确各工作环节主管人员的具体任务和责任,必要时还要设置一个新的主管层和主管人,集中领导并实现高层次协调效果,以保证能够顺利实现这一目标。

(3)下属人员的目标设置。上级和下级要在一起研究下级目标。上级主管要了解下级的情况、想法和困难,给予建设性的指导。下级要在总目标的指导下,根据企业资金、设施和人力等资源状况,提出本单位的子目标。经过协商讨论,最后上级批准下级的目标。经过批准的、可考核的下级目标,要和上一级目标充分衔接、配合,要有一定程度的"紧张"性,需经过努力才能达到,要和其他部门的目标相协调,符合本部门和企业的长期目标和利益。

(4)制定目标的反复循环过程。从最高层开始初步确定的目标如果直接分派给下属人员,通常是难以奏效的。制定目标若从基层开始，向上逐级汇总，通常是消极或盲目的，也是不可取的。目标管理要求一定程度的自上而下和自下而上的反复循环。通过循环，上级与下级之间、各部门之间相互作用，从而实现总体的协调。在循环中，上级会发现新的情况、问题和机会，吸收下级的经验、知识和建设性意见；下级会了解企业的目标、资源状况和困难等全局情况，接受上级的指导，并学会如何与有关部门协作。

① 目标管理的优势：明确的目标可以起到激励的作用；迫使主管人员更好地计划自己的工作，选择更有效的实现目标的方法，更合理地组织人力和物质资源；迫使主管人员弄清楚组织的结构、任务和权责的关系；鼓励人们致力于实现他们的目标；有助于开展有效的控制工作。

② 目标管理在实施过程中经常遇到的问题：目标管理建立在自我控制的基础上，各层次目标的主管人员必须向下属解释目标的制定原理及实施方法和职责，这就要求主管人员必须是管理的内行，并具有较高的业务水平，而现实情况往往与这样的要求有一定的距离；设置真正合理的、可考核的目标往往很困难，各级主管往往注重短期的考核目标，而忽视长期目标；在情况变化时，主管人员对是否改变目标不能果断决策，以致影响企业的应变能力；容易产生过分使用定量指标的倾向，对不宜使用定量指标的领域勉强量化，从而忽视了不能量化的重要目标。

目标成本管理的成败，很大程度上取决于企业最高领导是否真正了解目标成本管理的内容，是否有采用此种方法的强烈愿望。他们必须事先搞清楚：目标成本管理对企业的重要性是什么，如何发挥其作用，其优点和不足是什么；目标成本管理是否适合本企业，最高领导是否愿意花费时间和精力坚持下去；是否具备了推行目标成本管理的条件、适宜的管理气氛、合理的组织结构和有效的信息系统；现在是否是开始推行的适宜时机；等等。在没有认真考虑这些问题之前，草率起步、盲目推行，效果往往不好。推行目标成本管理必须由最高领导亲自做出如何实行的决策，并集中精力对目标成本管理进行一次全面彻底的分析，而不能由其他负责人代替。

3）物流目标成本的确定

物流目标成本是根据预计物流服务产出和目标利润计算出来的，即

$$物流目标成本 = 预计物流服务产出 - 目标利润$$

① 目标利润率法。采用目标利润率法的理由是：本企业只有达到同类企业的平均报酬水平，才能在竞争中生存。有的企业使用同行业先进水平的利润率预计目标成本，其理由是"别人能办到的事情，我们也应该能办到"。此时，目标利润的计算公式为

$$目标利润 = 预计服务收入 \times 同类企业平均服务利润率$$

或

$$目标利润 = 本企业净资产 \times 同类企业平均净资产利润率$$

或

$$目标利润 = 本企业总资产 \times 同类企业资产利润率$$

② 上年利润基数法。采用上年利润基数法理的理由是：未来是历史的继续，应考虑现有基础（上年利润）；未来不会重复历史，要预计未来的变化（利润增长率），包括环境的改变和自身的进步。有时候，上级主管部门对利润增长率有明确要求，也促使企业采用上年利润基数法。此时，目标利润的计算公式为

$$目标利润 = 上年利润 \times 利润增长率$$

按上述方法计算出的目标成本，只是初步设想，提供了一个分析问题的合乎需要的起点，它不一定完全符合实际，还需要对其可行性进行分析。

2. 目标成本的可行性分析

目标成本的可行性分析是指对初步测算得出的目标成本是否切实可行作出分析和判断。目标成本的可行性分析主要是根据本企业实际成本的变化趋势、同类企业的成本水平，充分考虑本企业成本节约的潜力，对某一时期的成本总水平做出预计，看其与目标成本的水平是否大体一致。经过测算，如果预计目标成本是可行的，则将其分解，下达有关部门和单位；如果经反复测算、挖潜，仍不能达到目标成本，就要考虑放弃该产品并设法安排剩余的生产能力；如果从全局看不宜停产该产品或该服务项目，也要限定产量，并确定亏损限额。

3. 目标成本的分解

所谓目标成本的分解，是指设立的目标成本通过可行性分析后，将其自上而下按照企业的组织结构逐级分解，落实到有关的责任中心。成本分解通常不是一次完成的，需要一定的循环，不断修订，有时甚至需要修改原来设立的目标。

目标成本分解的方法有以下几种，要根据企业物流组织结构和成本形成过程的具体状况选择采用。

（1）按管理层次分解。将目标成本按总公司、分公司、部门、班组、个人进行分解。这是一种自上而下的过程，分解的内容包括物料、人工、费用3项。

（2）按管理职能分解。将成本在同一管理层次按职能部门分解。例如，市场推广部门负责推广费用，配送部门负责配送费用，运输部门负责运输费用，人事部门负责工资成本，后勤部门负责燃料和动力费用，行政部门负责办公费用等。

（3）按服务结构分解。把服务成本分成各种材料消耗或成本和人工成本，分派给各责任中心。

（4）按服务形成过程分解。把服务成本分成固定成本和变动成本，再把固定成本进一步分解为折旧费、日常费、办公费、差旅费、修理费等项目，把年度目标成本分为季度或月份目标成本，甚至分解成周或日的目标成本，把变动成本分解为直接材料、直接人工、各项变动费用。

7.2.4 物流标准成本的种类

1. 按经营管理水平及技术分类

（1）理想标准成本。它是指在最优的物流运作条件下，利用现有的物流能力和设备能够达到的最低成本。制定理想标准成本的依据是理论上的业绩标准、物流运作要素的理想价格和可能实现的最高物流运作经营能力利用水平。

理论业绩标准是指在物流运作过程中物流运作要素消耗量毫无技术浪费，最熟练的员工全力以赴工作，不存在任何损失和停工时间等条件下可能实现的最优业绩。

最高物流运作经营能力利用水平是指理论上可能达到的设备利用程度，只扣除不可避免的机器修理、改换品种、调整设备等时间，而不考虑产品或服务销路不佳、物流运作技术故障等造成的影响。

理想价格是指原材料、劳动力等物流运作要素在计划期间最低的价格水平。

（2）正常标准成本。它是指在效率良好的条件下，根据下期一般应该发生的物流运作要素消耗量、预计价格和预计物流运作经营能力利用程度制定出来的标准成本。在制定这种标准成本时，把物流运作经营活动中一般难以避免的损耗和低效率等情况也考虑在内，使之切合下期的实际情况，成为切实可行的控制标准。

在物流标准成本系统中，广泛使用正常的物流标准成本。它具有以下特点：它是用科学方法根据客观实验和过去实践经验充分分析制定出来的，具有客观性和科学性；它排除了各种偶然性和意外情况，又保留了目前条件下难以避免的损失，代表正常情况下的消耗水平，具有现实性；它是应该发生的成本，可以作为评价业绩的尺度，成为督促员工去努力争取的目标，具有激励性；它可以在工艺技术水平和管理有效性水平变化不大时持续使用，不需要经常修订，具有稳定性。

2. 按适用期分类

（1）现行标准成本。它指根据其适用期间应该发生的价格、效率和物流运作经营能力利用程度等预计的标准成本。在这些决定因素变化时，需要按照改变了的情况加以修订。这种标准成本可以成为评价实际成本的依据，也可以用来对库存和配送成本进行计算。

（2）基本标准成本。它是指一经制定，只要物流运作的基本条件无重大变化，就不予变动的一种标准成本。所谓物流运作基本条件的重大变化，是指产品或服务的物理结构的变化、重要原材料的变化、技术和工艺的根本变化等。只有这些条件发生变化，基本标准成本才需要修订。由于市场供求变化导致的服务价格变化和物流运作经营能力利用程度变化、由于工作方法改变而引起的效率变化等，不属于物流运作的基本条件变化，对此不需要修改基本标准成本。基本标准成本与各期实际成本对比，可反映物流成本变动的趋势。由于基本标准成本不按各期实际修订，不宜用来直接评价工作效率和成本控制的有效性。

7.2.5 物流标准成本的制定

制定物流标准成本，通常首先确定直接材料和直接人工的标准成本，其次确定物流服务费用的标准成本，最后确定单位物流服务的标准成本。在制定时，无论是哪一个成本项目，都需要分别确定其用量标准和价格标准，两者相乘后得出成本标准。

用量标准包括单位物流服务消耗量、单位物流服务直接人工工时等，主要由物流和技术部门主持制定，吸收执行标准的部门和员工参加。

无论是价格标准还是用量标准，都可以是理想状态的或正常状态的，据此得出理想的标准成本或正常的标准成本。

1. 直接耗材的标准成本

直接耗材的标准成本是现有技术条件下提供某种服务所需的耗费材料的费用，其中包括必不可少的消耗，以及各种难以避免的损失。直接耗材的标准消耗量是用统计方法、工业工程法或其他技术分析方法确定的。

直接耗材的价格标准是预计下一年度实际需要支付的进料单位成本，包括发票价格、运费、检验和正常损耗等成本，是取得耗材的完全成本。

2. 直接人工标准成本

直接人工的用量标准是提供某种服务的标准工时。确定提供某种服务所需的直接服务工时需要按服务的运作顺序分别进行,然后加以汇总。标准工时是指在现有物流运作技术条件下提供某种服务所需要的时间,包括直接服务操作必不可少的时间,以及必要的间歇和停止,如工间休息、调整设备时间、不可避免的不良服务耗用的工时等。标准工时应以作业研究和工时研究为基础,参考有关统计资料来确定。

直接人工的价格标准是指标准工资率,它可能是预定的工资率,也可能是正常的工资率。如果采用计件工资制,标准工资率是预定的每项服务支付的,工资除以标准工时,或者是预定的小时工资;如果采用月工资制,需要根据月工资总额和可用工时总量来计算标准工资率。

3. 服务费用标准成本

物流服务费用的标准成本是按服务的种类分别编制,然后将同一服务涉及的各班组服务费用标准加以汇总,得出整个服务费用标准成本。它分为以下两个部分:

(1) 变动服务费用标准成本。变动服务费用的数量标准通常采用单位服务直接人工工时标准,它在直接人工标准成本制定时已经确定。有的企业采用机器工时或其他用量标准,作为数量标准的计量单位,应尽可能与变动服务费用保持较好的线性关系。

变动服务费用的价格标准是每一工时变动服务费用的标准分配率,它根据变动服务费用预算和直接人工总工时计算求得。

(2) 固定服务费用标准成本。如果企业采用变动成本计算服务费用,则固定服务费用不计入服务成本,因此,单位服务的标准成本中不包括固定服务费用的标准成本。在这种情况下,不需要制定固定服务费用的标准成本,固定服务费用的控制则通过预算管理来进行。如果采用完全成本计算,固定服务费用要计入服务成本,还需要确定其标准成本。

固定服务费用的用量标准与变动服务费用的用量标准相同,包括直接人工工时、机器工时、其他用量标准等,并且两者要保持一致,以便进行差异分析。这个标准的数量在制定直接人工用量标准时已经确定。

7.3 企业物流成本核算

7.3.1 物流成本核算概述

1. 物流成本核算的基本内容

物流成本核算的目的是更好地进行物流成本管理,主要包括以下 3 个方面的核算内容。

1) 物流成本种类核算

物流成本种类核算要回答的问题是:在某一核算期内,企业发生了哪些成本,各是多少,总量是多少。在成本种类核算中,企业运行过程中所有价值损耗的收集是核心工作。成本种类核算所需的数据来自财务会计的辅助核算部门。成本种类核算中的成本种类和财务会计中的科目是相对应的。

2) 物流成本位置核算

物流成本位置核算要回答的问题是:在某一核算期内,各个成本位置发生了哪些成本,各是多少。成本位置核算是在成本种类核算的基础上完成的,通过企业核算的组织可将成本种类核算的结果分摊到相应的成本位置上，从而获得成本位置核算结果。通过成本位置核算，还可将不能直接计入最终产品的成本分摊到最终产品上去。企业中的每个成本位置都表明一个作业点和所包含的成本种类，这样可以很容易地核算出成本位置上的成本。一般来说，企业中的各个部门、各个作业环节都可以看成是成本位置，有关人员要对其责任区内所发生的成本负责。

3）物流成本承担者核算

成本承担者核算要回答的问题是：在某一核算期内，企业发生了哪些成本，为谁发生的，各是多少。成本承担者具有双重任务，一是要对每个核算单位的成本进行评价，二是对核算期内总生产成本进行评价。前者称为单位产品成本核算，后者称为企业经济效益核算。

一个企业可能有多种物流服务作业，每种都有自己的单位成本，通过与市场价格的比较，可以判断成本费用水平，但这并不能反映整个企业的盈亏状况。因此，还要进行企业经济效益核算，以便掌握在这一核算期内，企业是盈利、保本还是亏损。

2. 物流成本核算的过程

物流成本种类核算、成本位置核算和成本承担者核算在成本核算中构成了一个连续的物流成本过程。

成本种类核算是成本核算的第一步。它按成本种类，如工资、租金、折旧等对各种价值损耗进行收集和分类，并根据与成本承担者的关系将成本分为直接成本和间接成本。此外，对不能计入成本的所有价值损耗必须通过财务会计进行界定，以避免造成对成本的错算。

接下来是成本位置核算。成本位置核算需经过3个步骤才能完成。首先，将间接成本分配到其所发生的成本位置上去；然后，将所有与成本承担者没有直接关系的成本分摊到最终成本位置上；最后，为最终成本位置计算核算率，借助于核算率可将间接成本核算到成本承担者上。

3. 物流成本核算的基本步骤

1）明确物流范围

物流范围作为物流成本的核算领域，是指物流的起点和终点的长短。通常所说的物流范围一般包括原材料物流或企业内部物流，即从工厂到仓库的物流，从仓库到顾客的物流这样一个广泛的领域。明确物流范围是进行物流成本核算的前提，因为物流领域从哪里开始到哪里停止，作为物流成本核算，对物流成本大小的影响是不同的。以生产企业为例，可把物流范围划分为供应物流、销售物流、退货物流、废弃物物流等。

2）确定物流功能范围

物流功能范围是指在物流诸种功能中，把哪些功能作为物流成本的核算对象。物流功能可分为采购、运输、保管、装卸、流通加工、情报信息流通、物流管理等多种活动。作为会计核算项目，又可划分为运输开支、保管费开支等委托费和本企业物流活动中支付的内部物流费；内部物流费进而又可分为材料费、人工费、加工费、管理费和特别经费等。这些项目代表了物流成本的全部内容。

3）确定核算科目的范围

核算科目的范围是指在核算物流成本时，把会计科目中的哪些项列入核算对象的问题。在会计科目中，既有运费开支、保管费开支等企业外部开支，也有人工费、折旧费、修理费、燃料费等企业内部开支。这些开支项目把哪些列入物流成本核算科目，对物流成本的大小是有影响的。企业在核算某一物流成本时，既可实行部分科目核算，也可实行全部（总额）成本核算。另外，还可按费用发生的地点核算外部费用和内部费用，其中内部费用存在一个费用分解问题，即把物流费用从其他有关费用中分解出来。

上述 3 个方面的范围选择决定着物流成本的大小。企业在核算物流成本费用时，应根据自己的实际情况，选择使上述 3 个方面趋于一致的成本核算方法。

7.3.2 物流成本核算的方法

1. 物流成本核算的基本方法

1）简单除法核算

采用简单除法核算不需将总成本分解为直接成本和间接成本，可用某一时期的总成本除以物流业务量得出单位业务量的平均成本。这种简化的成本核算方法适用于业务量较大的物流系统。

2）等效系数核算

如果各种产品的流通加工技术相似，各种产品的成本之间存在一定的关系，可以计算等效系数。以某一产品作为标准，赋予其等效系数为 1，其他产品的等效系数可根据它们之间的关系计算出来。与简单除法核算类似，等效系数核算也分为一级、二级和多级核算。

3）联合作业核算

由于自然的或技术的原因，在物流过程中，不可避免地会出现各种不同的物流作业。在具有联合作业的物流活动中，联合作业核算是简单除法核算的特殊形式。

2. 物流成本位置核算法

进行物流成本位置核算的前提条件是把整个物流分成若干成本位置。成本位置覆盖了企业的所有领域，这些领域作为独立核算单位或核算领域，相互之间的界定必须十分明确。从实际上看，成本位置是成本发生的地方；从功能上看，成本位置是成本归集的地方。

1）物流成本位置的构成

成本位置同时是企业的计划、控制和责任区。构造成本位置可按不同的原则来进行，即功能原则、责任原则、空间原则和核算原则。

在实践中，上述 4 种原则都有应用，但最重要、最常用的是功能原则和责任原则。一个企业构造多少个成本位置，从原则上讲取决于物流规模和单位数量。其中，必须注意两个方面，一方面是实现尽可能广泛的分类，以使意义明确的规模单位在成本归集和成本控制中达到高精确性。按成本位置分类的深度可以在层次构造中区分为成本位置区域、成本位置组及成本位置，多个成本位置构成一个成本位置组，多个成本位置组构成一个成本位置区域。另一方面，过度的细分会导致核算成本的提高，并且忽略成本核算的清晰度和现实性。

2）物流成本位置的种类

一个企业的成本位置可从两个方面进行分类，一方面考虑成本位置所产生的效益种类，另一方面考虑成本位置上所发生的成本继续核算的类型。

（1）根据成本位置所产生的效益种类，将成本位置分为主要成本位置和辅助成本位置。主要成本位置是指所有与主要业务效益直接相关的核算区。从狭义上讲，物流作业，如加工和安装属于此类；从广义上讲，材料采购、运营管理和销售也都包括在内。辅助成本位置只对主要业务产生间接效益（辅助效益），间接效益又被称为企业内部效益。在这种意义上，在一般领域中的所有成本位置可归于此类。

如果一个成本位置产生的效益通常是为所有其他成本位置服务，如食堂，这种成本位置叫作普通成本位置或普通辅助成本位置。如果一个辅助成本位置，如工艺准备，只是为某个最终成本位置服务，一般称为附属成本位置或具体成本位置。

（2）根据成本继续核算的类型，将成本位置分为预备成本位置和最终成本位置。预备成本位置又称非独立成本位置，最终成本位置又称独立成本位置。非独立成本位置的成本要通过分摊，将其进一步核算到其他独立的成本位置上，这种核算将与需要相对应，如车辆成本需要借助于所提供的驾驶日志来分摊。在总的成本分摊结束后，所有非独立成本位置的成本全部被分摊，成本为零。所以从核算技术意义上看，所有预备成本位置的成本只能通过最终成本位置才能核算到成本承担者上，最终成本位置的成本可以直接加到成本承担者上，如加工位置的成本，需要借助于核算率加到物流效益上。

7.3.3 物流成本核算的步骤

1. 成本分配

成本分配是进行成本位置核算的第一步，首先要把各个间接成本种类的总额分配到企业核算里。有些间接成本可直接分配，而有些间接成本只能间接分配。

（1）直接分配。直接分配是指所有的成本种类，其总值或某一部分值是直接为一个或几个成本位置发生的，而且这些成本是能指明的，如加工辅助工资。成本核算时必须注意，尽可能在出具凭证时就做出相应的记录。只有当成本位置已知时，才能进行直接分配。

（2）间接分配。如果出于组织、技术或经济原因，某些成本种类同时为多个成本位置发生，则只能进行间接分配。这些间接成本如租金、保险金等，被称为成本位置间接成本，它不能直接分配在其所发生的成本位置上去。

要分配这样的成本，可以把分配关键要素作为辅助工具，分配的关键要素为某一业务与其必要的成本之间提供了一种比例。因此，必须对每个不能直接分配的间接成本种类寻找一个关键要素，这样，如储存成本就可以按平方米、立方米的数量进行分配。

2. 成本分摊

将某些成本位置向其他成本位置的核算称为成本分摊。考虑成本控制和成本继续核算的原因，成本分摊是必要的，这是成本位置核算的第二步。

（1）物流内部效益的核算。对最终物流作业的形成只有间接作用的效益被称为物流内部效益。物流内部效益主要产生于一般成本位置和附属成本位置，有时也发生在主要成本位置。物流内部效益虽然与经营效益有关，然而它是物流活动本身消耗的结果，是由一个成本位置为一个或更多的其他成本位置产生的。由于经济、技术或社会原因，物流内部效益也可以是从企业物流系统外部得到的，如宏观物流环境促进了企业物流活动效率的提高。

（2）成本向最终成本位置的归集。间接成本进一步向成本承担者核算，是通过最终成本位置的归集实现的。预备成本位置的成本同样必须由销售的效益承担。因此，有必要在进行成本承担者核算之前把预备成本位置的成本分摊到最终成本位置上，以保证把间接成本完全分配到最终效益上去。

（3）成本分摊的方法。根据实际情况，成本分摊方法可分为单向分摊法和双向分摊法。

① 单向分摊法是建立在"提供—接收"原则上的，即必须使后面的成本位置接收前面的成本位置的成本。单向分摊法忽略了成本位置之间互相提供效益（成本）的关系。

② 双向分摊法是建立在"相互提供"原则上的，即后面的成本位置与前面的成本位置相互提供效益（成本）。双向分摊法的运用有多种途径，最简单的途径是使用标准和理想核算价格，根据上期的情况或计划数字计算每个效益单位的价格。

3．成本核算

成本位置核算的第三步包括确定间接成本进一步核算到成本承担者的核算率，确定实际发生的间接成本，以及核算间接成本之间的盈余和亏损。

（1）间接成本核算率的确定。间接成本要集中到最终成本位置上，以使其能够进一步核算到成本承担者上。如果企业只生产一种产品，进一步核算是没有必要的，因为总成本与成本承担者具有直接关系；如果企业生产多种产品，就出现了总成本如何分配到成本承担者的问题。通过确定核算率可以解决这个问题，为此，必须在间接成本和成本承担者之间找到一个关联值。它具备这样的特点：如果关联值提高（降低），所分配的间接成本也增加（减少）的话，那么间接成本和成本承担者之间同时存在因果关系。

（2）成本盈余与亏损。实际发生的间接成本，即实际间接成本，只有到期末才能确定。市场形势变化会导致实际所有最终成本位置上的盈余或亏损，如果核算的间接成本超过了实际间接成本，则出现了盈余；反之，则出现了亏损。

在把间接成本向成本承担者核算的过程中，盈余或亏损的出现是不可避免的，成本核算必须设法将这种差异保持到最小的程度。在市场价格波动较大的情况下，实际间接成本和核算间接成本的差异也会较大。为了减少这种偏差，可以采用各种各样的方法，如缩短核算期。

7.4 企业物流作业成本管理

7.4.1 企业物流作业成本概述

现代企业物流的观念把物流看作为满足客户需要而设计的、具有有密切联系的作业集合体，由设计、生产、销售等作业所构成，形成一个起始于企业供应商，经过企业内部，最后为客户提供产品或服务的由此及彼、由内到外的作业链。作业链也表现为"价值链"作业的推移，最终形成转移给企业外部客户的总价值。企业管理应深入到作业水平，尽可能消除非增值作业，提高增值作业的效率。

1．成本及成本对象

成本是为取得可为某组织带来当期或未来利益的某种产品和服务而付出的现金或现金等价物。机会成本是指当选定某一方案而放弃其他方案时放弃或牺牲的利益。

成本对象是指需对其成本进行成本计量和分配的项目，如产品、顾客、部门、工程或作业等。能够容易、准确地归属于成本对象的成本称为直接成本，不能容易、准确地归属于成本对象的成本称为间接成本。当然这种划分只是相对的，随着成本对象的改变，直接成本可能变为间接成本，间接成本也可能变为直接成本。

2. 作业

作业是指企业为提供一定量的产品或劳务所消耗的人力、技术、原材料、方法和环境资源等的集合体。财务会计上的作业是指基于一定目的，以人为主体，消耗了一定资源的特定范围的工作。

企业的制造费用可以看作与产品数量相对独立的一系列作业的结果，这些作业消耗了资源，并确定了制造费用的成本水平，而不是由产品直接消耗资源。简而言之，是作业驱动了制造费用的成本水平。因此，要反映产品真实的资源消耗，制造费用就应当按照作业基础来分配，管理者以此来鉴别导致成本发生的真正原因并予以正确的控制。

3. 作业的内涵要点

（1）作业是以人为主体的。人是各项经营、管理活动的主体。

（2）作业消耗一定的资源。

（3）区分不同作业的标志是作业目的。作业目的也即作业动因，企业的各项活动可以按每一部分工作的特定动因区分为不同的作业。

（4）作业的范围可以确定。由于作业区分的依据是作业动因，而作业动因是客观存在的，因而作业范围是可以确定的。

4. 作业消耗与产出之间的关系

（1）增值作业。增值作业是指那些直接对企业创造价值行为做出贡献的作业，是企业希望加强的活动。

（2）非增值作业。非增值作业是指那些不直接对创造价值行为起作用的作业，属于企业渴望消除或减少的作业。

（3）专属作业。专属作业是指为某种特定产品或劳务提供专门服务的作业。专属作业资源耗费价值应直接由该特定的产品或劳务负担。

（4）共同消耗作业。共同消耗作业是指同时为多种产品或劳务提供服务的作业。

7.4.2 作业链与价值链

现代企业的活动可以理解为，企业为提供满足顾客需要的产品而采取的包括产品设计、开发、生产、销售、服务等环节的一系列作业的集合，即作业链。

根据作业会计的基本思想，作业消耗资源，产品消耗作业，在每完成一项作业，消耗一定资源的同时，会有一定的价值量和产出转移到下一个作业，价值沿作业链在各项作业之间实现转移，构成一条价值链。因此，作业链的形成过程就是价值链的形成过程。

1. 成本的追溯

将直接成本分配至成本对象的实际分配过程称为追溯。成本追溯方法可分为直接追溯和动因追溯两种。

（1）直接追溯是指将与某一成本对象有着特定或实物联系的成本直接确认分配至该成本对象的过程，并且这一过程可以通过实地观察来实现。

（2）动因追溯使用资源动因和作业动因这两种动因类型来追溯成本。资源动因计量各项作业对资源的需要，用以将资源成本分配到各项作业上。而作业动因则是计量各成本对象对作业的需求，并被用来分配作业成本。

2. 成本的分摊

将间接成本分配至各成本对象的过程称为分摊。由于间接成本与成本对象之间不存在因果关系，分摊间接成本就建立在简便原则或假定联系的基础之上，这样就可能会降低整个成本分配的准确性。成本分配模型如图 7.1 所示。

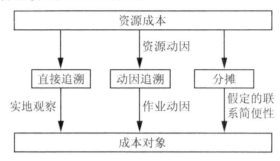

图 7.1 成本分配模型

在直接追溯、动因追溯和分摊这 3 种方法中，直接追溯法最准确，它依赖于可实际观察的因果联系；动因追溯法次之，它的准确性取决于动因对因果联系的表述质量；分摊法尽管具有操作简单、低成本等优点，但其准确性较低。在现代企业管理中，提高成本分配的准确性所带来的收益在价值上超过了与动因追溯相关的额外计量成本。

7.4.3 企业物流作业成本管理

企业物流作业成本管理包括物流作业成本计算和物流作业成本控制两个方面内容，它是作业成本管理在物流管理中的具体应用。物流作业成本计算解决的是将物流成本按其发生的物流作业进一步追溯到产品、服务和顾客中；而物流作业成本控制则是以物流作业成本计算为基础，说明物流管理系统如何提供改善了的产品或服务和顾客信息，使管理者能够更好地制定关于产品定价、生产组合、产品设计及建立顾客联系等决策。

1. 物流作业

企业物流作业就是一个组织对物质资料实体的物理性移动所进行的活动集合，包括场所位置的转移和时间占用的实际操作过程。物流作业包括运输作业、储存与保管作业、包装作业、装卸搬运作业、流通加工作业、信息处理作业等。由这些作业构筑物流整体作业，从而实现物流功能。

2. 物流作业链

现代企业物流观认为，物流实质上是为满足客户需要而建立的一系列有序的作业集合体，在诸如产品设计、工作准备、市场营销、存货收发等作业之间，形成一个起始于企业供应商，经过企业内部，最后为客户提供产品的作业链。因此，现代物流就是一个由此及彼、由内到外的作业链。

3. 物流客户链

物流各种作业之间，前一项作业为后一项作业提供服务，后一项作业是前一项作业的客户，彼此形成一个整体，因此，现代企业物流是一个客户链。

4. 物流价值链

物流活动中每进行一项作业，都要消耗一定的资源（如人力、物力和财力），而每完成一项物流作业也必然产生一定的价值，并且随作业的转换而转移到下一个作业上去，最后到最终产品，提供给客户。因此，现代企业物流又是一个作业链的形成过程，也就是价值链的形成过程。

作业的转换表现为价值的逐步积累和转移，最后形成提供给外部客户的总价值。从客户那里收到转移给他们的价值，形成企业的收入，收入补偿完有关作业所消耗的资源的价值之和的余额，就是企业的盈利。因此，企业为实现其经营目标，就必须努力提供作业产出，减少作业消耗。

与现代企业物流成本观相适应，现代物流成本管理不能停留在功能这一层次，而应深入到作业水平。以作业为物流管理的主要对象，应重点分析物流的作业，分析哪些作业能够增加价值，哪些作业不能增加价值，并尽可能消除不能增加价值的作业，即使是能够增加价值的作业，也应尽可能提高其效率，减少其作业耗费。

5. 物流成本动因

传统的成本系统中所有的间接费用都与直接人工或机器小时或业务量线性相关，所以在分配间接费用时，便以直接人工、机器小时等与业务量密切相关的标准来分配。但是在物流技术含量较高的情况下，许多物流间接费用的大小与直接人工、机器小时或业务量并不成比例，所以这种假定并没有真实地反映成本与资源消耗间的本质联系，会造成信息失真。也可以说，传统的成本系统把产品产量当作唯一的成本动因。

为了克服这一缺陷，物流作业成本系统从成本对象与资源耗费间的因果关系着手，力图揭示资源耗费与成本对象之间的本质联系。

资源的耗费、成本的发生取决于成本动因，间接费用的分配应以成本动因为衡量尺度。成本动因是决定作业的工作负担和作业所需资源的因素，是决定成本的结构及金额的根本因素，它可以揭示实施作业的原因及作业消耗资源的多少。成本动因不仅是分配间接费用的恰当依据，而且还揭示了成本的因果关系，揭示了消除浪费、改进作业管理的可能性。成本动因有以下两种形式：

（1）资源动因。资源动因是决定一项作业所耗费资源的种类及数量的因素，它反映作业量与资源耗费之间的因果关系。通过分析，可以揭示哪些资源需要减少，哪些资源需要重新配置，最终确定如何改进和降低作业成本。

（2）作业动因。作业动因是决定成本对象所需作业的种类和数量的因素，它反映成本对象使用作业的频度和强度，通过实际分析，可以揭示哪些作业是多余的，应该减少，整体成本应该如何降低。

6. 物流作业层次

与传统的成本管理采用简单的数量成本动因不同，作业成本系统采用多个作业动因来分析企业成本，而且它们可能与产量没有直接的关联。作业成本系统对作业动因的确定体现了作业和作业成本的层次性。一般来说，作业成本系统将物流的作业和作业成本划分为单位作业层次。在物流单位作业层次上，物流活动均由一系列作业构成，作业成本与物流业务数量成比例关系，作业为每个物流活动而发生，因此，作业成本取决于物流业务的数量。在物流功能层次上，作业是维持各种物流功能正常发挥的基础，因此，作业成本取决于物流范围及其复杂程度等因素，而与物流业务数量无直接关系。在物流系统层次上，作业是为了支持和管理物流经营活动，因此，作业成本取决于组织规模和组织结构，与物流业务数量、批次和种类无直接关系。

许多作业成本与物流业务数量之间没有直接的相关关系，在分配作业成本时，不宜仅采用与物流业务数量直接相关的作业动因，而且也不应仅使用单一的作业动因。

通过对作业成本层次的揭示，作业成本系统能够指出不同层次作业的动因。不同层次的作业的成本习性不同，因此，它较准确地描述了成本发生的因果关系，区分了不同层次的管理重点。

7.4.4 物流作业成本分析

1. 物流作业成本分析的概念

物流作业成本分析是以作业成本计算为指导，将物流间接成本和辅助资源更准确地分配到物流作业、运作过程、产品、服务及顾客中的一种成本分析方法。许多资源的使用并不构成产品的实物形态，而是用于各种辅助作业活动，物流作业成本分析法主要是针对这些资源量和定价。

物流作业成本分析的目标体系如图 7.2 所示。

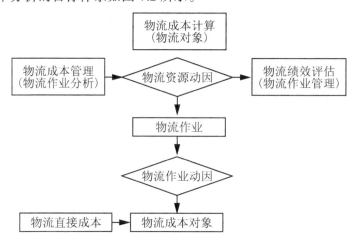

图 7.2 物流作业成本分析的目标体系

2. 物流作业成本分析的要素

1）物流资源

物流资源表明了物流作业所消耗的成本，如流通加工是加工车间的一个作业，特定的机器、工具、人员等即是使这个作业顺利进行的资源。当一项资源只服务于一种作业时，分配成本到作业形成一个作业成本库就比较简单；当一项资源服务于多个作业时，就必须通过成本动因分析，把资源的消耗恰当地分配给相应的作业。

2）物流资源动因

物流作业引起资源的消耗，资源动因便是分配资源耗费给各个作业形成作业成本库的依据，它在资源的耗费和作业成本库之间建立起一个因果联系。

3）物流作业和作业成本库

物流作业是一个物流企业使投入转变为产出的活动，它是一些紧密联系的业务的集合。依据物流资源动因将资源分配给作业后，就形成了各个物流作业成本库。

4）物流作业动因

物流作业动因是将物流作业成本库中的成本分配到成本对象的依据，它在作业成本库和成本对象之间建立了因果联系。

5）物流成本对象

成本对象是作业成本分配的归属，常见的成本对象有产品、服务、批次、客户、销售渠道、销售地域等。

对于物流过程来说，作业成本常依据作业动因在 3 个层次上分配给成本对象：单位水平层、批量层、产品维持层。由于不同层次上的作业成本随不同的因素变化，如单位水平作业的成本与生产和销售的数量成正比，而批量层作业的成本常取决于批数，所以把不同层次的作业区分开来是必要的。

6）直接成本

直接成本是那些易于追溯到成本对象上的成本，如常用原料清单和原料内部领用单来将直接材料分配到每一个单位产品上。一般情况下，存在 3 种直接成本，即直接材料、直接人工和直接技术（设备）。

3．物流作业成本分析的过程

1）分析和确定资源

在分析和确定资源时，有时候需要把一些会计账目和预算科目结合起来组合成一个资源库，有时候需要把一些有不同作业消耗的账目或预算科目分解开来。根据费用与有关业务量之间的依存关系，可将物流费用分为变动费用、固定费用和混合费用。

2）分析和确定作业

作业描述了企业所进行的一切活动，同时说明了时间、原材料等资源是如何被消耗的，作业的投入与产出各是什么。作业层级的概念认为，作业是层层包含的，大作业中包含着若干小作业，每个小作业中又包含着若干更小的作业……如此深入分解下去，可将作业最终分解为员工或机器进行的每一个具体动作。

在实施作业成本计算时，必须在合理的范围内确认作业，作业范围太大，会影响作业成本计算的准确性和效果；作业划分过细，则加重了执行作业成本计算的负担，导致不必要的时间、人工等资源的浪费。确认作业时，必须对作业进行整合和分解。企业在进行作业的整合与分解时，应注意不同的人执行的作业不能被整合；一个作业一般包括不超过 15 个密切相关的操作；如果一个作业只有一项操作，那么可能是将它分解得太细了；如果一个作业中包含了不相关的操作，应把它分解出去；如果一个作业中有一项投入和一项产出，那么它就不能再分解了。

3）确定资源动因，建立作业成本库

物流作业成本管理为每一项作业设置一套账户，成本按照作业流程结转。因此，必须明确作业与成本项目的关系。每个作业可能与一个或多个成本项目相联系。

4）确定成本动因

一旦将资源耗费分配给作业成本库后，就可以开始确定成本动因。确定成本动因是作业成本计算过程中非常重要的，也是难度最大的步骤。作业成本计算依据成本动因将费用分配到成本目标，突破了传统的成本核算方法简单地以直接人工小时或机器小时为分配基础的局限性。确定成本动因不仅需要会计部门的人员参加，而且应该有企业各个部门的人员的广泛参与，实施作业成本计算的人员还要深入到企业的各个工作现场，同员工进行直接的接触，充分了解企业的作业活动，以便确定合理的成本动因。确定及选择成本动因应当着重考虑以下几个方面：

（1）确定成本动因数量时应考虑的要点。

① 物流成本的精确度。所希望的物流成本的精确度越高，所需的成本动因数量就越多。

② 物流组合复杂度。物流组合复杂度越高，所需的成本动因数量就越多。物流服务种类少，可减少作业成本项目的数量，作业成本更易被追踪到具体作业，所需的成本动因数量就少。

③ 不同作业的相关成本。形成物流服务成本中的关键部分的作业种类越多，所需的成本动因数量就越大；物流服务中的关键性作业往往是非同质作业，成本动因各不相同，关键性作业数量越多，追踪物流成本所需的成本动因数量也就越多。

④ 物流作业批量复杂度。不同物流作业批量大小的差异越大，所需的成本动因数量就越多。批量大小不同，生产、订货、运输批量大小自然不一样，则需要更多成本动因来反映这种批量复杂度。

⑤ 不完全相关的成本动因。同一作业实际消耗的不同成本动因的相关性越低，所需的成本动因数量就越多。不同成本动因的相关程度高，选择其中的关键成本动因就可以说明实际的资源消耗；反之，不同成本动因不能相互说明，独立性强，则必须对全部成本动因加以考虑。

（2）选择成本动因应考虑的要点。

① 计量成本动因的成本。即考虑有关成本动因的资料是否容易获得。若在现有的成本系统之内可获得，则成本不会太高；若要利用新的成本系统收集资料，则成本会大大地增加。此时必须做成本效益分析，计量成本低的成本动因被选中的可能性要比计量成本高的成本动因大。

② 成本动因与作业实际消耗的相关度。相关程度越高，产品成本的准确性就越高，则越有可能采用该成本动因。

③ 成本动因引发的人的行为。如果由于采用该成本动因可能引起的组织行为的变化与希望的一致，那么可选择该成本动因。

5）分配成本至成本目标

将资源耗费分配至成本目标，依据成本动因计算物流作业成本的过程分两个阶段进行：第一阶段依据资源动因将资源耗费分配至作业；第二阶段依据作业动因将作业成本分配到成本目标。

对于直接成本，不需要经过"两阶段"的分配过程，可以将它们直接分配到成本目标。"两阶段"分配法是针对间接成本的分配设计的。在企业中，间接成本一般包括管理人员的工资、维修费用、福利费用、折旧费用等。下面以几个典型的间接成本为例说明如何进行分配。

（1）工资的分配。根据员工性质的不同，工资类间接费用可以分为以下3类：

① 服务相关类。这些员工所从事的作业同某一产品紧密相连，如物流服务、作业监督、质量控制等。这类工资比较容易分配。在确定成本动因时应向员工们了解他们花在某项产品或服务上的时间占其工作时间的比例，根据时间比例把工资费用分配至作业。有时，这一时间比例不易量化，在实践中，可按每种产品或服务所耗用的作业小时进行分配。

② 设备相关类。这类工资费用应首先被分配到作业或作业中心，然后采用机器小时或装配次数，将其分配至作业。

③ 行政事务类。行政人员从事的作业属于维持性作业，应将其工资费用首先归集到维持性作业中心，与其他维持性作业发生的成本一起形成维持性作业成本库，然后按照人工小时或机器小时在全部产品范围内统一分配至各项作业。

（2）津贴、福利的分配。分配津贴、福利费用的办法同工资费用是基本相同的。

（3）维修费用。维修费用总是针对某一机器设备发生的。在实践中，应先了解该设备所从事的作业，把维修费用分配到设备所从事的作业，或作业所在的作业中心，然后再依作业动因分配到产品。

（4）折旧费用。折旧费用包括3类，即机器设备折旧、无形资产摊销、建筑物折旧。不同来源的折旧费用的分配方法也不相同。

① 与机器设备相关的折旧费用的分配同维修费用相同，先将折旧费用归属到企业管理或作业中心，然后根据作业小时等作业成本动因分配到作业。

② 无形资产摊销费用，由于这类费用同产品不直接相关，所以可以不把它们分配到产品，而作为期间费用处理。

③ 对于建筑物折旧费用的处理尚无统一的做法。有些企业以"平方米"为成本动因，将其分配到作业或作业中心，但在实践中确认与厂房折旧费用相关的作业是非常困难的。

6）计算作业成本

在确定了作业动因后，便可依据它计算每个作业或服务（或其他成本对象）所消耗的作业成本。这个过程通常是在作业清单上进行的，作业清单上列出了各项作业及各个成本对象所应分配的成本。

思考与练习

一、思考题

1. 企业物流成本的构成内容有哪些？企业物流成本又如何分类？
2. 什么是企业物流成本管理？
3. 企业物流成本管理的意义和作用是什么？
4. 简述企业物流总成本的构成。
5. 如何控制企业物流成本？成本控制的方法有哪些？
6. 物流标准成本是如何制定的？

二、案例讨论

沃尔玛在物流运营过程中，尽可能地降低成本是其经营的哲学。沃尔玛有时采用空运，有时采用船运，还有一些货品采用卡车公路运输。在中国，沃尔玛百分之百地采用公路运输，所以如何降低卡车运输成本，是沃尔玛物流管理面临的一个重要问题，为此它们主要采取了以下措施：

（1）沃尔玛使用一种尽可能大的卡车，大约有16m加长的货柜，比集装箱运输卡车更长或更高。沃尔玛把卡车装得非常满，产品从车厢的底部一直装到最高，这样非常有助于节约成本。

（2）沃尔玛的车辆都是自有的，司机也是他的员工。沃尔玛的车队大约有5 000名非司机员工，还有3 700多名司机，车队每周每一次运输距离可以达 7 000~8 000km。沃尔玛知道，卡车运输是比较危险的，有可能会出交通事故，因此，对于运输车队来说，保证安全是节约成本最重要的环节。沃尔玛的口号是"安全第一、礼貌第一"，而不是"速度第一"。在运输过程中，卡车司机们都非常遵守交通规则。沃尔玛定期在公路上对运输车队进行调查，卡车上面都带有公司的号码，如果看到司机违章驾驶，调查人员就可以根据车上的号码报告，以便于进行惩处。沃尔玛认为，卡车不出事故，就是节省公司的费用，就是最大限度地降低物流成本。由于狠抓了安全驾驶，运输车队已经创造了300万千米无事故的纪录。

（3）沃尔玛采用全球定位系统对车辆进行定位，在任何时候，调度中心都可以知道这些车辆在什么地方，距离商店有多远，还需要多长时间才能运到商店，这种估算可以精确到小时。沃尔玛知道卡车在哪里，产品在哪里，就可以提高整个物流系统的效率，有助于降低成本。

（4）沃尔玛的连锁商场的物流部门，24h进行工作，无论白天或晚上，都能为卡车及时卸货。另外，沃尔玛的运输车队利用夜间进行从出发地到目的地的运输，从而做到了当日下午进行集货，夜间进行异地运输，翌日上午即可送货上门，保证在15~18h内完成整个运输过程，这是沃尔玛在速度上取得优势的重要措施。

（5）沃尔玛的卡车把产品运到商场后，商场可以把它整个地卸下来，而不用对每个产品逐个检查，这样就可以节省很多时间和精力，加快了沃尔玛物流的循环过程，从而降低了成本。这里有一个非常重要的先决条件，就是沃尔玛的物流系统能够确保商场所得到的产品是与发货单上完全一致的产品。

（6）沃尔玛的运输成本比供货厂商自己运输产品要低，所以厂商也使用沃尔玛的卡车来运输货物，从而做到了把产品从工厂直接运送到商场，大大节省了产品流通过程中的仓储成本和转运成本。

沃尔玛的集中配送中心把上述措施有机地组合在一起，做出了一个最经济合理的安排，从而使沃尔玛的运输车队能以最低的成本高效率地运行。

讨论

（1）沃尔玛是如何降低物流成本的？
（2）沃尔玛的成功经验能给我们什么启示？

三、实训练习

实训　分析衬衣异地生产是否合理

实训内容：假定某男式衬衣制造商在得克萨斯州的休斯敦设厂生产衬衣，生产成本为每件 8 美元（含原材料成本）。芝加哥是其主要市场，年需求量为10万件。衬衣在休斯敦定价为15美元，从休斯敦到芝加哥的运输、仓储费用为5美元/担。每件包装后的衬衣重1磅。该公司还有另一种备选方案，就是可以在东南亚地区生产衬衣，每件成本 4美元（含原材料成本）。每件衬衣的原材料重约1磅，从休斯敦到东南亚地区，运输费用为2美元/担。衬衣加工完后，将直接运往芝加哥，运输、仓储费用为6美元/担。估计每件衬衣的进口税为 0.50 美元。

实训要求：
（1）从物流—生产成本的角度看，是否应在东南亚地区生产衬衣？
（2）在进行最后决策之前，除经济因素外，还需要考虑哪些其他因素？

【拓展视频】

【本章小结】

第 8 章

企业物流信息管理

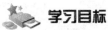 **学习目标**

（1）掌握企业物流信息的概念、特征。
（2）了解企业物流信息的功能。
（3）清楚物流信息系统的性质。
（4）掌握物流信息系统的构成。
（5）了解物流业务信息系统种类和作用。
（6）了解 POS 系统的功能。
（7）了解 GPS、GIS 和 EDI 的作用。
（8）了解 EOS 的流程和作用。
（9）掌握 OPS 的业务流程。

📖 **导入案例**

SF 速运（集团）有限公司根据自身业务需求，提出了 EMAP（电子地图）系统建设的构想。EMAP 系统是融合了 GIS（Geographical Information System，地理信息系统）和 GPS 的新型综合性业务平台，具有可视化、三维坐标定位、直观管控、高效便捷的特性，通过该系统能够看到人员、车辆、每个网点业务量，根据实时报表，监控营运数据，及时调度资源，制定配置模式，优化运营结构。

EMAP 系统是一个全网应用的信息系统，其中涉及地理图形、数据分析、业务信息交换等大流量数据模式，因此，需要对系统结构和数据交换模型做出优化设计。它重点需要考虑总部数据中心与分部数据中心的大量数据对接、交换问题，对各项数据进行合理区分并划分不同层级，根据层级的不同，制定出总部数据与分部数据的同步更新规则。EMAP 系统内置了多种资源配置模式，管控人员可以根据实时数据对人员、车辆、网点等资源做出有效调度，及时消除峰值压力。

EMAP 系统的成功研发，为总部、经营本部、区部、分部的精细化管理提供了支持平台，各层级管理人员利用电子地图这一直观的综合立体平台，能够快速查阅本业务区域内的业务、质量、客户、资源投放分布情况，利用信息系统提供的多种指标统计分析工具，可以及时对各项管理政策及管控模式做出优化配置，迅速提升 SF 对多种复杂业务模式的应变力和响应速度。

思考

（1）SF 速运的 EMAP 系统所采用的现代物流信息技术包括哪些方面？

（2）EMAP 系统属于什么类型的系统？

（3）EMAP 系统的主要功能是什么？

（4）EMAP 系统对 SF 速运的业务起到了哪些作用？

8.1 企业物流信息概述

8.1.1 企业物流信息的特点与作用

企业物流信息是企业物流活动中各个环节生成的信息，是指与企业物流活动（如生产采购、运输、保管、包装、装卸、流通加工等）有关的信息。一般是随着从生产到消费的物流活动的产生而产生的信息流，与物流过程中的运输、保管、装卸、包装等各种功能有机结合在一起，是整个物流活动顺利进行所不可缺少的物流资源，如运输工具的选择、运输路线的确定、在途货物的追踪、仓库的有效利用、订单管理等，都需要详细和准确的物流信息。

1．企业物流信息的特点

（1）物流信息分布广。经济全球化要求物流全球化，伴随物流活动的物流信息具有分布广的特点。

（2）时效性强。物流信息随时随地都在变化，如仓库里的存货、货品的存放地点等。

（3）物流信息复杂。物流的作业环节多，涉及的行业多，作业对象多，因此物流信息的复杂程度也就很高。

2．企业物流信息的作用

（1）物流信息有助于物流活动各环节之间的相互衔接。物流是一个包含运输、仓储、配送、流通加工、包装、装卸搬运等多个作业环节的系统，各个环节要求有计划地精确衔接。物流信息是衔接各个作业环节的"链条"，是物流系统高效率运行的保证。

（2）物流信息有助于物流活动各环节之间的协调与控制。要合理组织物流活动必须依赖物流信息的沟通，只有通过高效的信息传递和反馈才能实现整个系统的合理有效运行。例如，第三方物流公司如果给制造生产企业提供物流服务，其物流配送作业计划必须与生产企业的生产计划对接。

（3）物流信息有助于物流管理和决策水平的提高。物流信息特别是像客户的需求信息等对于库存量的决策具有关键性作用。采购部门要根据物流信息确定采购批次、间隔、批量等，以确保在不间断供给的情况下使成本最小化。生产计划部门要根据物流的流动路径，合理安排生产车间的物流分配，使各个车间的负荷均衡，物品流通协调合理。专业物流公司在选择物流仓库的位置时要根据商品的种类、流向、流量等物流信息来决定。

8.1.2 企业物流信息的内容

1. 企业内物流信息

企业内物流信息是指与物流活动（如采购、生产、运输、保管、包装、装卸、配送、流通加工、回收废弃物等）有关的信息。它是伴随企业物流活动而发生的。在物流活动的管理与决策中，如运输工具的选择、运输线路的确定、在途货物的追踪、仓库的有效利用、订单管理等，都需要详细和准确的物流信息，因为物流信息对运输管理、库存管理、订单管理等物流活动具有支持保证的作用。

2. 企业外物流信息

企业外物流信息是在物流活动以外发生的，但它是提供给物流使用的信息，包括供货人信息、顾客信息、订货合同信息、交通运输信息、市场信息、政策信息，还有来自企业内生产、财务等部门的与物流有关的信息。

8.1.3 企业物流信息的分类

1. 按物流的功能划分

企业物流的过程一般是编制作业计划，然后依据计划作业，作业后对资料进行统计。与此对应，物流信息可分为计划信息、控制及作业信息和统计信息。此外，还包括物流以外但对物流产生影响的信息。

（1）计划信息。是指对未来物流作业或管理进行规划但还未实行或实现的信息。这一信息对物流的活动进行战略或战术管理，是按照物流系统的实际情况、客户的需要情况及考虑低成本高质量的物流服务所做的物流管理或作业计划。这一计划对未来的物流活动起着指导性作用，物流资源的配置调度都在这一计划下进行。

（2）控制及作业信息。是指在物流作业过程中产生的信息，如正在作业的货物、作业人员、机械情况。

（3）统计信息。是指在物流作业结束后，对其分门别类地进行统计的信息，获取这种信息是为了知道一段时间内某物流作业活动的情况，如每月的出入库量统计，每月不同货种的出入库量统计，每年的不同货种作业的收入、利润统计等。

（4）支持信息。是指物流以外，但对物流能够产生影响的信息，如物流人才需求情况、国家的相关政策法规等。

2．按物流信息的来源划分

（1）物流系统内信息。是指伴随着物流活动而发生的信息。

（2）物流系统外信息。是指物流活动以外的，但与物流作业紧密相关的信息，如商流信息、资金流信息等。

3．按管理层次划分

（1）操作管理信息。由操作管理层产生的信息，如出入库量、货物种类、客户名称、作业人员情况等信息。

（2）知识管理信息。一般指行业经验、行业知识和技术等信息。

（3）战术管理信息。部门级中短期的规划管理信息，如月入库量、库存费用、装卸作业量等信息。

（4）战略管理信息。企业高层决策信息，如经营策略的选择等信息。

8.2 企业物流管理信息系统

8.2.1 信息系统的概念

1．系统的定义

系统指在一定环境中，为了达到某一特定功能而相互联系、相互作用的若干个要素所组成的一个有机整体。例如，企业物流就是一个系统，它是由员工、场地、物流设施设备、资金、部门、商品、信息等组成的，为了有效地实现商品物资流通，以最好的方式组织和运输产品，在满足消费者商品需求的同时，从中获取最大利润。

2．系统的模型表示

输入、处理、输出是组成系统的 3 个基本要素，加上反馈功能就构成一个完整的系统，如图 8.1 所示。

3．系统的特征

根据上述系统的含义，可以得到系统的以下特征：

图 8.1　系统模型

（1）整体性。
（2）目的性。
（3）系统的层次性。
（4）系统的关联性。
（5）环境适应性。

8.2.2 企业物流管理信息系统的组成与功能

1．物流管理信息系统的组成

（1）数据处理部分。完成数据的采集、输入、处理、存储、查询、运算、输出等。

（2）数据分析部分。在数据处理的基础上，对数据进行深加工，如利用各种管理模型、定量定性分析方法、程序化方法等，对组织的生产经营情况进行分析等。

（3）管理决策部分。管理信息系统的决策模型多限于以解决结构化的管理决策问题为主，其结果是要为高层管理者提供一个最佳的决策方案。

2．物流管理信息系统的功能

（1）数据处理。完成数据的收集、输入、传输、存储、加工处理和输出。

（2）事务处理。将管理人员从繁重的事务处理中解脱出来，以从事创造性劳动。

（3）预测功能。运用数学、统计或模拟等方法，根据过去的数据预测未来的情况。

（4）计划功能。安排各部门的计划，并按照不同的管理层提供相应的计划报告。

（5）控制功能。对计划的执行情况进行监测、检查，辅助管理人员及时加以控制。

（6）辅助决策功能。运用数学模型，及时推导问题的最优解，辅助管理人员决策。

8.2.3 企业物流管理信息系统概述

1．企业物流管理信息系统的概念

企业物流管理信息系统是一个以人为主导，利用计算机硬件、软件、网络通信设备及其他办公设备，进行物流信息的收集、存储、传输、加工、更新和维护，以支持企业物流管理人员、企业中高层决策、中层控制、基层运作的领导者控制物流运作的人机系统，如图 8.2 所示。

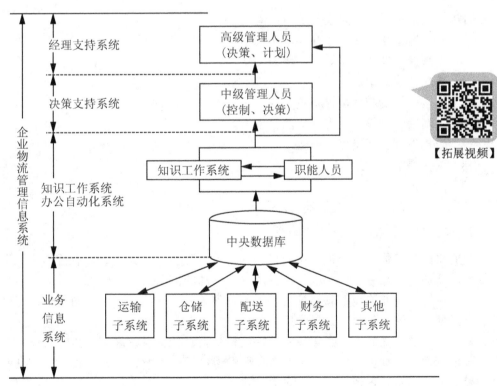

图 8.2　企业物流管理信息系统

2. 建立企业物流管理信息系统的意义

现代企业物流管理以信息为基础,因此,建立企业物流信息管理系统越来越具有战略意义。

(1)在企业日益重视经营战略的情况下,建立物流信息管理系统是必要的、不可缺少的。具体来说,为确保物流竞争优势,建立将企业内部的销售信息、物流信息、生产供应信息综合起来的信息管理系统势在必行。

(2)随着信息化的发展,各企业之间的关系日益密切。如何与企业外部销售渠道的信息管理系统、采购系统中的信息管理系统以及运输信息管理系统连接起来,将成为今后重点研究解决的课题。

(3)企业物流已经不只是一个企业的问题,其进入社会系统的部分将日益增多。在这种形势下,物流管理信息系统将日益成为社会信息管理系统的一个重要组成部分。

(4)物流信息管理可以缩短物流管道。物流管道缩短是指物流周转时间和存货的减少。一般来说,物流备货时间大于顾客订单周期,要克服备货时间差距的唯一办法就是保持存货。存货量根据预测确定,预测误差会导致存货的过剩或不足。为缩短物流管道长度,必须尽可能地减少或消除存货,同时使物流备货时间与订单周期一致。物流信息化管理可以提高物流作业速度,优化物流流程,减少物流备货时间。

(5)实现物流系统化管理。现代物流的核心理念在于系统化,主要是通过整合各种物流功能和物流资源来实现系统化管理,达到整体效益最优,创造出整体竞争优势。

3. 企业物流管理信息系统所要解决的问题

(1)缩短从接受订货到发货的时间间隔。

(2)库存适量化(压缩库存并防止脱销)。

(3)提高搬运作业效率。

(4)提高运输效率。

(5)使接受订货和发出订货更为省力。

(6)提高接受订货和发出订货的精度。

(7)防止发货、配货出现差错。

(8)调整需求和供给。

(9)信息咨询。

(10)提高成本核算与控制能力。

4. 企业物流管理信息系统的构成

企业物流管理信息系统根据系统目标的需要,对输入的大量数据进行加工处理,代替人工处理的烦琐、重复劳动,为决策提供及时、准确的信息。

一般认为,企业物流信息系统就是由一系列相互关联的元素组成的集合,它可以输入数据、经过处理、输出信息,并提供反馈、控制机制以实现某个既定目标。

从结构功能上来看,信息管理系统一般包括信息处理系统和信息传输系统两个方面。信息系统的基本结构如图8.3所示,其基本组成为包括信息源、信息接收者、信息处理器、信息传输通道和信息管理者。

图 8.3 物流管理信息系统基本结构示意图

8.2.4 企业物流管理信息系统模型

1. 企业物流管理信息系统模型结构

企业物流信息系统模型结构如图 8.4 所示。

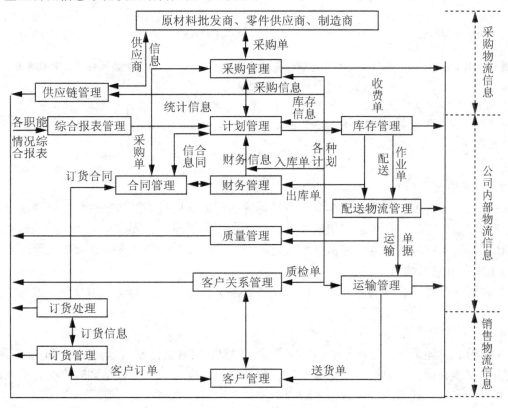

图 8.4 企业物流管理信息系统模型结构

2. 企业物流管理信息系统模型的功能

（1）订单作业信息管理。
（2）采购业务信息管理。
（3）库存业务信息管理。
（4）运输与配送信息管理。

8.2.5 企业物流信息系统的分类

企业物流信息系统按其实现的功能可分为订单处理系统、采购管理系统、库存管理系统、配送管理系统等；按照货运的基本模式又可分为公路、铁路、航空、船舶、管道 5 种不同的货运管理信息系统；另外，还有一些更为新颖的或与最新信息技术结合的物流管理信息系统问世并投入使用，如货物配载系统、智能化道路交通系统、地理信息系统等。这些子系统构成了物流信息系统的内容。

1. 按企业物流信息系统的功能划分

1）订单处理系统

客户订单是引发物流过程运转的信息，订单处理系统是物流系统的中枢。信息流的速度与质量直接影响整个运作过程的成本与效率。低速、缺乏稳定性的信息传输不但会导致失去客户，而且会增加运输、库存和仓储成本。订单处理系统能够为提高物流绩效水平提供巨大潜力。

 知识拓展

提单（Bill of Lading，BOL）是购买运输服务所使用的基本单证。它对所装运的商品和数量起到了收据和证明文件的作用，因此，对货物进行精确的描述和点数是至关重要的。在货物发生丢失、损坏或延误的情况下，提单是请求损害赔偿最基本的证明。提单所指定的个人或买主是货物唯一真实的受领人，承运人则有责任按照提单上所载明的指示适当地交付货物。事实上，因完成了货物交付才使货物实际转移了物权。

2）采购管理系统

在物流供应链中，采购过程本身已经从单纯的交易导向过渡到依靠良好的管理信息系统实现与更少的供应商保持更加密切的关系，目的在于能够通过管理信息系统，从全球供应商中选择原材料供应源。其具体包括采购计划管理、采购订单管理、采购收货管理等。

3）库存管理系统

库存管理系统以物品的管理为基础，重点管理实际物品的入库、出库、库存及所产生的信息。

4）配送管理系统

配送中心管理最低存货水平的高需求物品，主要在接收和运输两个环节处理产品。因此，配送中心收集和控制的数据信息是实时的，配送中心建立的目标是在达到客户交货要求时，实现利润最大化。其管理系统对信息的管理主要在配车计划和单据作业两个方面。

2. 按货运的基本模式划分

1）公路货运信息系统

公路货运信息系统主要管理的内容包括货运基础档案、货运业务处理和货运跟踪查询。货运基础档案包括车辆基础档案、驾驶员基础档案、配送中心（仓库）的基础档案，以及企业对码头、火车站、机场等信息建立的档案。货运业务处理包括接收托运人订单、送货单确认、车辆预订、车辆配载、货运线路优化、发车管理、途中监控、到站管理、货运异常信息处理、货运签收单维护等。货运跟踪查询是将托运人信息、承运人信息和客户信息都通过管理信息系统进行管理，对货运作业、可用车辆、车辆行驶路线、货物移动情况和运费等进行查询和跟踪。

2）铁路货运信息系统

铁路货运按照一批货物的重量、体积、性质、形状，可以分为整车运输、零担运输和集装箱运输 3 种。以铁路整车运输为例，如果一批货物的重量、体积、性质或形状需要一辆或一辆以上铁路货车装运（除集装箱货运以外），就属于整车运输。

3）航空货运信息系统

航空货运的基本作业包括发送作业、途中作业和到达作业。其管理的主要内容是航空货运单上需要填写的内容，包括托运人名称和地址、托运人账号、收货人名称和地址、收货人账号、始发站、路线和目的站、运费、托运人向承运人声明的货物价值、保险金额、件数、毛重、货物品名及体积等。

 知识拓展

HAWB 是 House Air Way Bill 的简称，即航空分运单，由运输行签发（该运输行本身没有飞机）。运输行将揽收后拼装的货物交航空运输公司，由航空运输公司签发的运输单据是 Master Air Way Bill，简称 MAWB。

4）船舶货运信息系统

船舶货运信息管理的基本内容是提出货物运单上的各项目。管理信息系统除提供上述日常业务操作数据外，利用收集的客户信息还可提供重要的决策之用。也就是说，将数据资料转化成有用的信息，供决策者参考。承运人所做的决策有战术层的，也有战略层的。例如，承运人的一个战术层的运输决策可能是如何分配驾驶员和运输工具，从而使空载路程最短、收入最多；承运人的一个战略的运输决策可能是根据对未来 5 年内货运流量的预测来决定运输车队的规模大小。战术决策受到战略决策的影响，反之亦然。托运人和收货人也做这样的决策。

 知识拓展

提前装船通知（Advanced Shipment Notice，ASN）里面包含着船名、航次、提单号等内容，是发送给客户的一个货物相关信息的通知文件。

运输过程所需信息可以分为交易前、交易中、交易后 3 种。信息的管理关键在于信息系统的集成，信息对于托运人和收货人之间的运输过程是非常必要的，这是连接所有供应链伙伴所必需的。

交易前的信息包括计划运输所需的信息，交易中的信息包括货物到达承运人处时所需的信息，交易后的信息包括交货后所需的信息。表 8-1 说明了托运人、承运人和收货人对 3 种信息的需求，以及三方之间的信息流必须合成以确保货物如期如约到达。在交易前，托运人需要采购订单信息、进行可能的预测，以便他们选择有能力的承运人并做出决策，托运人还需要从承运人处获知可用设备情况和计划提货时间这样的信息。从战略上，承运人需要从托运人处获知预测的数量，以便适当地计划运载量；从战术上，承运人需要从托运人处获知他所期望的提单（BOL）信息及期望交货和取货的时间，收货人需要从托运人处获知提前装船通知（ASN）及从承运人处（或在 ASN 上的托运人处）获知计划交货时间。

表 8-1　管理运输过程所需信息

运输活动	信息使用者		
	托运人	承运人	收货人
交易前	采购订单信息 预测 可用设备	提单信息 预测 取货/交货时间	提前装船通知 交货时间
交易中	货物情况	货物情况	货物情况
交易后	运费清单 承运人业绩 交货证明 索赔信息	承运人业绩 交货证明 索赔信息	付款 索赔信息

在交易中，三方都需要得知货物情况，如货物是否按计划到达。许多承运人都通过信息技术，如卫星跟踪、车上计算机、条形码来监控货物情况。一般来说，货物信息是由承运人掌握和提供的。通常情况下，这些信息都是另外处理的，只有在交货时间或货物需求发生变化时才通知托运人和（或）收货人。

交易后，如果货物是船上交货，即按离岸价格（FOB）交货的话，需要从承运人处取得运费清单以及交货证明（Proof of Delivery，POD）和承运人业绩的其他证明，如货损或索赔信息。收货人需要从托运人处获知承运人业绩情况，如是否按时、无货损等，以及从托运人或承运人处得到交货证明（POD），以便开始对托运人就产品进行付款。这些不同类型的信息及它们的流动如图 8.5 所示。因此，运输过程中一个严密操作的环节是承运人、托运人和收货人之间信息流的合成。

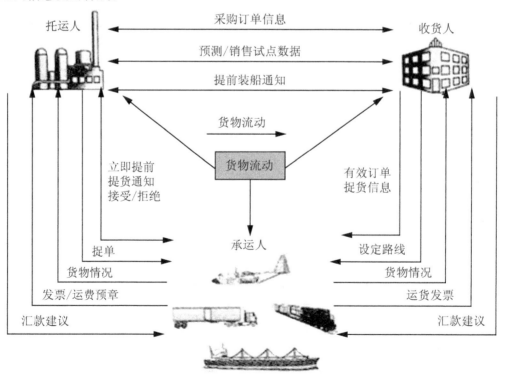

图 8.5　运输活动交易前、交易中、交易后信息流示例

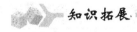

知识拓展

FOB 涉及装船的问题，装船是 FOB 合同划分风险的界线，国际上不同惯例对装船的解释不尽一致。按国际商会《INCOTERMS》规定，卖方负担货物在装运港越过船舷为止的一切风险，即当货物在装运港越过船舷时，卖方即履行了交货任务。卖方的交货点（Point of Delivery）是船舷（Ship's Rail），买方自该交货点起负担货物丢失或损坏风险。但《2010 年通则》的规定是可以被买卖合同的具体规定或买卖双方确立的习惯做法所超越或改变的。因此，在实际业务中，FOB 合同的卖方，往往根据合同规定或双方确立的习惯做法，负责将货物在装运港实际装到船上，并提供给卖方已装船收据或提单。

8.3 企业订单处理

8.3.1 订单处理概述

1．订单处理的概念

订单处理是指从接到客户订单开始一直到着手准备拣选货品之间的工作，通常包括有关用户和订单的资料、单据处理等内容。

订单处理有人工处理和计算机处理两种形式，目前主要采用计算机处理。虽然人工处理弹性较大，但只适合少量的订单处理，一旦订单的数量较多，处理将变得缓慢且容易出错。而计算机处理则速度快、效率高，且成本较低，适合大量的订单处理。

订单处理系统是物流信息系统可以运用的基础系统，它向管理信息系统、决策支持系统和其他信息系统及管理工作提供所需要的数据。

2．订单处理系统的特点

订单处理系统的处理对象是企业经营的基础——订货单和票据。该系统具体的处理工作是：将原始的单据录入计算机系统，对订货单据、购货的订单和结算单据、收据、工资支付单据、付出账款、收入账款等基本业务活动进行记录并随时更新。这个系统可以全面反映日常的活动，为更高层次的信息系统提供基础数据并且直接帮助业务的改善。

订单处理系统的主要特点如下：

（1）能够迅速有效地处理大量数据。

（2）能够进行严格的数据编辑处理，确保其正确性、时效性。

（3）可以进行数据的存储和积累。

（4）可以提高数据处理的速度，进而加速业务的进程。

8.3.2 订单处理的流程

订单处理流程指包含客户订货周期中的诸多活动。具体来说，包括订单准备、订单传输、订单录入、订单履行、订单状况报告。

1．订单准备

订单准备是指收集所需产品或服务的必要信息和正式提出购买要求的各项活动。订单准备可能确定的内容有：决定合适的供货商，由客户或销售人员填制订单，决定库存的可得率，与销售人员打电话通报订单信息，或在计算机菜单中进行选择等。这一活动从电子技术中获益匪浅，举例如下：

【例1】 人们都很熟悉超市收银台的商品条码扫描系统。该项技术电子化方式收集所需商品的信息（尺寸、数量、品名），并提交给计算机做进一步的处理，加快了订单准备的速度。

【例2】 一些销售人员在拜访采购人员及其他类型的客户时，都携带便携式计算机。通过连接到卖方计算机上的某一个终端，买方可以与卖方讨论特定产品的规格，确定可得性和价格，并进行选择。

【例3】 一些工业采购订单常常是根据库存消耗情况与企业计算机直接生成的。利用EDI技术，买卖双方的计算机可以连接起来实现无纸贸易，从而降低订单准备成本，减少补货次数。

2. 订单传输

传送订单信息是订单处理过程中的第二道工序，涉及订货请求从发出地点到订单录入地点的传输过程。订单传输可以通过两种基本方式来完成：人工方式和电子方式。人工方式包括邮寄订单，或由销售人员亲自将订单送到录入地点。作为传输方式之一，人工传送订单的速度比较慢，但是成本相对低廉。

目前，随着免费电话、数据电话、互联网、传真机及卫星通信的广泛应用，利用电子方式传输订单的做法相当普遍。这种高可靠性、高准确度的传输方式几乎可以在瞬间完成订单信息的输送，基本已经取代了人工传输方式。

订单处理系统中，传递订单信息所需的时间会因所选用的传输方式不同而相差甚大。销售人员收集、拣选订单后邮寄传送所花的时间可能最长，而各种形式的电子信息传递方式，如电话、电子数据交换、卫星通信等则是最快捷的。速度、可靠性和准确性这些绩效指标应该与设备购置及运营成本权衡考虑，如何判定绩效对收益产生的影响仍然是业界面临的挑战之一。

3. 订单录入

订单录入指在订单实际履行前所进行的各项工作，主要包括以下几个方面：

（1）核对订货信息（如商品名称与编号、数量、价格等）的准确性。
（2）检查所需商品是否可得。
（3）如有必要，准备补交货订单或取消订单的文件。
（4）审核客户信用。
（5）必要时，转录订单信息。
（6）开具账单。

订单录入在技术进步中收益巨大，条形码、光学扫描仪及计算机的大量使用极大地提高了该项活动的效率。其中，条形码和扫描技术对于准确、快速、低成本地录入订单信息尤为重要。与利用计算机键盘录入数据相比，条形码扫描技术有显著的优越性。这也正是条形码技术在零售、制造和服务行业应用日益广泛的原因。

计算机在订单录入活动中的应用范围也不断扩展。自动化程度更高的流程代替了人工核查库存、信用，转录订单信息等，从而使订单录入所需的时间只是几年前的几分之一。

采集订单的方法、对订单规模的限制及订单录入的时间都会影响订单处理。销售人员可以在对客户服务的同时收集订单，随后进行订单录入。

修改订单录入系统的目的在于：将销售人员从非销售工作中解放出来；大范围内合并订单以使得运输调度更加有效；改进存储点拣货与装运模式。

订单录入还可能涉及将销售订单录入订单信息系统的各种方法，包括从非电子形式传输的订单信息转为电子化（计算机）的分类以方便拣货、订单处理。

4. 订单履行

订单履行是由与实物有关的活动组成的，主要包括以下内容：

（1）通过提取存货、生产或采购员购进客户所订购的货物。

（2）对货物进行运输包装。

（3）安排送货。

（4）准备运输单证。其中有些活动可能会与订单录入同时进行，以缩短订单处理时间。

5. 订单处理原则

设计订单履行中的先后次序及相关程序会影响个别订单和总订单周转时间，但企业往往并没有在订单履行初始阶段就订单录入和处理更换方法做出明确规定。企业就可能因为订单处理人员在忙得不可开交时会先行处理不太复杂的订单，致使公司重要客户的订单在履行时拖延过久。订单处理的先后次序可能会影响到所有订单的处理速度，也可能影响到较重要订单的处理速度。以下是一些可供选择的优先权法则：

（1）先收到，先处理。

（2）使处理时间最短。

（3）预先确定顺序号。

（4）优先处理订货量较小、相对简单的订单。

（5）优先处理承诺交货日期最早的订单。

（6）优先处理距约定交货日期最近的订单。

对特定原则的选择要依据的标准包括：是否对所有客户都公平，各订单之间重要性的差异；能够实现的一般订单的处理速度。

无论是以存货，还是以生产出的产品来履行订单，该环节在订货周期中所耗用的时间与拣货、包装或生产所需时间成正比。

如果不能立即得到所订购的货物，就会出现分割订单的问题。就库存产品而言，即使库存水平相当高，订单不完全履行的概率可能也会很高。因此，要完全履行订单就需要额外的订单处理时间和处理过程，决策者所面临的问题就是权衡增加的订单信息处理成本、运输成本与维持期望的客户服务水平所带来的收益。

在接到订单后并不立即履行订单、发运货物，而是压后一段时间，以集中货物的运量，降低单位运输成本，这种决策确实需要制定更为周详的订单处理程序。这样做增加了问题的复杂性，因为这些程序必须与送货计划妥善协调，才能全面提高订单处理、交货作业的效率。

6. 订单状况的报告

订单处理过程的最后环节是通过不断向客户报告订单处理过程中或货物交付过程中的任

何延迟，来确保优质的客户服务。具体来说，该项活动包括以下内容：

（1）在整个订单周转过程中跟踪订单。

（2）与客户交换订单处理进度、订单货物交付时间等方面的信息。这是一种监控活动，并不会影响到订单处理的一般时间。

8.4 物流信息技术

8.4.1 信息识别与传递

【拓展视频】

数据自动识别与数据采集技术是收集物流信息的技术。通过数据的自动识别和采集，可保证物流各环节高速准确地获取数据，实现实时控制。

从 20 世纪 90 年代中期开始，随着零售业在我国的勃然兴起，自动识别与数据采集技术（Automatic Identification and Data Capture，AIDC）作为提升零售业自动化水平的强有力工具，也得到广泛的应用。自动识别与数据采集技术的核心内容在于能够快速、准确地将现场的庞大数据有效地登录到计算机系统的数据库中，从而加快物流、信息流、资金流的速度，明显地提高了商家的经济效益和客户的服务水平，如图 8.6 所示。

图 8.6　配送中心自动识别技术应用

AIDC 包括许多技术，可以提供处理不同的信息收集、传递问题的方法。这些技术包括以下几个方面。

1）条形码技术

条形码是最早的也是最著名和最成功的自动识别技术。在超市购买的各种商品上都有条形码，常用的条形码有 UPC（Universal Product Code）、EAN-128 码（European Article Number）、Code 39 码、Code 93 码等，其标准由 ISO 制定。线性条形码可用于将数字或者数字字母作为数据库关键字的许多领域，其最主要的限制在于条形码储存的数据量有限；另外，打印对比度不够或缺墨时，会降低对条形码的识别能力。

2）二维条形码技术

二维条形码是新型的条形码，可在很小的地方存储大量的数据。二维条形码有 3 种类型，即堆叠式符号（线性条形码彼此堆叠）、矩阵式符号（明暗点、圆点、方点或者六边形组成的矩阵）和层式符号（线性符号随机排列），如 PDF417 码、Code 49 码、Code 16K 码（堆叠式）、Code One 码、Maxi Code 码、Data Matrix 码、Aztec 码（矩阵式）和 Super Code 码（包式）。这些标准大多已被 ISO 批准。

与线性条形码相比，二维条形码的主要优势是能储存大量的数据：每个符号可储存 7 000 个数字或者 4 200 个字母数字；还可以利用"结构化附加"的功能用多重符号表示信息，从而提供几乎无限制的储存空间。二维条形码的缺点是需要特殊的扫描器，如堆叠式符号需要用栅格激光扫描器识别，而矩阵式符号则需要用图形扫描器阅读。

知识拓展

RSS 码（Reduced Spaced Symbology）和 CS 码（Composite Symbology）由 UCC 和 EAN 国际条码组织创造性开发，是为了满足日益增长的对较小商品进行识别的商务需要应运而生的两种新的条码符号。

RSS 条码家族包括 7 种线性条码符号，非常适用于对条码空间有限制的应用场合。这些新的条码符号作为对现有条码符号和技术以及 EAN·UCC 条码体系的相关应用的补充，被认为是支撑全球商业活动运转的首要条码符号体系。今天，这些条码符号正被广泛应用于全球 23 个主要行业中，每日的扫描频率多达 50 亿次。

UCC 的高层这样评价 RSS 码的市场前景："随着各主要行业对于较小物品和产品更有效识别需求的不断增强，RSS 码的市场应用空间将会迅速延伸。我们将继续推广并增强这种条码技术，来满足全球经济发展的需要。"

CS 码是一个一维条码（RSS 码、UPC/EAN 码或 UPC/EAN-128 码）和一个二维条码（或者是 PDF417 码，或者是 EAN·UCC 所规定的 Micro PDF417 码的不同形式）的组合。其主要识别信息被编码至一维线性条码中，部分信息可以被低端扫描器轻松识读。次要信息则被压缩编码至二维条码部分，以尽量少占空间。这样，CS 码可以实现对一维条码的向下兼容，可以方便那些暂时尚不具备购置二维条码识读设备能力的用户。除了基本的物品识别功能外，RSS 码和 CS 码的一个明显特点是，RSS 码和 CS 码的出现增强了 EAN·UCC 体系的功能，让使用者能够更有效地采集更多信息，并大大降低了成本。

3）磁卡技术

20 世纪 60 年代初交通部门开始使用磁卡，70 年代银行业开始使用，之后磁卡的使用率不断增长，现在已经非常普及。磁卡的主要问题是储存的信息量有限及数据的安全性，目前许多厂商都提供了各种解决方案。虽然许多人士预测磁卡会被其他技术取代，但目前对它的投资还在不断增加。磁卡是非常理想的技术，成本非常低且有多种用途。随着新的安全技术的出现，磁卡技术还会得到更广泛的应用。磁卡技术的国际标准由 ISO 制定。

4）智能卡技术

最早的智能卡专利是 1974 年在法国申报的，最早是在 1982 年在法国开始使用的。它提供了安全、廉价的离线确认机制，由于欧洲进行交易的在线确认的通信成本很高，所以这种技术在欧洲被迅速接受。智能卡有两类：一种是仅有记忆功能的"哑卡"，仅用于储存信息，如零售和售货机用的储值卡；另一种是真正的"智能卡"，它嵌入的微处理器可以处理所储存的数据，如智能钱包或者多用卡。因为智能卡上有微处理器，所以能够用多种方法来防止对卡上信息的非法访问，从而提供了安全的环境，这是其能替代其他卡的主要原因。微处理器类的智能卡有接触型和非接触型两种。非接触型智能卡没有镀金的接触点磨损及电击接触点而破坏集成电路的问题，缺点是卡片和阅读器复杂而加大了成本。虽然今天智能卡的成本有大幅度的下降，但仍然高于磁卡。智能卡的最大优点是能够储存大量数据和具有很好的安全性。智能卡的国际标准也是由 ISO 制定的。

5）光卡技术

光卡技术与音乐 CD 和 CDROM 相似，用卡上镀有的金色光感材料用来储存信息。激光在其上烧出小孔，阅读时低能激光可探测出这些小孔，有、无小孔即代表 1 或 0。光卡是一次写入多次读出的介质，数据可永久保存，目前容量达到 4~6.6MB，可储存如照片、指纹等图像。光卡的主要缺点在于：由于其一次写入的技术特点，写入新数据会用尽可用的储存空间；但在某些应用上这也是优点，因为这样可以记录下完整的变化历史。ISO 制定光卡的标准。

6）射频识别技术

射频识别技术（Radio Frequency Identification，RFID）是 20 世纪 90 年代开始兴起的一种自动识别技术，它是一项利用射频信号通过空间耦合（交变磁场或电磁场）实现无接触信息传递并通过所传递的信息达到识别目的的技术。

近年来，RFID 技术的应用很多。该技术的基本原理是电磁理论，优点是不局限于视线，识别距离比光学系统远。射频识别卡具有读写能力强、可携带大量数据、难以伪造且有一定智能的特点，适用于物料跟踪、运载工具和货架识别等要求非接触数据采集和交换的场合。由于射频标签具有可读写能力，对于需要频繁改变数据内容的场合尤为适用。

RFID 是一种非接触式自动识别技术，它通过射频信号自动识别目标，并获取相关数据，识别工作无须人工干预。作为条形码的无线版本，RFID 技术具有条形码所不具备的防水、防磁、耐高温、使用寿命长、读取距离大、标签上的数据可以加密、存储数据容量更大、存储信息更改自如等优点。

7）POS 系统

销售点信息系统（Point of Sale，POS）是指利用光学式自动读取设备收集销售商品时，按照单品类别读取商品销售、进货、配送等阶段发生的各种信息，通过通信网络送入计算机系统，按照各个部门的使用目的对上述信息进行处理、加工和传送的系统。

POS 最早应用于零售业，之后逐渐扩展至企业物流、金融、旅馆等服务性行业，从企业内部扩展到整个供应链。

8.4.2 地理信息系统与全球定位技术

地理信息系统是多种学科交叉的产物。它以地理空间数据为基础，采用地理模型分析方法，适时地提供多种空间的和动态的地理信息，其基本功能是将表格型数据（无论它来自数据库、电子表格文件或直接在程序中输入）转换为地理图形显示，然后对显示结果进行浏览、操作和分析。GIS 的显示范围可以从洲际地图到非常详细的街区地图，显示对象包括人口、销售情况、运输线路及其他内容。GIS 应用于物流主要是利用其强大的地理数据功能，完善物流分析，如车辆路线选择。

全球定位系统（GPS）是利用卫星星座（通信卫星）、地面控制部分和信号接收机对对象进行动态定位的系统。GPS 能对静态、动态对象进行动态空间信息的获取，快速、精度均匀、不受天气和时间的限制反馈空间信息。GPS 的主要应用领域有：第一，车辆自定位、跟踪调度及所运货物跟踪，车载导航将成为 GPS 系统应用的主要领域之一；第二，用于内河及远洋船队最佳航程和安全航线的测量、航向的实时调度、监测及所运货物跟踪；第三，用于空中交通管理、精密进场着陆、航路导航和监视；第四，用于铁路列车、机车车辆、集装箱及所运货物跟踪。GPS 具有在海、陆、空进行全方位实时三维导航与定位的能力。

8.4.3 电子数据交换技术

电子数据交换（EDI）是一种利用计算机进行商务处理的新方法。EDI 是将贸易、运输、保险、银行和海关等行业的信息，用一种国际公认的标准格式，通过计算机通信网络，使各有关部门、公司与企业之间进行数据交换与处理，并完成以贸易为中心的全部业务过程。

联合国标准化组织将 EDI 描述成按照统一标准，将商业或行政事务处理转换成结构化的事务处理或报文数据格式，并借助计算机网络实现的一种数据电子传输方法。

EDI 技术是不同的企业之间为了提高经营活动的效率，在标准化的基础上，通过计算机网络进行数据传输和交换的技术。其主要功能表现在电子数据传输和交换、传输数据的存证、文书数据标准格式的转换、安全保密、提供信息查询、提供技术咨询服务、提供信息增值服务等方面。随着互联网的迅速发展，电子数据交换不再是单一的模式，一种新的以互联网为基础，使用可扩展标识语言（XML）的 EDI 模式（即 Web-EDI），正在中小型公司中得到应用。基于 XML 的 EDI 有很好的发展前景，因为它可以使用网络，运营费用低廉，即使是中小企业也可以加入电子商务中。

8.4.4 WWW 技术

WWW 技术是一种网络技术，其主要内容是在互联网上使用"超链接"方式来浏览网络资源。WWW 技术的蓬勃发展为物流参与者信息共享和交流提供了相对方便、快捷和廉价的方式，物流参与者可以不受空间限制地从事与物流相关的信息活动和商业活动。

利用 WWW 技术可以实现企业之间以及消费者与企业之间的物流信息交换。通过互联网，企业可以完成对在不同地域的供应商、分支机构和合作伙伴的物流信息交换和控制，实现对重要客户的及时访问和信息收集；消费者可以利用 WWW 技术随时查询、选择和安排物流活动，实现对物品的全程跟踪。利用 WWW 技术还可以实现物流信息系统的集成，使企业内部、外部信息环境形成一个统一的平台和整体，实现物流信息低成本、更方便的汇集和共享。

思考与练习

一、思考题

1. 简述企业物流信息的作用。
2. 简述企业物流信息系统的内容和功能。
3. 简述物流信息平台的作用。
4. 试比较商品条码与物流条码的区别。
5. 简述订单处理系统的业务流程。

二、案例讨论

传化公路港苏州基地是苏州市现代物流业发展的重点项目之一，其地理位于 312 国道与京杭大运河交叉处。对传统的货运市场来说，货源、货代企业、物流企业和货车司机大量集聚，如何实现其相互之间的高效信息匹配一直是难题。而在苏州基地，一个"货运信息超市"的出现，让这一难题迎刃而解。每天上午 9—11 时，苏州基地内的物流信息交易中心非常热闹。这里每天至少要发布 2 500 条信息；极具特色的"回"字形物流信息交易中心中分布着 300 多家物流企业的交易门市；经过诚信认证的司机能通过信息屏幕迅速找到自己需要的货运信息,大大缩短了配货时间,这个交易中心就被称为"货运信息超市"。

(1)交易中心"捉对",匹配车源、货源信息。因为在该物流信息交易中心大厅里的分布着300多家物流企业门面,货车司机可以打电话或者直接上门来确认货源,使得配货周期由原来的两三天降低到现在的几个小时。据介绍,按照传化公路港的运营经验,待"货源"与"车源"集聚到一定程度后,基地平均停车配货时间可以降低到6h左右。

(2)一条短信及时沟通上下家,回程空载率下降,为运输成本减负。作为苏州市民最大的"菜篮子",南环桥农副产品批发市场每天集聚了大量来自全国各地的长途货运车辆。这些车辆卸下菜之后,因为没有找到合适的配货交易场所,往往空驶回去或者到无锡进行配货,使前来市场的车辆回程空载率居高不下。

为了方便司机配货,经过前期调研,在苏州市有关部门的大力支持下,苏州基地把"货运信息超市"搬到了南环桥市场,专门设立了货运信息服务站。该货运信息服务站一共设置了3个LED显示屏供司机查询信息,其中,往来南环桥市场较多的华东、华北、东北等区域的货源信息更被醒目标示。

从苏州基地与南环桥市场开展合作以来,进场配货的山东车辆数量整体排名从第五位增长到第三位,基地山东方向的物流企业发货效率稳步提高。这一模式正在向周边逐步推广,"货运信息超市"的信息将延伸到每一个车辆聚集的地方。

为了进一步提升配货效率,苏州基地又推出了货运信息短信。所有车辆进入基地停车场后只要登记车辆信息、司机身份,并通过了诚信系统认证,货车司机就会在短时间内收到和自己车型、货源、运输方向相匹配的货运信息短信,便捷的信息系统在物流企业和货车司机之间搭建了一个信息对称平台,大大缩短了交易周期。

讨论

(1)苏州基地的物流信息交易中心提供了哪些服务?

(2)苏州基地"货运信息超市"的作用是什么?

(3)苏州基地的物流信息交易中心利用了哪些物流信息技术?以后还可以通过引进哪些新技术提高增值服务能力?

三、实训练习

实训1 小型企业物流管理信息系统的设计

实训目的:掌握结构化生命周期发的开发原则、过程和设计中所用到的分析与优化方法。

实训内容:调研当地的一家小型的物流企业,为其设计一个较为实用的物流管理信息系统。

实训要求:

(1)学生以小组的方式开展系统的设计工作,每5人一组。

(2)各组成员自行联系,并调查当地的一家小型企业,了解该企业对信息系统的需求。

(3)应用结构化生命周期法帮企业设计一个较为实用的物流管理信息系统。

(4)系统设计过程中要包括完整的数据库设计、详细的业务流程图和数据流图、详尽的系统功能结构,并设计合适的测试用例,完成系统的测试工作。

(5)形成一个完整的系统使用说明书。

实训2 大型企业物流管理信息系统和物流信息技术的应用情况调研

实训目的:了解该企业物流管理信息系统和信息技术的应用情况,分析信息系统和物流信息技术的应用给企业带来的益处。

实训内容:调研当地的一家大型企业,了解该企业物流管理信息系统和信息技术的应用情况。

实训要求：

（1）学生以小组的方式开展工作，每5人一组。

（2）各组成员自行联系，并调查当地的一家大型企业，了解该企业物流管理信息系统和信息技术的应用情况，分析信息系统和物流信息技术的应用给企业带来的益处，其中，包括分析该企业物流信息系统的功能、体系结构，物流信息技术应用的种类和应用范围，进行企业物流管理信息系统和信息技术效益分析。

（3）形成一个完整调研分析报告。

【拓展视频】

【本章小结】

第 9 章
企业物流外包管理

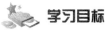 学习目标

(1) 掌握企业物流外包的概念。
(2) 熟悉第三方物流、第四方物流的含义和功能。
(3) 清楚物流业务外包对企业的作用和存在的风险。
(4) 会对企业物流自营与外包的权衡进行比较。
(5) 熟悉物流服务的具体内容。
(6) 了解物流服务商选择的原则和方法。

导入案例

上海通用汽车是我国目前最大的一个合资企业,是上海汽车集团公司与美国通用汽车公司合资的企业,它们的生产线上基本上做到了零库存。它们是如何外包的?

外包要做到生产零部件 JIT 直送工位,准点供应。因为汽车制造行业比较特殊,它的零部件比较多,品种规格都比较复杂。如果自己去做采购物流,要花费很多的时间。这种外包就是把原材料直接送到生产线上去的一种外包制度。中远物流按照通用汽车要求的时间准点供应。

门到门运输配送使零部件库存放于途中。运输的门到门有很大的优势:第一,包装的成本可以大幅度地下降,因为从供应商的仓库门到用户的仓库门,装一次卸一次就可以了,这比铁路运输要先进得多;第二,除了包装成本以外,库存可以放在运输途中,就是算好时间,货物就准时送到,货物在流通的过程中进行一些调控。

生产线的旁边设立"再配送中心"。货物到位后 2h 以内就用掉了,那么它在这 2h 里就起了一个缓冲的作用,就是传统所说的安全库存。如果没有再配送中心,货物在生产线上流动的时候就没有根据地,就会比较混乱,它能起到集中管理的作用。

每隔 2h "自动"补货到位。"自动"补货到位在时间上控制得非常严格,因为这是跟库存量有关系的,库存在流动的过程中加以掌控,动态的管理能够达到降低成本、提高效益的目的。因此,再配送中心其实起一个蓄水池的作用,而且这个蓄水池里面的水一定是活水,就是这一头流进来那一头就流出去,一直在流。

中远是很专业的第三方物流公司,通过这样一种强强联合,建立一个战略合作伙伴的关系。这种模式在国内的制造型企业,尤其是做零库存的生产企业,是比较实用的。

思考

结合案例分析物流外包有哪些好处?

9.1 企业物流外包

9.1.1 企业物流外包现状分析

1. 国外企业物流发展的趋势

早在 20 世纪 80 年代末,国外企业就开始利用现代物流管理和技术来提高企业的竞争力。随着中小企业物质投资和非物质投资的增长,中小企业对物流需求在逐步增加。据对农业食品企业的一项调查显示:80.9%的企业有物流经理负责企业的物流管理,38.5%的企业增加了物流技术工程师人员。可见,中小企业与大企业一样对物流方面也很重视。

从国外中小企业物流方面管理的发展来看,有以下发展趋势:

(1)中小企业开始把物流作为企业发展的战略而重视。企业的发展面临着很多的市场压力,如果想在激烈的市场竞争环境下生存就必须具有自己的核心竞争力。企业的核心竞争力从 20 世纪 70 年代的市场份额发展到 80 年代产品质量和低成本,而从 90 年代开始,客户关系成为企业的核心竞争力。中小企业物流战略也是围绕着企业核心竞争力而发展的。从第二次世界大战后开始的分销物流,发展到 20 世纪七八十年代的一体化物流,现在则是物流战略。

【拓展视频】

分销物流注重为顾客服务理念、一体化物流重视分销渠道的建立、减少运输成本，而物流战略则在减少物流及供应链成本、提高产品及时性和产品质量、提高顾客满意度等方面有了综合的一体化的考虑和实施的方法。因此，通过物流战略无疑会提高企业的核心竞争能力。这也是越来越多的中小企业把物流战略作为企业发展战略的一部分的主要原因。

（2）重视采用物流新技术和管理新方式。物流战略离不开对新技术和新管理方式的采用。很多企业在采用物流技术和新管理方式前都进行过有关咨询活动，尤其是管理咨询最多。

（3）物流的实施方面重视第三方物流机构作用。第三方物流机构能为企业节约物流的成本，提高物流效率，是中小企业的理想选择。例如在欧洲，物流服务市场约 1/4 都是由第三方物流来完成的。很多仓储和运输业务都是由第三方物流来实现，甚至有的零售店，早上只管开门，晚上只管关门，缺什么全由计算机管理，该送时有人送，根本就没有仓库。

2. 我国企业物流发展趋势

（1）高度重视物流战略在企业发展中的作用。物流战略已经成为大企业提高竞争力的重要手段，我国多数中小企业还没有意识到物流成本控制的重要性。事实上，企业物流成本是除了原材料成本外的最大的成本项目，而我国物流成本一般占总成本的 30%～40%，鲜活产品占 60%左右甚至更多，而有效的物流管理可以节省 15%～30%物流成本，并且大大地减少库存和运输成本，而国外发达国家物流成本一般控制在 10%左右。中小企业本身在技术上和产品质量都不及大企业，但中小企业在产品价格上和对市场需求反应方面具有优势，因此，通过物流管理更能在节省产品成本方面发挥自己的优势。

（2）依托第三方物流机构，采取供应链管理模式。这就要求生产企业对从原材料采购到产品销售的全过程实施一体化管理，企业与供应商和顾客发展良好的合作关系，建立比较完整的供应链。供应链是将产品服务提供给最终消费者的所有环节的企业，构成上、下游产业一体化的体系。对于每个中小生产企业来说，都处于供应链当中，使企业与上、下游企业形成供应链的战略同盟，成为整体供应链的一部分。这样使企业尽量减少"中间层次"，而通过专业的第三方物流管理公司，直接将货物送达最终顾客，减少开支，并能更有效地管理资源，无须承担仓储及存货管理的成本。同时，利用第三物流机构提供的储运、包装、装卸和搬运等服务，通过集约化操作完善输送及流转系统，提高末端物流的经济效益，降低库存、简化手续和提高保障程度，使货品付运的过程更有效率，并节省成本。依靠第三方物流机构提供的信息，如供货信息、交通运输信息、市场信息、物流控制和物流管理信息等，可以了解物流的整体运作状况，及时调整物流计划。

（3）与其他中小企业形成战略联盟。物流联盟就是以第三方物流机构为核心，众多的中小企业签订契约形成相互信任、共担风险、共享收益的集约化物流伙伴关系。这些中小企业同处商业行业，水平一体化物流管理可使同一行业中多个中小企业在物流方面合作，使分散物流获得规模经济和物流效率。从企业经济效益上看，由于通过物流战略联盟使众多中小企业的集约化运作，降低了企业物流成本；从社会效益来看，由于采用第三方物流机构作为盟主，统筹规划、统一实施，减少了社会物流过程的重复劳动。当然，不同商品的物流过程不仅在空间上是矛盾的，可能在时间上也是有差异的。企业可以通过第三方物流机构的集约化处理，来解决这些矛盾和差异。而且，联盟成员共担风险，降低了风险与不确定性；还可以从第三方物流机构得到过剩的物流能力与较强的物流管理能力。

（4）利用网上交易平台，实现电子商务。互联网的出现使买卖过程得以简化，信用证申请可通过网上银行服务处理。至于采购，买家可利用特定的网上交易平台，输入相关的资料，网页上有适合每个行业物品的采购格式，互联网内的搜寻功能可以帮助买家，在有特别需要时，就可去寻找更合适的新供货商去补充货源。有了网上交易平台后，很多公司不需要 EDI（电子数据交换）也可以使用电子物流公司的服务，只要公司有自己的网址或 E-mail 便可以，成本明显较 EDI 便宜。

9.1.2 企业物流外包概述

1. 物流外包的含义

现代企业管理尤其是供应链管理特别重视企业的核心竞争力。企业根据自身的特点，将经营的重点放在某一特殊的领域或者是某种专项业务上，在特定行业的市场中占领某个细分市场，在某点形成企业自身的竞争优势。为了取得这样的竞争优势，企业通常会选择将其主要的资源和人力投入在其主营业务上，而将其他非核心的业务外包给其他企业。这也就是经常提到的企业业务外包。

我国《物流术语》中将业务外包（Outsourcing）定义为：企业为了获得比单纯利用内部资源更多的竞争优势，将其非核心业务交由合作企业完成。据调查数据显示，中国最具科技创新精神的商业企业中有 26% 的企业选择了业务外包，其中，前 10 名企业中，一半企业选择了业务外包。而"美国商业科技 500 强"企业中，进行业务外包的企业的比例高达 45%。正如管理大师彼得·德鲁克所指出的，"企业的最终目的不外乎是最优化地利用已有的生产、管理与财务资源"。越来越多的中国企业正通过外包非核心业务等形式，重新组合、优化企业的商业模式。

物流外包（Logistics Outsourcing）是指生产或销售企业为集中精力增强核心竞争力，而以合同的方式将其物流业务部分或完全委托于专业的物流公司（第三方物流，The Third Party Logistics，3PL）运作。物流外包是一种长期的、战略的、相互渗透的、互惠互利的业务委托和合约执行的方式。

2. 企业物流业务外包的动因

现代企业竞争的结果使生产企业和商业企业都进入一个微利时代，产品的成本和利润也变得非常透明。大企业之间的竞争现在不仅在技术、人才上展开，同时也在物流和供应链方面展开。因为现代物流已经成为"第三方利润源"，是企业降低成本、取得竞争优势的重要的来源，而处于技术、资金和人才上劣势的中小企业一直被认为是"物流战略的受益者"而不是物流战略的制定者和执行者。事实并非如此，中小企业一向是市场的灵活的反应者，几乎在大企业实施物流战略的同时，也对物流的战略积极反应，也同样采用物流战略来提高自身的竞争力。

企业物流业务外包的前提条件是一样的，那就是物流不是企业的核心业务，企业要把时间和精力放在自己的核心业务上，以提高供应链管理和企业运作的效率。但每个企业物流业务外包的具体原因会不同。

1) 企业没有能力扩大人、财、物在物流方面的投入

企业人力资源的限制，如缺乏有关物流方面的人才；企业自身资金的限制；企业自身物流设施和信息系统的限制。当企业的核心业务迅猛发展时，由于资源的限制，企业的物流网络相对滞后。

2）企业内不能建立起可以提高物流效率的体制

随着经济的发展,生产和服务的模式发生了很大变化:从大规模、标准化生产到个性化、柔性化小规模生产,物流的复杂性突现;从产品导向到客户服务导向,门到门服务,物流网络覆盖面越来越大,越来越细致。企业要完成从原材料采购到产品送达顾客的整个物流过程,难度越来越大,而且也不经济。例如,Amazon 公司虽然目前已经拥有比较完善的物流设施,但对于"门到门"的配送业务,始终都坚持外包,因为这种"最后一公里配送"是一项极其烦琐、覆盖面极广的活动,不是其优势所在,它的这种外包既降低了物流成本,又增强了企业的核心竞争力。

【拓展视频】

3）企业自营物流与其他企业相比没有竞争力

现在企业之间的竞争主要是时间和速度上的竞争,企业物流系统在竞争中如呈现劣势,物流外包是明智的选择。第三方物流业作为专门从事物流工作的行家里手,具有很丰富的专业知识和经验,有利于提高货主企业的物流水平。

企业外包物流首先是为了降低物流成本,其次是为了强化核心业务,最后是为了改善和提高物流服务水平与质量。企业利用外部资源发展自己的核心竞争力是市场经济发展的必然趋势,物流外包和物流社会化是市场经济发展的必然结果。

3. 企业物流外包的好处

中国许多企业纷纷将自己的业务外包出去,弥补自己企业在物流活动中的不足,选择业务外包存在许多优势,如降低企业物流成本、缩短企业产品到达顾客的时间、提高产品的附加值、精于核心业务、提高顾客的满意度和忠诚度、有利于企业的品牌和企业形象的树立等。企业在选择业务外包后,企业物流服务能力迅速增强,在给顾客提供高质量的物流服务的同时,企业可以借助第三方物流商的网络优势拓展产品市场,实施运用柔性化战略,以达到节省企业物流投入的目的。

1)优化企业内部资源配置,强化企业核心能力,提高企业整体效益

无论企业规模有多大,它的资源总是有限的。不属于核心能力的功能(物流在多数企业是非核心业务)被弱化或者外包,可使企业将主要资源投入到其核心业务上,集中企业的人力、物力、财力,进行重点技术、新产品的研究开发,保持企业竞争优势,达到资源利用的最佳化,取得整体最优的效果。例如,像人们熟知的耐克、惠普、康柏等都是通过多种业务(不局限于物流)外包而成长起来的国际著名品牌。

与企业自营物流相比,许多第三方物流服务供应商在国内外都拥有良好的运输和服务网络,在组织企业的物流活动方面更有经验、更专业化。企业将物流业务外包,不仅可减少企业资金的投放和积压,而且还可降低企业物流运作成本,提高企业效率。

2)充分利用企业外部资源,提升企业形象,分散企业经营风险

企业通过物流业务外包,利用第三方物流企业全球性的物流网络、完备的设施和训练有素的员工,可提高企业的柔性,快速响应需求,改进服务,树立品牌形象,增强企业信誉;同时,避免了物流设施、设备投资风险、存货积压风险及由政府、经济、市场、财务等因素产生的各种风险。

9.1.3 企业物流业务外包的风险

1. 物流控制风险

第三方物流介入企业的采购、生产、分销、售后服务的各个环节，成为企业的物流管理者，企业对物流的控制力大大降低，在双方信息沟通、业务协调出现问题的情况下，可能出现物流失控的现象，即第三方物流企业不能完全理解并按企业的要求去做，从而降低了客户服务指标。

2. 客户关系管理风险

企业物流业务外包后，第三方物流企业拥有全面的客户信息，甚至是潜在的客户信息，它们直接与客户接触，完成产品的递送、售后服务、倾听客户意见等，这会弱化企业与客户稳定密切的关系；同时，有关客户信息的安全性也存在一定风险。

3. 连带经营风险

企业物流业务外包一般基于长期合同，一旦物流服务提供商经营上出现问题，会直接影响企业的生产经营，而与之解除合同关系对企业而言也要付出很大的代价。

9.1.4 企业物流业务外包的障碍

1. 传统经营模式的遗留问题

我国国有大中型生产与流通企业有较大的物流能力，许多企业尤其是那些目前财务状况还令人满意的企业，不愿意通过物流外包方式来改变现有的业务模式。此外，寻求外包物流的公司有时还会遇到来自企业内部某些部门的抵制，因为它们目前从事的工作很可能会被第三方物流所取代，尤其是一些国有企业，物流外包将意味着裁员和资产出售。

2. 保守、封闭式经营观念

部分企业管理者本着"肥水不流外人田"的狭隘经营观念，对长期、稳定、互利的合作经营方式持怀疑态度，对第三方物流能否提供优质服务缺乏信心。

一般来说，企业对第三方物流能力的认识程度普遍还很低。第三方物流相对来说还很年轻，尤其是在我国，一些领先的物流企业只有不到10年的历史。更为重要的是，许多企业还远远没有认识到供应链管理的重要性，明显的例子就是还没有哪家企业的高级管理层里有主管物流的人员。

3. 害怕失去控制

由于供应链的实施在提高企业竞争力方面的重要作用，许多企业都宁愿有一个"小而全"的物流部门，也不情愿把对这些功能的控制权交给别人。此外，供应链流的部分功能需要与客户直接打交道，许多企业担心如果失去内部物流能力，会在客户交往和其他方面过度依赖第三方物流公司。这种担心在那些从来没有进行过物流外包业务的企业中更为普遍。大多数已经进行了物流外包的企业表示，它们通过和第三方物流公司的合作，实际上改善了信息流动，增强了控制力，改善了企业管理其业务的能力。

4. 缺乏信用机制

与生产销售不同，物流是一项委托与被委托、代理与被代理的关系，是完全以信用体系为基础的，服务的无形化特点、各种复杂的费率协商机制、"服务的标准和衔接物权"的转移与控制、结算常常涉及多方面的物流服务参与主体和复杂机制，特别是第三方物流服务或有更多层次的外包服务，没有完善的信用体系作基础，仅凭第三方交单结算甚至由第三方代为收款。

9.1.5 企业物流自营与外包的权衡比较

物流外包首先要考虑的 3 个问题是：物流外包是否符合企业的发展战略；物流外包是否影响企业的核心竞争力；物流外包是否能够提高物流经济效益。企业自营物流还是外包物流主要取决于两个因素：一是关键物流活动对企业成功的影响；二是企业管理物流运作的能力。

1. 物流在企业总体战略经营中的地位及自营能力水平

企业物流外包所推崇的理念是：如果我们在产业价值链的某一环节上不是世界上最好的，如果这又不是我们的核心竞争优势，如果这种活动不至于把我们同客户分开，那我们应当把它外包给世界上最好的专业企业去做。

2. 第三方物流能否达到企业要求的服务质量与反应速度

一方面是企业（外包方）要求的质量与反应速度，另一方面是外包方的顾客所需要的服务质量与反应速度。

3. 物流外包成本与自营成本的全面、科学比较

因为选择外包主要是为了节约成本，所以外包的时候要注意成本是不是划得来，是不是足够低。企业物流选择外包还是自营，与其整体战略规划有关，但根本点还是要看外包是否能以更低的成本获得比自制更高价值的资源。那些对客户服务水平要求高，在企业运营总成本中物流成本占大头，以及自身物流管理能力比较强的企业往往倾向于自营物流。换句话说，如果企业确实要把开发供应链管理的功能作为自己的核心竞争力，它就不应当外包物流服务。

对一些物流活动并非其核心业务和自身不具备高水平物流管理能力的企业，往往倾向于外包物流。也就是说，如果企业在仓储和运输方面经验不足，而且仓储和运输活动本身对企业总体的市场竞争地位并不是关键变量的情况下，企业就会外包物流服务。

企业根据自身情况，可以选择以下 4 种渐进的物流开发战略：第一，偶然外包一些物流职能；第二，在某一时候外包某一物流职能；第三，外包两项或三项物流功能，然后跨越到把整个供应链管理外包出去以获取系统收益；第四，基于评估外包的整体节约和收益，启动完全的供应链外包。

9.1.6 企业实施物流外包的注意事项

1. 物流服务供应商精益化

许多领先的公司在物流方面要么选择一个供应者，要么是很有限的供应者，这样可简化流程的管理，有利于规模经济的实现。

2. 协助第三方物流服务供应商认识企业，在互信的基础上协同完成项目的实施

视第三方物流服务供应商的人员为内部人员，与第三方物流服务供应商分享企业的业务计划，让它了解企业的目标及任务。为了保证物流服务的质量，双方要各自设立项目经理，并在相关功能上配备相应人员，以及时处理日常运作中的问题，共同商定绩效监测与评估制度，使合作关系透明化，通常应保持作业层每天的交流、管理层每月的绩效评估及不定期的检查与年度评估。

3. 确定具体的、详细的、具有可操作性的工作范围

工作范围即物流服务要求明细，它对服务的环节、作业方式、作业时间及服务费用等细节做出明确的规定，工作范围的确定是物流外包最重要的一个环节，它是决定物流外包成败的关键要素之一。服务要求模糊是许多物流外包合作关系不能正常维持的主要原因。例如，供应商在没有充分了解货物流量、货物类别、运输频率的情况下，就提交了外包投标书，如果物流外包的供需双方在事前未将服务需求量化或量化不够明确，会使双方在理解条款上出现偏差——供应商觉得需求商要求过高，而需求商又会认为供应商未认真履行合约。

4. 建立冲突处理方案

与第三方物流服务供应商的合作关系并不总是一帆风顺的，其实若彼此的看法能确切地表达，企业将从中获益良多，所以为了避免发生冲突，事前就应该规划出当冲突发生时双方如何处理的方案，一旦有一方的需求不能得到满足时，即可加以引用并借此改进彼此的关系。

5. 随时发现问题，不断进行调整

市场就是战场，形势千变万化，所以物流业务外包后，仍要亲自视察和监督，因为唯有亲自看到，才知道问题所在，才能及时要求物流服务供应商加以纠正和调整。

6. 保持弹性

物流外包的项目应该是慢慢扩展的，要注意到第三方物流服务供应商所能提供服务的宽度，让其保持一定的弹性，以最灵活的方式为企业提供最佳的服务。

9.2 企业物流外包与第三方物流

企业欲获得竞争优势，必须从企业与环境特点出发，培育自己的核心竞争力。所谓核心竞争力，可以定义为企业借以在市场竞争中取得并扩大优势的决定性力量。如何根据内部资源的特点，去发现、选择、利用外部资源，才是企业核心竞争力的内在反映。因此，企业为了适应新的竞争环境，整合内部资源与外部资源是企业实现竞争力的关键之一，这也就是企业自制与业务外包决策的出发点。

9.2.1 企业选择第三方物流的目的

1. 企业集中精力于核心业务

由于任何企业的资源都是有限的，很难成为业务上面面俱到的专家，所以企业应把自己的主要资源集中于自己擅长的主业，而把物流等辅助功能留给物流公司。例如，美国通用汽

车的萨顿工厂通过与赖德专业物流公司合作，取得了良好的效益。萨顿集中于汽车制造，而赖德管理萨顿的物流事务。赖德接洽供应商，将零部件运到位于田纳西州的萨顿工厂，同时将成品汽车运到经销商那里。萨顿使用EDI进行订购，并将信息发送给赖德。赖德从分布在美国、加拿大和墨西哥的300个不同的供应商那里进行所有必要的小批量采购，并使用特殊的决策支持系统软件来有效地规划路线，使运输成本最小化。

2．灵活运用新的技术，实现信息管理以降低成本

当科学技术日益进步时，专业的第三方物流供应商能不断地更新信息技术和设备，而普通的单个制造公司通常一时间难以更新自己的资源或技术。不同的零售商可能有不同的、不断变化的配送和信息技术需求，此时，第三方物流能以一种快速、更具成本优势的方式满足这些需求，而这些服务通常都是制造商一家难以做到的。

3．减少固定资产投资，加速资本周转

企业自建物流需要投入大量的资金购买物流设备、建设仓库的信息网络等专业物流设备。这些资源对于缺乏资金的企业特别是中小企业是个沉重的负担，而如果使用第三方物流公司，不仅减少了设施的投资，而且还解放了仓库和车队方面的资金占用，加速了资金周转。

9.2.2 企业与第三方物流合作面临的问题

我国物流业刚刚起步，与发达国家相比存在很大差距，特别是第三方物流的发展更是落后，大多数物流企业目前只能提供运输、仓储等一般性服务，只有极少数企业可提供国际流行的物流网络设计、预测、订货管理、存货管理等物流服务。

1．体制性障碍

在长期计划经济体制下形成条块分割、部门分割、地区分割的状态，同样体现在我国目前的物流管理体制上。物流的政府管理职能是分散的，各种运输方式都有各自的物流标准，不同工业部门的物流系统也是各自为政。若想把这些标准统一起来，势必要触动各个行业的利益，难度不小。

2．对标准化认识不足

目前，我国多数物流企业的规模和实力偏小，缺乏必要的服务规范和内部管理规程，信息化水平低，物流服务单一且质量低，市场竞争也不规范。因此，许多物流企业对物流标准化认识不足，不需要或不愿意在标准化方面进行战略投资，甚至有抵制态度。

3．大力推进标准化工作

物流系统中，物流、信息流和资金流要相互协调，包含供应物流、生产物流、销售物流和回收废弃物物流等众多要素。虽然物流标准可以自成体系，但它与其他标准体系仍有交叉。因此，物流的标准化仅仅靠物流企业自身是难以完成的，还需要物流设备制造企业、物流信息系统开发企业、产品制造企业、商业流通企业等共同努力、协调一致，才能真正推动物流标准化的进程。

4．对第三方概念模糊

很多人对"第三方物流"的真实概念并不理解，有的认为第三方物流只是时尚的代名词而已，企业完全可以自己做物流。有的则认为有了第三方物流就万事大吉了，再不用为企业

物流而操心，其实这些认识是完全错误的。一个产品从生产出来到送达消费者手中，要经过很多环节，如批发商、零售商、批发商的仓库、零售商的仓库等，这是一个非常漫长和复杂的过程，而且效率低下、资金占用巨大，使产品周转速度大大降低，同时也由于技术落后，使这种周转的精确性变得很差。这需要人们在能使这个周转过程更高效、更准确、成本更低方面下功夫，使流通的过程变得通畅。

5. 物流分散

在很长一段时间里，企业都是自己做自己的物流。这种小而全的做法，效率不高，后来就出现了独立于生产商、批发商、零售商的物流企业，其功能就是为这些生产商、批发商、零售商提供专业化的物流服务。这种物流就被称为"第三方物流"，实践证明"第三方物流"效率更高、效果更好。但"第三方物流"不能包医百病，第三方物流合作需要全力推进，比如制定规范、选址建点、引进计算机系统、建立合理的工作程序等。即使这样，要合作成功还有很多事情要做。企业与第三方物流公司是双方完全紧密的一种合作，如果没有一种非常清楚的共识是不能成功的。例如，投资预算需要双方共同审批，其实是变成了一个家两个人做主，这要求双方有一种高度合作的精神和非常密切的相互配合。

6. "第三方物流"发展应适应我国国情

我国的物流环境与欧洲的物流环境有很大不同，物流基础设施与发达国家相比，还是较为落后，我国特有的人文环境也导致我国的供应商、零售商、消费者也与国外大不相同，因此，完全照搬国外的模式肯定是不行的。

我国发展第三方物流任重而道远，如何做出自己相应的对策，把"第三方物流"做成功是件不容易的事，"第三方物流"在我国真正能够生根开花还需要时间。

9.2.3 企业中的第三方物流定位

1. 个体的优秀

双方都是有实力的，并且都有一些有价值的东西贡献给这种关系。企业卷入这种关系的动机是积极的，而不是消极的。

2. 重要性

这种关系适合合伙人的主要战略目标，如实现系统的双赢，而且合作中有长期的目标，其中这种关系扮演着关键的角色。

3. 相互信赖

合作者彼此需要，他们拥有互补的资产和技术。任何一方都无法完成双方合作才能完成的事情，即双方具有充分信任的基础。

4. 投资

合作者彼此投资，以显示其在关系中的投入。通过这种投入，显示其长期合作的诚意。

5. 信息

双方进行充分的信息交流和共享，包括他们的目标、技术数据、成本、进度、质量控制等信息。

6. 一体化

通过一定的制度安排,对物流系统功能、资源、网络要素、流动要素进行统一规划、管理和评价,通过要素之间的协调和配合完成物流的整体运作。

9.2.4 企业采用第三方物流的步骤

技术和市场变化的速度要求企业以长远关系为目标,深思熟虑地选择第三方物流伙伴。在选择一个第三方物流之前,企业必须定义自己外包的目标和目的,然后建立最终的选择标准,一些最重要的标准包括价格、财务稳定性、质量标准、持续改进的能力和能动性。企业采用第三方物流一般需要内部的分析和评价、评估和供应商选择、执行和管理3个阶段。

1. 企业内部第三方物流的需求分析

物流的目标是要按尽可能低的总成本,对原材料、在制品和制成品的库存进行地理上的定位。物流涉及信息、运输、存货、仓储、物料搬运和包装等各方面的集成。就具体企业来说,根据业务类型、作业的地理区域、产品和材料的重量/价值比率,物流开支一般占销售额的5%~35%。物流成本通常被解释为业务工作中非常重要的成本之一,仅次于制造过程中的物料费用或批发、零售产品的成本。

1) 企业战略

在企业的战略决策中,核心竞争力是重要的因素。成功的企业都通过将资源集中在一个或有限的几个能力,去超过竞争者,发掘与众不同的竞争优势,并且这些企业都会将其所需要的核心能力建立在行业平均水平以上,都会围绕其竞争优势,很少将资源投向非核心能力。物流能力无疑是形成企业竞争优势的一个重要基石。企业都必须通过物流来实现其业务目标,同时满足企业自身的需求和顾客的需求。所以明确物流能力是否是其核心能力,企业是否能够积极地利用这种能力去获得竞争优势,是企业决定"自建还是外包"首先要考虑的问题。

2) 企业规模

企业规模大小体现了企业的资金实力及企业生产的复杂程度。一般来说,企业的规模越大,其生产的复杂程度也会越高,它与供应商和销售商有着千丝万缕的联系。如果物流能力外包,企业的生产经营结构要进行大范围的调整,而这个调整成本往往是非常高的,同时会影响到企业的供应网络和销售网络的稳定性。另外,企业的规模比较大,其中一个表现就是物流资源相对比较丰富,比如说拥有自己的运输力量和仓储设施等,如果企业自身能够对这些资源进行有效的利用和管理,自营物流可能只需投入少量的成本进行技术更新就可以同时满足自身和消费者的需求。在这种情况下,可能以比外包更低的成本达到相同的服务水平。同时,还可以利用过剩的物流网络资源拓展外部业务,逐步积累物流服务经验、技术和所需的资金,发展专业化物流,为企业以后的长远发展开拓道路。而对于中小型企业来说,资金的规模小,生产的变动性大,一方面无力投入大量的资金进行自有物流设施的建设,另一方面由于企业内部业务流程重组风险的存在,还可能受到企业内部员工的抵制和资源的浪费。因此,可以利用物流能力外包来突破资源"瓶颈",使企业的发展获得较高的增长速度。

3) 运营成本

"如何使总成本最低"是企业在制定物流战略时首先要考虑的问题,也是企业追求的目标之一。当然,这里所要降低的成本并不是物流的功能成本,而是整个企业的运营总成本。企业业需要对物流成本的构成有一个全面的了解,并具有对需要展开的功能成本进行分析和动态成本计算的能力。当然，在实际中对有效的物流过程进行总成本计算还是比较困难的。但是，企业可以对自营的成本与外包后潜在的成本进行分析比较，这是目前一个比较有效的能够证明外包是否对企业有益的方法。

4）服务质量

在今天的经营环境中，如果企业愿意承担必需的资源，几乎任何想要的物流服务都是能达到的。例如，在地理上靠近顾客的位置建立一个专用仓库，可以使一支车队保持随时待运的状态等。这种物流服务在顾客下单后几乎可以即时响应顾客需求，但是这样做的代价是高昂的。物流服务在本质上是服务优势和服务成本的一种平衡。企业需要了解物流服务供应商的管理深度和幅度、战略导向，看供应商的服务是否能满足本企业的需求，尤其是供应商的发展战略要与需求企业相匹配或类似。

2. 通过评估选择供应商

企业的外包决策需要来自企业所有阶层的支持，虽然让企业的领导和员工们相信外包商能够同等程度地代表本企业的质量和顾客服务通常是比较难的，但是有很多办法可以提高这种内部的满意度。其中一个办法就是获得第三方供应商的参数，调查未来的合作商过去的工作记录是非常重要的。获得这种企业内部各层次对外包的一致认同将会加强与供应商谈判中的地位。另外，企业需要投入很多时间和金钱去获得重要的数据（比如存货量和生产销售需求情况），这些都是与第三方物流谈判的基础。

1）明确服务需求

为了有效地进行合同谈判，企业必须清楚地确定自己的服务需求。首先，准确地列出将要外包的项目，企业可能需要供应商提供的服务包括仓储、运输、库存管理、提高附加值的功能（包装、贴标签、组装等）、信息支持（产品跟踪、电子支付、结算等），然后，详细定出这些作业的参数。这些都是选择供应商时需要的参考标准。如果服务需求没有量化或不明确，会导致供需双方理解出现偏差，供应商常常认为需求商要求过高，而需求商认为供应商未认真履行合约条款。此外，要确定供应商是否能够应对实际运作中未预料到的改变，如产品数量的改变、销售量和顾客的变化等。

2）筛选候选者

一旦确定了企业的服务需求后，就可以开始列出最合适的第三方物流名单。这时候有很多选择，需要去做出一个正确的选择，从而能显著地减少将来可能出现的问题。可以在一张评估表上概括总结出企业的服务需求，根据它使候选者人数减少到3~4名。衡量每一项服务需求，以保证最重要的那些参考标准是令人满意的。一个简单的衡量办法是把这些需求用 A 或 B 标识出来，A 表示绝对需要的，B 表示需要的，但不是必需的。通过这样的评估后，归纳出候选者名单进一步考虑，然后把名额减少到最有希望的 1~2 名。

3）参观工作场所

选择供应商的最后一步还需要去参观他们的工作场所，了解它们是怎么样工作的。首先，仔细地听取供应商的介绍，给每一个候选者一个公平的机会让它描述如何能够满足本企业的需要。其次，确保供应商的每一个设备的可操作性和灵活性。企业可以通过了解实际的使用者所经历过的困难来避免一些常见的问题。由于这个选择供应商的过程可能比较长，企业要试着跳过一些不必要的游览和会见。但是，参观供应商的工作场所对正确选择第三方物流供应商是具有决定性作用的一步。

4）成本估算

把物流需求运用到合同条目中来计算外包成本。一般来说，外包普通的仓储服务的成本包括需要的场地面积、仓库中移动产品所必需的活动，以及增加附加值的功能等。确定第三方物流仓储服务成本的典型方法包括每平方米场地使用成本、每件产品的交易成本、每次装载成本。第三方物流供应商应该详细解释这些条目。

5）建立考核标准

第三方物流公司应该对需求商的系统需求有比较强的理解力，而需求商要确认所有的要点都包括在合同中，并且清楚地了解物流的解决方案。实际上，双方协定的内容将会变得复杂。第三方物流提供商通常希望能够自主决定商品运输的始点、终点和路线，同时，它们也规定运输、仓储和管理的价格。对需求商来说，可以根据对这些服务愿意支付的价格来确定相应的条目（如安排收发货时间）。

3. 外包执行

当企业最终选择第三方物流公司后，最后的阶段就是外包的执行。在执行阶段，应当清楚地定义和确定任务，建立时间框架，应当建立监控机制和评估绩效机制。这不仅在执行期间很重要，而且在执行以后也很重要，它将保证外包协定提供着所期望的服务。在这个阶段中，另一个重要的因素是帮助企业适应外包管理的新型关系和变化以实现组织的目标，经常性的教育和培训应当致力于上述这些问题。

企业的物流外包是个长期、曲折的过程，合约的签订也只是外包的开始，在这个过程中，需要不断地对完成的活动进行考核，甚至包括外包决策，使每个步骤都能达到预期的目的。要相信在合作中即使有冲突发生，也能找到办法解决并使它不会再次发生。供需双方自我真诚的评估和定位，行为道德、相互信任和忠诚及履行承诺是建立良好的外包合作关系的关键因素。

9.2.5 企业充分利用第三方物流的措施及风险防范

现代物流与传统的国际货运代理业务有很大的区别，它不仅提供仓储和运输服务，而且还将提供其他服务，如集运、存货管理、分拨服务、加贴商标、订单实现、属地交货、分类和包装等，更重要的是帮助客户按照客户的经营战略去策划他的物流。现代物流的合约是一对多的关系，业务是一对一的关系，服务性质是多功能的，物流的成本较低，增值服务较多，供应链因素多，质量难以控制，运营风险大。与传统物流相比，现代物流业务的特性与要求决定了它的责任与风险有增无减。

现代物流业的风险可以概括为合同责任风险和与合同有关的其他风险，主要包括以下几种。

1. 物流商与客户所签合同的责任风险

物流商与客户之间的法律责任主要体现于双方所签的合同，目前在签署这类合同时，人们发现某些大客户凭借自己雄厚的经济实力，在谈判中往往处于有利的地位，提出一些特别的要求与条件，而物流商常常迫于商业上的压力而接受某些苛刻甚至是"无理"的条款。合同中订立此类极不合理的条款，一旦产生纠纷，后果可想而知。

案例阅读

某物流商与客户签订一合同,作为承运人的物流商替客户运送一批价值将近 900 万美元的货物,却只收取 2 万美元的费用,合同中还要求物流商对货物全程负责并不可享受豁免条款,也不可享受赔偿责任限制。在此情况下,一旦货物全损,即使物流商无任何过失,也得承担无限责任,即至少赔付客户 900 万美元。在法律责任与商业利益发生冲突时,我们平衡一下进行取舍是对的。但风险这么大,受益这么小,权利与义务极不相称,显失公平,这样的生意也去做吗?

有的物流商为了揽取生意,甚至将各种运输所适应的法律中正常的豁免条款都删掉了,这是非常欠考虑的做法。例如,承运人通常对货物短少或残损引起的赔偿享受责任赔偿限额,现代物流商在目前物流市场尚不规范的前提下可能面临全额赔偿和不得享受责任限制的情况,甚至承担无限大的责任。

2. 物流商与分包商所签合同的责任风险

实践中,物流商必须选择资信情况好的分包商,才能做到既降低经营的成本,又可使物流商的责任风险降到最低点。因为在与分包商合作即物流运作的全程中,当客户发生损失时,无论是物流商的过失还是分包商的过失,都要由物流商先承担对外赔偿责任。

尽管物流商在赔付后,尚可向负有责任的分包商进行追偿,但由于物流商与客户和分包商所签合同分别是背对背的合同,所以所适用的法律往往是不一样的,其豁免条款、赔偿责任限额及诉讼时效也是不一样的,致使物流商常常得不到全部赔偿。

3. 物流商与信息系统提供商所签合同的责任风险

物流商要想开展物流服务,离不开信息技术,而物流商在利用信息技术时面临着以下两个问题:一是信息系统出现故障;二是商业秘密受到侵犯。解决此类纠纷时,如果合同中根据有关法律明确地划分了双方的责任,则纠纷容易解决;如果没有做出明确的规定,同时既查不出原因,又确定不了责任方,则纠纷就很难解决。因此,物流商在与信息系统提供商签订合同时应明确双方的责任,明确信息系统提供商在何种情况下需要承担多大的责任是十分重要的。

现代物流业务中,信息的提供越来越重要,不但物流商依赖它来掌握与控制其货物,而且客户也需要通过它随时掌握货物的动态,这种服务有时是免费提供的,有时被列入条款。合同中明确规定物流商应及时准确且不间断地为客户提供货物的信息,也就是说,提供信息不只是物流商吸引客户的优势,也是物流商必须承担的责任。然而,当出现停电或信息系统发生故障,一时无法及时提供信息,或提供的信息有误时,物流商是否都需要承担责任?如需要,又承担多大的责任呢?由此可见,向客户提供信息服务既是物流商的优势,同时也是物流商的一种风险。

案例阅读

某物流商通过 EDI 与船公司连接,有 10 个空箱从香港送到福州,物流商将箱号通过 EDI 系统给船公司。物流商员工输入其中的一个箱号有误,致使一个有货的集装箱错运到福州并被当地海关查扣,由此产生大量罚款、掏箱费、使用费等,最终由物流商全部承担。

4. 物流商的第三方法律责任风险

物流商除基于上述3种合同关系要承担责任外,还基于侵权行为要承担第三方法律责任,而且因第三方责任引起的赔偿有时也是相当惊人的。例如,物流商用自己拥有的船舶承运客户的货物,一旦发生海事,作为承运人的物流商无法免责时,不但要承担货物的货损货差,而且如果对第三方造成了损害,也应该承担责任。又如,物流商使用自己拥有的仓库存放危险品,发生爆炸引起周围的生命财产损失或人身伤亡时,或物流商使用自己拥有的卡车运送有毒有害液体而产生泄漏,造成环境污染时,都要承担赔偿责任。因此,物流商对第三方的责任随时都有可能发生,其潜在的风险也是不小的,对此必须给予高度重视。

物流企业之间、物流企业与客户之间,都是以物流服务为基本目标的,服务是双方乃至多方关系的核心。保证服务的完整性、安全性、灵活性和适应性,是合同的主要内容,也是确定各方责任的依据。因此,防范物流业的法律风险,也就是防范合同风险。

由于现代物流企业与客户之间既是一种伙伴合作关系、双赢关系,也是同盟关系,所以联系物流企业与客户之间的法律关系就是合同,要通过签订合同,明确各方的权利义务,以保证物流产业链的完整与通畅。

9.3 企业物流外包与第四方物流

9.3.1 第四方物流概述

1. 第四方物流的产生

随着科学技术的进步和经济的发展,物流逐渐成为一个产业,尤其是IT技术的突飞猛进更是让物流业的发展如虎添翼,很多企业为了满足市场需求,将物流业务外包给第三方物流服务商,以降低存货的成本,提高配送的效率和准确率。

由于大多数第三方物流企业缺乏系统的、全面的整合能力,加之全球化趋势导致的供应链网络范围的不断扩展,使得企业在外包物流时不得不将业务外包给多家第三方物流服务,这无疑会增加供应链的复杂性和管理难度。

市场的这些变化给物流和供应链管理提出了更高的期望,在客观上要求将现代网络技术、电子商务技术和传统的商业运营模式结合起来,以便在供应链中构造一个将供应链的物流外包行为进行链接的统一主体,而不是以前分散无序的状态。从管理的效率和效益看,对于将物流业务外包的企业来说,为获得整体效益的最大化,它们更愿意与一家企业合作,将业务统一交给能提供综合物流服务和供应链解决方案的企业。而且,由于在供应链中信息管理变得越来越重要,也有必要将物流管理活动统一起来,以充分提高信息的利用率和共享机制,提高外包的效率。供应链管理中的这些变化,促使很多第三方物流企业与咨询机构或技术开发商开展协作,以增强竞争能力,由此而产生第四方物流(The Forth Part Logistics,4PL)。

物流服务方式演进如图9.1所示。

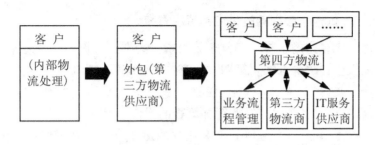

图 9.1 物流服务方式演进

2. 第四方物流的概念

美国埃森哲公司（全球最大的管理咨询公司和技术服务供应商）最早提出了"第四方物流"的概念，并依据业务内容对其进行了定义：第四方物流供应商是一个供应链的集成商，它对公司内部和具有互补性的服务供应商所拥有的不同资源、能力和技术进行整合和管理，提供一整套供应链解决方案。近年来，国外已兴起了第四方物流的研究与试验。事实表明，第四方物流的发展可以满足整个物流系统的要求，很大程度地整合了社会资源，减少了货物的物流时间，节约了资源，提高了物流效率，也减少了环境污染。

事实上，第四方物流的出现是市场整合的结果。过去，客户试图通过优化库存与运输、利用地区服务代理商及第三方物流供应商，来满足自身服务需求的增长。但在今天，客户需要得到更好的服务，如电子采购、订单处理能力、虚拟库存管理等服务。一些企业经常发现第三方物流供应商缺乏当前所需要的综合技能、集成技术、战略和全球扩展能力。为了改变窘境，某些第三方物流提供商正采取措施，通过与出色的服务提供商联盟，来提高它们的技能，其中最佳形式是和领先的咨询公司、技术提供商结盟。随着联盟与团队关系的不断发展壮大，一种新的外包选择开始出现。企业正在向某个单一的组织外包其整个供应链流程，由这个组织评估、设计、制定及运作全面的供应链集成方案，这正是第四方物流。

9.3.2 第四方物流的特征

1. 第四方物流是一个集成商

它集成了管理咨询和第三方物流服务商的能力，利用分包商来控制与管理客户公司的点到点式供应链运作流程。

电子商务及信息技术的发展给不断变革的物流模式提供了保障与活力，当业界刚刚认同第三方物流的同时，一种基于提供综合的供应链解决方案的物流理念——第四方物流又悄然出现。

目前被人们所广泛使用和接受的第四方物流概念是：一个调配和管理组织自身的及具有互补性服务提供商的资源、能力与技术，来提供全面的供应链的解决方案。根据有关专家的分析，第四方物流要比第三方物流利润更加丰厚，因为它们拥有专业化的咨询服务。这种提供商可以通过影响整个供应链的能力，提供全面的供应链解决方案与价值。尽管这一块服务目前规模尚小，但在整个竞争激烈的中国物流市场上将是一个快速增长的部分。

2. 第四方物流提供一整套完善的供应链解决方案

它能够有效地适应客户的多样化和复杂化需求，集中所有资源为客户完美地解决问题，有效地组织并实施供应链解决方案。第四方物流的供应链解决方案共有 4 个层次，即执行、实施、变革和再造。

1）执行——需要承担多个供应链职能和流程的运作

第四方物流开始承接多个供应链职能和流程的运作责任。其工作范围远远超越了传统的第三方物流的运输管理和仓库管理的运作，具体包括制造、采购、库存管理、供应链信息技术、需求预测、网络管理、客户服务管理和行政管理等。尽管一家企业可以把所有的供应链活动外包给第四方物流，但通常的第四方物流只是从事供应链功能和流程的一些关键部分。

2）实施——进行流程一体化、系统集成和运作交接

一个第四方物流服务商帮助客户实施新的业务方案，包括业务流程优化、客户公司和服务供应商之间的系统集成，以及将业务运作转交给第四方物流的项目运作小组。项目实施过程中应该对组织变革多加小心，因为"人"的因素往往是把业务转给第四方物流管理成败的关键。实施的最大目标就是要避免一个设计优良的策略和流程的无效实施，结果使方案的有效性受到局限，影响项目的预期成果。

3）变革——通过新技术实现各个供应链职能的加强

变革的努力集中在改善某一具体的供应链职能上，包括销售和运作计划、分销管理、采购策略和客户支持。在这一层次上，供应链管理技术对方案的成败变得至关重要。领先和高明的技术，加上战略思维、流程再造和卓越的组织变革管理，共同组成最佳方案，对供应链活动和流程进行整合和改善。

4）再造——供应链过程协作和供应链过程的再设计

第四方物流最高层次的方案就是再造。供应链过程中真正的显著改善，一是通过各个环节计划和运作的协调一致来实现，二是通过各个参与方的通力协作来实现。再造过程就是基于传统的供应链管理咨询技巧，使得企业的业务策略和供应链策略协调一致。同时，技术在这一过程中又起到了催化剂的作用，整合并优化了供应链内部和与之交叉的供应链的运作。

3. 第四方物流增加价值

第四方物流充分利用了一批服务提供商的能力，包括第三方物流、信息技术供应商、合同物流供应商、呼叫中心和电信增值服务商等，再加上客户的能力和第四方物流自身的能力。总之，第四方物流通过提供一个全方位的供应链解决方案来满足今天的公司所面临的广泛而又复杂的需求。

4. 第四方物流强调技术外包

第四方物流外包的主要是无形的技术，而第三方物流外包的主要是有形的物流业务。

5. 第四方物流对员工的素质要求很高

由于第四方物流公司是提供技术服务的咨询公司，所以其员工不仅要具有丰富的现代管

理技术和经验，而且还需要对环境变化有超强的预见能力及应变能力。

9.3.3 第四方物流的作用

1．通过提升服务水平带来收益的增加

传统的物流解决方案往往过于注重运输成本和仓储成本的最小化，而第四方物流服务提供商更注重强调对客户的服务水平，这必将导致整体收益的提高。

2．通过过程优化提升运作效率

为弥补传统的物流运作功能方面的缺陷，第四方物流提供商强调过程优化，减少供应链上的不确定因素与非增值环节，不仅为控制和管理特定的物流服务，而且为整个物流过程提出策划方案，并通过电子商务将实现过程集成，从而带来物流运作效率的提升。

3．节约成本，实现最大范围的社会资源整合

第三方物流缺乏跨越整个供应链运作及真正整合供应链流程所需的战略专业技术，而第四方物流可以不受约束地将每一个领域的最佳物流供应商集成起来，为客户提供最佳物流服务，进而形成最优物流方案或供应链管理方案，而且能使所有的物流信息充分共享，实现全部社会资源的充分利用。

4．实现供应链一体化

第四方物流向用户提供更加全面的供应链解决方案，并通过第三方物流企业、信息技术企业和咨询企业的协同化作业来实现，使物流的集成化一跃成为供应链一体化。

5．实现用户企业业务流程再造

第四方物流将改变用户原来的物流业务流程，并通过业务流程再造使用户的物流流程得以优化。

6．优化用户企业组织结构

物流外包的不断扩大及业务流程的优化，必然给用户企业带来组织结构的变革。

9.3.4 第四方物流与第三方物流的区别

第三方物流供应商为客户提供所有的或一部分供应链物流服务，以获取一定的利润，它提供的服务范围很广，可以简单到只是帮助客户安排一批货物的运输，也可以复杂到设计、实施和运作一个公司的整个分销和物流系统。第三方物流的最大的附加值是基于信息和知识，而不是靠提供最低价格的一般性的无差异的服务。然而，在实际的运作中，第三方物流公司缺乏对整个供应链进行运作的战略性专长和真正整合供应链流程的相关技术。

与此相对应，第四方物流具备整合供应链的能力，提供完整的供应链解决方案，并且逐步成为帮助企业实现持续运作成本降低的有效手段。它依靠第三方物流供应商、技术供应商、管理咨询顾问和其他增值服务商的集体协作，为客户提供独特的和广泛的供应链解决方案。而一个第四方物流提供商要成功地整合第三方物流企业，需要具备以下条件：

（1）第四方物流必须不是物流的利益方。

（2）第四方物流必须能实现信息共享。

（3）第四方物流必须有能力整合所有物流资源。

综上所述，第四方物流是比第三方物流更进一步的物流服务形式，它是从整个供应链的角度出发，为整个供应链提供物流解决方案。而在物流服务上，第四方物流与第三方物流应该互补合作，达到物流成本的最小化。

通过对第四方物流概念的分析可以发现，第四方物流集成了管理咨询和第三方物流服务商的能力，它为客户提供了一整套完善的供应链解决方案。

9.3.5 第四方物流的运营方式

1. 协同运作型的第四方物流

协同运作型是第四方物流和第三方物流共同开发市场的一种方式。第四方物流向第三方物流提供一系列服务，包括技术、供应链整合策略、进入市场的能力和项目管理的能力等。第四方物流在第三方物流公司内部工作，第三方物流成为第四方物流思想与策略的具体实施者，从而达到为客户服务的目的。第四方物流和第三方物流一般会采用商业合同的方式或者战略联盟的方式进行合作，其运作模式如图9.2所示。

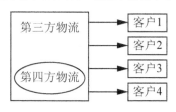

图9.2 协同运作型的第四方物流

2. 方案集成型的第四方物流

在方案集成型模式中，第四方物流为客户提供整个供应链的运作解决方案。第四方物流对自身及第三方物流的资源、能力和技术进行综合管理，借助第三方物流为客户提供全面的、集成的供应链解决方案。第三方物流通过第四方物流的方案为客户提供服务，第四方物流作为一个枢纽，可以集成多个服务供应商和客户的能力。其运作模式如图9.3所示。

3. 行业创新型的第四方物流

在行业创新型模式中，第四方物流为多个行业的客户开发和提供供应链解决方案，以整合整个供应链的职能为重点，将第三方物流加以集成整合，向"下游"的客户提供解决方案。在这里，第四方物流是"上游"第三方物流的集群和"下游"客户集群的纽带，其责任十分重要。行业解决方案会给整个行业带来最大的利益。第四方物流会通过卓越的运作策略、技术和供应链运作的具体实施来提高整个行业的效率。其运作模式如图9.4所示。

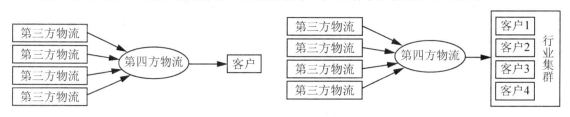

图9.3 方案集成型的第四方物流　　　　图9.4 行业创新型的第四方物流

9.4 物流服务商的选择和管理

9.4.1 物流服务商的识别评估

1. 物流服务商的信息收集与分析

1）物流服务商的信息收集

（1）企业可以通过各种公开信息和公开的渠道得到物流服务商的联系方式。这些渠道包括物流商的主动问询和介绍、专业媒体广告、互联网搜索等方式。

（2）审查物流服务商的基本信息，寻找合格的物流商。在这个步骤中，最重要的是对物流服务商做出初步的筛选。建议使用统一标准的物流服务商情况登记表来管理物流服务商提供的信息。这些信息应包括物流服务商的注册地、注册资金、主要股东结构、生产场地、设备、人员、主要产品、主要客户及生产能力等。

2）物流服务商的信息分析

企业可以评估物流服务商的运作能力、供应的稳定性、资源的可靠性，以及其综合服务能力。在这些第三方物流供应商中，剔除明显不适合进一步合作的物流服务商后，就能得出一个物流服务商考察名录。派出由相关人员组成的团队对其进行现场审查，做详细的认证，并可从不同方面进行列表评估得出选择结果。

2. 物流服务商的评估

企业可以通过商贸期刊、出版物、网站等方式列出潜在物流供应商名单，采取方案评估、现场参观、获取介绍等方式，从以下几个方面对第三方物流服务供应商进行全面评估。

【拓展视频】

（1）物流服务商的规划能力。物流系统规划、解决方案设计、供应链优化。

（2）物流服务商的物流网络。合理分布的区域物流中心与城市配送中心。

（3）物流服务商的运输能力。包裹、零担、整车多种运输模式，铁路、公路、航空等多种运输方式，费率谈判及与承运人的关系，集货运输与货运代理。

（4）物流服务商的仓储能力。进、存、出货作业设施、设备、人员，贴条码、贴标签、包装、装配及退货处理等增值服务。

（5）物流服务商的信息水平。计算机、网络设备与应用，物流软件，呼叫中心，信息服务。

（6）物流服务商的管理水平。管理层、标准业务流程（Standard Operation Procedure，SOP）、质量体系（如 ISO 9002）、员工培训、企业文化。

（7）物流服务商的服务水平。绩效评价体系（KPI）、客户群、客户评价。

物流外包点落在物流服务整体价值的实现上，即除了对运输、配送、仓储、采购业务的保证外，侧重对物流时间、速度以及效率、服务水平、延伸能力等多方面的综合测评。其具体表现为：有效的物流时间是多少、同期相比物流速度提高的程度、同等货物量下的搬运与装卸频次、时间和人力消耗量、储存空间的负荷量和有效利用面积、准时服务的质量水平和有效保障、流通损失比例等。

9.4.2 物流服务商的选择

现代企业高效率运作，需要有优秀的物流合作伙伴提供运作资源支持。物流服务商就是指提供物流作业运作资源保障的企业或个体，包括各种类型的运输企业或车主、仓库业主、装卸设备、包装设备拥有者、物流 IT 企业等。

1. 物流服务商选择的基本原则

物流服务商选择的基本原则是"QCDS"原则，也就是质量（Qualing）、成本（Cost）、交付（Delivery）与服务（Service）并重的原则。

在这四者中，质量因素是最重要的。首先，要确认物流服务商是否建立了一套稳定有效的质量保证体系。其次，是成本与价格，通过双赢的价格谈判实现成本节约。再次，在交付方面，需确认物流服务商是否具有物流所需的特定设施设备和运作能力，人力资源是否充足，有没有扩大产能的潜力。最后，也是非常重要的，即物流服务商的物流服务记录。

具体来讲，选择物流服务商时要遵循以下原则：

（1）适应本企业战略目标要求。物流外包是一种主要的经营策略，在选择物流服务商的过程中，必须适应企业的整体经营战略。例如，某工程材料公司（该公司是合成无机物的主要供应商）的战略是在保证不增加职工人数和成本的前提下，提高运输和物流效率，这样在选择第三方物流供应商时就要注重最大限度地满足企业的这种战略需要。

（2）具有业务集中控制能力。物流服务商必须具备先进的技术和操作手段来管理物流网络，企业可以利用第三方物流服务商集中对分散在不同地点的厂房与分支机构进行控制。通过物流服务商的参与，使企业改进和适应新的经营运作模式，实现企业物流运行的高效稳定。

（3）有与企业物流业务相关的经验。大多数企业选择物流服务商的核心目的是要获得高水平的运营能力。在物流服务商选择的过程中，物流企业不但要显示满足企业运作所需要的经验，更重要的是这些经验如何能够帮助企业实现更高的经营水平。

（4）适应企业发展的物流技术水平。注意物流公司要拥有与公司发展相适应的不断进步的技术。科技在今天已经成为发展最重要的动力之一，物流公司的技术水平进步能否与企业需求同步并及时为企业所用，关系到企业整体的发展。

（5）主要业务与企业物流业务的兼容性。虽然物流企业宣称自己能够服务任何客户，但每一个物流企业都有自己的核心竞争能力，企业应尽量选择其核心能力与企业外包业务一致或相近的物流服务供应商。可以参考第三方物流企业的客户名单，考察客户名单中是否有与本企业物流需求相近似的。

（6）具备企业需求的真实能力。除了考察物流企业的销售和市场表现外，更要考察企业的真正实力所在。例如，该公司到底有多强大；该公司有多大份额的资源用于技术开发；有多少人从事核心业务；等等。

（7）建立信任关系。良好的业务关系建立在相互信任的基础上，随着时间的推移，稳定良好的合作关系可使企业减少经营风险，提高竞争力。

（8）企业文化相似。企业在选择物流服务商的最后阶段要对合作双方企业文化是否相似的问题进行考虑。例如，成本管理是某公司的核心理念，所以该公司需要与一个认同这种观点并能够把这种观点应用到运输服务中去的物流公司进行合作。

（9）企业经营不断改善的支持者。在当今这个时代，企业要想在全球范围内保持竞争力，经营管理的改进是随时的、必需的，企业必须遵循六西格马管理原则和 ISO 9000 质量体系认证规定，物流服务商至少能够提供标准的考核指标来保证和促进企业改善管理。

（10）不过分强调成本最低。毫无疑问，物流公司提供物流服务的成本是必须考虑的，但这绝不能是首要考虑因素。物流服务商的选择过程的全部目的是要达到公司重要的战略目标，而不是寻找最便宜的物流服务商。

> **案例阅读**
>
> 某管理顾问公司调查了中国物流市场，并写出了中国物流市场的调查报告，该报告指出：客户在选择物流企业时，首先注重行业与运营经验即服务能力，其次注重品牌声誉，再次注重网络覆盖率，最后注重较低的价格。

2．物流服务商选择的方法

企业选择物流服务商的方法有许多种，要根据物流服务商的数量、企业对物流服务商的了解程度、企业需要的物流服务的特点和规模以及物流服务的时间性要求等具体确定。下面列举几种常见的选择方法：

（1）直观判断法。直观判断法是指通过调查、征询意见、综合分析和判断来选择物流服务商的一种方法。它是一种主观性较强的判断方法，主要是倾听和采纳有经验的物流管理人员的意见，或者直接由物流管理人员凭经验做出判断。这种方法的质量取决于对物流服务商物流资料掌握得是否正确、齐全和决策者的分析判断能力与经验。这种方法简单、快速、方便，但是缺乏科学性，受掌握信息的详尽程度限制，常用于选择企业非主要物流业务的供应商。

（2）评分法。评分法是指依据物流服务商评价的各项指标，按物流服务商的优劣档次，分别对各物流服务商进行评分，选得分高者为最佳供应商。

（3）物流成本比较法。对于物流服务质量、时间等均满足要求的供应商，通常是进行物流成本比较，即分析物流费用的各项支出，以选择物流成本较低的供应商。

（4）招标法。当物流服务的需求量较大、供应市场竞争激烈的时候，可以采用招标的方法来选择物流服务商。它是由物流服务需求方首先提出招标条件，各投标单位进行竞标，然后由物流服务需求方评标、定标，最后根据自身情况与提出最有利条件的物流服务商签订协议。招标方法可以是公开招标，也可以是选择性招标。公开招标对投标者的资格不予限制，选择性招标则由物流服务需求方预先选择若干个物流服务供应商，再进行竞标、评标和定标。招标方法竞争性强，物流服务需求方能在更广泛的范围内选择供应商，以获得供应条件有利的、切合企业自身实际需求的物流服务。但这种招标方法手续繁杂，时间长，不能适应物流服务需求紧急的情况；而且订购机动性差，有时对订购者了解不够，双方未能充分协商，造成供应方提供的物流服务与需求方的实际需求不一致。

（5）协商选择方法。在物流服务可供单位多、需求方难以抉择时，也可以采用协商选择的方法，即由物流服务需求方选出供应条件较为有利的几个供应商，同它们分别进行协商，再确定合适的供应商。和招标方法比较，协商选择的方法因双方能够充分协商，在物流服务质量和价格等方面较有保证；但由于选择范围有限，不一定能够得到最便宜、供应条件最有利的供应商。当物流服务需求时间紧迫、投标单位少、供应商竞争不激烈、物流服务较为烦琐时,协商选择方法比招标方法更为合适。

3. 物流服务商的选择流程

物流企业服务商的选择分为 5 个阶段,即初始准备、识别潜在的物流服务商、物流服务商初选和精选、建立物流服务商关系及物流服务商关系评估,如图 9.5 所示。

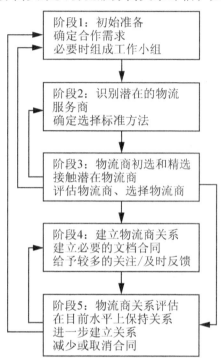

图 9.5　物流服务商选择程序

9.4.3　物流服务商的管理制度

1. 合同关系管理

对物流企业服务商,可按行业、地区、资源类型等进行分类,然后确定合同关系管理制度。

物流企业服务商的合同关系管理包括合同与协议、合同模型、合同管理、合同关系、法律关系、违约责任、赔偿损失条款、担保条款、保密条款、资产保存和维修条款、价格变动条款及索赔条款等。

合约关系管理是指交易双方或多方以口头或书面形式,对将要发生的交易行为所做出的承诺和对各自的职责与权益的约束行为。合约条款具有法律效力。

2. 网络化管理

网络化管理主要是指在管理组织架构配合方面,将不同的信息点连接成网的管理方法。作为资源的整合者,物流服务商的服务质量在很大程度上取决于物流服务商的服务水平。如何管理和整合分散的小型供应商,将是考验物流服务商物流管理能力的主要方面。网络化的管理也体现在业务的客观性和流程的执行监督方面。

3．双赢供应关系管理

双赢关系已经成为供应链企业之间合作的典范，对物流企业服务商的管理，就应集中在如何与物流企业服务商建立双赢关系以及维护和保持双赢关系上。

一、简答题

1．简述企业物流外包的好处。
2．简述第三方物流与第四方物流的功能与区别。
3．简述物流外包障碍的解决方法。
4．简述企业物流外包的风险防范。
5．简述物流服务商的评估。
6．简述物流服务商选择的原则与方法。

二、案例讨论

某家电公司在国外有着比较长的历史，品牌也有相当的知名度，20世纪90年代初进入国内，在国内投资建立生产厂。其产品种类齐全，质量比较好，但品牌在国内比较陌生，并且国内同类产品竞争非常激烈。为了打开国内市场，该公司制定了一个长期战略，不依靠那种广告轰炸的方式，而是采取"精耕细作、加强服务"的策略来赢得市场。在全国各地设有多个分公司或办事处，负责销售和售后服务。

该公司原来是自己负责物流业务，总部根据分公司或办事处的申请发货，各分公司（办事处）负责销售和仓储管理，总部只有依靠分公司的报表了解销售和库存情况。这样运行了近两年时间，总部失控：首先是各分公司物流成本大幅增加（因为既要有人负责仓库，又要有车辆和司机）；其次是库存大量增长，坏机现象严重（仅石家庄一地就有坏机3 000台，损失约百万元人民币）；再次是销售回款逐步下降，呆坏账太多；最后，总部难以掌握和及时了解各地情况。因此，国外总部及国内总部都下决心运用第三方物流模式，并委托中国集装箱总公司为其完成物流服务。

中国集装箱总公司接受该公司委托后，首先根据其情况制定物流方案。针对该公司在国内市场"精耕细作，加强服务"的长期经营策略，中国集装箱总公司制定了"配合销售，加强服务，总部控制，透明及时"的物流战略。物流战略确定之后，就要在具体方案操作中贯彻和体现这一战略。由于该公司产品需要在全国各地销售，涉及区域范围广，而且各地市场特点不同。根据该公司要求，中国集装箱总公司利用本系统网点多、功能齐全的优势，组织有关公司参与该项目、中国集装箱总公司总部及各所属公司成立项目组，中国集装箱总公司总部负责管理和协调，提供一体化管理。

讨论

（1）该家电公司下决心采用第三方物流的原因是什么？
（2）中国集装箱总公司是怎样为该家电企业提供第三方物流的？

三、实训练习

实训　企业物流服务管理情况调查

实训目的：了解该企业的物流服务管理的现状。

实训内容：确定调研企业的类型，并进行物流服务管理的现状调查，分析其所提供物流服务的内容，并分析其物流服务决策的过程。

实训要求:
(1)学生可以以小组的方式开展调查工作,每5人一组。
(2)各组成员自行联系,并调查当地的一家小型商业企业或物流服务企业。
(3)详细调研该企业的物流服务管理的情况,并分析物流服务管理过程中存在的问题,给出改进意见。
(4)将上述内容形成一个完整的调查分析报告。

【拓展视频】

【本章小结】

第 10 章

企业物流管理组织

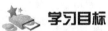 **学习目标**

(1) 掌握企业物流管理组织的概念。
(2) 熟悉物流系统。
(3) 重点掌握物流过程分析的思想和方法。
(4) 熟悉企业物流的组织模式。
(5) 掌握企业物流组织的设计方法。
(6) 熟悉企业物流流程的再造过程。
(7) 理解建立高效的企业物流体系的必要性。

导入案例

围绕物流问题，某纸品制造商遇到了典型的销售部门与生产部门之间的冲突。该公司生产和销售纸制品，如购物袋、商业包装纸、卫生纸和餐巾纸，销售量一般都很大，有的客户一次订 30 个车皮。因此，该公司的组织机构围绕营销和生产目标设置。

但由于营销和生产部门之间缺乏协调，销售人员单方面向客户承诺在他们需要的时候送货，而极少考虑生产计划安排。如果在重要的交货日不能交货，销售部门就会为订单向生产部门施加压力。其中的理由很简单："使劲地挤葡萄，籽就会出来。"另外，有些订单到达生产部门手中时，已经超过了交货日期。而且，生产计划经常性的调整，导致机器启动费用居高不下，催得不急的订单就会拖得更久。这些往往会使生产部门承受巨大的压力，造成供求之间缺乏协调，致使越来越多的客户不满，某些客户甚至威胁去寻求其他的货源。

思考

如何从组织结构方面来解决该公司的这些问题？

10.1 企业物流的组织概述

物流贯穿于产品的流动过程之中，从原材料采购到成品分销这一物流过程不仅横贯了企业的各职能部门，而且越过了企业的边界将企业与上游和下游的企业连接起来，因此，合理的物流组织对于现代企业的发展和竞争能力的发挥起着非常重要的作用。

10.1.1 企业物流活动的组织

企业组织结构是为实现企业目标而分配人力资源的一种组织形式，组织结构可以表现为各种职能和活动之间关系的正式的框架，也可以只是一种没有正式表达出来的但可以被组织成员理解的相互关系，或者是两者的结合。企业组织结构取决于其经营战略，建立一种合理的组织结构和活动关系可能是企业最困难的任务。

企业物流贯穿企业的各职能活动并延伸出去跨越企业边界，将相关企业联系起来，因此，物流组织对企业至关重要。如何给企业内部负责物流活动的人员以适当的定位，并激励他们之间的合作关系是物流组织最重要的问题之一，合理的组织形式可以解决物流系统规划和实施中常碰到的成本效益权衡问题，有利于提高供应链的效率。

1. 有效组织对物流管理的必要性

尽管所有的企业都有一定的物流活动，但物流管理对企业的重要性却各有不同。企业中物流的属性决定了物流组织结构的重要程度。对于许多企业，物流成本可能在销售收入和总成本中占很大部分，物流组织问题就显得非常重要。

1）协调和分工

传统的组织方式是把企业活动分为财务职能、生产职能和市场职能 3 个部分，如图 10.1 所示。所有的活动对于一个企业而言都是互相影响、相互关联的，把它们分归不同的部门虽然可以使得管理幅度合理，促进工作效率，但是也造成了部门之间的冲突。从物流的角度看，这 3 种职能的基本目标与物流的目标有所差异，这种组织安排可能导致这几个职能部门的物流活动的冲突。例如，运输职责可能是在生产职能下的，库存职责在 3 个职能部门中都有，订货过程与市场职能或财务职能都相关。但市场职能的基本职责是使销售收入最大化，生产职能的职责是追求最低生产成本，而财务职能则是以最小资本取得最大化投资收益。

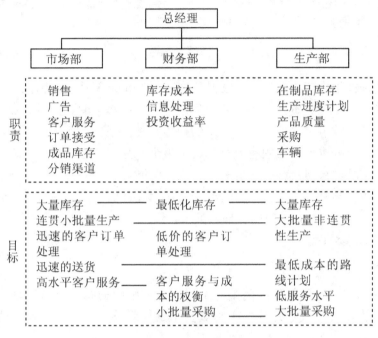

图 10.1　典型职能部门组织的物流活动

这些目标之间的冲突可能使得物流系统不能实现最优化运作，影响企业的总体效率。例如，市场部门需要快速送货来支持销售，而由运输部门制订路线计划时，却希望成本最低。销售人员可能承诺给客户本企业不可能做到的物流服务水平，另外，生产管理人员可能会要求以累积的方式进行订货，以降低生产准备成本，且有更多的时间来制订最经济的原材料需求量。尽管这些部门之间相互妥协可能取得一些进展，但最佳的物流成本与服务之间的均衡难以实现。为了便于分立的物流活动的决策之间相互协作，需要更为合理的组织结构。

2）明确权责

传统企业中，物流管理的一些重要的环节，如运输和库存管理等是作为主要职能部门如市场部、生产部和财务部下面的分部门来单独运作的，这意味着物流活动的各管理人员分别负责部门活动，如运输经理负责运输方式选择、承运人选择及协商价格等，而不负责库存活动，在直线组织中，这些经理通常的上司是负责某一地区的经理；同样，库存管理通常是作为工厂层次的运营管理的一部分或作为一个销售区域内市场管理的一部分来独自进行的，因此，库存要么是用来提高制造的效率，要么是用来支撑客户服务的。在这种安排下，各物流活动分别作为成本中心进行管理，其主要目标就是控制支出，因此，很难从系统的角度预计和成功地进行职能之间的权衡。即使每一活动都达到最低的成本，整个企业的运营效率却难以达到最优化。

知识拓展

以前,当物流活动还包含在生产、销售活动中的时候,其管理部门也作为生产等部门的附属部门而存在,但其地位低,物流岗位也得不到承认。但是,随着物流一体化思想的发展,人们认识到物流的重要性,成立了独立的物流管理组织。现在,这些部门除了承担物流管理外,还期待其承担与信息部门、政府部门的联络职能。

为了使产品按计划生产、运输并且在必要的时候便于重新计划,物流活动的组织结构也应该合理确定必要的权力和责任。当企业的目标集中在高水平的客户服务和客户满意度时,物流管理的职责分配就愈加必要。实现一定的顾客服务水平以及所需的服务成本之间的均衡对一个企业的运作十分重要,必须有人总体负责整个产品生产和流通的过程,管理者需要对整个供应链——从原材料到最终的消费有全面认识的能力,这是一项很复杂的任务。在实际的操作中,为了控制与管理的方便,订货处理、运输和存储等职能往往都有专人负责,而协调他们之间的关系,也需要有专门的管理人员来负责,只有从整体上平衡了这些职能的运作,企业才能达到较高的效率。

2. 物流组织的多样性

不同行业的企业,物流管理的侧重点不同,物流组织的结构类型也是不同的。对于特定类型的组织,物流管理重点还取决于物流费用是如何发生的,以及何处的物流服务需求最重要。

1)以原材料管理为中心的物流组织形式

原材料行业企业的产品是基本原料,它们是其他行业原材料的提供者。这一类企业有采矿业和农业等。在物流运作中,最需要保证生产过程所需的原料。它们的产品种类一般较少,通常都是大批量运输的。运输方式的选择、路线计划及设备利用率等是考虑的重点,因此,这类行业中的企业一般都有明确的物资管理部门。

2)以库存管理为中心的物流组织形式

医院、保险公司及运输公司等服务性企业主要是提供服务,具体的物质只是载体,它们采购多种商品以供服务过程的消耗。对这类企业或机构来说,采购和库存管理是主要的物流活动,而运输则不需太多的关注,因为采购的商品通常是由供应商负责运输的。这类企业中物料成本占比较大,但相关活动都是由供应商完成的,物流组织都以物资管理为中心,一般不大关注物资分配活动。

3)以产品分销为中心的物流组织形式

商品流通行业的特点是以销售为目的进行采购和运输活动,这一行业的主要组成者是分销商和零售商等。这些企业没有生产活动,经营集中在销售和物流活动。典型的企业从许多分布广泛的供应商处采购商品,并且通常相对集中在较小的领域内零售商品,其主要的物流活动有采购运输、库存控制、仓储、订货处理及销售运输等。对这类企业而言,物流活动的组织极其重要,并且包含了物资管理和物资分配。通常采购运输由供应商完成,因此,企业的重点是销售运输的组织。

4）以综合性管理为中心的物流组织形式

多数制造业企业则从许多供应商处购买各种各样的原材料以生产出价值相对较高的产品，这类企业原材料的获取和成品的分销中都有大量的物流活动，组织设计则要综合考虑物资管理和分销。

10.1.2 物流组织模式的发展

物流组织模式是随企业的发展而不断变化的，企业在追求一体化物流管理的过程中，经历了一系列可以明确区分的阶段。最初，大多数的物流活动是职能驱动的，结果是采用了按职能部门划分的组织结构，物流活动则分别从属于这些职能部门。组织革新经历从职能划分到面向过程的进化，垂直结构逐步转变为集中关键管理程序的水平结构，以一体化过程管理为核心的方式带来了新的组织结构。一体化管理以过程管理为重心，与按照功能分类的组织结构不同，它着重于寻求开发作业之间的联系。

1. 物流组织发展的历史变革

早期的物流管理的方式以职能划分为中心进行管理，传统的组织方式在管理思维中形成了定势以后，把物流活动集中起来，建立统一的物流组织这一思想曾面临着相当大的抵制。但潜在的巨大利益和创新精神推动着企业进行组织革新，从而带来了物流组织方式的不断进化。功能集合的进化过程可以分为3个阶段，着重点都是把与物流有关的职能进行组织划分，只是划分重组的程度不同而已。

1）物流活动初步归类

早期的企业结构中，物流管理呈现完全分散化的状态，物流活动分散在各个职能管理中，分别从属于传统的职能部门如市场部、生产部和财务部等。最初将物流活动归类出现在20世纪50年代末到60年代初，这时，人们意识到与物料分配和物料供应有关的活动需要密切合作。许多企业一开始靠一些非正式的组织形式来平衡各个领域的活动，这些非正式的组织形式有建议及员工的内部合作等。通常的进化模式只是将两个或更多的物流功能在运作上进行归组，而对总体上的组织层次不做重大改变。这样，最初的集合就只能发生在职能部门和组织的直线管理层。在这个最初的发展阶段，很少涉及采购和分销一体化的组织单位。尽管物资配送和原料管理单位已完全分离出去，它们仍分别用来集合其相关的功能。当一体化物流的潜力在一个企业中得到确认时，一个或两个统一的运作集中点就出现了。在市场营销领域，集中点通常围绕在客户服务的周围。在制造领域，集中点通常发生在原料或零件采购阶段。然而，除了少数例外，大多数的传统部门并未改变，组织层次也未做大的改变。对于大多数组织结构，第一阶段组织的改变只包括了对市场营销和制造领域的功能进行分组。

2）物流职能独立阶段

随着物流管理带来的好处渐渐被企业所认识，物流的组织变革渐进发展，当整个企业赢得统一的物流运作经验和成本节约的利益时，就开始向第二个组织阶段进化了。在这一阶段的企业组织结构中，有专门人员负责与物流有关的活动，但通常原材料供应和产品分销分别由专人负责，这使得物流活动之间的协调可以直接控制。

第二阶段的重要性在于物流管理开始具备更高的组织权力和责任，逐渐拥有了独立的地位，开始被作为一种核心能力处理。这样做的动机是将物流定位到一个更高的组织水平上去，增加物流管理的战略影响。为了建立第二阶段的组织，在总的企业组织结构中，必须重新分派功能，并从高层次上给予新的组织定位。这一阶段组织的一个重要点在于物资配送和物料管理的一体化开始被许多企业认可。第二阶段的物流组织比较适合加工工业，在这一阶段，物资配送或物流管理可以集中管理，但由于企业把重点放在特定功能的绩效上，客观上缺少跨功能的物流信息系统，所以没有形成完全的一体化物流管理系统的概念。

3）职能一体化阶段

20世纪80年代初，物流的重要意义和作用越来越受到重视。最初的信念是，如果传统组织内的物流职能能够归组，形成统一的管理和控制，一体化的绩效应该会更便利。如果所有的物流工作被整合到一个组织中去，通常这些功能将会管理得更好，利益实现的因素会分析得更清楚，并更便于确认最小总成本方案，因此，这个阶段的组织结构试图在一个高层经理的领导下，统一所有的物流功能和运作。第三阶段组织结构的趋势是物流活动的一体化，包括原材料的供应及产品分销，将实际上可操作的许多物流计划和运作功能归类于一个统一管理权责下，目的是对所有原料和制成品的运输和储存进行战略管理，以使物流管理为企业产生最大的利益。

促进这一变革的是JIT、快速反应及时间竞争等经营理念的出现，因为它们要求整个企业所有活动的合作。而且，原材料的供应和产品的分销可以共享企业资源，如车队或仓库等，为了使资源利用率最大化，也要求各部门之间的密切协作。物流信息系统的快速发展也促进了第三阶段组织的形成。信息技术可用来计划和运作一体化的物流系统。第三阶段的物流组织有以下特点：

（1）物流的每一个领域（采购、制造支持和物资配送）被组合构建成一个独立的直线运作单元。直线领导的权力和责任可使每一项支持服务在总的一体化物流系统内完成。由于运作责任得到很好的界定，作为一个运作单位，它对制造的支持和对采购及物资配送的支持是同等对待的。每个单元在运作上是自主的，因此，每个单元都有灵活性来适应其各自的运作领域所要求的关键服务。

（2）归类在物流支持下的各项活动的目标都是为运作服务，物流支持给这些共同的服务确定了方向，使总的物流运作一体化，重要的是强调物流支持的效果而并不着重强调其作为一个职能部门。这个新的组织管理每日的物流工作，它被建设成为矩阵负责制，从而可以在物资配送、制造支持和采购运作之间进行直接的沟通。

（3）物流计划包括协调运作管理信息系统的全部潜力。订单处理是物流系统进行运作的起点，并且产生以后活动所需的完整的数据。物流计划是建立在市场预测、订货程序、库存状况和所要求的战略能力基础上的，它促进了一体化物流管理的完成。按确认的要求，计划单位通过协调生产时间计划、能力计划及物料需求计划而使生产系统有效运作。

2．从注重功能到注重过程的转变

当过程一体化的管理思想逐渐得到关注时，企业开始意识到面向功能的组织方式不是物流管理的最佳方式。目前一个明显的趋势是物流组织不受功能集合或者分隔影响，而是将其运作能力用来更好地支持以过程为导向的管理。

物流管理的一个重要任务是将库存定位于有利于产生销售利润的空间和时间。这种支持活动必须持续进行，并通常需要在大的范围内完成，这意味着物流应该是所有过程中的一个部分。物流组织的理想结构应该可以把完成本职工作作为支持过程的一个部分，同时达到功能一体化效果。

1）过程一体化

过程一体化要求物流与市场营销和制造等领域相结合，将运输、库存、新产品开发、柔性制造和顾客服务整合起来，这才是真正的努力方向。这意味着必须将传统的单一功能部门融入过程中，这种融入要求将传统的组织结构分解，然后用新的方式来重新组合。新的组织形式以顾客导向和分享信息为特征，使用信息技术来协调或指挥整体任务的完成。

过程管理需要对传统的组织方式进行反思，组织设计应以过程一体化为目的来进行。这种结构的重新定向与传统的指挥控制结构不同，从职能重心到过程重心的转变可以减少对中层管理者的需求，因此，支持职能管理的官僚组织结构开始向着扁平化、面向过程的方向发展。物流管理面向过程的转变，意味着它将把所有努力集中于新产品开发、按客户订货生产、并适时发送产品。将物流作为过程来管理的目标在于以下3个方面：

（1）所有的努力必须集中于对客户的增值方面。

（2）能满足将物流作为过程的一个组成部分的要求，而且具有不论其功能组织如何，都能有将工作做好的全部技能。

（3）在一个过程框架中完成的工作应该有利于综合。随着系统整合，作为一种过程的工作设计意味着总的组织结构能够实现以最小投入取得最大产出的目标。

2）跨职能过程小组

跨职能过程小组的实施可能会对传统的命令和控制型的组织结构进行分化。这种分化有以下3个驱动力：

（1）顾客。全球化市场使得顾客有大量产品可以选择，而且能够得到更多的信息，他们要求更多的增加价值的服务和更复杂的选择权，顾客行为正发生着显著的变化，对品牌的忠诚度逐渐下降。企业必须寻求新的方式以满足这些顾客的要求，并尝试重新设计市场策略组合，而物流则提供了一个取得竞争优势的途径。

（2）产品生命周期。产品生命周期缩短产生的结果是研究和开发的时间的减少。这要求新产品的营销和服务加快，并对市场营销、制造和物流运营提出更高要求。命令和控制型的组织结构限制了应对这种快速竞争结构的柔性。以订货周期为核心的过程管理可以减少浪费和重复操作，从而减少营销的时间，增加系统柔性。

（3）组织结构。权力分化也发生在组织结构中，多等级的组织结构出现扁平化的趋势，许多原本内部完成的职能开始外包，而且经理的职责也延伸到传统的职能界限外。

3. 虚拟组织

随着信息技术的发展，正式的命令和控制型组织结构可以被非正式的电子网络即通常所说的虚拟组织所取代，计算机网络技术为组织在未来的发展提供了广阔的空间。关键的工作团队可以通过电子网络连接、整合，完成至关重要的活动。这些工作团队成员的相互关系是透明的，传统的正式组织结构图可以与实际工作流无关。事实上，物流的未来组织应该在组织中实行功能分解，并将注意力集中于工作流而不是结构，这可以使物流组织更为紧凑和有效。当前已经存在的信息技术，已使得虚拟化结构的协调行为成为现实。

为了完全利用信息技术带来的好处，组织结构将发生巨大的变化。完全分解原先的组织是实现虚拟组织的前提，但是从另外的角度来说，经过这么多年组织的发展，命令和控制型的组织结构在人们心底已经根深蒂固，很难接受改变。因此，从这个角度来说，虚拟组织遇到的最大的障碍是如何转变管理观念。

10.2 企业物流组织模式的设计

10.2.1 企业物流组织的选择

在企业既定的组织结构下,物流组织还可能有一些基本的选择,这些选择可以分为职能型物流组织、矩阵型物流组织、非正式的物流组织。

1. 职能型物流组织

在职能型组织结构中,有对于物流活动有决策权并承担责任的正式组织,也有具体负责的部门和人员。当物流活动对企业而言很重要时,企业一般建立正式的组织结构。这种组织一般由一个职位较高的物流经理统管物流活动,并且赋予物流经理足够的权力以和其他职能部门合作。职能型的结构图如图 10.2 所示。

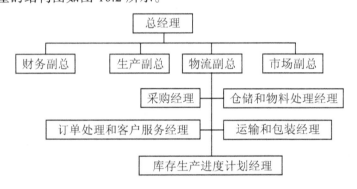

图 10.2 职能型物流组织

这种职能型组织方式的优点如下:

(1)物流在组织结构中被提升到和其他主要的职能部门相当的地位,这使得物流活动与市场、生产、财务部门获得相同的重视程度。在解决内部冲突时,物流经理可以与其他部门经理平等对话,有利于实现企业总体的经济目标。

(2)物流经理下面可设分部门,分部门独立运作。分部门既可以集中精力提高管理水平,又可以加强相互协调合作。

2. 矩阵型物流组织

物流计划与运作往往贯穿于企业组织结构的各种职能之中,很多情况下,物流管理人员负责包括物流与其他几个职能部门相交叉的合作项目,这种结构方式称为矩阵式组织,如图 10.3 所示。

在矩阵组织中,物流经理负责整个物流系统,但对其中的活动并没有直接的管辖权。企业传统的组织结构仍然没有改变,但物流经理分享职能部门的决策权。各项活动的费用不仅要通过各职能部门的审查,而且还要通过物流经理的审查。各部门协调合作以完成特定的物流项目。尽管矩阵组织不失为一种有效的组织方式,但是其权力和责任的界定都很含糊,这很可能导致决策迟缓的发生。

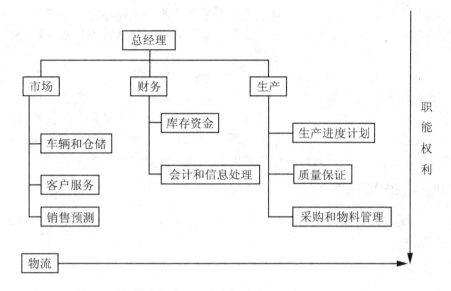

图 10.3　矩阵型物流组织

3．非正式物流组织

物流组织的主要目标是计划不同的物流活动并使它们之间保持协调一致。这种协作可能靠一些非正式的组织方式达成，即不改变现有的组织结构，而是靠合作和建议等方式来达成负责这些活动的员工之间的协作，良好地协调各种物流活动。

（1）建立激励机制。有的企业将运输、库存控制、订货处理等关键活动分归不同部门管理，为了协调它们之间的关系，常需要一些激励机制。传统的管理模式中，预算是许多企业主要的控制机制，但这通常不利于激励协作关系。例如，为了降低库存成本而导致运输费用的上升在运输管理人员看来即是不合理的，因为运输管理人员的表现主要是靠运输成本与预算的比较来衡量的，库存成本并不在运输管理人员的预算职权范围内，这可能导致管理人员为了完成自己的预算要求，而并不愿意提供全力的协作。因此，为了促进合作，常需要一些其他的激励机制。

① 建立各种物流活动之间的转换成本。例如，假设为了大批量运输而减少运输成本和降低运输频率，这会使得库存超出了合理水平，从库存管理目标看，由此导致库存成本的提高应该可以要求运输部门分摊。运输管理人员可以合理估计运输方式选择对物流成本的影响，然后基于此做一个成本权衡，从而合理地选择决策。

② 共享物流成本的节约，在所有成本模式有冲突的物流活动之间进行再分配。这种方法可以很好地激励它们之间的合作，因为只有合作才能带来成本模式相冲突的活动之间的权衡，从而得到最低的成本。

③ 高层管理者对物流决策和运作的关注也是激励协作的有效方式，因此，对于职能部门之间的协调和支持至关重要。

（2）协调委员会和工作小组。协调委员会也是一种非正式的物流组织。委员会的成员由各主要的物流环节的人员组成，委员会提供了沟通的方式，有利于各环节的合作，是解决协调问题的一种简单直接的方式。

与协调委员会类似的一种非正式物流组织是工作小组。工作小组的任务是对交叉职能的工作进行安排和管理。协调委员会和工作小组都可以解决特定状况下出现的问题，如新的物流设施选址问题等。但委员会一般是为实施某些特定的任务而组建的，工作小组则是一个以完成基本工作为目标的相对固定的组织形式。小组成员有不同的背景，有不同的经验和知识，他们之间的协作所产生的成果显然比成员各自的技能简单相加要有效得多，所以不失为一种高效的组织方式。但是，在组建工作小组时，却常常会碰到一些障碍，例如难以树立一个共识的目标，而且在小组工作中，个人之间的职责和权力分配难以清晰界定，这造成了管理的困难。另外，各成员有不同的背景，他们之间的协调和沟通往往也是个难题。

10.2.2 影响组织选择的因素

物流组织的选择不可能脱离实际的约束条件，进行理想化的设计。确定物流组织模式主要受下列因素约束。

1. 分散化结构——集中化结构

集权和分权是管理学中一个关于组织方式的争论不休的问题，物流活动应该集中管理还是分散到不同的部门分别运作也是这一问题的具体化。分散化结构和集中化结构最根本的区别在于分配到每一运作单位的权力和责任的大小。集中化的组织把所有的物流问题从企业总的层面来统一考虑，总部统一制订物流计划和实施，并控制每个单位所使用的承运人和供应商；分散化物流组织则是把物流职责分别分到各分部中去，在一个完全分散化的结构中，每一分部都有自己的物流组织，自己制订物流计划并独立运作。

集中化管理能够直接控制物流活动，并且统一计划整个企业的所有物流活动，能带来一定的规模效应。以运输活动为例，许多企业都有自有车队，企业统一安排可能找到合适的回程运输，这种均衡是分散化管理无法做到的。共享仓库、采购、订单处理数据等也可以提高效率。分散化管理则比较灵活，对顾客需求反应较快。如果不同产品的营销、物流和制造特性显著不同，很难寻求规模经济时，分散化管理是一种有优势的组织方式。

这两种方式都有明显的优点和缺点，在选择物流组织方式时应把两者结合起来考虑，创造一种能结合两者优点的组织方式。

2. 直线结构——职能结构

传统的组织结构中，虽然在计划制订的过程中可能有员工参与，但是操作过程则是严格按照直线结构的命令和控制方式来进行的。现在直线指挥和职能参谋这两者之间往往没有绝对的界限。例如，许多企业对物料的移动和存储没有直接指挥的组织方式，而是在物流组织中建立一种协调机制，由专职员工负责。这种情况下，物流作业人员对于其他职能部门（市场或生产等）主要起咨询作用。这是一种直线单位和职能部门结合应用的情况，适合于以下几个方面：

（1）直线或职能组织在现有人员之间引起不必要的冲突。
（2）物流活动相对于销售、生产及其他活动不太重要。
（3）计划相对于行政管理而言较为重要。
（4）在产品分销中，物流是作为一种共享的服务。

在直线单位和职能部门结合应用中，物流人员起的是一种建议作用，所以在这种组织定位中，可以给予物流人员更多间接的权力。

3. 大型企业——小型企业

从成本核算角度而言，小企业的物流活动反而更重要些，因为它不像大企业在采购和物料移动时容易产生批量经济，成本更难于降低。小企业一般采用集中化的组织方式，物流活动也不像大企业那样有明确的界定和清晰的结构。

10.3 企业物流组织的协调与优化

10.3.1 企业物流组织的协调

1. 内部协调

在以职能部门为主的组织结构下，部门之间的主动相互协调是很难做到的，整个企业的效率往往难以达到最优。物流的许多活动与多个部门相关，需要各部门之间分担职责。物流与市场部门之间的交叉有客户服务、订货处理、包装和零售点选择等，物流与生产部门之间的交叉有工厂地点选择、采购及生产进度计划等，这些都需要合作管理。

物流与市场部门之间的交叉可以以包装为例。除了包装设计可能对销售有影响外，包装的保护功能、储存和处理等都与市场销售无关，但都对物流有很大的影响。包装作为一个单独的实体，其保护功能和促销功能是不可分割的。企业的协调要使得包装设计在市场销售利润和物流成本之间找到一个最好的结合点。

物流与生产部门的交叉可以以生产进度计划为例，库存是这两者之间的联结点。生产部门必须依靠合理的进度计划在库存成本和制造成本之间达到一个均衡点；物流部门则通过进度计划来平衡库存成本和运输成本。离开了协调合作，运输、库存、制造成本之间不可能达到最佳的权衡。

2. 外部协调

企业的采购和分销决策必定会影响到上游或下游的企业，如何在企业之间建立一定的机制以利于他们的合作就是供应链管理的问题。

大的联合组织是指享有共同利益、各自的决策对他方有影响的几个企业的集合。例如，承运人的定价会影响到使用者的购买决策，这种购买决策反过来又会影响定价决策。通常企业决策时都追求自身的目标，但其最理想的决策可能使别的企业不能最优化。企业之间的协调有利于企业的共同利益，从合理分配这些共同利益的角度看，管理重点应放在企业间的控制以及企业责任的分担。对这种"大组织"进行管理的困难之处在于，能够在不改变当前组织结构的前提下带来效率的改进。解决企业之间的冲突和企业内部的冲突不一样，企业内部的冲突可以借助于正式的结构关系来解决，而企业之间冲突则只能通过协商来解决。企业间的合作有多种方式。

1）基于时间的战略

信息技术的迅速发展为实现基于时间的战略提供了工具。这些战略的重心是消除浪费和重复操作，减少制造和配送系统中的库存。例如，汽车工业、零售业和软件业等行业常采用基于时间的战略来创造竞争优势。

准时生产（JIT）和快速反应（QR）是两种利用信息技术来达到资产利用率最大化的企

业间的组织方式。JIT 方式要求库存精确地满足所需，生产由顾客订单引发，把生产延迟到订单到达时才进行制造，消除了产品过时的风险。通过消除废品和不增值的工作过程，JIT 下的订单周期时间被减至最少。这就提高了客户服务水平并创造了一种难以被复制的竞争优势，结果是对所有参与其中的企业都有利。QR 在零售业中广泛应用，它是另一种基于时间的系统。与 JIT 相似，快速反应以更贴近客户购买模式的方式来安排商品零售的配送。通过实时的信息交换，零售业主可以与供应商协调合作，改善整个供应链的性能。

2）企业边界的扩展

供应链管理中的企业扩展并不是一个新概念，但新兴的信息技术使得它有实际应用的价值。例如，业务外包中最常被关注的一点是如何能实现恰当的控制，通过信息网络，企业能同时共享诸如制造进度计划、原材料可获得性及客户订单等重要的运营信息。这些信息使得过程一体化成为可能。通过企业间的承诺来共同努力，企业之间才能获得连续无间的物流系统。合作越来越重要，合作伙伴关系作为一种提高整个供应链性能的实际方式不断发展。

3）合作伙伴关系

信息技术的发展把物流组织推进到内部过程一体化之外。在当今的环境中，企业开始尝试实现跨越整个供应链的物流过程一体化。实现整个供应链的物流过程一体化的一种方式是企业实行纵向兼并，但这种方式需要巨大的资金投入，风险较大。一种替代的方式是纵向的合作伙伴关系，信息技术则是实现合作伙伴关系的有利条件。合作伙伴关系的目标是降低与物流有关的成本并提高整个运营系统的效率。各成员可以集中精力开发其专门领域的潜力从而取得竞争优势，又通过合作来降低整体的成本。

成功地实施合作伙伴关系的关键是选择适当的合作伙伴，而长期的合作则需要很多条件：合作伙伴之间需要有相融合的企业文化、共同的战略视野、互利的战略目标、相互支持的运营管理方法、双向的表现评估、正式的及非正式的反馈系统等。

10.3.2 企业物流组织的优化

物流组织在不断地变化和发展，对一个企业而言，存在许多种可能的组织模式。企业在初步确定了物流组织模式以后，仍需要为适应环境变化和企业自身的变化而不断修正完善自己的模式。在建立一个新的物流组织单位或者是在对当前组织进行改进的时候，一般有以下步骤。

1. 研究企业的战略和目标

企业总的战略和目标为物流活动提供了长期的发展方向，为企业的各职能部门奠定了基础并指明了方向。物流管理活动必须支持企业总的战略和目标，物流管理人员必须了解他们自身的活动在企业战略实施中所起的作用，物流组织结构必须与企业的基本目标相匹配。

2. 以与企业组织结构相容的方式组织物流活动

整个企业的特定组织结构影响着物流活动的组织方式。以产品特性为例，很多生产消费品的企业，物流一般是由市场部门负责的；而一些生产工业投资品的企业，物流一般是由生产部门负责的。物流组织方式的选择要符合企业的业务性质和特点。

3. 确定物流管理职能范围

明确地界定物流组织的管理职能范围是很困难的，尤其是对原本有着传统的职能划分的组织构进行重构。很多企业在实践中将大部分物流职能划归到同一个部门下面，该部门有完全职能责任可以使得企业能够实施一体化物流管理及总成本权衡。

4．了解物流管理人员的风格

高级物流管理人员的风格与组织的正式结构同等重要。许多企业高层管理人员的变化带动了人力资源、员工士气和生产效率的重大变化。在有些情况下，组织结构的重构倒并不一定必要的。高级物流管理者的管理风格和人格可以极大地影响组织内各层次员工的态度、道德观和生产率。

管理风格是一种无形因素，它可以使得有相同组织结构的两个企业的效率、生产率和利润完全不同。管理风格是成功完成企业物流目标的重要因素，也是许多组织结构效率差异的重要原因。

5．构筑柔性的组织

变化是无时不在的，物流组织应该可以针对变化进行调整。反应慢、适应性差的组织显然会随时间而丧失自身的效率。市场或企业未来的变化是很难预测的，物流组织结构应该可以接受这些变化并以对企业有益的方式做出反应。

6．识别可行的支持系统

物流活动的性质使得支持系统至关重要。物流组织自身并不能独立存在，必须有各种支持机制和支持专家来协助进行。管理信息系统就是有效物流网络的一个重要部分。其他的支持机制或系统还包括人力资源管理、投资管理、财务会计核算等。

成功的组织需要组织结构、计划过程、人及管理风格的最佳组合。由于物流活动地理位置上分散的性质，以及通常跨越一个行业运作的事实，可以说没有绝对的对或错的组织结构存在。但是，哪一种物流组织方式能同时很好地满足内部过程整合和外部企业延伸的要求仍然没有答案。依靠理论原则不可能提供一种理想的物流组织结构，在组织方式的开发决策中，管理者应根据不同的情况进行创新。

10.4 企业业务流程再造

10.4.1 企业价值链分析

1．企业价值链的概念

价值链（Value Chain）一词最初是由美国哈佛大学商学院教授迈克尔·波特于1985年在其所著《竞争优势》中提出的。价值链作为一种对企业竞争优势进行强有力的战略分析的框架，多年来不断发展创新并被财务分析、成本管理、市场营销等专门领域所广泛融入和吸收。

从企业经济活动的角度分析，价值链是企业为客户、股东、企业员工等利益集团创造价值所进行的一系列经济活动的总称。在价值链中，价值的概念可以从内、外两个视角来理解，对外针对企业客户的产品使用价值，对内针对企业自身及其内部流程等，它是指产品能为企业带来销售收入的特性，其数量表现就是在特定时间、特定地点顾客所支付

【拓展文本】

的产品价款。企业创造价值的过程一般可以分解为产品开发、设计、生产、营销,以及对产品价值形成起辅助作用的一系列互不相同但又互相关联的经济活动(如产品的售后服务等),或称为"增值作业",其总和即构成企业的价值链。

企业从事价值链活动,一方面创造顾客认为有价值的产品或劳务,另一方面也需负担各项价值链活动所产生的成本。企业经营的主要目标在于,尽量增加顾客对产品或劳务所愿支付的价格与价值链活动所耗成本之间的差距(即利润)。因此,从价值链分析的角度,进行企业的业务流程再造必须分析企业的各项活动哪些是"增值"的,哪些是"不增值"的,并进一步判断各项价值活动所创造的"利润"空间。

2. 企业价值链分析

价值链分析的第一步是确定企业的价值链构成,然后需要通过价值计算的方法或者通过与外部独立活动对比的方法,确定每一项活动对企业整体价值的贡献。

对比的方法是从市场上寻找可以提供同样活动的交易对象,将企业自己从事该项活动的成本与市场交易价格相对比,如果企业的成本低于市场交易价格,则该项活动就是可以为企业的最终价值做出贡献的活动;而如果企业自己从事某项活动的成本高于市场交易价格,则该项活动为企业提供的是负价值。

如果对某项活动,企业在可能的市场范围内无法找到外部交易市场,则可以与竞争对手的成本进行比较,企业的成本低于对手的成本,则该项活动为企业提供正价值;反之,则提供负价值。

价值链分析非常注重企业当前各项活动的成本和外部交易价格,注重当前活动所涉及的企业供应商和客户价值链以及竞争对手价值链。形成和完善价值链对于企业的正常运行来说确实是非常重要的。

1)识别价值活动

识别各种价值活动首先要对在技术上和战略上有显著差别的各种活动进行界定、拆分,以区别各种价值活动。

(1)基本活动。涉及任何产业内竞争的各种基本活动有 5 种基本类型,可依据产业特点和企业战略划分为若干显著不同的价值活动。

① 进货后勤。与接收、存储和分配相关联的各种活动,如原材料搬运、仓储、库存控制、车辆调动和向供应商退货等。

② 生产作业。与将投入转化为最终产品形式相关的各种活动,如机械加工、包装、组装、设备维护、检测、印刷和各种设施管理等。

③ 发货后勤。与集中、存储和将产品发送给买方有关的各种活动,如产成品库存管理、原材料搬运、送货车辆调度、订单处理和生产进度安排等。

④ 市场销售。与提供一种买方购买产品的方式和引导他们进行购买有关的各种活动,如广告、促销、销售队伍、报价、渠道选择、渠道关系和定价等。

⑤ 服务。与提供服务以增加或保持产品价值有关的各种活动,如安装、维修、培训、零部件供应和产品调整等。

根据产业情况,每一种类型的活动对于竞争优势都可能是至关重要的。对批发商而言,进货和发货的后勤管理最为重要;对于像饭店或零售店这样提供服务的企业而言,外部后勤可能在很大程度上根本不存在,而经营则是关键;对于一个致力于向企业贷款的银行而言,其管理人员的工作效率和贷款的包装与定价的方式对竞争优势起到至关重要的作用。然而，无论在哪个企业中，所有类型的基本活动都在一定程度上存在并对竞争优势发挥作用。

（2）辅助活动。在任何产业内竞争所涉及的各种辅助价值活动可以被分为4种基本类型。与基本活动一样，每一种类型的辅助活动都可以根据产业的具体情况划分为若干显著不同的价值活动。例如，在技术开发过程中，各种相互分离的活动可能包括零部件设计、特征设计、现场测试、工艺过程和技术选择。同样，采购也可以分成各种活动，如审核新的供应商、外购投入不同组合的采购和不断监督供应商的业绩。

① 采购。采购是指购买用于企业价值链各种投入的活动，而不是外购投入本身。外购的投入包括原材料、储备物资和其他易耗品，也包括各种资产，如机器、实验设备、办公设备和建筑物。尽管外购投入一般与基本活动相联系，但是外购投入却在包括辅助活动在内的所有价值活动中存在。例如，实验用品和独立的测试服务一般是技术开发过程中的外购投入。像所有价值活动一样，采购也需要"技术"，如与卖主打交道的程序、资格审定原则和信息系统。

采购往往遍布整个企业。一些物件如原材料是由传统的采购部门购买，而其他东西则由工厂经理（如购买机器）、部门经理（如临时安排帮工）、销售人员（如出差食宿），甚至总裁（如战略咨询）购买。采购职能的分散性常常导致不清楚的总的购买量，并意味着很多购买活动并未得到详细的研究。

一次特定的采购活动通常与一项具体的价值活动或它所辅助的各项活动相联系，尽管通常一个采购部门服务于很多价值活动，而且购买政策适用于整个企业范围。采购活动本身的成本如果不是总成本中无足轻重的部分，那么常常也只能算很小的一部分，但是它对企业的全面成本和经营差异性常常有很大的影响。改进过的购买行为对于外购投入的成本和质量产生强烈的影响，而且也强烈地影响到其他与接收和使用这些投入有关活动的成本和质量，并与供应商相互作用。

② 技术开发。每项价值活动都包含着技术成分，无论是技术诀窍、程序，还是在工艺设备中所体现的技术。大多数企业中所应用的技术非常广泛，从用在准备文件中和运输商品中的技术到产品本身所体现出来的技术。此外，大多数价值活动所使用的技术都综合了涉及不同学科的大量不同的分支技术，如机械加工包括冶金、电子和机械等学科的技术。

技术开发是由一定范围的各种活动组成，这些活动可以被广泛地分为改善产品和工艺的各种努力。技术开发表面上与工程部门或开发小组相联系，然而，技术开发发生在企业中的很多部门，尽管这一点并未得到明确的认识。技术开发不仅仅适用于与最终产品直接相关的技术，技术开发过程对于各种价值活动中所包含大量技术中的任何一种也可能起到辅助作用，包括所应用的电子通信技术或会计部门的办公自动化。技术开发也有许多形式，从基础研究和产业设计到媒介研究、工艺装备的设计和服务程序。与产品及其特征有关的技术开发对整个价值链都起到辅助作用，而其他的技术开发过程则是与特定的各种基本或辅助活动有关。技术开发对所有产业中的竞争优势都很重要，在某些产业中甚至起到核心作用。

③ 人力资源管理。人力资源管理包括各种涉及所有类型人员的招聘、雇用、培训、开发和报酬等活动。人力资源管理不仅对单个基本和辅助活动起到辅助作用，而且支撑着整个价值链。人力资源管理的各种活动发生在企业当中的不同部分，正如其他各种辅助活动一样，这些活动的分散可能导致政策的相互抵触，人力资源管理的累积成本也很少被正确认识。

④ 企业基础设施。企业基础设施由大量活动组成，包括总体管理、计划、财务、会计、

法律、政府事务和质量管理。基础设施与其他辅助活动不同，它通过整个价值链而不是单个活动起辅助作用。企业的基础设施可以是自我支撑或在业务单元和母公司之间分担，在分散化经营的企业里，基础设施的各项活动分布在业务单元和公司层次之间，如财务管理是在公司范围内进行的，而质量管理则在业务单元进行。然而，很多基础设施活动同时发生在业务单元和公司的范围内。

企业基础设施有时被仅仅视为间接费用，但它却是竞争优势的一个重要来源。例如，与老客户之间的谈判和维持持久的关系可能是对竞争优势最重要的活动之一。同样，恰如其分的管理信息系统对效率贡献巨大。

（3）活动性质。在每一类基本和辅助活动中，有3种性质的活动分别对竞争优势起到不同的作用。

① 直接活动。即直接涉及为买方创造价值的各种活动，如总装、零部件加工、销售业务、广告、产品设计、招聘等。

② 间接活动。即使直接活动的持续进行成为可能的各种活动，如维护、进度安排、设施管理、销售管理、科研管理及销售记录等。

③ 质量保证。即确保其他活动质量的各种活动，如监督、视察、检测、复查、核对、调整和返工。质量保证与质量管理并非同义，因为很多价值活动都对质量有贡献。

任何企业都有直接、间接和质量保证3种性质的活动，这不仅出现在基本活动中，而且存在于各种辅助活动中。例如，在技术开发中，实际的实验队伍是从事直接活动，而科研管理则是间接活动。

间接活动和质量保证活动的作用常常没有得到正确认识，这使得这3种性质的活动之间的区别成为判定竞争优势的一项非常重要的因素。在很多产业中，间接活动所占的成本很大，而且在总成本中所占的比例增长很快，通过它对直接活动的影响从而对经营差异性起到举足轻重的作用。尽管如此，管理人员经常把间接活动和直接活动归在一起，尽管这两种活动有完全不同的经济效果。间接活动和直接活动之间常常有权衡取舍的问题。间接活动也经常归类于"管理费用"和"间接费用"科目，混淆了它们的成本和对经营差异性的贡献。

质量保证活动也遍布企业的几乎每一部分，尽管人们很少认识到这一点。检测和监察都与很多基本活动有关，经营之外的质量保证活动尽管也同样普遍，但却没有那么明显。质量保证活动的累积成本可能会十分巨大，质量保证活动常常影响到其他活动的成本或效率，其他活动的方式又反过来影响对质量保证活动的需要和方式。改善其他活动有可能会简化或减少对质量保证活动的需要。

2）价值链确定

（1）定义相关价值活动。为判定竞争优势，有必要为在一个特定产业的竞争而定义企业的价值链。从基本价值链着手分析，个体的价值活动在一个特定企业中得到确认。每一个基本类型都能分为一些相互分离的活动。

定义相关价值活动要求将技术上和经济效果上分离的活动分解出来，如生产或营销这样广义的职能必须进一步细分为一些活动。产品流、订单流或文件流在这种分解中或许有益。一些活动的再分解能够达到范围日趋狭窄的活动层次，这些活动在一定程度上相互分离。例如，工厂里的每台机器可以被看作一项分离的活动，这样，潜在活动的数量通常十分巨大。

（2）选择适当的类别以将某一活动归类，需要进行全面判断。例如，订单处理过程可以作为外部后勤的一部分，也可以作为市场营销的一部分来进行归类。对一个批发商而言，订单处理的作用更接近于营销的一部分。价值活动应分别列入能更好地反映它们对企业竞争优势贡献的类别中。例如，若订单处理是一个企业与其买方相互作用的一个方面，则它应被归在营销这一类别之下。同样，假如进货材料处理和发货材料处理用的是同一套设施和人员，那么两者就应该有可能合并为同一价值活动，并从其职能具有最大竞争性影响的角度进行分类。企业通常通过重新定义传统活动的角色获得竞争优势。又如，将对买方的培训作为一种营销工具和增加转换成本的方法。企业的一切活动都应视为一项基本或辅助活动。价值活动的分类是任意的，但应该选择能对企业提供最透彻理解的类别。活动的顺序从广义来说应根据工艺流程来进行，但顺序安排也是一种主观判断。通常企业进行一些平行的活动，其顺序选择应能增强管理人员对价值链的直觉辨别力。

3．价值链内部联系

虽然价值活动是构筑竞争优势的基石，但是价值链并不是一些独立活动的集合，而是相互依存的活动所构成的一个系统。价值活动是由价值链的内部联系连接起来的。这些联系是某一价值活动进行的方式与成本或与另一活动之间的关系。例如，购买高质量、预先剪切好的钢板可以使生产简化并减少废料。对一家快餐连锁店而言，促销活动的时间安排会影响设备生产能力的利用效率。

（1）竞争优势经常来源于活动之间的联系。联系可以通过最优化和协调一致这两种方式带来竞争优势，联系常反映出为实现企业总体目标的活动之间的权衡取舍。例如，成本更高昂的产品设计、更严格的材料规格或更严密的工艺检查也许会减少服务成本。企业必须优化这些反映其战略的联系以获取竞争优势。联系也反映协调各种活动的需要。又如，按时发货会要求生产作业、外部后勤和服务（如安装）这些活动协调配合。协调各种联系的能力常常能削减成本或增加经营差异性。再如，协调的改善会降低全公司库存的需要。联系意味着一个企业不仅仅是削减成本或改善每一个单个价值活动的效果。

（2）联系的数量众多，其中一些是许多企业中普遍存在的。最显而易见的联系是那些基本价值链中辅助活动和成本活动之间的各种联系。例如，产品设计常影响一种产品的生产成本，而实际采购则常影响外购投入的质量以及生产成本、检查成本和产品质量。更微妙的联系是各种基本活动之间的那些联系。又如，加强对投入部件的检查会降低后面生产工艺过程中的质量保证成本，而更好地保养维护会减少机器故障造成的停工。相互作用的订单处理系统会减少销售人员为每个客户所花费的时间，因为销售人员可以更快速地处理订单，而无须跟踪解决各种询问和问题。对于成品更为细致的检查常提高该区域产品的可靠性，降低服务成本。向买方的频繁发货会降低库存，减少应收账款。

4．联系基因

尽管价值链内部的各种联系对竞争优势十分关键，但它们却常常难以认识和把握。例如，采购影响生产成本和质量的重要性并不明显。订单处理过程、实际生产进度安排和销售队伍的有效利用之间的联系也不是显而易见的。各种联系的确认是探索每种价值活动影响或被其他活动所影响的一个过程。各种价值活动之间的联系基于以下一些基本原因：

（1）同一功能可以以不同方式实施。例如，高质量外购投入、明确生产工艺过程中的微小公差或对成品100％的检查都可以使产品符合规格。

（2）通过间接活动的更多努力来改善直接活动的成本或效益。例如，改进时间安排（一项间接活动）可以减少销售人员的出差时间或交货车辆的运输时间（直接活动），或更优的维护保养可以改善机器制造的公差。

（3）可以通过不同方式来实施质量保证功能。例如，进货的检查可以替代对成品的检查。联系的基本原因仅是一个分析起点。分解采购和技术开发以将它们与各种具体的基本活动相联系，也有助于突出辅助活动与基本活动之间的联系。对各种联系的利用常常要求信息或信息系统允许最优化或协调配合。因此，信息系统对于从联系中获取竞争优势至关重要。信息系统技术的发展正在创造一些新的联系，并增强获取旧的联系的能力。对联系的利用也经常要求最优化或跨越传统组织界限的协调。又如，生产组织更高的成本可以带来销售或服务组织成本的降低。这样的权衡未必能够在企业的信息和控制系统中进行度量。因此，对各种联系的管理是一项比管理各种价值活动本身更为复杂的任务。

5. 纵向联系

联系不仅存在于一个企业价值链内部，而且存在于企业价值链与供应商和渠道的价值链之间，这些联系称为纵向联系或供应链。纵向联系与价值链内部的各种联系类似，即供应商或渠道的各种活动进行的方式影响企业活动的成本或效益，反之亦然。供应商生产某个企业用于其价值链的产品或服务，供应商的价值链也在其他接触点影响着企业。例如，一个企业的采购和内部后勤活动与供应商的订单处理系统互相作用，同时，供应商的应用工程人员与企业的技术开发和生产人员之间也是协同工作的。供应商的产品特点及它与企业价值链的其他接触点，能够十分显著地影响企业的成本和差异性。又如，供应商频繁的运输能降低企业库存的要求，供应商产品的适当包装能减少搬运费用，供应商对发货的检查能减少企业对产品进行检查的需要。

供应商价值链和企业价值链之间的各种联系为企业增强其竞争优势提供了机会。通过影响供应商价值链的结构，或者通过改善企业和供应商价值链之间的关系，常常有可能使企业和供应商双方受益。供应商联系意味着与供应商的关系并非一方受益而另一方受损和博弈，而是一种双方都能受益的关系。在企业和其供应商之间分配由于协调或优化各种联系带来的收益，取决于供应商的能力，并反映为供应商的利润。

销售渠道的各种联系与供应商的联系类似。销售渠道具有企业产品流通的价值链。销售渠道对企业销售价格影响很大。企业和销售渠道价值链之间也有大量的接触点，如销售队伍、订单处理和外部后勤。与供应商的联系一样，对于销售渠道的联系进行协调和综合优化能够削减成本或增强差异性。

纵向联系与企业价值链内部联系一样，经常被忽视。即使供应链管理的意义已被深刻认识到，但供应商或销售渠道的独立的所有权和竞争关系的历史都可能妨碍利用纵向联系所要求的协调或综合优化。与价值链的内部联系相同，利用纵向联系需要信心，而现代信息系统正在创造很多新的可能性。

10.4.2 业务流程再造的核心思想

1. 业务流程变革的兴起

可以将流程理解为是由一系列相关活动组成的，并按照一定的先后次序发生的，具有某种特定输出的业务过程，即将输入转化为输出的一组相关的资源和活动，其中资源包括人力资源和物质资源。

无论是通过消费获得的某种服务，或者是生产制造，流程无处不在，而其表现也完全可以归纳为"需求—供应"的一般形式。需求是顾客提出的整个流程的输入活动，供应是供应者提供的整个流程的输出活动，需求与供应发生的转变的过程就是整个流程的处理过程。具体就企业的业务流程而言，则包括顾客、供应商及输入与输出之间的价值增值过程。

针对传统企业工作流程所固有的效率损失，一些先进的企业开始实践一次对于组织本身的革命，即流程再造。企业流程再造是20世纪80年代初源于美国的一种企业变革模式，是在全面质量管理（TQM）、敏捷制造（AM）、准时制造（JIT）、零缺陷（Zero Defect）等优秀管理经验的基础上发展出的一种全面变革企业经营、提高企业整体竞争力的变革模式。

20世纪90年代以来，美国管理学家迈克尔·哈默（M. Hammer）和詹姆斯·钱皮（J. Champy）以《再造企业——工商业革命宣言》一书，在美国和西方发达国家中掀起了一场企业管理革命。企业再造理论以一种再生的思想重新审视企业，并对传统管理学赖以存在的基础——分工理论提出了质疑，是管理学发展史上的一次巨大变革。

【拓展文本】

企业再造（Reengineering）也称为企业流程再造，或业务流程再造。按照哈默和钱皮所下的定义可知，再造就是对公司的流程、组织结构、文化进行彻底的、急剧的重塑（Redesign），以达到绩效的飞跃。在此基础上他们又作了更精确的表述：再造就是对战略、增值营运流程，以及支撑它们的系统、政策、组织、结构的快速、彻底、急剧的重塑，以达到工作流程和生产率的最优化。如果这样的定义过于冗长，那么不妨牢记：再造就是推倒重来。

企业再造理论的出现具有深刻的时代背景，突出表现在感受到来自其他国家企业严重挑战的同时，美国企业不得不针对自身竞争能力的不断下降反思自身存在的问题。在西方发达国家完成工业化进程逐步进入工业化的信息社会后，人们的需求层次逐渐提高，需求的内容日益多样化，供需矛盾日益突出，企业之间竞争不断加剧。在全球企业经营环境变化迅速的过程中，一些早先业绩颇佳的美国企业由于墨守成规、故步自封，没有及时采取快速变革的措施以适应新的竞争形势，从而丧失了在日益全球化的经济环境中的优势地位。20世纪80年代以后，美国企业开始积极向日本的同行学习，并简单地认为将日本的成功经验移植过来就可以取得成功，但实际情况表明，这种改良式的变革没有给美国企业带来明显的效果。在这种情况下，许多学者认识到，必须对现有的企业管理观念、组织原则和工作方法进行彻底的重组再造，做一次伤筋动骨的"大手术"，才能帮助美国企业迅速获得再生，重新夺回世界领先的位置。

企业再造理论的出现，一个明确的指向就是亚当·斯密的劳动分工理论。亚当·斯密认为"劳动生产力最大的增进，以及运用劳动时所表现的更大的熟练、技巧和判断力，似乎都是分工的结果"。分工带来的效率提高可以从以下几个方面来解释：分工可以推进劳动者生产知识的专业化，促使劳动者在较短的时间内使熟练性技能迅速提高，从而形成生产中的高效率；分工可以使劳动者长时间专注于一项工作，从而节约或减少因为经常变换工作而耽搁的时间；分工可以促使大量有助于节省劳动的机器和工作方法的出现。

但是，分工理论在不断提高企业生产效率的同时，也给企业的持续发展套上了一道无形的枷锁。首先，将一个连贯的业务流程分割成数个支离破碎的片段，既导致劳动者的技能更加专业化，成为一个片面发展的机器附属，也增加了各个业务部门之间的交流工作，交易费用会因此大大增加。其次，在分工理论的影响下，科层制成为企业组织的主要形态，这种体制将人分为严格的上下级关系，即使进行一定程度的分权管理，也大大束缚了企业员工的积极性、主动性和创造性。特别是在工业经济时代逐步向新的知识经济时代过渡的过程中，流行 200 多年的分工理论已经成为亟须变革的羁绊。因此，以恢复业务流程本来面目为根本内容的企业再造理论便应运而生。

2．流程再造的思想方法

（1）企业的流程就是企业完成其业务获得利润的过程。以顾客利益为中心，以员工为中心，以效率和效益为中心是企业整个业务流程的核心，整个业务流程就是围绕这 3 个目标进行的。因此，从总的方面来说，企业的流程就是企业来完成其业务获得利润的过程；企业的流程再造，就是对这一过程的顺序进行重新设计塑造。在企业流程再造出现之前，尽管发生了三次产业革命和两次管理革命，但企业的基本管理思想却始终如一——从企业内部寻找提高效率的突破口，以提高现有过程的质量，降低其运营成本，实现企业在市场竞争中的优势。而企业再造却提出了完全不同的解决思路——站在企业外面，先看看企业运作的过程是否合理，如果不合理，就重新设计企业流程；再看看企业是否以流程作为企业运作核心，如果不是，将企业再造成围绕流程的新型企业。所以一般认为，企业再造是新的管理革命，而且是最具有革命内涵的革命。

（2）流程再造就是在企业规模化以后，由组织过程重新出发，从根本上思考每一个活动的价值贡献，然后运用现代的信息科技手段，最大限度地实现技术上的功能集成和管理上的职能集成，以打破传统的职能型组织结构，建立全新的过程型组织结构，从而实现企业经营在成本、质量、服务和速度等方面的戏剧性改善。其结果是把组织内部的非增值活动压缩到最少，使全体活动都面向顾客需要、市场需求的满足而存在。

（3）在传统企业中，组成企业的基本结构是职能相对单一的部门，由这些部门分别完成不同的任务，这些任务构成每一个流程的片段，没有人专职对具体的流程负责，流程成为片段式的任务流，任务和任务之间的脱节和冲突司空见惯。在以流程为中心的企业，企业的基本组成单位是不同的流程，不存在刚性的部门，每个流程都由专门的流程主持人负责控制，由各类专业人员组成的团队负责实施，流程成为一种可以真实地观察、控制和调整的过程。

通过对这些企业运营最根本性的问题的仔细思考，企业可能会发现自己赖以存在或运营的商业假设是过时的甚至是错误的。彻底性再设计表明业务流程重组应对事物进行追根溯源，对既定存在的事物不是进行肤浅的改变或调整性修补完善，而是抛弃所有的陈规陋习并且不要考虑一切已规定好的结构与过程，探索出全新的做好工作的方法，这是对企业的业务处理流程进行重新构建，而不是改良、增强或调整。

（4）业务流程重组关注的要点是企业的业务处理流程，一切"重组"工作全部是围绕业务流程展开的。业务流程是指一组共同为顾客创造价值而又相互关联的活动，只有对价值链的各个环节（业务流程）进行有效管理的企业，才有可能真正获得市场上的竞争优势。流程要面向顾客，包括组织外部的和组织内部的顾客。流程跨越职能部门、分支机构或子单位的既有边界，流程再造不仅对流程进行再造，而且要将以职能为核心的传统企业改造成以流程为核心的新型企业。

3．改革以后的业务流程的特点

改革以后的业务流程具有以下特点：工作单位发生变化——从职能部门变为流程执行小组；工作变换——从简单的任务变为多方面的工作；人的作用发生变化——从受控制变为授权；职业准备发生变化——从学校教育变为终身职业培训；衡量业绩和报酬的重点发生变

化——从按照活动变为按照成果；晋升的标准发生变化——从看工作成绩变为看工作能力；价值观发生变化——从维护型变为开拓型；管理人员发生变化——从监工变为教练；组织结构发生变化——从等级制变为减少层次；主管人员发生变化——从记分员变为领导人。

（1）企业再造对固有的基本信念提出挑战。企业在经营过程中会遵循一些事先假定的基本信念，这些信念往往会深深植根于企业内部，影响企业各种经营活动的展开，也影响企业业务流程的设计和执行，有长期历史的企业尤其如此。企业再造需要对这些原有的、固定的思维定式进行根本性的手术，产生创造性思维，从而促进基本观念的重大转变。

（2）企业再造需要对原有的事物进行彻底的改造。与日本企业的原有变革思路不同，以美国企业为主要蓝本的企业再造绝不是一次渐进式改良措施，也不是仅仅满足于对组织的修修补补，而是努力开辟完成工作的崭新途径，就是要重建企业的业务流程，使企业产生脱胎换骨一样的巨大变化。

（3）改革要在经营业绩上取得显著的改进。企业再造不是要在业绩上取得点滴的改善或逐渐提高，而是要在经营业绩上取得显著的改进。

10.4.3 业务流程再造的意义

企业再造理论为企业管理理论的发展带来一股清新的风，尽管在实行再造的企业中失败的比例非常高，但企业再造的思想还是被越来越多的企业所采纳，不仅仅是美国和欧洲企业，包括亚洲的许多企业都已经行动起来。企业再造理论的发展带来的重要启示是需要重新设计企业。

1. 以价值流为导向进行组织设计

流程再造的思想实际就是坚持了顾客导向，按照价值增值的过程将相关的操作环节进行重新整合，组成高效率的、能够适应顾客需要的完整的流程，并以此为基础重新设计企业的组织结构。

2. 按照"合工"的思想重新设计企业流程

随着社会的变化，分工理论对企业产生的不利影响也更加突出，迈克尔·哈默和詹姆斯·钱皮创造性地提出了"合工"的思想，将原本属于一个业务流程的若干个独立操作重新整合起来，将被分割的支离破碎的企业流程按照全新的思路加以改造，从而获得适应新经济时代的高效率和高效益运作组织。

3. 用彻底的变革代替渐进式变革

与采用改良方式推动企业管理发展的渐进思路不同，企业再造从一开始就要进行彻底的变革，而且这个变革直接针对经历多年的分工思想，这为管理理论的发展重新奠定了重要的基石。

10.4.4 业务流程再造的管理原则

1. 业务流程再造的基本目标

业务流程再造的核心思想同时体现了再造的两个不同层次的目标。

（1）通过对企业原有的业务流程的重新塑造，包括进行相应的资源结构调整和人力资源结构调整，使企业在盈利水平、生产效率、产品开发能力和速度及顾客满意程度等关键指标上有一个巨大的进步，最终提高企业整体竞争力。

（2）通过对企业业务流程的重新塑造，使企业不仅取得经营业绩上的巨大提高，更重要的是使企业形态发生革命性的转变，其内容是：将企业形态转变为以流程为中心的新型流程导向型企业，实现企业经营和企业管理方式的根本转变。

2．业务流程再造的基本方向

（1）在信息技术支持下，以流程为中心，大幅度地改善管理流程。

（2）放弃陈旧的管理做法和程序。

（3）评估管理流程的所有要素对于核心任务是否重要。

它专注于流程和结果，不注重组织功能。在方法上以结果为导向，以小组为基础，注重顾客，要求严格衡量绩效，详细分析绩效评估的变化。

3．业务流程再造的核心原则

许多企业领导人和员工在变革之初对变革抱有很高的期望和热情，但在变革实施以后发现似乎一切又恢复了老样子，其实，绝大多数这种憾事的起因在于变革的设计者和领导者未能在变革中坚持企业再造的3个核心原则。

1）以流程为中心

企业再造不同于以往的任何企业变革。再造不仅是机构调整，不仅仅是减员增效，甚至也不是单纯的重新设计建造企业流程，再造的这一目的意味着，不仅企业的流程设计、组织机构、人事制度等要在再造中根本变革，更为重要和基本的是一个经过真正意义上再造过程的企业，其组织的出发点、领导人和普通员工的思维方式、企业的日常运作方式、员工的激励方式乃至企业文化，都得到了再造。

2）坚持以人为本的团队式管理

以流程为中心的企业既关心人，也关心流程。流程小组的成员可能拥有各种不同的技术，接受过各种不同的训练，如销售、工程、制造及采购等。作为流程小组的成员，他们共同关心的是流程的绩效；但是作为个人，他们有不同的背景、不同的兴趣、不同的未来。因此，他们还要学习一些其他技术，为他们未来一旦需要离开流程时做准备。

以流程为中心的企业里，企业领导者的角色就类似于球队的教练，他们要将主要流程编制在一起，要分配资源，还要制定战略。一家生产某种产品的公司，必须有人将产品开发、生产与订货统一起来，以防两头各干各的；必须有人确保产品开发与订货方面的投资保持在合理的水平上；必须有人制定企业的全面发展战略；必须有人调动大家的积极性。这种人就是现代企业的领导人和行政管理者。不过，他们与以往的乐队指挥式的企业老板不同，他们进行团队式的管理。让人们从"要我做"变成"我要做"，这是企业再造的最高境界，也是坚持团队式管理的精髓所在。

3）顾客导向

一个企业的成功必须赢得顾客，得不到顾客订单的企业只能眼看着别人赚钱。今天的市场竞争，在很大程度上归结为对顾客的争取，一家能充分满足顾客需求的企业，必然是一家以顾客为导向的企业，这就是企业再造的另一个核心原则——顾客导向的原则。以顾客为导向，意味着企业在判断流程的绩效时，是站在顾客的角度考虑问题，尽管这样做时常会和企业的其他需要发生冲突。

以顾客为中心必须使公司的各级人员明确：企业存在的理由是为顾客提供价值，而价值是由流程创造的。只有改进为顾客价值的流程，企业的改革才有意义。顾客要的是流程的结果，过程与顾客无关，因此，任何流程的设计和实施都必须以顾客为标准，以顾客为中心，这是企业再造的成功保证。

为了真正贯彻以流程为导向的原则，使企业真正开始走上以流程为中心的道路，企业第一步要做的事是必须识别和命名它的各种流程。每个企业都有自己的一套独特的业务流程，大多数企业发现他们有一套相对较小的关键流程——一般有 5~15 个流程，但流程的特性取决于企业所属的行业及它为顾客生产的主要结果，一些典型的流程是获得订单、完成订单、产品开发、选择市场、提供售后服务和开发制造能力等，显然这些流程中没有几个能够完整地描述企业的运作。企业通常将基本的流程划分为若干子流程，这些子流程可以用基本任务或活动来描述。

企业流程的识别和命名是关键的第一步，以确保真正的流程得到识别。流程的识别需要一种新的认识能力，要有横向观察整个组织的能力，犹如从外界观察而不是自上而下地观察那样。第二个关键步骤是要保证企业中的每一个人都意识到这些流程及它们对企业的重要性。关键是每一个人，从高级行政管理员到基层车间，从企业总部到极其偏远的销售办事处，每个人都必须认识到公司的流程，能叫得出它们的名称，清楚它们的投入、产出和相互关系。走向以流程为中心并不立即改变人们所执行的任务，但它会改变人们的心理定势。以流程为中心的第三步是重新设计企业的流程体系。企业的原有组织体系是基于职能结构基础，而流程则被肢解成碎片状分布于企业的各职能部门之中。

第四步是流程再造的实现。要实现以流程为中心，一个极其重要的方面就是打破职能框架，将这些破碎的流程重新组合起来，以一种全新的完整的方式运转起来。从另外的角度而言，这种流程运营方式的转变，也有助于流程组织中的个人学会以新的流程观点来看待企业的运营。一个以流程为中心的企业必须积极管理它的流程，确保它们是在发挥其潜力，寻找使流程得到改进的机会，并把这些机会变成现实，这并非兼职的或临时的责任；相反，专注于流程是管理层首要和持续的责任。

10.4.5 业务流程再造的操作性原则

1. 围绕结果而不是工序进行组织

既然再造的核心是实现流程的再造和企业的流程化，以往的工作顺序就不再是新流程的依据，更不是变革的依据。所谓围绕结果，就是围绕企业最终要为顾客提供的产品进行流程的设计和组织。

在传统的以职能为核心的企业里，流程被分割成独立的任务，按照工序分配在不同的部门完成，在这样的企业里，流程是隐含的，而呈现在企业领导人面前的是一道道明显的工序，当企业进行再造时，多年来形成的工序思考问题的习惯和各部门为了维护本部门利益而进行的阻挠很容易使再造领导者陷入围绕工序进行再造组织的陷阱。

流程强调目标和结果，工序强调行为和手段；流程回答"什么"的问题，工序回答"如何"的问题。所有的流程或者直接，或者协助其他流程，关联着客户及其需求，即流程结果。所以人们的原则是：围绕结果。

2. 让那些利用生产结果的人进行这些工序

企业再造中一个成功的经验就是让那些利用生产结果的人进行这些工序，而传统企业中流程被拖延的现象在很大程度上就是由于利用生产结果的人并不负责进行这些工序。设想一下，一位销售人员接到顾客的要求，把某种产品按照他的要求进行改进，如果能拿出样品，企业会得到一大笔订单，如果延期或者样品没有达到预先商定的要求，订单会被别的企业抢走。在传统的企业里，这位销售员能做到的就是把样品的规格数据交给产品开发部门，然后就只能等待，既不能对开发工作日程监督，也不能对开发中的问题提出建议，然而他是企业里对这件事最清楚也最关心的人，事情的结果决定着他的销售业绩。显然，这是一个糟糕的流程，但正是人们习以为常的流程。

让那些结果的利用者实施工序，才能使责任和利益相统一，既调动了工序实施者的积极性，又使流程成为有人负责的过程，还避免了相互推诿扯皮。

3. 在真正产生信息的实际工作中处理信息

信息在传递中过程的缺失和曲解，一直是困扰企业管理的问题，这一问题在今天看来，有两个解决办法，一是计算机网络的普及使得信息的传递在速度上和质量上都得到了前所未有的飞跃；二是通过对流程的重新组织，使信息的产生和传递之间的连接方式更为合理。

4. 把地域上分散的资源当作集中资源对待

传统的企业里资源的部门分割、工序分割是一种人为的分割，所以理应成为变革的对象，但资源的地域分割却常常被认为理所当然，无法变革的。如果有必要，完全可以将分散在不同地区的资源纳入同一流程，现代计算机网络的普遍应用已经使地域分散这一传统障碍在很大程度上得以消除，互联网使企业内部很容易沟通，没有必要在企业开展业务的所有地方都配置重复的资源。

5. 把类似活动的过程联系起来，而不要等各项活动结束后把所有结果拼凑起来

企业再造的工程不是机械结构，它要求从一开始各环节就需要相互联系，指望在一个详尽的分析结果基础上设计出一个近乎完美的新流程，这样的做法是灾难性的，大多数这样的企业再造工程以失败告终，而且往往是夭折在正式实施开始之前，因为太长的分析使人们失去了耐心，也使小组成员失去了对原有流程的宏观判断力，找不到再造的切入点。变革的动员和变革的实施就几乎是同时进行的，指望在经过充分动员达成高度统一的基础上进行变革是一种幻想。人们对变革的理解是随着变革的深入而深入的，长时间的动员只会使变革的反对力量有充分的酝酿机会，从而阻碍变革的实施，要从一开始就要把各个环节联系起来进行。

6. 在工作中决策，让工作过程实现自我控制

再造企业是把企业改造成以流程为中心的企业，而且再造本身就是以"再造"这一流程为中心的，成败的关键是这一流程的结果，而不是再造的任务过程。对于再造的组织者来说，他们能够设想的只是企业再造希望达到的目标，再造是一个创造性的流程，没有一模一样的再造，所以无法规定和衡量再造的每一个任务的完成情况，甚至事先根本不知道每一步如何去做，决策只能在再造工作中逐渐形成。作为再造领导人，能做的就是建立再造小组，提出任务，激励他们，然后在工作中密切关注，随时与他们共同决策。

7. 从信息源一次性捕捉信息

能否设想有一套标准的做法，使流程中每一个信息源的信息都能一次采集呢？在以流程为核心的企业里，由于流程面对的是顾客的不断变化的需求，一次性获取信息是非常关键的，

在流程中的运用需要很高的决策水平。但无论如何，这是再造流程时一个必须遵循的操作性原则，它提供了判断流程效率的一个依据，也是重新塑造流程的一个有用的思路。

8．新流程应用之前应该做可行性实验

企业再造中的许多错误发生于新流程的设计直接进入实施的时候。这样做，真正的客户不会受到粗糙或不完善流程的缺陷的影响。更重要的是，通过一系列的重复，最初的设计可以在首次实施前反复地改进与完善。

9．再造必须顾及受影响的人们的个人需求

设计变革方案必须邀请当事人参与，任何变革都不是变革者个人的事，它涉及许多人的切身利益，如果关起门来搞变革，企业的大多数员工难免心存疑虑。

10.4.6 业务流程再造的基础

业务流程再造的出现与其他许多理论方法、技术的实践（如 JIT、TQM、AM、CE 等）有着密切的联系。

1．业务流程再造与准时生产

JIT 是日本丰田汽车公司创立的一种独具特色的现代化生产方式。它顺应时代的发展和市场的变化，经历了 20 多年的探索和完善，是包括经营理念、生产组织、物流控制、质量管理、成本控制、库存管理、现场管理和现场改善等内容在内的较为完善的生产管理技术与方法体系。

JIT 与业务流程再造两者追求的目标不同，JIT 的原则是无浪费，它所追求的是零次品，即通过降低库存来提高企业效率，而业务流程再造则是以满足顾客需要为目标，主张重点通过降低因多余活动造成的成本来优化企业效率。虽然二者在步骤上有极为相似的一面，也都需要重新设计工作流程、工作单元、重新定义行为，甚至重新设计产品。但是，JIT 的基本目标是降低成本。然而，若只注重降低成本将有可能带来顾客满意度的降低，从而削弱竞争优势。可见，由于 JIT 的改进目标是结果而非前提，所以，其在改革的深入性和持久性上均不及业务流程再造。另外，JIT 与业务流程再造两者作用的范围不同。业务流程再造不像 JIT 那样局限于车间一级，而将事务级和管理级的改造也包括在内，因而比 JIT 具有更广泛的意义。

2．业务流程再造与全面质量管理

全面质量管理（TQM）是一种要求用系统的观点来分析质量和质量管理中问题的思想，要求对产品的质量不仅要考虑到产品的设计和制造系统，而且要考虑到产品的使用系统，以及退出使用后的废品回收和处理系统。可以说，全面质量管理是一种思想观念、一套方法、手段和技巧，它旨在通过全体员工的参与来改进流程、产品、服务和企业文化，实现在 100%的时间内生产 100%合格产品的目标，以便满足顾客需求，从而使企业获取竞争优势和长期成功。

TQM 的要点包括以下几个方面：

（1）以顾客满意为核心。顾客包括外部顾客和内部顾客。

（2）强调全员参与。每一个员工都有维护质量的责任。每个员工都有责任、也有权利提出改进建议，并将合理的建议付诸实施。

（3）注重培养和发挥团队精神。要求全体成员之间的有效交流，紧密合作。管理者要改变发号施令的角色，变成教练、协调人和组织者。

（4）确保100%的优质。任何一个小错误都可能造成大的损失。只有消除侥幸心理，时刻追求100%的优质，才能实现充分满足顾客需求。

（5）质量保证贯彻始终。在产品开发的每一个阶段都应实行全面的质量管理，而不是仅在某一阶段。

（6）主张事前行动。主动寻找出可能发生的问题，并及时加以解决。

（7）坚持持续改进。必须坚持持续改进，将全面质量管理融入日常的工作和管理。

（8）不断提高。在提高企业流程绩效的过程中，应该不断地使用全面质量管理来逐步提高工作效率，直至达到一种无法在原有基础上继续提高的极限状态，这时通过业务流程再造，对原有企业流程进行跳跃式的重新设计来达到一种更高层次的流程状态。接着在新流程状态的基础上，仍然经常使用全面质量管理去提高新流程的效率，直至重新设计。

比较业务流程再造与全面质量管理可以看出，二者都是面向流程、面向顾客的，而且实施过程中都需要企业高层领导的参与并倡导团队的工作方式。二者不同的地方是，全面质量管理并未触及企业原有的组织结构和工作方式，从本质上说是一种追加式改进，而业务流程再造则是打破旧有的结构，创造新的流程。流程分析与优化重组是将全面质量管理理论应用到实际的一种重要工作，它是在全面质量管理思想的指导下，对工作流程进行彻底的分析，找出已经觉察到的问题和潜在的问题，对这些问题进行分析讨论，找出解决或优化的方法并切实地实施，不断收集反馈，进行总结，提出新方案，这样循环向前，从而减少问题，优化流程，提高效率，完善质量。

3. 业务流程再造与敏捷制造

顾客需求的个性化和多样化及厂商竞争的日趋激烈，使得基于低成本和高质量的竞争战略并不一定就能获得竞争优势，而敏捷制造（AM）将成为制造企业取得竞争优势的基石。敏捷制造的目标是建立一种对顾客需求做出敏捷反应、市场竞争力强的制造组织和活动，要求一个企业能开发自己的产品和实施自己的经营战略的组织结构，包括有创新精神的管理组织、有知识且被适当授权的员工、采用柔性技术和网络技术等先进的制造技术。

敏捷制造组织的特点是：企业不是法律意义上严格的经济实体，内部是一个动态的范围，基本点是信任和合作，信息对内对外充分开放，强调资源集成的时间性等。

敏捷制造与业务流程再造之间有着密切的关系。传统的制造模式是一种分工详细的批量制造模式，而敏捷制造模式是一种各种制造元素基于信息技术的配置关系的状态，强调对企业之间关系的再造，并在企业之间创建动态联盟的关系，快速响应顾客需求。由传统制造模式向敏捷制造模式的转变有一个过程，而业务流程再造正是这种转变不可缺少的，是一种基于信息技术来改变各种制造元素配置关系的过程技术。从敏捷制造和业务流程再造两者的技术基础来看，信息技术起着重要的作用，其关系如图10.4所示。

4. 业务流程再造与并行工程

产生于20世纪80年代初期的并行工程（Concurrent Engineering，CE）方法与业务流程再造一样，也是一种综合考虑质量、成本、用户需求等多方面因素的系统化工作模式，二者均以提高系统的综合能力为根本目标，并提倡小组合作的工作方式，同时也都离不开现代化的计算机、通信及信息技术的支持。

业务流程再造与并行工程的最大区别则表现在：一方面，并行工程是一个研制新产品或开放新系统的系统化过程，而业务流程再造针对的则是已有系统的改造或更新；另一方面，并行工程的系统化思想集中体现于它对产品及相关过程进行并行的、一体化的设计之中，而业务流程再造则还可以包括其他多种措施与方式。从这个意义上说，可以将并行工程视为业务流程再造的手段之一。

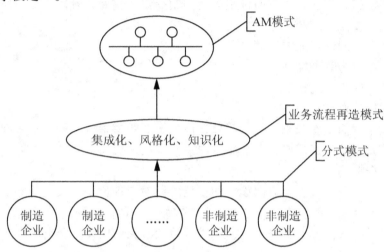

图 10.4　AM 与 BPR 关系示意图

10.4.7　业务流程再造的基本方式

1. 基于价值的核心流程分析

业务流程再造的目的是从根本上改进企业核心流程，以达到增强企业流程能力、提高顾客对产品服务要求的满意度的要求。

企业核心价值流程如下：

（1）策略开发流程。该流程包括对关系企业发展方向的所有方面的决策流程，其首要目标是在企业长期战略方向的框架内，集成组织的所有活动，向客户提供最好的产品和服务，最大限度地满足客户需求。

（2）客户接口流程。客户接口流程处在企业的最前端，与客户直接接触。该流程的目的是理解客户期望，可能情况下能够达到或超过客户期望，其目标是通过对客户感知的主动管理及强化对顾客满意度的最大化来实现的。

（3）集成供应链流程。该流程集成了市场信息和运作计划，以最优化组织资源分配。集成供应链流程是对信息、物质流动实现从供应商到制造商及主要分销商之间的整体协同，以达到在特定服务层次上实现最小的系统成本。

（4）订单执行流程。该流程的根本目的是通过最为有效的、经济的方式准确执行客户需求。该流程与基于售前订货系统的二级分销流程，以及销售流程有效衔接，形成一体化流程。

（5）基础设施与能力开发流程。该流程主要是进行固定资产管理，并与其他核心流程一同作用，为企业的快速响应奠定基础。同时，该流程还是组织功能有效发挥以及获得成本效益的平台。

2．业务流程再造的基本方法

在 20 世纪 80 年代末到 90 年代初这段时间,许多企业都试图通过多种方式来调整核心流程,如通过试验和误差分析等。这些方法有一些共同的要素。

1）方向设定

业务流程再造的过程起始于方向设定以及问题提出的初始化阶段,下面所列的几个重要问题可以指导此阶段工作的开展：

（1）什么是客户的真实需求？

（2）希望企业成为哪种类型？

（3）企业的目标是什么？

（4）企业的价值取向是什么？

以上这些问题表面上看起来好像很简单,但如果要能够很好地回答这些问题,却非常困难,而且经常需要企业最高层对企业战略方向重新彻底地思考。对整个企业的基本目的及使命进行彻底的调查提问,描述所面临的基本问题。

在再造过程中,问题调查及方向设定的初始阶段对于评价企业战略是非常有价值的。在理想的世界中,每个企业都应该对其位置、方向按照一定的基本规则进行评审。但在现实中,类似的评审阶段可能会出现得更多,以便对激烈的竞争和市场风险做出反应。

2）理解

这个阶段主要是建立对企业核心流程的一种理解。核心流程代表了企业的关键活动及各个活动之间关联的框架,以便创造客户价值。要确定企业的核心流程,那么对企业的战略方向的理解就非常重要。一个流程之所以成为"核心",是因为一种对战略方向的选择而使其成为核心的。如果一个流程不能成为企业战略方向的关键支撑环节,那么这个流程就不可能成为"核心"。

3）评估

对于每个核心流程,资源的利用及输出的效率都必须进行仔细的检验。在提出企业特定流程再造、绩效改进的程序前,开展这一阶段的工作是非常关键的。

有两种基本的资源可以用来识别企业的效益空间：外部资源和内部资源。外部资源包括客户和竞争对手,由于客户既是产品或服务的最终接受者,又是企业绩效的评判者,所以他们可能是识别企业核心流程绩效空间的最好资源。

处在企业第一线的销售人员、物流服务人员,在与客户及合作伙伴接触的过程中,能够获得更有价值的信息,这些信息往往来自于企业客户及其合作伙伴所反映的问题和抱怨。管理者能够通过不同的部门获得关于企业绩效的数据。这些数据或信息能够得到沟通和反馈给领导,使得这些资源成为对识别效益空间有效的内部资源。

4）实施

新流程的成功实施是绩效改进成功与否的一项重要指标。事实上,在许多案例中,一个企业很容易从其竞争对手或社会中最优秀的企业获得进行流程再造的基本理念,但如果没有实际的指导,是很难成功实施的。很多绩效改进过程都需要很多其他方面的协同变革,如组织结构、技术及人力资源管理等。保证这些方面能够协调一致,并确保在一个方面的变革能够对其他方面做出补充与配合是非常重要的。

10.4.8 业务流程再造过程

1. 确定流程再造的关键任务

再造基本运作流程的第一步是确定流程再造的关键任务。图 10.5 给出的流程再造过程只应该被看作一个通用的原则性流程，每一个企业在实际进行再造时都应该根据自身的特点对流程再造内容进行灵活的改动。

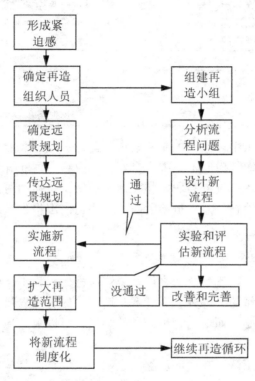

图 10.5 业务流程再造的基本过程

2. 基于流程的组织建设

企业流程再造就是要通过组织和管理模式上的变革将这些被割裂的过程重新联结起来，使其成为一个连续的流程，并通过对流程的整合与优化，实现对顾客服务、成本和效率的全局优化。在传统的面向职能管理的企业组织中，组织运营是围绕职能及其分解以后的职能部门、工作或任务来组建的，而面向流程的管理则发生了革命性变化。表 10-1 对职能管理和流程管理的特征进行了比较。

表 10-1 职能管理和流程管理的特征比较

特　性	面 向 职 能	面 向 流 程
组织结构	层次状 关注的焦点是职能	扁平化 关注的焦点是流程
运营机制	以职能为主 存在职能界限 不连续的流程 运营局部最优	以流程为主 针对顾客的点对点管理 简单的流程 达到顾客服务、成本和效率 全局最优

续表

特　　性	面　向　职　能	面　向　流　程
员工	按职能安排 专业技能分工 工作以个人为中心 对顾客有限的关注	按流程来安排 技能综合、多面手 工作以小组为中心 关注的是顾客
技术	由于职能界限而被分离 评价以职能目标为主 计划和控制之间松散的连续	在流程中被集成 评价以流程目标为主 针对流程的计划和控制
沟通	垂直方向	水平方向
企业文化	职能贵族 前线（市场）/后线（内部）隔开、专业术语	流程拥有主权 整个流程以顾客为焦点 传递服务的语言

在面向职能的管理组织中，人们关注和解决问题的焦点是职能、部门或任务。每个部门经理最关心的是自己的职能部门而不是整个企业，其业绩考评和升迁与其所在职能部门效益的好坏息息相关，员工一般都具有与职能相关的专业知识，他们讨论和关心的是某一项固定的活动或是支持目标的某种新技能，员工的职位是根据内部报告系统来确定的，这个系统将对本部门有用的信息封闭起来。

3. 面向流程的组织的特点

（1）组织结构的扁平化。流程再造之后，企业流程已成为工作团队的工作范围，流程管理很大程度上成为团队工作的一部分，而外部只需很少的管理人员指导和协调。这样一来，中层管理者就变得毫无必要，而中层管理人员的削减，可以极大地简化企业流程，使组织结构趋于平化。

（2）自我管理的工作团队。在面向流程的组织中，大量的具体任务被联结起来成为一个完整的流程，以实现对顾客需求的快速响应和服务质量的高品质。在这样的环境里，流程的工作已不可能由个人来完成，更主要的则是依赖于工作团队的分工协作来完成。

4. 建设管理团队

（1）确定流程负责人。流程负责人的首要职责就是搞好设计，首先是为顾客创造价值。流程的设计以顾客和外部的需求为出发点，流程负责人需要考虑的问题包括：流程向顾客提供什么；顾客愿意为流程的产出提供什么样的报酬；顾客什么时候需要这些产品；对于精确度和灵活性，顾客有什么样的要求；等等。流程负责人必须对这些问题深思熟虑，并将答案融入流程设计的基本思想中去。除了满足顾客的需要之外，流程负责人还必须考虑到流程的产出和绩效对于企业生存与发展的影响，制定出利润率、资产回报率、生产增长率等绩效指标，以满足公司成长与发展的需要。

（2）组建再造小组。再造小组一般由5~10人组成，分为圈内人和局外人两种类型。所谓圈内人，是指原来的职务工作与正在改造的流程直接相关的人。圈内人应该是企业中最优秀、最聪明、最富有创新精神的人，他们十分熟悉原有流程，但也很清楚原有流程的弊端所在；他们既了解企业的既有规则，又懂得如何加以规避，以实现自己的意愿。由于圈内人往往是现有流程和职能部门的既得利益者，所以希望他们完全抛开原有流程的影响可能不现实。

局外人是原有流程以外的人。由于局外人的自身利益并不因为提出的建议而发生改变，所以他们往往更愿意承担风险，并且他们没有陷于原有流程的思维定式，从而更容易摆脱原有流程的影响，为改革小组带来具有更多客观性和新颖的观点，开拓思路，寻求设计新流程的最佳方案。

5．重建人员激励机制

（1）建立基于团队的激励方式。新的激励和考核指导思想是，员工的工资报酬不再以员工的工作量为衡量标准，而是取决于员工为顾客创造价值的多少。这一改变使得工资这个传统的关键因素也具有一定激励因素的特征。企业对于以团队方式工作的员工采用的激励方式包括以下几个方面的内容：

① 建立明确的业绩目标。扩大企业的目标范围，在考虑成本的基础上，将顾客和员工的满意程度也包括进去，并对建议和指标的落实情况进行跟踪，从而极大地发挥了员工的潜能。

② 明确界定工作范围。工作范围的明确界定也有助于消除个人行动和相互配合时可能遇到的障碍，使员工可以更加顺利地完成自己的任务。

③ 把适当的人员安排在适当的位置上。

④ 简捷、灵活地参与程序。

⑤ 良好的沟通。正式和非正式的沟通是激励机制的润滑剂。

（2）重新设计企业的考核制度。企业的考核制度也要针对业务流程再造进行设计，由3个方面组成，即考核目标、奖励制度、分配制度。

（3）不断地再设计。取得企业绩效改善的短期成效较为容易些，而要维持业绩持续不断的改善，则困难得多。如果领导者想要继续发扬初期的成果，并且长期保持员工的工作热情，则需要付出更多的努力。领导人必须时刻把握顾客和竞争对手的最新动态，并据此不断调整企业的业绩目标和实施措施。对于员工的激励机制和考核制度也要随之发生改变，通过不断的再设计，适应不断变化的外部环境。

10.4.9 流程分析过程

1．流程的分类

（1）按流程的处理对象来分，可分为实物流程、信息流程等。

（2）按流程跨越组织的范围来分，可分为个人间流程、部门间流程和组织间流程等。

（3）按其活动性质来分，可分为营运活动与管理活动。营运活动用来满足顾客的需求和实现企业利润。管理活动作为一种工具性的活动用来促进营运活动的效率。营运流程又可以分为作业流程和支持流程。其中，作业流程包括订单完成流程、产品生产流程、库存管理流程、原料采购流程、服务执行流程等直接与企业价值链相关的流程，而支持流程则包括研究发展流程、资金筹措流程、人事考评流程等与次层价值链有关的流程。

2．流程的描述

（1）流程图绘制的基本方法。一份好的流程图应该有几个特点：首先是要表达完整，要有清楚的起始活动和特定的接受对象，尤其不能漏失与其他相关流程的输入/输出关系；其次，就是要便于计算机自动处理，这主要是为了在流程再设计时可以通过信息技术来优化流程，从而提高流程再设计的效率。流程图的基本类型有工艺视图、流程系统视图、信息视图等。

（2）企业流程图的实际绘制。实际流程图的绘制有以下3个步骤：

第一步，绘制企业综合流程图。该流程图应该具有几个特点。一是简洁明了性。在一张简明的企业综合流程图中，应该将企业的各个关键的子流程与企业的战略目标之间的关系清楚地表述出来。二是顾客特性。在企业综合流程图中，很重要的一个方面就是顾客作为流程对象的出现，这使得流程再造的顾客性导向凸显出来，这里的顾客并非个体或群体组织概念，而是与概念的形成、产品开发以及制造这3个关键物流程互动的要素。三是非顾客特征。在企业综合流程图中，一般习惯上用市场的概念来表示公司的全部潜在顾客。四是流程的层次性。各个流程可能是由多个流程组成的复合体。企业综合流程图正是通过这种高度综合，利用流程的层次性，使得各流程安排能够得到准确描述，从而使得综合流程图简单明了。

第二步，逐次分解综合流程图。在绘制完全的综合流程图以后，就进入了详细绘制各子流程的过程中。首先要做的是寻找再造试点流程在企业综合流程中的位置，并清楚逐层次的连接关系。可以一步步地记下各活动的名称和活动之间的关系，把它们连接起来就成了特定的单体流程图。

第三步，再次对单体流程图进行整合。

3. 流程分析

（1）关键流程的选择。选择关键流程的原则，一是流程的绩效比较低；二是流程的优势比较重要；三是流程再造措施可行并能够落实。

（2）对流程的认识和理解。流程是为了满足顾客的需要而存在的，因此，要搞清两个问题：一是现有的流程主要是为了满足客户何种需求，这种需求是否是客户最关注的特征点；二是现有的流程结构是如何形成的，导致这种流程结构的基础性因素是否还存在。

4. 流程的诊断

在对流程进行了描述、基本分析和理解之后，就进入对流程的进一步分析诊断的过程。事实上，需要说明的一点是，这里的分析诊断很大程度上是一种介乎于流程分析和流程再设计之间的一种工作。

10.4.10 建立高效的企业物流体系

当今企业无一不关注成本控制、运作效率和服务改善。这一切的基础就是建立一个高效的物流体系，这是快速变革的时代对现代企业的要求，也是企业的战略依托所在。在建立高效的物流体系过程中，必须解决几个最基本的问题。

1. 必须用整合的观点来看待物流体系

物流体系涉及众多部门，如计划、采购、运输以及销售部门。各部门的目标各异，就很难做到劲往一处使。例如，销售部门通常根据销售额、毛利等来确定最终奖励，往往热衷于发现热销商品，希望采购部门在进货时尽量压价，并尽量避免打折清货。而计划部门则往往注重保证货物充沛、货物周转顺畅，所以通常情况下只重视采购的批量和频率。然而，为了不超出采购预算，采购部门经常挑选最低价的同类商品，尽管这样做往往意味着交货期过长、库存居高不下、仓储成本上升，而拉升企业总体成本。预算方面的限制，又往往使得采购部门必须等到滞销商品清仓处理后，才有可能再追订热销产品。这样，往往使热销商品库存不足，而滞销商品库存过量。另外，采购预算方面的控制往往使采购部门在期初大量进货，而期末则无事可做，因为此时采购额度已经花完。

为了克服物流过程中的种种障碍，企业上下的每个人都要意识到自己的行为对企业总体的影响。其中的一种选择就是将计划部门、采购部门，甚至零售点统统捆绑在一起，评估他们作为一个整体的团队绩效。这样，各个部门就能做到同舟共济，在做相关决策时互相协调，在编制预算和成本时也能从整个价值链的角度出发加以考虑。

2. 全程优化

一般来说，物流流程的局部优化往往造成整个物流体系的恶化。在这里最糟糕的情况是，单纯强调配送中心的成本优化。对于大多数零售商而言，配送中心的运作与工厂类似，它很好地体现了规模效应、自动化操作和工作效率。零售店相对而言则是个高成本运作的场所，但一些企业往往会不加思量，就将商品从配送中心向零售店转移，结果使零售店库存过高，运作成本上升。其实，企业往往可以考虑反其道而行之，将库存从零售店移到配送中心，这样可以尽量减少在零售店中发生的商品处理费用。

一些在配送中心轻而易举便能完成的作业，若想在零售店中完成可绝对不是件轻松的事。例如，热销商品应该在配送中心保持足量的库存，并根据零售店的销售情况整箱补货，对一些价格昂贵、销售较慢的货品，则应该拆箱后分件向零售店补货，对于另外一些占地较多的或搬运费力的产品，则应当尽量减少中间的处理环节，甚至可以直接从供货商向零售店送货，其目的在于对从供货商到零售店的整个环节做到物流成本的最优化。企业不可将整个物流过程加以肢解，只在局部环节实行优化。

3. 预测

对相关信息的有效利用会大大改进物流管理中的计划职能，从而使企业高效率地在适当时间向合适的地点配送适量的商品。例如，绝大部分零售企业的库存管理与特定零售点和具体商品密不可分。但是，在特定的零售点上，具体到某一样商品的销量，前后波动是很大的。除少数畅销品和促销品外，消费者对大部分商品表现出的购买行为是难以捉摸的。但如果将一个配送中心区域内所覆盖的零售店作为一个整体来考虑，则商品的销量要容易预测得多。因此，在预测销量时，尽量在特定零售点上少费周折，将注意力集中在配送中心或整个企业的相关销量上，由此而来的预测要可靠得多。又如，一些经营精品时装的商家用产品目录来测试市场，而另外一些时装商家会通过征询一部分购买者对于销量的预测来备货，还有的则通过向主要客户播放季前的时装表演，来获取有关未来销量的信息。

思考与练习

一、思考题

1. 什么是物流活动组织？
2. 业务流程再造的管理原则是什么？
3. 职能管理和流程管理有哪些区别？
4. 简述企业物流组织的功能和作用。
5. 简述物流组织优化的步骤。
6. 简述企业流程再造的意义。

二、案例讨论

SF速运（集团）有限公司成立于1993年，是一家主要经营国内外速递及报关、报检等业务的民营速递企业，总部设在深圳。它在国内包括香港、台湾地区建立了庞大的信息采集、市场开发、物流配送、快件收派等业务机构，为广大客户提供快速、准确、安全、经济、优质的专业物流服务。其发展历程分为以下4个阶段：

（1）创业起步期（1993—1997年）：艰难起步，成功创业。以1993年公司创立为起点，业务逐步拓展，通过片区承包等方式拓宽了业务网络，并在珠三角地区扎根。

（2）业务整合期（1997—2002年）：成功整合，初具规模。从1997年开始逐步收回各地片区承包权，并自投资金拓展华北和华东市场，业务突破珠三角向全国拓展，业务初具规模。

（3）管理优化期（2003—2007年）：时不待我，风雨兼程。2002年年中成立总部，并开始在2003年开始租用专机，在管理和业务上开始提升；2004年年底提出并从2005年开始实行"优化三年、脱胎换骨"计划；2005年起实施了ERP系统管理；2006年开始筹建航空公司，实施组织变革，全面推动总部管理能力提升和大区管理模式，加强了各职能部门的建设和对全网络业务区域的管控。

（4）竞争领先期（2008年—）：厚积薄发 迎接挑战。经过前一阶段的优化，公司的管理得到提升，业务能力大大加强；公司的经营规模仍然持续取得突破性增长；预计自主航空公司较快能够开始投入运营；初步确立了在国内市场的领先地位。

SF集团采用集团、经营本部、区部三级架构，实施垂直一体化集中管控模式，以利于速递产品内在流程的一致性和对时效性、安全性的要求，保证产品及服务质量的稳定。SF集团组织结构如图10.6所示。

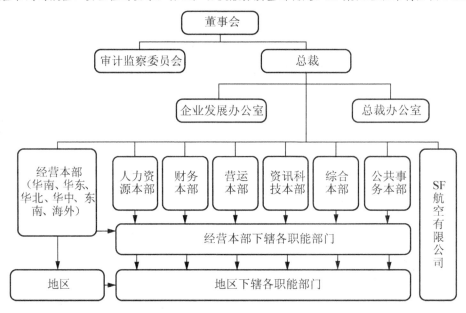

图10.6　SF集团组织结构图

SF集团的经营战略及发展定位非常明确。SF集团明确的战略定位是：扎根中端，发展中端产品，逐步拓展中高端。在2008年，集团就确定了未来发展的战略目标：在10年内，发展成为国内领先、国际有一定影响力的大型速递企业集团。SF集团将积极抓住国内速递行业高速发展的市场机会，迅速做大做强，在追求规模扩张的同时，兼顾盈利能力和抗风险能力的同步增长。同时，将始终注重核心竞争力的建设，力求获得持续、健康的成长。

SF集团核心目标市场定位为中高端市场。不断推动中端客户群的迅速扩展，逐步向中高端客户群拓展和延伸，提升目标客户群的价值。SF集团的核心产品定位为中高端，与目标市场和客户定位相匹配，服务于中高端市场，在致力于提供质量稳定的标准产品/服务来满足目标客户基本需求的同时，研究开发各种增值服务，努力构建合理的产品体系，以满足更广泛类型的中高端客户的差异化需求。SF集团致力于打造中高端的企业品牌。品牌作为产品价值内涵的一部分，可以提供给客户超值的感受。中高端的企业品牌，既对现有中高端客户产生拉动作用，又与未来的中高端客户的需求相匹配。

SF集团未来业务发展方向是：立足核心业务，强化支持手段，稳步拓展多元化业务。SF集团将坚持以速递业务为核心业务，通过整合航空和地面关键资源、发展强大的信息系统等支持手段，保障核心业务领域的竞争力；以相关多元化为业务主要延伸方向，积极探索仓储配送服务、电子商务等与速递业务相关的多元化领域，并作为种子业务加以培育，储备未来业务新兴增长点。

讨论

（1）SF集团的战略定位是什么？该战略的实现依靠什么方法？

（2）SF集团的战略属于哪种类型？

（3）SF集团的组织结构属于哪种类型？该组织结构的特点是什么？

（4）SF集团的多元化业务由哪些内容构成？

三、实训练习

实训　企业组织结构的分析

实训目的：了解该企业组织结构的相关内容和设计组织结构的部门，掌握该部门设计企业组织结构的相关流程，并分析该企业组织结构调整的过程。

实训内容：调研某企业的组织结构，并对该企业的组织结构进行分析，提出改进的方案或建议。

实训要求：

（1）将学生进行分组，每5人一组。

（2）各组成员自行联系，并调查当地的一家物流企业或者生产企业的物流部门，了解该企业的组织结构，并分析该组织结构中相关人员的主要职责。

（3）分析该企业或物流部门物流组织的合理之处及不太合理的地方，并提出本组认为合理的组织结构，改进或设计部门人员相应的职责。

（4）针对本组的分析和改进结果，与企业组织结构的设计部门的相关人员沟通，听取他们对分析和设计结果的建议，之后改进相应的方案，如此反复直至得到该部门管理人员的认可为止。

（5）每个小组将上述调研、分析、改进企业组织的过程和内容形成一个完整的分析报告。

【拓展视频】

【本章小结】

第 11 章

企业物流战略与规划

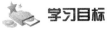
学习目标

（1）掌握企业物流战略的概念。
（2）掌握企业物流规划设计的方法。
（3）熟悉物流战略的内容。
（4）熟悉企业物流发展的主要战略。
（5）了解企业物流规划的原则、内容。
（6）了解企业物流系统规划和设计的流程、步骤。

导入案例

菱食公司是由日本三菱商社的 4 个食品加工批发企业合并而成，发展成为综合食品批发商，主要经营调料、罐头、面等干物食品，饮料、冷食品、酒类和宠物食品等。菱食公司的现代化物流系统已经成为获取竞争优势的源泉，"新物流""新经营"与"新管理"一已经成为构筑菱食公司核心能力的三大支柱。

菱食公司的总体发展战略追求"以消费者为基点的流通系统"，将其自身定位于"作为连接消费与生产的创造价值的桥梁"。菱食公司物流发展战略目标就是通过垂直联盟与合作有效地将从生产商出货到零售店上货有机地联系在一起，真正实现产销物三者的结合。

菱食公司物流战略建立在公司经营发展需要上。其商品经营的品种在原有的加工食品基础上，向酒类、冷冻食品及奶制品的备货和配送方向发展。其品种多样化经营不是针对所有零售企业普遍开展的，而是着力于针对特定零售连锁店开展适应性的多品种经营，从而真正实现定制化物流。

1. 商品多样化物流战略

菱食公司从众多的量贩店中选取具有竞争优势的企业作为自己的服务对象，并根据客户企业的经营特征和需要，扩充自己的物流网络，尽可能多地从事针对客户企业的多商品经营。菱食公司还积极地通过接纳其他企业的产品来开展综合物流管理，进一步推动点心、日杂、生鲜等产品的进货。

2. 服务系统化物流战略

一是积极向具有全国经营规模的量贩店开展物流服务，服务形式既包括自己经营，又包括为其他批发企业或生产企业提供服务。二是积极为地区量贩店开展物流服务，菱食公司对量贩店开展更为特色化、地方化的物流服务，甚至还为地域量贩店建立专用物流中心，以取得在特定市场的经营优势，全面开展综合物流服务。

3. 合作专业化物流战略

日本菱食公司物流发展战略措施包括以下几项：

（1）强化物流作业效率。通过合理设计各种作业流程，帮助零售店铺提高商品作业效率。

（2）简化物流作业环节。菱食公司严格控制服务质量，把配送损失降到最低程度，取得供应商的信任，并在长期合作的基础上，实行免检进货，节省了人力和时间。

（3）完善物流中心运作体系。菱食公司专门针对特定零售商建立专用物流中心，提供个性化服务。

（4）建立高效信息管理系统。菱食公司的 TOMAS 系统将公司信息中心与相关企业等连接一起，实行效率化的信息管理和共享，并利用 EDI 与零售企业连接，积极发挥对零售业的定时定量配送、防止配送差错、订货管理及新鲜度管理等作用。菱食公司还与生产商通过 VAN 进行连接，实现效率化的商品订货管理。

思考

（1）菱食公司的物流战略与公司战略的关系是怎样的？

（2）菱食公司的物流战略包括哪些内容？它采用哪些措施保证物流战略目标的实现？

（3）菱食公司物流战略的管理过程是怎样的？

11.1 企业物流战略

对于一家公司来说，要想取得物流管理业务的成功，首先要明确企业的物流战略。战略是站在目标和远景的高度来指导某项行动的。管理人员必须敢于梦想尚未发生的事物，正如一个建筑师在面对布满灰尘的平地时能够想象一座高楼，面对滚滚洪流能够梦想出一座飞天大桥一样，他们应该既是梦想家，又是绘图师，能够把艺术和结构工程完美地结合起来。

11.1.1 企业物流战略概述

1. 企业物流战略的概念

企业物流战略是贯穿于一个物流系统，在一定的历史时期内决策或活动中的指导思想，以及在这种思想指导下做出的关系到全局发展的重大谋划。

企业物流战略的构成如图 11.1 所示。

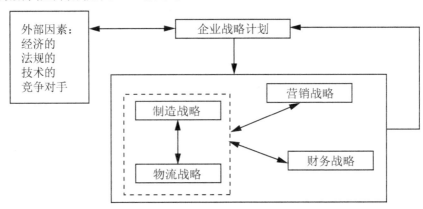

图 11.1　企业物流战略构成

> **案例阅读**
>
> 某办公设备公司为节约设备维修服务的宝贵时间迈出了大胆的一步。按照以往的做法，服务中心派技术人员到客户的维修地点。这样，受过高级培训且薪水很高的技术人员要在往返途中花费大量时间。该企业重新设计了物流系统，在全国各地设置供租借和替换的机器存货。如果机器出现故障，企业就会将替换用的机器送往客户所在地，有故障的机器则被送往服务中心进行维修。新的系统不仅节约了维修成本，而且提高了客户服务水平。

2. 企业物流战略的目标

（1）降低成本。是指战略实施的目标是将与运输和存储相关的可变成本降到最低。通常要评价各备选的行动方案，例如，在不同的仓库位置或者在不同的运输方式中进行选择，以形成最佳战略。服务水平一般保持不变，与此同时，需要找出成本最低的方案。利润最大化是该战略的首要目标。

（2）减少资本。是指战略实施的目标是使物流系统的投资最小化。该战略的根本出发点是投资回报最大化，例如，为避免进行存储而直接将产品送达客户，放弃自有仓库选择公共仓库，选择适时供给的办法而不采用储备库存的办法，或者是利用第三方供应商提供物流服务。与需要高额投资的战略相比，这些战略可能导致可变成本增加，尽管如此，投资回报率可能会得以提高。

（3）改进服务。战略一般认为企业收入取决于所提供的物流服务水平。尽管提高物流服务水平将大幅度提高成本，但收入的增长可能会超过成本的上涨。要使战略有效，应制定与竞争对手截然不同的服务战略。

案例阅读

P公司是生产封铅和"O"形圈的企业，该企业凭借优秀的物流服务赢得了市场。某客户的采购人员曾经向公司的销售人员展示了同一产品的两张发票，一张来自P公司，一张来自其竞争对手。其中竞争对手的价格比P公司低8%。但是，如果P公司为客户保有服务中心（某存储点，包括额外的增值服务），那么P公司就可以高价赢得100万美元的生意。P公司满足了客户的要求，建立了服务中心，赢得了合同。客户非常满意，P公司也赚了很多，因为服务中心的运营成本只有销售额的3.5%。

3. 企业物流战略的内容

物流战略也包括很多方面，如物流战略目标、物流战略优势、物流战略态势及物流战略措施和物流战略步骤等。其中，物流战略目标、物流战略优势和物流战略态势是物流战略设计的要点。

（1）物流战略目标。是指由整个物流系统的使命所引导的，可在一定时期内实现的量化的目标。它为整个物流系统设置了一个可见和可以达到的目标，为物流基本要点的设计和选择指明了努力方向，是物流战略规划中的各项策略制定的基本依据。

（2）物流战略优势。是指某个物流系统能够在战略上形成的有利形势和地位，是其相对于其他物流系统的优势所在。物流系统战略可在很多方面形成优势，如产业优势、资源优势、地理优势、技术优势、组织优势和管理优势。随着顾客对物流系统的要求越来越高，很多企业都在争相运用先进的技术来保证其服务水平，其中能更完美地满足顾客需求的企业将会成为优势企业。例如宝供物流就是在国内率先利用GPS定位系统的，有了GPS，顾客可以实时跟踪订单的履行情况，因此其在物流行业中就有了技术优势，逐渐又形成了其管理优势等。对于道路运输企业来说，研究物流战略优势，关键是要在物流系统成功的关键因素上形成差异优势或相对优势，这是取得物流战略优势经济有效的方式，可以取得事半功倍的效果，当然也要注意发掘潜在优势，关注未来优势的建立。

（3）物流战略态势。是指物流系统的服务能力、营销能力、市场规模在当前市场上的有效方位及在战略逻辑过程中的不断演变过程和推进趋势。研究企业的物流战略态势，就应该对整个物流行业和竞争对手的策略有敏锐的观察力和洞察力，从而做到知己知彼，以期在行业中获得半壁江山。

4. 物流战略管理

对于一个企业的物流设计者来说，重要的不是了解战略的内容，而是如何进行战略管理，如何将企业的物流引向光明的未来。物流经营者在构建物流系统过程中，通过物流战略设计、战略实施、战略评价与控制等环节，调节物流资源、组织结构等，并且最终实现物流系统宗旨和战略目标等一系列动态过程的总和。

在企业的战略设计、战略实施、战略评价与控制中，物流战略形成是物流战略管理的首要环节，它是在对物流所处环境和自身的竞争优势进行了彻头彻尾的分析之后所形成的一套区别于其他企业的措施，它指导并决定了整个物流战略系统的运行，战略评价与控制工作渗透在战略管理的各个阶段之中，监督物流系统的运行。

11.1.2 物流环境的战略分析

1. 物流环境分析

制订战略计划必须首先立足于其所处的环境。这里的环境既包括宏观环境和行业环境，也包括企业内部环境。

1）物流宏观环境

物流宏观环境指的是以国家宏观社会经济要素为基础，结合物流企业的行业特点而确定的指标，所针对的是行业而不是单个物流企业，如目标市场的经济发展状况、政治稳定情况、社会结构状况、文化和亚文化、法律完善情况以及政策稳定性等。众所周知，一个地区的经济发展状况决定了其社会和个人的购买力，经济发达地区和经济落后地区的居民消费情况有很大的差别。经营环境的变化如果能带来社会购买力的提高，便可为物流行业提供很好的发展机会。这是一个方面。另外，分析经济的周期对于研究物流的行业发展状况也是十分必要的，是处于经济高涨期、经济衰退期还是经济复苏期，对于制定物流的长期发展战略具有很大的制约作用。制定长期物流战略时，除了要考虑经济因素的影响外，政治因素也绝对不可忽视，因为政治稳定性是社会稳定的基础，对于物流企业来说，目标市场的政治稳定性是长期发展的可靠保证。

2）物流中观环境

物流中观环境指行业的成长性。行业的成长性会影响到企业的投资方式，企业采取大规模投资还是小规模多次投资的经营决策，必须考虑行业是否处于快速成长阶段。如果行业的成长处于突飞猛进的阶段，属于朝阳企业，有很快的发展势头，则企业可进行大规模的投资，先于竞争者而取得规模优势和行业优势，从而发展成为行业的翘楚，既可以获得领导者的优势，又可以控制和限制其他企业的进入和发展。另外，研究整个行业的发展，不得不研究竞争者的实力与战略，它也是物流企业在制定发展战略时必须设计的内容。所谓"知己知彼，百战百胜"，有很多经营决策都是在分析对手的战略后做出反应的。

企业在竞争中所采取的策略，在很大程度上与自己所处的实力地位有关。如果是行业的领导者，往往凭借其规模优势采取主动的行为去影响其他成员，影响服务价格水平等；作为一个弱势企业，则会寻找发展机会，避免与优势企业硬碰硬，从优势企业在市场上所建立的坚固壁垒中找寻松动的角落，从而形成自身的经营特色和竞争优势，打造属于自己的一片天下。

3）物流微观环境

物流微观环境指企业的内部环境，即企业内部各职能部门和生产要素结构状况。对物流企业职能部门的分析涉及各职能部门的现状及发展，以及各职能部门之间的联系和沟通，目的是找出制约企业发展的"瓶颈"。对生产要素的分析应从纵向出发，打破职能的界限，站在整体发展的高度研究各生产要素对物流企业的影响，以更适合于企业总体战略的分析。

2. 物流战略层次分析

物流战略根据所考虑时期长短不同可分为3个层面：战略层面、策略层面和执行层面。

战略计划层面考虑长期的计划制订,时期在1年以上;策略计划层面考虑1年以内的实施计划;而执行计划层面是考虑短期的活动,经常需要做出每天甚至每小时的决策。三者的区别可见表 11-1,不同层面的计划需要处理不同的数据和信息。

表 11-1 不同计划层面的决策

决 策 变 量	战 略 层 面	策 略 层 面	执 行 层 向
选址	设施数目、地点及规模	库存分布决策	路线、路线上产品的分配
运输	运输方式	季节性的服务	数量及时间安排
订货流程	设计订单流程系统	客户的优惠待遇	执行订单流程
客户服务	设计客户服务水平		
仓库	布局、地点选择	季节性的空间变换	订单履行
采购	政策制定	合同管理、供应商选择	订单送出

1)战略层面

战略计划是长期性的,所需数据无须太精确和完整,而经常是长期的平均数字,计划的制订也不追求绝对完美。处在另一个极端上的是执行层面的计划,需要处理大量精确的信息和数据。例如,战略层面的计划对于库存的要求是整个库存水平不超过某一财务预算,而执行层面的计划需要对每种产品提出相应的管理方法。

2)策略层面

策略层面是中期实施计划。

3)执行计划层面

执行计划层面是考虑短期的活动。

由于策略层和执行层的计划涉及很多具体问题,所以这里主要介绍一下战略层面上的计划——如何设计整个物流系统。

3. 物流系统分析

物流系统计划主要包括 4 个方面,即顾客服务水平、物流设施分布、库存战略和运输战略,如图 11.2 所示。

1)顾客服务水平

物流系统的顾客服务水平是较其他因素更要引起严重关注的方面。若将服务水平定在较低的水平,企业则可使用较便宜的运输方式和在较少的地方设置库存;若较高的服务水平,则要求运输和库存都有足够的保障。不可忽视的是,当服务已上升至接近最好时,要想继续提高它往往要付出更大的代价。因此,在设计时应权衡利益,设计合适的服务水平面。

2)物流设施分布

物流设施分布包括产品从工厂、分销商或中间库存到顾客整个商品供应的活动和相应的费用。存货和分销地点的地理分布构成了物流系统的

图 11.2 物流系统计划

骨架，选择何种分销方式直接影响到物流的费用。因此，物流设施分布要解决的问题就是找到费用最小或获利最大的商品分销方式。

3）库存战略

库存指的是货物的库存采取何种管理方式。其中，将总的存货分配到不同的分销地点还是通过持续供货的方法是两种不同的存货方式。采取不同的库存管理方法决定了物流设施的分布决策。

4）运输战略

运输所涉及的问题包括运输方式的选择、运输批量、运输路线和日程安排。这些决策受物流设施分布的影响，同时，在做物流分布决策时也应考虑到运输的问题。库存水平的大小也与运输批量有关。

顾客服务水平、物流设施分布、库存和运输之所以是物流计划的主要方面，是因为它们直接影响到企业的利润率、现金流和投资回报率。由于计划的各个方面是互相影响的，所以在做决策时应充分考虑整体的利益。

何时执行计划是在执行物流计划时首先要考虑的问题。当企业没有自己的物流系统时，则执行物流计划的必要性很明显。但当企业的物流系统已经存在，应该在何时改善其现有的物流系统是物流计划的重要问题。这可以从 5 个方面来考虑，即市场需求、顾客服务水平、产品特性、物流成本和定价方法。

市场的需求及其地理分布直接影响到物流网络系统的构建，一个国家和地区的需求的大幅度变化往往是物流系统需要重建的指示灯。随着需求的变化，对现有物流设施规模的扩大和缩小是必需的，同时在那些没有建设物流系统的地区，由于需求的增长也应该建立相应的物流系统。一般来说，一年中需求持续增长几个百分点便可以考虑重建物流系统。顾客服务水平的变化的原因有竞争对手的战略发生变化，或市场发生变化。

11.1.3 企业物流发展的主要战略

企业物流发展的主要战略见表 11-2。

表 11-2 企业物流发展的主要战略

战　略	含　义	内　容
合理化战略	根据物流活动的客观规律和特征，组织各物流部门和物流环节采取共同措施，以最低的物流成本达到最佳的物流效应和最高的服务水平，从而充分发挥物流功能	表现为功能的合理化和作业标准化、企业物流的合理化就是要降低成本、提高效率；其一是建立规范的物流市场竞争机制；其二是实现物流各环节作业的标准化
信息化战略	为满足消费者快速变化和日趋个性化、多样化的需求，实现小批量、多品种、快速反应的生产或服务，必须具有掌握和利用信息的能力	在信息化战略的指导下，建立集成化的管理信息系统，以压缩流程时间，提高需求预测程度，并协调企业间关系，促进物流信息共享，推动企业物流的快速发展
品牌战略	实施"品牌战略"成为在市场竞争条件下谋求发展的必然选择	物流发展要从未来发展方向、服务对象、服务模式等方面考虑，建立社会化、专业化、现代化的物流系统，形成全方位和供应链的物流服务模式，形成品牌优势，开发品牌资源

续表

战　略	含　义	内　容
网络化战略	实质是在信息共享的基础上建立企业内外物流和信息流的统一网络。网络化战略主要包括：物流配送系统的计算机网络化和组织的网络化	关键是加强供应链管理和集成化物流管理的外部集成管理，建立企业与外部供应商、客户之间的战略合作伙伴关系，降低安全库存和物流成本，减少风险优化配置总体资源，提高整个集成化系统的运行效率，以获取更大的整体竞争优势
国际化战略	物流发展需要着眼于全球，以国际化的视角进行思考，确立国际化战略	首先是供应链的全球化，这是供应链外延的扩展，即把全球有业务联系的供应商、生产商、销售商看成是同一条供应链上的成员，要求企业间相互协作更加密切，在满足不同地区消费者的多样化需求上不断提升供应链综合物流管理协调能力；其次是组织全球物流，要求物流的战略构造与总体控制必须集中，以获得全球的最优成本，客户服务的控制与管理必须本地化，以适应特定市场的需求

11.1.4　实现企业物流发展战略的基本途径

1. 从管理角度发展物流

现代物流是一项科学的系统管理方法，所以企业在发展物流的时候，必须要从管理角度去发展物流。随着科学技术的日新月异，越来越多的新思想、新方法运用于企业经营的战略规划和管理作业，增强了企业应变市场的能力。在所有改进企业经营管理的措施当中，现代物流技术合理高效地参与，正愈加成为企业赢得市场优势的重要手段。在人们发现从降低生产成本和更新产品上无法再取得像从前那样的竞争优势时，物流变成了可以挖掘的新的利润源泉。它不仅可以降低生产和销售成本、提高服务水平，而且还有助于整个社会资源的合理配置与优化。

2. 企业物流战略规划原则

企业物流战略的研究制定、物流管理活动的组织开展、物流职能与其他职能的相互协调，必须有战略思想进行指导。我国企业物流发展规划首先必须坚持以下几个重要原则：

（1）依托总体，协调发展。
（2）长期规划，分段实施。
（3）面向未来，适度超前。
（4）管理创新，服务制胜。
（5）一元规划，多元推进。

3. 确立物流在企业中的战略地位

企业内部物流系统和外部物流系统成为一个企业重塑竞争力的重要手段和方式。在激烈竞争的市场经济中，物流已经在企业战略中占有一席之地。《哈佛商业评论》的一篇文章"基于能力的竞争"中，作者分析了零售业巨人沃尔玛公司取得巨大成功的原因。在说明沃尔玛致力于通过天天低价和商品即得性来建立顾客忠诚时，作者断言沃尔玛之所以实现为顾客始终如一的优质服务的目标,关键是让企业补充存货的方法成为其竞争战略的核心部分。这种战略眼光在很大程度上以所谓的"过载"(Cross-docking)这一无形的物流技术得以充分体现。

一项普通的物流策略竟然变成了世界零售巨头整个竞争战略的核心部分。沃尔玛的巨大成功就在于认识到有效的企业战略必然需要细节与整体之间的有力平衡,而物流贯穿所有关键的企业职能,自然要在维持该平衡中发挥战略作用。若过载这种专业技术对沃尔玛的成功至关重要的话,那是企业的高层管理者看到物流与企业战略有较大关联。当那些成百上千的个别部分被整合为一个完整的、管理良好的整体时,当那些活动被创造性地、及时准确而有条不紊地执行时,物流能够在企业的核心能力和竞争力中起到战略作用。

4. 企业物流战略规划与设计

贯穿于生产和流通全过程的物流,在降低企业经营成本,创造第三利润源的同时,也在全球的市场竞争环境下,发挥着举足轻重的作用,物流成为企业经营主角的时代已经到来。很多企业虽然认识到发展物流的潜力,但往往感到无从着手。因此,要获得高水平的物流绩效,创造顾客的买方价值和企业的战略价值,必须了解一个企业的物流系统的各构成部分如何协调运转与整合,并进行相应的物流战略规划与设计。

11.2 企业物流规划

11.2.1 企业物流规划的特征与基本原则

1. 企业物流规划的特征

企业物流规划就是企业根据自己的发展战略,对未来一段时期企业物流活动所做出的指导方案。

1)目的性

规划是对未来的企业物流活动有意识的安排,因此,规划应以实现企业物流战略目标作为其目的。

2)前瞻性

把握企业当前与长远的关系是规划的关键。由于规划者在分析企业发展时使用的方法不同,存在探索性前景和预期性前景两种思路。一般来说,对于现状比清晰、规划时段不长(3~5年)、影响因素较为确定的近期物流规划,按以前的资料结合企业的近期状况,按发展趋势外推规划前景,也可以达到规划的目的。而中期规划则面向未来,面临着许多错综复杂而又不确定的因素,因而适合预期性前景。

3)动态性

规划虽然已经对发展前景做出了估计和安排,但社会不断发展,科学技术也在不断创新,影响物流发展的因素也在变化。在规划期内会不断出现新情况、新问题,提出新要求,因此,企业物流规划尤其是中、长期规划,不可能是一成不变的,应根据实践的发展和外界因素的变化,适时进行调整和补充。由此可见,企业物流规划是一个不断适应物流发展的动态规划。

4)综合性

物流规划的综合性反映在物流影响因素的复杂性和物流要素、物流资源的多样性等方面。

物流的影响因素包括社会、经济、技术、运输和地理环境等因素。这些因素相互独立又互相交织。因此，编制企业物流规划时要综合考虑这些因素的影响。

2. 企业物流规划的基本原则

1）客户服务驱动原则

在当今消费者占主导的客户经济时代，企业的一切经济活动必须时刻以客户为中心。客户服务驱动原则要求企业在进行内部供应链物流规划设计时应以客户为中心，站在客户的立场看问题，要考虑给客户提供时间、地点和交易上的方便，尽可能增大产品或服务的额外附加价值，从而提高客户的满意度和忠诚度。因此，企业物流规划应该首先识别客户的服务需求，然后定义客户服务目标，再进行物流系统设计。

2）系统总成本最优原则

企业物流管理在操作层面上出现的许多问题，都是由于没有把某项具体决策的所有影响都考虑进去，在某个领域内所做的决策常常会在其他的领域产生出乎意料的后果。例如，关于产品运输政策的调整，可能会影响产品库存持有成本；产品外包装设计的改变会对运输成本和产品的运输、仓储质量维护等产生直接的影响。同样，以提高生产效率为目的的生产进度的改变会导致产成品库存的波动，从而影响到客户服务。由于各种物流活动成本的变化模式常常表现出相互冲突的特征，所以在进行企业供应链物流规划时，应追求系统总成本最优，而不能是单项成本最优；不能只考虑到某个部门、某项物流活动的效益，而应该追求供应链系统整体的总效益。

3）多样化原则

不要对所有产品、不同类型客户的服务情况提供同样水平的客户服务，这是物流和供应链管理规划的另一项基本原则。它要求企业针对自身产品的不同产品特征、不同销售水平等因素制定不同的客户服务水平标准，即在同一产品系列中采用多种细分战略。例如，根据销量的高低将产品分为高、中、低三组，分别确定不同的库存水平，区分那些经仓库运送的产品和从工厂、供应商或其他货源直接运送到客户手中的产品，根据运输费率的结构，按运量批量进行服务分类，即订购大量产品的客户可以直接供货，其他的则由仓库供货；对于那些由仓库供货的产品，按存储地点进行进一步分组；销售快的产品放在位于物流渠道最前沿的基层仓库中，销量中等的产品存放在数量较少的地区性仓库中，销量慢的产品则放在工厂等中心存储点等，从而使每个存储点都包含不同的产品组合。

4）延迟原则

延迟原则是指分拨过程中运输的时间和最终产品的加工时间应推迟到收到客户订单之后。这一思想避免了企业根据预测在需求没有实际产生的时候运输产品，以及根据最终产品形式的预测生产不同形式的产品。推迟也是当今企业大规模定制生产的主要原则之一，它极大地提高了企业资源的使用柔性，降低了企业生产风险和供应链管理成本，从而全面提高企业效益。

5）大规模定制原则

大规模定制原则强调物流、供应链作业活动中的规模经济效益。主张将小批量运输合并为大批量运输；将先到的客户订单与稍后到的客户订单合在一起进行集中处理，如沿线配送等，这样可以降低单位货物的运输、配送成本。这是为了平衡由于运送时间延长而可能造成的客户服务水平下降与订单合并的成本节约之间的利害关系。

6）标准化原则

物流供应链渠道中的多样化服务也有代价。产品品种的增加会提高库存，特别是原材料库存。据统计，即使总需求不变，在原有产品系列中增加一个与现有某品种类似的新品种也会使综合产品的总库存水平增加 40%，甚至更多。如何为市场提供多样化的产品以满足客户需求而又不使物流成本显著增加呢？标准化和延迟概念的综合运用常常可以有效解决这一问题。生产中的标准化可以通过可替换的零备件、模块化的产品设计和生产及给同样产品贴加不同品牌的标签等来实现，这样可以有效控制供应渠道中必须处理的零备件、供给品和原材料的种类。通过延迟也可以控制分拨渠道中产品多样化的弊端。例如，在彩电产品的新品设计中，如果尽量做到零备件标准化，则可大大降低材料的采购成本和库存成本。

11.2.2 企业物流规划的内容

1）设定客户服务水平和服务成本分析

确定客户服务目标（即客户服务水平）是企业供应链物流系统规划的首要任务，企业提供的客户服务水平比任何其他因素对系统设计的影响都大。客户服务水平较低，可以在较少的存储地点集中存货，利用较廉价的运输方式，订单服务提前期比较长；客户服务水平高则恰恰相反。但当客户服务水平接近上限时，企业供应链物流系统成本的上升比服务水平上升更快。

2）物流服务网络设计

【拓展视频】

物流服务网络指存储点及供货点的地理分布，它构成了供应链物流规划的基本框架，主要包括确定设施的数量、地理位置、规模，并分配各设施所服务市场（服务对象）范围，这样就确定了产品到市场（服务对象）之间的线路。好的设施选址应考虑所有的产品移动策略及其相关成本。寻求总成本最低的需求分配方案或利润最高的需求分配方案是物流服务网络设计的核心所在。

3）物流管理组织结构和管理模式、管理流程的设计

这主要包括负责企业物流服务组织体系的构建、业务职能和业务流程的分工、设计。有关企业物流组织和业务流程的规划应从企业供应链、价值链管理的全局角度出发进行系统、综合的考虑，关键是保障企业物流作业的顺畅、高效率，并保障企业总体物流成本最低，而非局部部门成本或单项物流活动成本最低。管理模式的规划是有关企业物流是自营还是外包的抉择。

4）库存战略和运输战略设计

库存战略和运输战略设计一般由企业的客户服务目标和客户服务水平决定。库存战略是指库存管理方式。将库存分配（推动）到存储点与通过补货自动拉动库存，代表两种不同的战略。其他方面的决策内容还包括产品系列中的不同品种分别选在工厂、地区性仓库和基层仓库存放以及运用各种方法来管理永久性存货的库存水平。运输战略包括运输方式、运输批量和运输时间以及路线的选择。这些决策受仓库与客户及仓库与工厂之间距离的影响，反过来又会影响仓库选址决策。库存水平也会通过影响运输批量进而影响运输决策。

5）物流信息系统的规划设计

随着业务规模的日益增大，企业必须将物流信息化纳入企业战略规划范畴。从某种程度上来说，当前所谓的 MRP II 系统、ERP 系统、SCM 系统的规划等最初都是围绕企业的物流

活动做文章,目的是使企业物流、商流、资金流和信息流能协调统一,提高各流的流动效率和质量。

11.3 企业物流系统规划设计

11.3.1 企业物流系统规划设计的目的

企业物流系统规划设计的核心就是用系统的思想和方法对物流的各个功能进行优化整合,从而保障物流系统的良性、健康、有序发展。物流系统规划设计的目的可以概括为"三大一小"4个方面,即最大服务、最大利润、最大竞争优势、最小资产配置。每个目标战略通常要求独特的物流系统设计。

1. 最大服务

物流系统规划设计提供具有更高运行效率的配送服务,以确保用户需求。该战略虽然服务较好,但对降低成本不利,多是用于某些特殊的商品,如价格极高,而体积和面积均很小的商品,或是为某些产品开拓市场空间时加以采用。最大服务战略很难实施,原因是提供最大服务的系统试图每 2~4h 持续地发送商品,这样的系统将设计重点从成本转移到可用性和发送绩效。对于最大服务,每个节点服务的面积取决于所要求发送的能力,它受运输线路布局的影响。服务于同一个客户的最小成本和最大服务系统之间的总成本变化是相当大的。

2. 最大利润

以追求物流系统利润的最大化为努力目标,在物流系统规划设计中达到利润最大化。理论上,每个仓库的服务领域是由向距节点不同距离的客户提供的最小利润决定的。如果得到改进的服务,客户有可能购买更多的由公司提供的产品类别。同样,附加的服务将被引入到边际收益等于边际成本上,在这一理论的平衡点上,没有附加的服务被认为是合理的,需要的服务最好是由利用直接或双重分销的补发系统提供的。

3. 最大竞争优势

物流系统规划设计的最优良的战略也许是寻求最大的竞争优势,要把主要的注意力集中在如何保证最有利的用户,使之得到最好的服务。同时,必须考虑物流服务成本的合理性,协调物流节点能力与市场营销要求之间的关系,降低成本,以获取最大的竞争优势。

4. 最小资产配置

物流系统规划设计是期望投入物流系统的资产最小化。如果该系统能力基本稳定,系统在为广大用户提供客户满意服务的前提下,力图使物流系统总成本最小,达到以最小投入获得最大产出。

11.3.2 企业物流系统规划设计的原则

物流系统规划设计必须以物流系统整体的目标作为中心。物流系统整体的目标是使人力、物力、财力和人流、物流、信息流得到最合理、最经济、最有效的配置和安排,即要确保物流系统的各方面参与主体功能,并以最小的投入获取最大的效益。

1. 系统性原则

系统性是指在物流系统规划设计时，必须综合考虑、系统分析所有对规划有影响的因素，以获得优化方案。首先，从宏观上来看，物流系统在整个社会经济系统中不是独立存在的，它是社会经济系统的一个子系统。物流系统与其他社会经济子系统不但存在相互融合、相互促进的关系，而且它们之间也存在相互制约、相互矛盾的关系。因此，在对物流系统进行规划设计时，必须把各种影响因素考虑进来，达成整个社会经济系统的整体最优。其次，物流系统本身又由若干的子系统（如运输系统、存储系统、信息系统等）构成。这些物流子系统之间既相互促进，也相互制约，即存在大量的"悖反"现象，这要求人们在进行物流系统规划设计时，对物流系统内部也要系统考虑。因此，在进行物流系统规划设计时，必须坚持发挥优势、整合资源、全盘考虑、系统最优的系统性原则。

2. 可行性原则

可行性原则指的是在物流系统规划设计过程中必须使各规划要素满足既定的资源约束条件。也就是说，物流系统规划设计必须要考虑现有的可支配资源情况，必须符合自身的实际情况，无论从技术上，还是从经济上都可以实现。为了保证可行性原则，在进行物流系统规划设计时，要与总体的物流发展水平、社会经济的总体水平及经济规模相适应，既要体现前瞻性和发展性，又不能超越企业本身的整体承受能力，以保证物流系统规划设计的实现。

3. 经济性原则

经济性原则是指在物流系统的功能和服务水平一定的前提下，追求成本最低，并以此实现系统自身利益的最大化。显然，经济性也是物流系统规划追求的一个重要目标。经济性原则具体体现在以下几个方面：

（1）物流系统的连续性。良好的系统规划设计和节点布局应该能保证各物流要素在整个物流系统运作过程中流动的顺畅性，消除无谓的停滞，以此来保证整个过程的连续性，避免无谓的浪费。

（2）柔性化。在进行系统规划设计时，要充分考虑各种因素的变化对系统带来的影响，便于以后的扩充和调整。

（3）协同性。在进行物流系统规划设计时，要考虑物流系统的兼容性问题，或者说是该物流系统对不同物流要素的适应性。当各种不同的物流要素都能够在一个物流系统中运行时，该物流系统的协同性好，能够发挥协同效应，降低整体物流成本。

（4）资源的高利用率。物流系统的主体投资在于基础节点与设备，属于固定资产范畴，也就是说，不管资源的利用率如何，固定成本是不变的。因此，提高资源的利用率就可以降低物流成本。

4. 社会效益原则

社会效益原则是指物流系统规划设计应该考虑环境污染、可持续发展、社会资源节约等因素。一个好的物流系统不仅在经济上是优秀的，在社会效益方面也应该是杰出的。物流的社会效益原则也越来越受到政府和企业的重视，我国目前正倡导循环经济，绿色物流是其中的重要组成部分。另外，政府在法律、法规上将会对物流系统的社会效益问题做出引导和规定。例如，要求生产某些电子产品的厂家回收废旧产品，这是一个逆向物流的问题。

11.3.3 企业物流系统规划设计的影响因素

物流系统的规划设计是为了更好地配置系统中的各种物流要素，形成一定的物流生产能力，使之能以最低的总成本完成既定的目标。因此，在进行物流系统规划设计时，有必要考察分析影响物流系统绩效的内在和外在因素，做出合理的物流规划设计方案。

1．物流服务需求

物流服务项目是在物流系统规划设计的基础上进行的。物流服务需求包括服务水平、服务地点、服务时间、产品特征等多项因素，这些因素是物流系统规划设计的基础。由于物流市场和竞争对手都在不断地发生变化，为了适应变化的环境，必须不断地改进物流服务条件，以寻求最有利的物流系统来支持市场发展前景良好的物流服务项目。例如，航空等线路的规划，不同线路的合理布局，综合物流节点——物流基地的规划，以及相应的综合信息网络的规划。

2．区域级物流系统规划

区域级物流系统规划着重于地区物流基地、物流中心、配送中心3个层次的物流节点及综合物流园区的规模和布局的规划。物流基地、物流中心、配送中心3个层次的物流节点是区域物流的不同规模、不同功能的物流节点，也是区域物流系统规划较大规模的投资项目。这3个层次物流节点的规划是区域物流系统运行合理化的重要基础。

3．行业物流系统规划

在物流基础平台之上，将有大量的企业和经济事业单位进行运作，如供应、分销、配送、供应链、连锁经营等。要使这些运作达到合理化和协调发展，需要有规划地指导，如重要企业、重要产品的供应链规划、以现代物流及配送支持的分销及连锁规划等。

4．企业物流系统规划

企业物流系统规划是最微观层面的物流体系规划，企业物流系统规划以上述物流规划为基础。上述物流规划最终是为企业物流系统规划服务的。企业物流系统规划包括生产企业、销售企业、服务企业等的物流规划。不同类型企业物流规划的要求也不同。因此，企业物流系统规划更要关注差异性和细节。当前，企业物流系统规划的理念也在不断发展，从"营销支持"和"流程再造"角度进行物流系统的建设规划，会有效地提高企业的素质，增强企业的运营能力。

11.3.4 企业物流系统的设计

不管哪一级别的物流规划，都有战略层、战术层和运作层的规划。物流系统设计是对物流系统规划的细化和具体实施，主要涉及企业层面物流活动的优化和整合，以及物流系统各个环节的具体运行。

1．发展战略

明确企业的发展方向以及物流系统的发展目标和策略，是设计所要开展的首要工作。在坚持规划的基础上，明确体现规划范围内物流系统的发展建设、经营运作、组织管理和政策环境建设等方面的内容，并且应该根据物流系统发展要求及其实际能力来确定物流系统发展的具体目标及实现步骤，对物流系统建设所需的内外部条件提出系统整合的原则和思路。

2．系统网络

物流网络是组织物流活动的基础条件，其设计在物流系统中占有极为重要的战略地位。具体来讲，物流网络设计需要根据物流运作实际要求，明确所构建的物流系统网络体系的功能定位，确定产品从原材料起点到市场需求终点的整个流通渠道的结构。其主要内容包括物流节点的类型、数量与位置的确定、物流体系网络功能。

11.4 企业物流规划设计程序

11.4.1 物流系统规划设计的流程

满足一定服务目标的企业物流系统往往由若干子系统组成。物流系统设计包含众多可能的选择，从物流网络构筑到仓库内部布局等，需要对每一个子系统或环节进行规划设计。每一个子系统的设计需要与其他子系统和整个物流系统相互协调、相互平衡。因此，需要形成一个总框架，在总框架的基础上采用系统分析的方法，对整个系统的各个部分进行规划设计。物流系统规划设计流程大致可分为4个阶段，如图11.3所示。

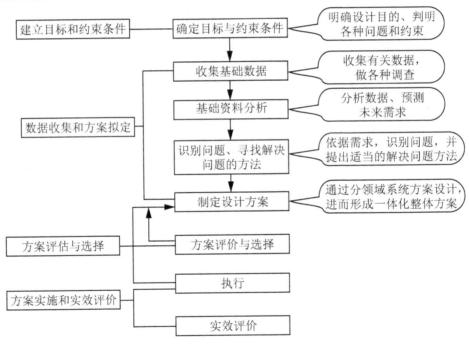

图 11.3 物流系统规划设计的流程图

11.4.2 物流系统规划设计的步骤

1．建立目标和约束条件

在整个物流系统规划设计的过程中，首先，最重要的是确定物流系统规划设计的目标。目标定位直接决定着物流系统的组成部分。例如，对于企业物流系统规划设计来说，资金成本的降低旨在使物流系统中总投资最小，相对的物流系统规划设计方案往往是减少物流节点的数量，直接将货物送达客户或选择公共仓库而不是企业自建仓库；运营成本最低的目标往往需要利用物流节点实现整合运输；客户服务水平最高，往往需要配置较多的物流节点，较好的物流信息系统等。其次，解决系统内部目标不一致问题的依据是考虑以下几个因素，即资源可得性、物流系统规模、物流系统各组成部分的相对重要性、系统费用、系统整合程度。最好的方法是考虑整个系统。然而在某些条件下，系统输入条件的改变和系统的每个部分联系不大、时间有限及物流系统太大等不能作为整个系统来解决，那么一个比较实际的方法是分步考虑问题，设计独立部分，最后再把它们结合起来。

由于物流系统的庞大而繁杂，各子系统之间的影响和制约也很明显，而且系统受外部条件的限制也很多，所以在物流系统规划设计时就需要判明各种问题和约束，特别是那些暂时无法改变的系统制约因素。

2．数据收集和方案拟订

在物流系统规划设计中，要进行大量的相关基础资料的调查和收集工作，作为系统设计的参考依据。一个物流系统规划设计方案的有效性依赖于调查获得的基础资料的准确程度和全面程度。调查的内容根据规划设计目标、调查对象来确定。一般物流系统规划设计需要调查的基础资料包括以下几个方面：

（1）物流服务需求。物流服务需求包括：服务水平，如缺货率、送货时间、服务费用等；客户分布，如现有的和潜在的客户分布等；产品特征，如产品尺寸、重量和特殊的搬运需求；需求特征，如客户的订单特征、客户订货的季节性变化、客户服务的重要性等；需求规模，如流量等；需求服务内容，如需要提供的服务；其他。

（2）物流资源状况。调查分析的项目包括：物流节点设备状况，如物流节点的分布、规模、功能及交通网络、运输设备、仓储设备、信息系统等；物流系统的基本运营状况，如组织管理体系、服务模式、营业状况、服务种类、作业方式、单据流程、作业流程等。

（3）社会经济发展。主要调查、分析物流服务区域的社会经济发展状况，具体包括经济规模、发展前景、产业构成、空间布局等。

（4）竞争状况。调查竞争对手的物流资源配置、网络布局、服务方式、营业状况等，调查方法主要有访谈调查、问卷调查、查找相关统计资料、现场调查、计算机检索等。在完成数据收集之后，提出异常数据，确定数据样本容量，对数据分类归并、计算整理分析，结合系统目标制定物流系统初步方案。

3．方案评估与选择

对物流系统进行方案评估的目的就是针对备选方案的经济、技术、操作等层面的可行性做出比较与评价，从而帮助决策者选择最优或最满意的方案。

（1）程序评估法。程序评估法着重于设计过程的评价，目的在于确保能够得到正确且合乎基本条件的设计结果。程序评估法通过对物流系统设计的各个环节进行评估，以判别整个设计过程是否合理。评估过程需要根据不同的物流系统设计项目制订评价表，一般来说，评价的内容主要依据项目设计的过程或程序而定。

程序评估法评价应注意以下 3 个方面：

① 判定物流系统设计的目标定位是否正确。这就需要考察物流系统设计人员是否与相关人员进行了充分沟通，是否在系统目标上达成一致。

② 检验资料收集和分析程序是否合理且有效，确保系统设计的基础依据的可靠性。

③ 探讨设计方案产生过程是否符合系统分析设计原则，是否将第一阶段的目标定位和第二阶段的资料分析结果融入设计方案之中。

（2）因素评估法。因素评估法是针对方案建立一个完整的且具有逻辑架构的能够衡量方案成效的评价指标体系，并依照指标属性，将各指标因素分成不同的群组，进行综合分析，对方案给予总效果评估，以作为决策者选择的依据。因素评估法中评价方案优劣的因素可分为定量因素和定性因素。定量因素评估法中以经济评价法最为常用，主要是分析项目发生的费用与产生的经济效益等方面的经济特性。常选用的定量因素有成本、净现值、内部收益率、投资回收期、投资利润率等。定性因素评估法包括优缺点列举法、因素分析法、点评估法、层次分析法等。

（3）目标设计法。目标设计法是美国在交通规划评价中常用的方法。该方法也可以用于物流系统规划与设计的评价。目标评价法的框架由价值（Value）、目标（Goal）、任务（Objective）、指标（Measure of Effectiveness）、标准（Standard）5个层次组成。其中，价值是服务对象的定位，目标是价值的定性描述，任务是目标的具体分解，指标是任务的定量描述，标准是指标的数值界定。

一般情况下，目标、任务、指标都可以是多个，而每个指标都对应一个标准，或分别表示现状值和目标值的两个标准。在进行方案评估时，可利用评价矩阵进行评价。

4. 方案实施和实效评价

物流系统方案的实施过程是相当复杂的，方案设计的实际可操作性将在这里得到验证。这就要求实施者根据决策者选出的最优设计方案，严格按照方案设计的要求逐步实施。在这个过程中，可能会遇到各种实际问题，有些是设计者并未事先预料到的。因此，在方案实施过程中，实施者首先要充分领会设计者的整体思路和设计理念，在遇到问题时尽可能最大限度地满足设计要求。如果确有无法满足的部分，需要对设计方案做必要调整，但要保证不影响物流系统整体目标的实现。

方案评估是一个在没有实施方案的前提下，凭借专家、实践者的经验预先检验模拟效果并加以评价的，因此，这最后阶段的实效评价就是实际方案实施结果的评价。实效评价方法和方案评估方法基本是一致的，最常用的评价方法是因素评估法和目标评价法。其中，对评估过程中指标打分的过程不再是专家经验的主观判断，而是实际结果的客观评判。实效评价的目的是实际检验方案设计的优劣，它将作为今后物流系统规划设计的参考和借鉴。

思考与练习

一、思考题

1. 企业战略与企业物流战略的关系如何？
2. 简述企业物流发展的主要战略。
3. 谈谈目前我国企业实现物流发展战略的基本途径。
4. 试述企业物流规划的基本内容。
5. 简述企业物流规划设计的原则。
6. 企业物流设计影响因素有哪些？

二、案例讨论

可口可乐公司以前在瑞典的业务是通过许可协议由瑞典最具优势的啤酒公司代理的。该许可协议在1996年到期后终止,可口可乐公司已经在瑞典市场上建立了新的生产与分销渠道。1997年春季,新公司承担了销售责任,并从1998年年初开始全面负责生产任务。

可口可乐瑞典饮料公司(CCBS)正在其不断发展的公司中推广平衡记分卡的概念。若干年来,可口可乐公司的其他子公司已经在做这项工作了,但是,总公司并没有要求所有的子公司都用这种方式来进行报告和管理控制。

CCBS采纳了相关建议,从财务、客户和消费者、内部经营流程以及组织学习与成长4个方面来测量其战略行动。

作为推广平衡记分卡概念的第一步,CCBS的高层管理人员开了3天会议,把公司的综合业务计划作为讨论的基础。在此期间,每一位管理人员都要履行以下步骤:

(1)定义远景。
(2)设定长期目标(大致时间范围为3年)。
(3)描述当前的形势。
(4)描述将要采取的战略计划。
(5)为不同的体系和测量程序定义参数。

由于CCBS刚刚成立,讨论的结果是它需要大量的措施。又由于公司处于发展时期,管理层决定形成一种文化和一种连续的体系,在此范围内所有主要的参数都要进行测量。在不同的水平上,将把关注的焦点放在与战略行动有关的关键测量上。

在构造公司的平衡记分卡时,高层管理人员已经设法强调了保持各方面平衡的重要性。为了达到该目的,CCBS使用的是一种循序渐进的过程。

第一步,阐明与战略计划相关的财务措施,然后以这些措施为基础,设定财务目标,并确定为实现这些目标而应当采取的适当行动。

第二步,在客户和消费者方面也重复该过程,在此阶段,初步的问题是"如果我们打算完成我们的财务目标,我们的客户必须怎样看待我们"。

第三步,CCBS明确了向客户和消费者转移价值所必需的内部过程,然后管理层问自己的问题是:自己是否具备足够的创新精神、自己是否愿意为了让公司以一种合适的方式发展而变革。经过这些过程,CCBS能够确保各个方面达到了平衡,并且所有的参数和行动都会导致向同一个方向的变化。但是,CCBS认为在各方达到完全平衡之前有必要把不同的步骤再重复几次。

CCBS已经把平衡记分卡的概念分解到个人层面上了。很重要的一点就是,只依靠那些个人能够影响到的计量因素来评估个人业绩。这样做的目的是通过测量与他的具体职责相关联的一系列确定目标来考察他的业绩。根据员工在几个指标上的得分而建立奖金制度,公司就控制或者聚焦于各种战略计划上。

在CCBS强调的既不是商业计划,也不是预算安排,更不是把平衡记分卡看成是一成不变的;相反,对所有问题的考虑都是动态的,并且每年都要不断地进行检查和修正。按照CCBS的说法,在推广平衡记分卡概念过程中最大的挑战是既要寻找各层面的不同测量方法之间的适当平衡,又要确保能够获得所有将该概念推广下去所需要的信息系统。此外,要获得成功,重要的一点是每个人都要确保及时提交所有的信息。信息的提交也要考虑在业绩表现里。

讨论

(1)可口可乐瑞典饮料公司在推广平衡记分卡概念的战略中采取了哪些措施?
(2)该案例对人们制定企业战略有哪些启示?

三、实训练习

实训　企业物流战略的分析

实训目的：了解该企业物流战略的相关内容，掌握该企业制定战略的相关过程。

实训内容：调研某企业的物流战略，并对该物流战略定位进行分析，提出改进的方案或建议。

实训要求：

（1）将学生进行分组，每5人一组。

（2）各组成员自行联系，并调查当地的一家物流企业或者有物流战略的生产企业，分析目前该企业所处的产业环境以及采取的相应企业战略。

（3）针对企业发展的相关制约因素，分析该企业物流战略在企业战略中的层次和作用，并分析该物流战略定位的合理之处以及不太合理的地方，并提出本组认为合理的物流战略方案。

（4）针对本组的分析和设计结果，与企业管理人员沟通，听取他们对分析结果的建议，之后改进相应的方案，如此反复直至得到管理人员的认可。

（5）每个小组将上述调研、分析、改进物流战略的内容形成一个完整的分析报告。

【拓展视频】　　　　　【本章小结】

参考文献

[1] 乔志强，程宪春. 现代企业物流管理实用教程[M]. 北京：北京大学出版社，2010.
[2] 张浩. 采购管理与库存控制[M]. 北京：北京大学出版社，2010.
[3] 李承霖. 企业物流管理实务[M]. 北京：北京理工大学出版社，2008.
[4] 何海军. 企业物流管理[M]. 北京：北京理工大学出版社，2009.
[5] 王海鹰，王洋. 企业物流管理[M]. 北京：电子工业出版社，2010.
[6] 甘卫华，尹春建，曹文琴. 现代物流基础[M]. 北京：电子工业出版社，2010.
[7] 黄福华，邓胜前. 现代企业物流管理[M]. 北京：科学出版社，2010.
[8] 李慧兰. 企业物流管理[M]. 上海：立信会计出版社，2009.
[9] 乔志强，任淑霞. 企业物流管理[M]. 北京：科学出版社，2009.
[10] 董千里. 现代企业物流管理[M]. 北京：首都经济贸易大学出版社，2008.
[11] 程灏，石永奎. 企业物流管理[M]. 北京：中国铁道出版社，经济科学出版社，2008.
[12] 彭建良. 企业物流管理[M]. 杭州：浙江大学出版社，2009.
[13] 邓丽明. 新编企业物流管理[M]. 北京：北京理工大学出版社，2009.
[14] 黄中鼎. 企业物流管理[M]. 上海：上海财经大学出版社，2007.
[15] 周凌云，赵刚. 物流中心规划与设计[M]. 北京：清华大学出版社，北京交通大学出版社，2010.
[16] 张建林. 现代生产运作管理：理念、理论与模型[M]. 北京：机械工业出版社，2010.
[17] 高延勇，李春发，许彦. 企业物流管理概论[M]. 北京：电子工业出版社，2008.
[18] 刘丹. 物流企业管理[M]. 北京：科学出版社，2010.
[19] 王世文. 物流管理信息系统[M]. 2版. 北京：电子工业出版社，2010.
[20] 刘鲁. 信息系统：原理、方法与应用[M]. 北京：高等教育出版社，2007.
[21] 曹德成. 工程管理信息系统[M]. 武汉：华中科技大学出版社，2008.
[22] 鲁楠，张继肖. 企业物流管理[M]. 大连：大连理工大学出版社，2008.
[23] 赵启兰. 企业物流管理[M]. 2版. 北京：机械工业出版社，2011.
[24] 姜志遥. 企业物流管理[M]. 北京：人民交通出版社，2012.
[25] 黄中鼎. 现代物流管理[M]. 北京：人民交通出版社，2007.
[26] 刘宏伟. 现代物流概论[M]. 北京：中国财富出版社，2012.